▪ 国家社会科学基金重大项目"数字普惠金融的创新、风险与监管研究"（编号：18ZDA092）

▪ 广东省科技计划（软科学重点）项目"数字经济发展趋势和方向及社会效应研判"（编号：2019B101001003）

▪ 广东省高等学校珠江学者岗位计划资助项目（2018）

数字经济
发展趋势与社会效应研究

RESEARCH ON THE TREND AND
SOCIAL EFFECTS OF
DIGITAL ECONOMY

曾燕 等著

中国社会科学出版社

图书在版编目（CIP）数据

数字经济发展趋势与社会效应研究/曾燕等著. —北京：中国社会科学出版社，2021.1
ISBN 978-7-5203-7735-5

Ⅰ.①数… Ⅱ.①曾… Ⅲ.①信息经济—社会效应—研究 Ⅳ.①F49

中国版本图书馆 CIP 数据核字（2021）第 005741 号

出 版 人	赵剑英
责任编辑	刘晓红
责任校对	周晓东
责任印制	戴　宽
出　　版	中国社会科学出版社
社　　址	北京鼓楼西大街甲 158 号
邮　　编	100720
网　　址	http://www.csspw.cn
发 行 部	010-84083685
门 市 部	010-84029450
经　　销	新华书店及其他书店
印刷装订	北京君升印刷有限公司
版　　次	2021 年 1 月第 1 版
印　　次	2021 年 1 月第 1 次印刷
开　　本	710×1000　1/16
印　　张	21
插　　页	2
字　　数	322 千字
定　　价	118.00 元

凡购买中国社会科学出版社图书，如有质量问题请与本社营销中心联系调换
电话：010-84083683
版权所有　侵权必究

课题组组成

课题组成员（按照姓氏拼音顺序）

组　　　长　曾　燕

成　　　员　陈正轩　陈思恪　何其佳　蒋凌波　卢文杰

　　　　　　林元靖　王齐豫　肖淇泳　曾宇滢

前　言

当今世界正处于从工业经济到数字经济过渡的关键时期，科技发展水平和数字化程度已成为衡量国家竞争力的重要指标。数字经济的崛起正在变革人类的生产生活方式，改变全球经济体系，重构世界产业发展格局。我国高度重视数字经济发展，将数字经济的发展上升至国家高度。2017年，"数字经济"首次被写入政府工作报告。党的十八大以来，国务院相继出台了《数字经济发展战略纲要》《关于支持新业态新模式健康发展，激活消费市场带动扩大就业的意见》等一系列政策文件，为持续促进我国数字经济良性发展、扩大我国数字经济发展的影响力提供政策支持。

数字经济以数据资源作为关键生产要素，以数字技术创新作为核心驱动力，一方面能够促进传统产业数字化水平提升，另一方面有助于加速推动经济发展模式深度重构和政府治理形式现代化转变。近年来，数字经济已成为我国经济高质量发展的关键因子，以数字经济发展推动生产和治理转型升级将成为我国未来数字经济的主要发展趋势。作为一种新型经济形态，数字经济在就业、创新创业、消费等社会的方方面面产生了多角度与深层次的影响，为推动经济转型升级、加快建设创新型国家、促进居民消费能力提高做出了重要贡献。

本书旨在探究数字经济的发展趋势及其可能产生的社会效应，为数字经济整体发展提供政策建议。本书首先给出了数字经济的具体定义，并对数字经济发展历程、国内外发展现状和现阶段存在的问题进行阐释与分析。在此基础上，本书建立了数字经济发展水平指标评价体系，并据此对我国和各省（自治区、直辖市）的数字经济发展水平进行了可视化展示和评价。其次，本书采用灰色关联度法和地理探测器模型，从不同角度探究影响数字经济发展的因素并分析其作用机制。再次，本书从数字产业化、产业数字化和数字化治理三个角度入手，探究全球与我国两个层面的数字经济发展的关键路径和趋势。最后，本书对数字经济发展可能产生的社会效应进行分析，并结合数字经济发展面临的挑战提出建议。

我们期待本书能够为政府决策提供支撑，为数字经济领域的发展做出微薄贡献。当今数字经济全球竞争日趋激烈，我们相信在党和政府的引领下，中国数字经济的发展必将充满活力。

曾　燕
2020 年 10 月 20 日

目 录

第一章 引言 ··· 1
 第一节 研究背景 ··· 1
 第二节 研究目的 ··· 3
 第三节 理论和现实意义 ··· 3
 第四节 重要文献综述 ·· 4
 第五节 研究过程 ··· 8

第二章 数字经济的国内外发展现状与存在的问题 ················ 10
 第一节 数字经济的概念界定 ·· 10
 第二节 数字经济的发展历程 ·· 17
 第三节 数字经济发展现状 ··· 32
 第四节 数字经济发展存在的问题 ·································· 53

第三章 数字经济发展原则与发展水平测度 ························· 71
 第一节 数字经济发展原则 ··· 71
 第二节 我国数字经济发展水平测度 ······························· 87

第四章 数字经济发展的重要影响因素及其作用机制 ············ 123
 第一节 数字经济发展的重要影响因素 ···························· 123
 第二节 数字经济发展的重要影响因素的作用机制 ············ 127
 第三节 数字经济发展影响因素重要程度的定量分析 ········· 135

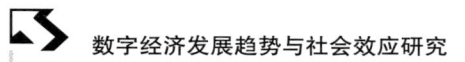

第五章　数字经济发展的关键路径和趋势研判·······158

　　第一节　数字经济发展的关键路径······158

　　第二节　数字经济发展的趋势研判······200

第六章　数字经济发展产生的社会效应·······218

　　第一节　数字经济发展的社会效应概述······218

　　第二节　数字经济发展对就业的社会效应······224

　　第三节　数字经济发展对收入差距的社会效应······234

　　第四节　数字经济发展对创新创业的社会效应······239

　　第五节　数字经济发展对消费的社会效应······248

第七章　数字经济发展面临的挑战和政策建议·······256

　　第一节　数字经济发展面临的挑战······256

　　第二节　数字经济发展的政策建议······292

参考文献······309

后　记······325

第一章　引言

在以国内大循环为主体、国内国际双循环相互促进的新发展格局下，数字经济对中国经济稳定与高质量发展起着越来越重要的支撑作用。如何有效推进数字经济更好更快发展，通过数字化转型实现效率、动力与质量变革，成为当今中国亟须研究的时代课题。为了回答这个至关重要的时代课题，我们对全球和中国的数字经济进行了深入研究。本章对数字经济的研究背景进行概述，阐述了本书的研究目的与研究意义，并综述了国内外学者对数字经济的相关研究，最后简要概述了本书的研究过程。

第一节　研究背景

当今社会，人类正在经历一场前所未有的科技革命与社会变革。随着计算机技术迅猛发展和移动互联网的广泛应用，云计算、人工智能、大数据、量子计算等一系列新兴的科技创新也随之涌现，共同构筑起数字经济的底层科技基础。这些数字经济领域的科技创新无疑影响了人类生产生活的各个方面：数据量以几何级的速度不断增长，国家、企业、个人之间的联系越来越紧密，各种产业在数字技术推动下不断转型升级。数字经济在经济发展和社会生活中发挥着越来越重要的作用。

在全球经济增速放缓、下行压力加大的背景下，数字经济已经成为推动全球经济增长的一股不可忽视的中坚力量。世界正处于从工业经济到数字经济过渡的关口，科技发展水平和数字化程度已成为判断一个国家能否持续发展的重要因素。随着科技的持续创新和发展，未来数字经济对全球经济的带动作用将愈发明显。截至2019年年底，美国、中国、日本、德国和马来西亚等全球47个主要国家的数字经济总量已达31.8万亿美元，占GDP比重达到41.5%。①

数字经济对中国经济高质量发展起着极为重要的作用。纵观世界经济发展历程，中国虽没有抓住了前两次技术革命的良机，但在20世纪的最后十年终于"拨开云雾见月明"，跟上了互联网快速发展的趋势，数字经济的规模不断扩大。数字经济是我国经济社会中极为重要的组成部分，其规模在2019年达到了35.8万亿元，是2019年GDP的1/3。从2014年到2019年，我国数字经济对经济增长的贡献率始终高于50%，成为我国经济持续健康发展的重要驱动力。② 此外，数字经济作为一种新的经济形态，在为传统生产要素注入新动能的同时直接驱动产业的数字化升级，助推我国供给侧结构性改革。

广东省在数字经济发展大趋势中能够紧抓时代机遇，共享发展红利。在数字产业和信息技术产业方面，珠三角地区的数字经济发展程度排全国首位，信息技术产业达万亿规模，占全国总规模的1/3。粤港澳大湾区在人工智能、工业互联网等数字科技领域具有突出优势，政府推出一系列政策支持并鼓励AI、智能制造、大数据等数字产业的成长。例如，无人机先锋大疆、互联网科技领跑者腾讯、通信之光华为等一大批高科技公司借助广东优质发展环境，在数字经济领域持续为产业升级注入动力。

---

① 资料来源：中国信息通信研究院：《全球数字经济新图景（2020年）——大变局下的可持续发展新动能》，http://www.caict.ac.cn/kxyj/qwfb/bps/202010/t20201014_359826.htm。

② 资料来源：中国信息通信研究院：《中国数字经济发展白皮书（2020年）》，http://117.128.6.29/cache/www.caict.ac.cn/kxyj/qwfb/bps/202007/P020200703318256637020.pdf?ich_args2=465-14141318015157_9bce07bb032a268ffde42e364ed0f3d0_10001002_9c896d28d0c3f6d09e39518939a83798_573050873f03a63ea80587b4e247c6ec。

第二节 研究目的

本书研究目的是从理论探究和现实战略角度出发,对数字经济进行全面梳理与研究,从而完善数字经济发展相关理论,并基于研究内容提出政府施政要点。具体目标分为以下三点。

(1) 明确数字经济的定义与范畴,介绍数字经济在国内外的发展历程及发展现状并探讨存在的问题。从国际、全国及省级层面提出了数字经济发展应遵循的原则,为数字经济未来的发展与研究提供理论参考。

(2) 使用全国及省级行政区的数字基础设施建设、产业融合、技术创新等层面的历史数据,建立模型测度国家与省级层面数字经济发展水平。结合文献研究与模型分析法,识别出对数字经济发展具有重要作用的影响因素及其重要程度,分析重要影响因素对数字经济发展的影响机制,为全国及各省份数字经济相关资源合理配置提供理论依据。

(3) 基于定量与定性分析的结果,归纳总结全球主要国家及我国的数字经济发展关键路径,判断未来发展趋势;探讨数字经济发展可能产生的社会效应和面临的挑战,对我国数字经济的未来发展提供政策建议。

第三节 理论和现实意义

当前发展数字经济已上升为国家战略,而数字经济发展过程中也面临一系列挑战,其未来的发展和对社会的影响具有较大的不确定性。在国内外现有研究基础上,本书基于全球和中国数字经济发展实践对数字经济进行研究,具有以下四方面的理论与现实意义。

第一,本书跟踪国内外数字经济领域相关文献与研究进展,深入探讨其内涵、范围与原则等研究问题,对数字经济的未来发展具有一定指导意义。本书明确了数字经济的定义与范畴,并从国际、国家与省级层面阐述数字经济发展原则,构建完整的数字经济发展原则体系,为各级政府在数字经济发展的政策设计方面提供原则指导,为数字经济领域的企业、个人等提供更加全面的发展指引。

第二，本书从发展脉络与现存问题角度对数字经济进行总结与思考，运用定性分析和模型实证为数字经济影响因素与关键路径研究提供理论支撑。本书概括了全球、我国以及广东省数字经济的发展历程，研究世界主要国家和我国代表性地区的数字经济发展现状，并讨论其发展中存在的问题。本书建立模型分析数字经济发展的影响因素及其作用机制，进一步完善了理论体系。在关键路径分析中，本书系统梳理全球主要国家及我国数字经济发展的关键路径，展现了我国的发展特点。

第三，通过测度我国不同层面的数字经济发展水平，实证分析其影响因素，本书能够为我国数字经济发展水平评估提供参考，针对我国数字经济发展的"短板"提出政策建议，有利于促进全国各地实现资源合理配置。本书从全国层面和省份层面对近年数字经济发展水平进行测度，从而发现其发展中的不足，针对缺少创新、地区间数字经济发展不平衡等问题为政府提出最实际有效的政策实施建议与意见。本书分析影响数字经济发展的重要因素及其重要程度，并以此提出促进数字经济发展的资源配置相关政策建议，避免无差别的政策造成政府资源浪费。

第四，依据定性与定量分析结果，本书阐述数字经济发展的关键路径与社会效应，探究发展过程中的问题与挑战，为企业数字化转型和政府制定数字经济相关政策指引方向、提供建议。本书立足数字经济发展现状，结合相关政策、文献、案例、数据，探究国内外数字经济发展的关键路径，对未来发展趋势做出研判。基于我国社会现状，本书探讨数字经济发展可能产生的社会效应，梳理与总结数字经济发展对社会所产生影响的复杂性，为各级政府平衡数字经济发展带来的利弊、促进"稳就业"等工作的开展提供有效信息。本书系统、全面地识别我国数字经济发展中亟须解决的难点，针对发展过程中存在的问题及当前面临的挑战，提出相关政策建议，为政府政策设计拓展思路，推动数字经济发展。

第四节 重要文献综述

随着数字经济的迅速发展，国内外许多学者也将研究重点转向了数字经济。而在研究的侧重点上，国内外学者不尽相同。国外学者注重研究数字经济给企业环境带来的改变以及给企业自身业务模式造成的影响，也注重研究数字经济造成的社会经济变化。国内学者则更注重研究数字经济发展带来的新产物、新业态以及数字经济与经济高质量发展的关系。

国外学者注重研究数字经济给企业经营环境带来的改变以及给企业自身业务模式造成的影响。Wargin 和 Dobiéy（2010）研究了数字经济或电子商务时代下，企业领导实践和组织形式发生的新变化，并强调了数字经济背景下企业文化对塑造企业特点和领导模式的重要性。Svahn 等（2017）通过对沃尔沃汽车推动汽车互联计划的案例研究，阐述了四个成熟公司在拥抱数字创新过程中需要关注的四个问题：能力开发（Innovation capability）、创新重点（Innovation focus）、资源协作（Innovation collaboration）和创新治理（Innovation governance）。Koch 和 Windsperger（2017）指出，数字经济发展改变了产品的本质和价值创造的过程，进而改变了企业所面临的市场竞争环境，对企业获取和保持竞争优势的方式具有重要的影响。Nambisan 等（2017）揭示了数字创新对创新管理研究的广泛影响，重新审视了关于创新过程、参与和本质的基本假设，提出了四个理论逻辑要素，并为之后的研究建立了新框架。Li 等（2018）将数字技术对企业商业模式的影响总结为自动化（automation）、延伸（extension）和转型（transformation）三类，这三种效应分别以数字化创新的方式增强、丰富和代替了现有的生产活动。数字经济发展带来的经济社会变化引起了大量国外学者的关注。Matthess 和 Kunkel（2020）关注到了数字化对经济结构调整的影响，探讨了几种可能的传导机制。他们指出，数字化不仅从技术驱动角度提高生产率从而推动经济结构变化，还会通过影响就业、收入、投入产出关系和贸易来使经济结构发生改变。Lange 等（2020）探究了数字化对能源消耗的影响，通过建立分析模型研究了数字化对能源消耗的四种影响机制，发现其增加效应要大于减少效应，数字化对节约能耗的作用比较有限。Philip 和 Williams（2019）指出数字经济为农村偏远地区的家庭式企业带来了机会，但区域之间的数字基础设施建设的不平衡实际上加剧了偏远农村地区所面临的数字不平等的困境。Khan 等（2020）基于在俄亥俄州的阿巴拉契亚地区的调查分析得出，网络接入和获取信息能力对个体在健康、教育、求职等方面的社会生活至关重要。

数字经济发展带来的新产物与新业态是国内学者关注的重点。李忠民等（2014）针对数字贸易的特点、发展挑战和趋势三个方面展开分析，并从我国数字贸易发展的现实情况和存在的不足出发提出相应的建议。张新红等（2017）深入探究分享经济这种新型经济形态，对我国分享经济的现状、问题和发展方向进行了全面分析，并提出了交通、住宿、知识等六个分享经济发展的热点行业领域。张勋等（2019）经过实证分析发现数字金融发展显著提高了农村低收入人群的收入水平，并促进了低物质或社会资本家庭的创业行为。数字经济为我国经济注入了新动能，因此许多学者关注数字经济与经济高质量发展的关系并尝试从内在机制的角度探讨数字经济促进宏观和微观主体高质量发展的运行方式。宏观层面上，荆文君和孙宝文（2019）指出，新兴数字技术通过激发多样化需求和优化市场供需匹配提高了经济的均衡水平，数字经济通过增加投入要素、提高资源配置效率和提高全要素生产率三条路径促进经济高质量发展。许宪春等（2019）指出，大数据对绿色发展具有显著的正外部性，通过整合信息资源、建立服务平台和数据库、建立生态环境监测体系等途径促进经济与社会、自然的协调发展。刘瑞明等（2020）通过将信息扩散和多变惩罚机制引入要挟诉讼模型，发现信息传播和群众自发的多边惩罚可以更好地帮助实现低成本的社会治理，因此可以利用新型数字技术解决治理模式转变中的信息难题。中观层面上，韩先锋等（2014）在构造行业信息化水平指数的基础上，经过实证研究验证了信息化的技术创新溢出效应，指出信息化对我国工业部门的技术创新效率有明显的促进作用。曹正勇（2018）总结了数字经济推动工业发展模式变革的两大逻辑，并分析了数字经济背景下提升工业发展质量的四大新制造模式。夏显力等（2019）从产业、生产和经营体系三个层面总结了我国农业高质量发展的现状和痛点，并以此为依据分析数字技术如何为农民、农业产业链、农业公共服务赋能，从而推动我国农业高质量发展。阮俊虎等（2020）在识别出数字农业运营管理的特征和关键问题的基础上，以数字农业实践和相关学科为依据构建了一套理论方法，为我国数字农业的发展理清思路。微观层面上，大数据的应用使消费者参与企业研发成为可能，肖静华等（2018）研究了企业运用消费者大数据实现了消费者参与的研发创新。邢小强等（2019）基于对两家短视频公司的案例研究，探讨了数字技术与商业模式协同创新对构建包容性市场的贡献，即在数字技术的支持下，创新商业模式为金字塔底层（BOP）人群平等地参与信息生产和消费提供了保障。沈国兵和袁征宇（2020）通过建立计量模型，利用新浪微博、谷歌专利等数据对企业互联网化与创新能力及出口的关系进行回归检验，发现企业互联网转型对企业的出口和创新活动有普遍的、显著的促进作用。数字技术的独特属性改变了产品、过程、组织和商业模式创新的方方面面，刘洋等（2020）在对数字创新管理领域的文章进行系统归纳的基础上，提出了一个全新的研究框架，为数字经济时代创新管理实践和理论研究提供指导。由于数字经济是新型的经济发展形态，关于其未来发展路径的研究具有明显的现实意义。逄健和朱欣民（2013）通过分析国内外不同国家的数字经济发展战略，提出应对新挑战的策略，并结合具体情境提出促进数字经济稳定健康发展的针对性政策建议和具体实施方案。钟春平等（2017）通过与美国对比，分析了我国数字经济发展存在的问题与不足，并借鉴美国的经验做法，为推进我国数字经济更高质量的发展提出了相应的对策建议。刘淑春（2019）在透析我国数字经济发展"短板"的基础上，指出五个高质量发展数字经济的着力点与突破口，并从生产关系的角度提出制度创新方面的政策建议。值得一提的是，作为我国数字经济领域的重要研究机构，中国信息通信研究院（CAICT），连续6年发布数字经济白皮书，从定性和定量两个角度分析和总结我国数字经济的发展情况。在定性分析上，中国信息通信研究院在2017年的白皮书中提出重要的"两化"框架，即数字产业化和产业数字化。之后，中国信息通信研究院分别在2019年和2020年的白皮书中增加了数字化治理和数据价值化，体现出数字经济的框架随数字经济发展而逐步完善。在定量分析上，中国信息通信研究院主要采用增加值规模核算法对我国数字经济规模进行测算，并对我国各年份和各地区的数字经济规模进行比较。无论是在定性方面还是定量方面，中国信息通信研究院发布的数字经济白皮书研究方法和研究结果都为我国数字经济研究提供了良好的借鉴与参考。

第五节 研究过程

本书共 7 章。第一章从引言开展论述，综合国内外数字经济发展状况，讨论了数字经济发展方向和趋势及社会效应，并为我国和广东省的数字经济发展提出政策建议。

第二章介绍数字经济的国内外发展现状以及存在的问题。为使读者初步了解，本章首先简单介绍数字经济的概念，并界定清楚其所涵盖的范围，便于后文进一步分析。其次从全球层面、世界主要国家层面和我国代表省份层面详细讨论这些地区的数字经济的发展历程和现状。最后分别总结全球和我国数字经济发展中在政策、技术等方面存在的问题。

第三章提出了数字经济发展的原则，并测度了我国数字经济发展水平。本章提出全球、我国和我国省级层面指导数字经济发展应遵守的原则，旨在为数字经济发展指明道路。数字经济本身的特征对我们测度数字经济发展水平带来了一定的挑战。目前，对数字经济进行测度主要有规模测度法和指数测度法这两种方法。为了综合反映我国数字经济发展水平，本研究采用指数测度法，选取反映数字经济各方面的不同指标，并利用熵权法进行测度。国家层面，本章测度出基础、融合、创新指数和总指数；省份层面，本章测度出基础、融合和总指数。

第四章基于第三章测度出的总指数在不同时间和地区之间的差异，探究数字经济发展的重要影响因素。本章首先从已有文献中梳理出数字经济发展的重要影响因素，然后对各个因素分别选取合适的量化指标，建立指标体系。其次采用灰度关联法测量全国层面各影响因素的重要程度。最后采用地理探测器模型测量何种因素导致了数字经济发展水平的空间分异，并探究各因素之间的交互作用。

第五章分析了数字经济发展的关键路径和趋势。本章从数字产业化、产业数字化、数字化治理三个领域归纳出全球和我国数字经济发展的关键路径，然后总结出全球和我国在这三大领域的发展趋势，展示数字经济发展的最新成果和前沿动态。

第六章探讨了数字经济可能产生的各种社会效应。本章从多角度探究数字经济发展对就业、收入差距、创新创业和居民消费的影响，全面地讨论数字经济发展可能产生的正面或负面的社会效应。

  第七章指出数字经济发展所面临的各种挑战,并有针对性地给出政策建议。在我们对数字经济发展的历程、现状、趋势以及可能产生的社会效应有了充分了解后,本章综合前六章的内容,从国际形势、顶层设计、基建核心技术、人才供给、信息网络安全和理论研究六个方面分析数字经济发展面临的主要挑战。随后,针对数字经济发展出现的问题与面临的挑战,本章从八个角度向政府提出政策建议并进行详细阐释,这八个角度分别是减少全球形势冲击、弥合数字鸿沟、加快数字基建布局与核心技术研发、扩大数字人才队伍、保护数据安全、促进理论研究发展、促进产业融合、加强平台治理。

  通过以上七章的内容,本书希望介绍研判数字经济未来的发展趋势和方向,并针对数字经济发展过程中面临的问题和挑战提出一些政策建议,从而为促进数字经济高质量发展贡献一点微薄的力量。

第二章　数字经济的国内外发展现状与存在的问题

数字经济是以数据资源为关键生产要素，以数字技术创新为核心驱动力，以现代信息网络、数字化基础设施及数字平台为主要载体，并通过数字技术和其他领域的紧密融合，促进提升传统产业的数字化水平、加速推动经济发展模式深度重构和政府治理形式现代化转变的新型经济发展形态。数字经济经历了从数字化到网络化再到智能化的发展创新，如今已成为经济发展中的关键驱动力量，不断推动社会变革。但与此同时，数字经济发展仍存在技术、安全、监管等方面的问题，应对措施亟待完善。

第一节　数字经济的概念界定

世界正处于信息化、网络化、数字化的快速变革之中，数字经济也呈现出爆炸式的增长态势。数字经济的定义与内涵也随着技术进步和业态发展而不断变化与丰富。我们研究数字经济，有必要先去明确数字经济的定义是什么、内涵是什么，并界定数字经济的范围。

一　数字经济的定义

过去 20 年，不少学者和机构分别对数字经济进行了定义。表 2-1 总结了部分较有影响力的定义。

第二章　数字经济的国内外发展现状与存在的问题

表 2-1　　　　　　　部分机构和学者对数字经济的定义

年份	学者/机构与文献	定义	要点
1998	美国商务部《浮现中的数字经济》①	数字经济是一种以信息技术生产行业为基础的经济，该经济中发生着影响经济方方面面的、数字化的技术性变革	技术、影响
2005	何枭吟《美国数字经济研究》	数字经济是以相关的信息知识为基础，用数字技术推动产品的生产制造领域、企业的运营管理领域和商品货物的流通领域进行数字化转型的一种新兴的经济形态	知识、技术、领域
2009	澳大利亚宽带、通信和数字经济部②	数字经济是在信息和通信技术带动作用下形成的经济和社会活动的全球网络，这些技术包括互联网、移动网络和传感器网络	技术、网络
2018	中国信息化百人会《中国数字经济发展报告（2017）》③	数字经济是以数字化信息为关键资源，以信息网络为依托，通过信息通信技术与其他领域紧密融合，形成了基础型、融合型、效率型、新生型、福利型五个类型的数字经济	资源、依托、技术、融合
2019	中国信息通信研究院《全球数字经济新图景（2019年）——加速腾飞重塑增长》④	数字经济是以数字化的知识和信息为关键生产要素，以数字技术创新为核心驱动力，以现代信息网络为重要载体，通过数字技术与实体经济深度融合，不断提高传统产业数字化、智能化水平，加速重构经济发展与政府治理模式的新型经济形态	要素、技术、载体、融合、影响
2019	联合国贸易和发展会议《2019年数字经济报告》	数字经济是在数字化领域广泛投入使用的以半导体和处理器等基础创新以及计算机和通信设备等核心技术为关键，依赖数字平台、应用程序和支付服务等为代表的数字和信息技术部门	技术、载体、领域

资料来源：根据公开信息整理。

---

① 资料来源：U. S. Department of Commerce, "The Emerging Digital Economy", https://www.commerce.gov/sites/default/files/migrated/reports/emergingdig_0.pdf。

② 资料来源：Department of Broadband, Communications and the Digital Economy, Australia's Digital Economy: Future Directions, https://web.archive.org/web/20091007172618/http://www.dbcde.gov.au/_data-/assets/pdf_file/0006/117681/DIGITAL_ECONOMY_FUTURE_DIRECTIONS_FINAL_REPORT.pdf。

③ 资料来源：中国信息化百人会：《中国数字经济发展报告（2017）》，http://www.doc88.com/p-1167826879457.html。

④ 资料来源：中国信息通信研究院：《全球数字经济新图景(2019)》，http://www.caict.ac.cn/kxyj/qwfb/bps/201910/P020191011314794846790.pdf。

11

上述对数字经济的定义具有一些共同点，即强调数字经济的要素、技术、载体、产业融合以及其对经济的影响。这些共同点也是在定义数字经济过程中不可忽视的内容与角度。结合大量学者或机构对数字经济的定义、数字经济与生俱来的特点及目前数字经济发展状况，我们给出"数字经济"在本书中的定义：

数字经济是以数据资源为关键生产要素，以数字技术创新为核心驱动力，以现代信息网络、数字化基础设施及数字平台为主要载体，并通过数字技术和其他领域更为紧密的融合，一方面促进提升传统产业的数字化水平，另一方面加速推动经济发展模式的深度重构和政府治理形式的现代化转变的新型经济发展形态。

二　数字经济的内涵

为了更好地理解数字经济，我们还需进一步认识和理解数字经济的内涵，明晰数字经济定义中各个组成部分的具体含义。下文主要从要素、技术、载体、融合发展四个方面对数字经济的内涵进行阐释。

（一）数据是数字经济的关键生产要素

在数字经济日益兴盛的时代，数据越来越成为整个社会不可或缺的生产要素。数据的非竞争性特点使它不受稀缺性的限制，可以反复使用和无限复制，从而为数字经济持续增长提供可能。

数据作为生产要素，发挥了提高生产效率、助力科学决策等作用。当今时代，人们被信息洪流所包围，每个人都成为大量数据的创造者。全球的数据具有爆发式增长、海量集聚的表现。政府和企业越来越重视数据的价值，更频繁地利用数据去分析问题、辅助决策和制定方针。人们运用相关的数字技术对收集到的数据进行整理、分析与利用，从而快速准确地把握事物发展变化的客观规律，并精确预测事物发展趋势。例如，城市管理部门将大数据分析应用在城市道路交通管理上，有效降低了城市交通堵塞程度，提升了城市中的道路的总体通行能力；企业管理人员将大数据分析应用到企业运营里，可以促进生产流程的优化，创造更高的企业经营收益；政府将大数据分析应用到疫情防控中，可以实时掌握人员流动与接触情况，预判疫情传播趋势，迅速精准筛查风险人群。

国家政策认可和支持数据作为生产要素的地位。中共中央和国务院于 2020 年 4 月 9 日共同印发了《关于构建更加完善的要素市场化配置体制机制的意见》，这是数据第一次以"生产要素"的身份出现。这份文件表明了对数据这一种新型生产要素进行市场化配置改革的重要性，也表明了我国进行这项改革的坚定决心。中央政府从政策层面明确了数据的生产要素地位，为数据要素市场培育和发展提供了政策支撑。

（二）数字技术创新是数字经济发展的核心驱动力

数字经济是知识型经济，巩固提升底层技术和推动数字技术应用层面研究对数字经济可持续发展具有极为重要的意义。

数字技术创新一方面显著提高了人们认知事物的能力，另一方面拓展了人类社会发展进步的空间。数字技术的发展遵循两个定律。第一个定律是摩尔定律，即每 18 个月世界上计算机的综合计算能力就能提高一倍，并且同等大小的数据存储成本下降一半、用户带宽使用成本下降一半。第二个定律是梅特卡夫定律，这个定律是指随着连入网络的用户数量不断增加，网络的价值会呈现出指数级的增长。[①] 这些年来，人工智能、物联网等数字技术纷纷实现重大突破，数字技术与制造、能源、生物等其他领域的技术相互融合也在不断加速和深入。这些融合发展也带动了不同学科的技术突破，对社会发展产生了广泛而深远的影响，很大程度上提高了人类认知世界的能力，拓展了人类社会的发展进步空间。具体而言，数字技术的创新加快推进了农业、制造业与服务业向数字化和智能化转型的过程。数字技术趋向成熟，在与传统产业融合的同时不断促使人类社会变革，驱使人类社会逐渐走向"智能时代"，给人类带来广泛而深远的影响。

（三）数字经济的载体包括现代信息网络、数字化基础设施及数字平台

现代信息网络的出现与发展为数据存储与传输提供了必要条件。现代信息网络跨越了时间和空间的限制，连接了人类生产生活不同的场景，逐步实现了从数字化到网络化再到智能化的变革。现代信息网络的发展不仅促进了人与人、人与机器之间的联系与交互，还实现了设备与

---

① 资料来源：中国信息通信研究院：《中国数字经济发展白皮书（2017 年）》，http：//www. cbdio. com/BigData/2017 - 07/14/content_ 5557896. htm。

设备之间的数据互联。

数字化基础设施提供了数据源与交互基础,加强了人、机、物的互联互通。数字化基础设施主要包括"云""网""端"三部分,它们共同构筑数字经济发展的基石。"云"主要指云计算。经过持续多年的发展,其在成本、效率方面已经逐渐显示出瞩目的优势,成为数字技术创新的重要一环。"网"主要指网络通信技术,是进行数据传输所需要的基础设施技术。"端"主要指手机、电脑以及手机 App 应用程序。同时,物联网终端产品也在不断更新,智能家居、智能手表、智能工业设备等智能终端设备将成为未来万物互联的基础。①

数字平台是数字经济的重要组织形式。数字平台包括交易平台、创新平台等类型,支持参与方进行信息交换,并为开发者的创新提供生态环境,已经成为数字经济发展的重要推动力量。数字平台是一种市场组织,不仅能够居中链接、撮合两个或者多个市场群体,还能够促进不同市场群体之间的交互与精准匹配。②

在数字经济发展中,现代信息网络、数字化基础设施及数字平台三者协同合作,共同搭建了现代数字经济的载体。

(四) 数字经济与实体经济融合促进经济高质量发展

数字经济与实体经济的融合使传统经济得到变革与重塑,增强了实体经济的活力。

数字经济响应中国供给侧结构性改革的政策,推动产业不断转型升级。首先,数字经济帮助工业产品提高质量,促进传统工业企业转型升级并不断向前发展。人工智能、大数据等数字技术与制造业的深度交互应用使得市场上的产品越来越个性化、差异化,商品品种更多、品质更高、功能也变得更加丰富。③ 数字经济推动产品质量升级的典型事例非常丰富。智能可穿戴设备通过融入新型数字技术,例如新型传感与显示

---

① 资料来源:阿里研究院:《迎接全球数字经济新浪潮——全球数字经济发展指数 (2018)》,https://xw.qq.com/cmsid/20180920A14ZRJ00?f=dc。
② 资料来源:中国信息通信研究院:《数字经济治理白皮书 (2019 年)》,http://www.199it.com/archives/987375.html。
③ 资料来源:中国信息通信研究院:《中国数字经济发展白皮书 (2017 年)》,http://www.caict.ac.cn/kxyj/qwfb/bps/201804/t20180426_158452.htm。

第二章 数字经济的国内外发展现状与存在的问题

技术，可以提高智能可穿戴设备用户体验的真实感；车联网的发展推动汽车行业更深层次的变革，现代化智能系统操控的智能汽车可能将逐步取代由人工操纵的传统汽车产品。其次，数字经济推动服务业水平提高，促使服务业进一步转型升级。服务业能够利用互联网集中、组合和调配各种优势资源，有效提高生产质量，从而提高服务业企业的经济效益。物流、金融、财务等个人和企业运营服务被有效地连接起来，生产服务的供给水平不断提升，促进生产服务业向中高端产业发展。在生活服务方面，数字经济提升人们的消费品质，促进社会消费升级。当前，我国信息消费不断升级，从单纯线上消费向线上线下相互融合的新型消费结构和消费形态过渡，大步迈向新的发展阶段。[①] 人们的信息消费呈现出增速快、辐射广、带动作用强劲等特点和优势。第二产业服务质量的升级很大程度上提高了人民的生活质量，成为经济发展的内生动力。

数字技术与传统产业的结合推动了资源的有效整合，优化了价值链的各个环节。企业将数据融入产品的生产、流通、交换等各个环节，大幅提高了资本、劳动和土地等传统生产要素的利用效率，推动了传统业务流程的优化（郭晗，2020）。如智能物流的发展提高了商品的运输效率，电力互联网的搭建提高了电力资源在不同主体之间进行配置的效率。

数字经济与实体经济深层次融合可以有效降低交易成本，提高市场经济建设水平。在数字经济时代，基于实时传输和精准反应的大数据分析能够精确对接供给和需求，缓解传统交易中存在的信息缺失和信息分散问题，降低交易成本。例如，在网购平台上，一个厂商可以销售多种产品或服务，消费者也可以在平台上寻找到多样的产品或服务。厂商可以利用平台节约店面、营销、人工等成本，消费者也可以提高获取信息的效率，降低搜寻成本。

三 数字经济的范围

为了对数字经济进行统计核算，方便对数字经济发展水平进行测度，本节将划定数字经济的范围，厘清哪些行业或者哪些行业的部分领

[①] 资料来源：中国信息通信研究院：《中国数字经济发展白皮书（2017年）》，http：//www.caict.ac.cn/kxyj/qwfb/bps/201804/t20180426_158452.htm。

域属于数字经济范畴。

本书核算的数字经济主要包括两部分：数字产业化和产业数字化。数字产业化即为信息通信产业，具体包含的行业有电子信息制造业、电信业、软件和信息技术服务业、互联网行业等。产业数字化指人们在第一、第二、第三产业中运用数字技术而带来的生产效益的提升。数字产业化的增加值可以直接通过核算相关产业增加值得到，而产业数字化的增加值则需要借助经济学模型估算（洪兴建，2019）。

数字产业化可划分为数字化基础设施和数字化服务业两部分，产业数字化则划分为第一、第二、第三产业数字化三个部分。如表2-2所示，本书参照《国民经济行业分类》，对数字经济涉及的各个方面进行了具体详细的划分，从而使数字经济所包含的范围更加明确。

表2-2　　　　　　　数字经济的分类及主要行业目录

一级分类	二级分类		主要行业
数字化产业	数字化基础设施		计算机制造、通信设备制造、广播电视设备制造、雷达及配套设备制造、视听设备制造、新型电子元器件及设备制造、电子专用设备仪器制造、高储能和关键电子材料制造、集成电路及专用设备制造、智能消费相关设备制造、数字创意技术设备制造
	数字化服务业		电信、广播电视和卫星传输服务、互联网接入及相关服务、互联网信息服务、互联网平台、软件开发、信息系统集成服务、信息技术咨询服务、数字内容设计与制作服务、网络与信息安全服务
产业数字化	第一产业数字化		运用现代ICT（信息与通信技术）进行农林牧渔业的生产和管理
	第二产业数字化		运用现代ICT（信息与通信技术）进行高端装备、材料和能源、生物医药、汽车、节能环保产品等的生产和管理
	第三产业数字化	生产型服务数字化	运用现代ICT（信息与通信技术）进行先进制造业维修服务、贸易和物流服务、金融服务、城市商业综合管理服务、技术研发和推广服务、质检和知识产权服务、科技中介和创业空间服务

续表

一级分类	二级分类		主要行业
产业数字化	第三产业数字化	生活型服务数字化	运用现代ICT（信息与通信技术）进行医疗和健康管理服务、互联网教育和便民服务、新型住宿和餐饮服务、文化娱乐服务、旅游服务、零售服务
		城市管理服务数字化	运用现代ICT（信息与通信技术）进行城市政务、交通、电网、安防、地下管廊服务

资料来源：根据《国民经济行业分类》整理。

第二节 数字经济的发展历程

数字经济的诞生与崛起正在改变全球经济体系，重构世界产业发展的格局，变革人类的生产生活方式。下文将分别从全球与中国的视角阐述数字经济的发展历程。

一 全球数字经济发展历程

纵观全球数字经济发展历程，数字经济从20世纪40年代开始兴起，到现在已经有70余年的发展历史。图2-1为全球数字经济的发展时间线。根据数字经济技术以及相关产业的发展进程，数字经济的发展可划分为四个时期：萌芽期、起步孕育期、快速成长期和成熟期。

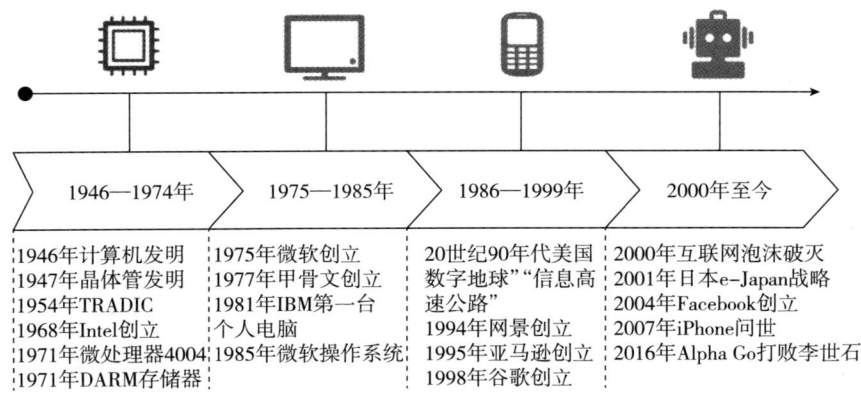

图2-1 全球数字经济的发展时间线

资料来源：根据公开信息整理。

（一）萌芽期：20世纪40年代中期至70年代中期

在萌芽期，数字经济诞生的主要标志为计算机的发明和软硬件以及应用领域技术的出现。计算机的出现正式开启了数字经济纪元。当时，计算机的应用领域主要为科学计算和数据处理，应用场所主要在科研院所和军事指挥系统。美国在软件、硬件和应用等领域进行了初步探索，并取得了一定成就。

1946年，世界上首台计算机ENIAC诞生。到了1947年，晶体管的应用掀起了微电子革命。晶体管代替电子管，使计算机向小型化发展。1954年IBM公司发明了第一台应用晶体管的计算机TRADIC，这使计算机的运算能力相比之前有了大幅提升。1968年Intel（英特尔）公司在硅谷创立，主要研制CPU处理器，并在日后引领了全球计算机和互联网革命。1971年，Intel公司开发出DRAM存储器，集成电路时代正式开启。同年Intel公司推出全球第一个微型处理器4004，小型计算机纪元正式开启。

得益于硬件领域中晶体管、集成电路的产生与应用，计算机的体积不断减小，运算速度也不断加快。在软件领域中，标准化的程序设计方法和程序化的分时操作系统显著提高了；在应用领域中，文字和图形处理等应用技术的出现进一步拓宽了计算机的应用范围。

（二）起步孕育期：20世纪70年代中期至80年代末

在起步孕育期，数字经济的进步主要体现在计算机技术的成熟和应用范围的扩展。在这期间，IT产业开始形成，软件和硬件领域都快速发展。同时，数字技术的应用范围也从科研和军事领域扩展至商业以及日常生活中。

在硬件、软件以及应用领域，许多著名公司在数字经济起步孕育期诞生，共同推动了数字技术的发展。在软件领域，1975年，比尔·盖茨和保罗·艾伦一起创立微软集团，并于1985年发行了Windows操作系统系列的第一个产品Microsoft Windows1.0。在硬件领域，1981年IBM公司开发出了世界上第一台个人电脑IBM5150，标志着个人电脑时代的到来。在应用领域，1977年埃里森与罗伯特创建了甲骨文公司，开发出了商用的SQL数据库。

此外，在本时期，计算机的存储方式由磁芯存储逐步转变为半导体

第二章　数字经济的国内外发展现状与存在的问题

存储,这形成了庞大的需求市场。在此背景下,日本企业也开始步入IT领域,并取得巨大成就。1971年,日本NEC公司紧跟Intel公司的步伐,也推出了自己的DRAM芯片。同时,日本半导体公司日立、NEC和东芝快速发展,分别成为64KB时代、256KB时代以及1MB时代的行业主导者,推动着半导体行业的变革与进步。

(三)　快速成长期:20世纪90年代

在快速成长期,数字经济产业快速发展。随着网络技术和个人电脑软硬件技术的成熟,网络经济发展迅速,数字经济领域内的电子商务等产业也相继诞生。

美国在该时期开始部署信息基础设施建设。1993年9月,美国政府公布"国家信息基础设施行动计划",旨在推动美国信息基础设施建设和数字技术发展,也标志着全球正式步入数字经济时代。"信息高速公路"战略的落地奠定了美国在全球数字经济领域的"领头羊"地位。

许多著名的互联网公司在该时期应运而生,成为数字经济发展浪潮中的弄潮儿,推动数字经济在互联网产业中快速发展。1994年,网景通信公司正式成立,同年12月网景浏览器1.0版"网景导航者"正式发布,成为当时最为热门和流行的网页浏览器。杰夫·贝佐斯于1995年创立的亚马逊公司作为最早开展网上电子服务的公司之一,拉开了全球电商时代的序幕。拉里·佩奇与谢尔盖·布林于1998年正式创立谷歌,开启搜索服务领域的探索。而我国当前的三家互联网巨头公司腾讯、阿里巴巴和百度分别于1998年、1999年和2000年成立,拉开了中国互联网时代的序幕。

(四)　成熟期:21世纪末至今

21世纪以来,数字经济更多地出现在各个国家的政策层面。同时,数字技术变革也使数字经济进入移动互联网时代,开始了新一轮互联网繁荣。

从21世纪初开始,各国逐渐加大对数字经济发展的支持力度,陆续颁布相关政策来促进数字经济在本国的发展。表2-3列出了世界主要经济体在数字经济方面的主要战略与政策。许多发达国家在21世纪初便开始布局数字经济,美国更是在20世纪90年代初便已经开始布局。日本最早在2001年出台了e-Japan战略,目标是大力开展数字化基础设施建设，促进数字经济产业的发展。随后日本又相继发布 u‑Japan 和 i‑Japan 等战略文件。英国于 2009 年发布了"数字英国"计划，旨在增加数字经济在公众当中的渗透率，推广数字技术的应用，并为各个市场主体提供更好的数字保护。相比之下，发展中国家多数在近年才开始着手布局数字经济发展。以印度为例，2015 年印度出台了"数字印度"计划，投入大量资金以普及宽带上网、建立全国数据中心并促进电子政务发展。

表 2‑3　　　　　　　世界主要经济体的数字经济政策

国家		数字经济政策
发达国家	美国	20 世纪 90 年代"信息高速公路"战略，《浮现中的数字经济》、《新兴的数字经济（1999）》和《数字经济 2000—2003 系列》；2016 年至今先后出台《联邦大数据研发战略计划》、《国家人工智能研究和发展战略计划》和《美国机器智能国家战略报告》；2018 年，美国在数字经济领域主要发布了《数据科学战略计划》
	日本	2001 年 e‑Japan 战略，随后相继发布 u‑Japan、i‑Japan、《ICT 成长战略》、《智能日本 ICT 战略》、《ICT 成长战略》、《智能日本 ICT 战略》、《集成创新战略》和《综合创新战略》；2013 年开始每年制定《科学技术创新综合战略》
	英国	2009 年发布《数字英国》计划，随后相继发布《英国信息经济战略 2013》和《英国数字经济战略 2015—2018》；2017 年提出《2017—2019 年电信基础设施草案》、《政府数字化战略》、《政府数字包容战略》和《政府转型战略（2017—2020）》；2018 年，英国在数字经济领域发布了《数字宪章》、《产业战略：人工智能领域行动》和《国家计量战略实施计划》
	法国	2012 年发布《数字法国》；2018 年，法国在数字经济领域主要发布了《法国人工智能发展战略》、《5G 发展路线图》和《利用数字技术促进工业转型的方案》等政策
	德国	德国政府于 2010 年提出《数字德国（2015）》、2014 年提出《数字议程（2014—2017）》、2016 年提出《数字化战略（2025）》；2018 年，德国在数字经济领域发布了《联邦政府人工智能战略要点》和《人工智能德国制造》

续表

国家		数字经济政策
发展中国家	中国	2005年国务院发布了《国务院关于加快电子商务发展的若干意见》；2015年7月国务院发布了《国务院关于积极推进"互联网+"行动的指导意见》；2017年"数字经济"一词首次出现在政府工作报告中；2020年国家发改委、中央网信办启动"上云用数赋智"行动企业加快云计算、大数据、人工智能等方面的数字化转型；2020年中国提出新基建，布局5G、数据中心、人工智能、工业互联网、物联网等进一步的发展战略
	印度	2015年印度政府推出"数字印度"计划
	巴西	2016年巴西政府发布"智慧巴西"国家宽带计划以及《国家科技创新战略（2016—2019年）》
	俄罗斯	2017年俄罗斯政府将数字经济列入《俄联邦2018—2025年主要战略发展方向目录》，并编制完成《俄联邦数字经济规划》
	印度尼西亚	2015年印度尼西亚提出"2020年迈向数字化愿景"计划；2016年出台了《电子商务路线图》
	哈萨克斯坦	2017年哈萨克斯坦政府通过"数字哈萨克斯坦"国家方案

资料来源：中国信息通信研究院：《全球数字经济新图景》。

近些年，数字技术基础变革悄然酝酿，数字经济正在朝着物联网、云计算和大数据等前沿方向发展。"物联网"这一概念最早由国际电信联盟于2005年提出。目前，物联网在全球经济中的作用日渐显现。学者预计，2020年全球工业物联网的产值将会增长到1520亿美元（陈崎岭，2020）。2006年，Google首席执行官埃里克·施密特在搜索引擎大会上首次提出"云计算"这一概念（SES San Jose，2006）。云计算让每个网络用户都有机会使用网络上的数据中心和庞大的计算资源（罗晓慧，2019）。这提高了人们在生产生活中获取和利用数据资源的能力，进而推动数字经济的发展。"大数据"这一概念在2008年被正式提出。经过十多年的发展，大数据技术现已在各行各业得到广泛运用。相关报告预测，全球大数据行业的市场总收益将于2023年达到3126.7亿美元。[①] 同时，近年来，智能化行业快速发展。智能化逐渐覆盖生活

---

① 资料来源：IDC：《全球半年度大数据支出指南》，https：//www.sohu.com/a/340088132_718123。

的方方面面,从传统的智能手机、平板电脑到前沿的 VR(虚拟现实)、机器人、智慧城市及无人驾驶汽车等领域都有智能化的应用。

二 我国数字经济发展历程

纵观世界经济发展历程,我国虽遗憾错失前两次技术革命的机遇,且第三次技术革命的起步晚于美国、英国等发达国家,但我国在 20 世纪的最后十年终于"拨开云雾见月明",抓住了互联网发展的机遇,不断将数字经济培育壮大。我国在遵循全球数字经济发展规律的同时,彰显出了中国特色,涌现了无数具有代表性和影响力的中国实践。

1994 年,我国开启了互联网时代。在经历了 25 年筚路蓝缕、孜孜不倦的奋斗后,我国顺利跻身世界公认的数字大国行列。当下,我国数字经济在规模上实现了飞跃式发展,创新模式也由模仿创新蜕变为自主创新,并在部分领域充当了"领头羊"的角色。纵观我国数字经济的发展历程可知,我国数字经济发展与世界数字经济发展的规律基本一致,同时还具有显著的中国特色。目前,我国数字经济的发展历程可以根据数字经济的主导业态、模式以及国家对应的政策划分为萌芽期、高速发展期和成熟期这三个时期。

(一)萌芽期:1994—2002 年

互联网是我国数字经济的开端。我国互联网向世界迈出的第一步是一封由钱白天教授于 1987 年 9 月发出的电子邮件。这封承载着国人对信息时代的憧憬与愿景的电子邮件,标志着国人早期在互联网领域的积极探索。在科技工作者 7 年锲而不舍的探索与研究下,我国互联网技术不断完善,实现了飞速发展。1994 年,随着我国首次顺利实现与国际互联网对接,我国互联网发展史上又被添上了浓墨重彩的一笔。

在萌芽期,我国互联网企业纷纷崛起。该时期以互联网为代表的数字经济充分享有我国的人口红利,网民规模高速增长,刺激了各种新经济形态的形成。因此,互联网产业涌现出大量在数十年后业内领航、名扬海外的标杆企业。1995 年,随着互联网技术深入发展,我国首家互联网接入服务商"瀛海威"公司在具有"中国硅谷"之称的北京中关村成立了。此后,新浪、搜狐、网易这三家当下颇具影响力的门户网站也在该时期相继创立,阿里巴巴、京东等电子商务网站作为后起之秀也进入了初创阶段。此外,以百度为代表的搜索引擎纷纷涌现,以腾讯为

第二章　数字经济的国内外发展现状与存在的问题

代表的基于互联网的社交媒体也得到空前发展。起初,这些初创期的互联网企业以模仿外国成功商业模式、积攒用户流量的发展方式为主,自主创新程度不高,尚未形成足以影响与推动经济发展的强大力量。但在此后的几十年里,这些中国互联网企业不断加强数字技术的开发与应用,为自身注入了新的转型动力,逐渐发展壮大,在互联网领域门户网站、电子商务网站、搜索引擎、社交媒体等领域成为了引领中国数字经济发展的龙头企业。

在萌芽期,数字经济具有商业模式较为单一的特点。以信息传播和获取为中心的新闻门户、邮箱业务以及搜索引擎增值服务成为该时期发展的主力。此外,陕西华星和北京海星凯卓两家公司强强联合,于1998年4月7日完成了中国首单电子商务交易。这是我国电子商务交易最早的案例,表明我国迈出了以网络零售为代表的电子商务贸易的第一步,电子商务相关产业在经济中悄悄孕育。

在萌芽期,信息化建设成为我国数字经济政策的聚焦点。在该时期,人们对数字经济的认识尚浅。人们对数字技术的运用仍处于起步阶段,主要以计算机应用和通信网络搭建两类方式为主。因此,该时期政策关注的重点为对信息产业及基础设施的扶持。与此同时,中国在信息时代的澎湃汪洋中积极找寻自己的方向定位。自1993年开始,社会信息化工作被列入党和国家领导人重点关注的范围,政府也对电子信息产业的发展做了一系列的部署。为稳步推进社会信息化建设,我国推出并落实了"三金工程"。[①] 1996年出台的《国民经济和社会发展"九五计划"和2010年远景目标纲要》也旨在推动信息化建设实现新突破。[②]

在政策指导下,数字经济发展一路高歌猛进。但数字经济的高速发展也带来了巨大的隐患,网络经济泡沫达到了最高点。2000年3月,全世界迎来了互联网寒冬,股市崩盘,海外互联网泡沫破裂,国内互联网产业也未能幸免。我国的数字经济在经历了两年的短暂低迷后,于2002年年底开始复苏,并在电子商务的助推下迎来了新的发展机遇。

---

① "三金"即"金桥""金关""金卡"。
② 该计划明确指出我国信息化建设要以"统筹规划、国家主导、统一标准、联合建设、互联互通、资源共享"这24个字为方针。

（二）高速发展期：2003—2012年

2003年开始，以网络零售为代表的电子商务逐渐成为推动中国数字经济发展的核心驱动力，带领数字经济进入高速发展阶段。电子商务巨头阿里巴巴于2003年上半年推出了电子商务网站淘宝网。淘宝网在促进本土网络零售业发展的同时，还通过本土化商业模式抢占了eBay的市场份额，加速eBay退出中国市场的步伐。2003年下半年，阿里巴巴团队为解决网络交易中的信任问题，联合金融行业推出了支付宝业务。在阿里巴巴的努力下，我国电子商务体系雏形初显。互联网的利好源源不断地向人们传递，网购逐渐成为人们喜闻乐见的消费方式。2007年，电子商务服务业在国务院文件中被确定为国家重要的新兴产业。随后，我国电子商务服务业逐渐成为数字经济高速发展阶段的主角。如图2-2所示，2008年中国网络市场交易规模为1220.1亿元，而2012年就已经突破1万亿元，可见其呈现高速增长态势。

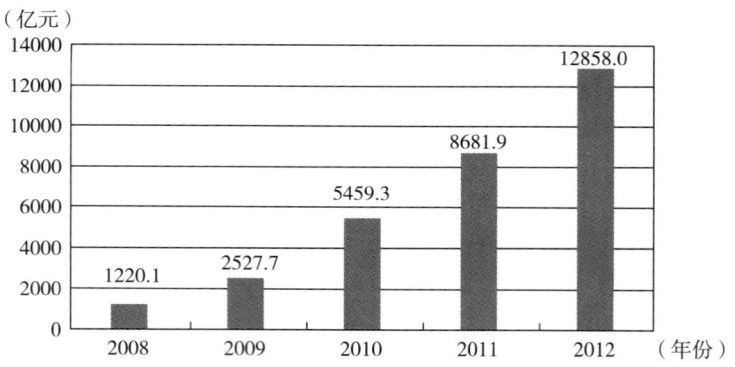

图2-2 中国网络市场交易规模

资料来源：前瞻产业研究院。

该阶段，互联网行业通过与个体社交需求结合，衍生出了各式各样的社交网络服务，新兴业态层出不穷。随着社交关系对社交网络的黏性越来越强，加之社交网络服务（SNS）不断推广普及，人际联络方式发生重大变革。博客和微博等自媒体平台应运而生，网民个体与经济社会的关系更加紧密。这是互联网发展历史上重要的一步，以个体为单位的

第二章　数字经济的国内外发展现状与存在的问题

用户自此真正深入地融入了互联网的环境中。博客模式早在2000年就进入了中国市场,但当时各门户网站对博客均持不看好的态度,导致博客这一社交方式反响平平。2004年"木子美事件"的爆发使博客真正进入大众的视野,改写了中国网民对博客的认知。次年,各门户网站迅速地抓住了博客运营的机遇,开辟了博客运营业务。同年,腾讯公司旗下产品QQ注册用户过亿,QQ聊天成为人们喜闻乐见的交友方式。随后,以社交网站为基础的虚拟社区游戏市场迅速升温。以开心农场为代表的虚拟社区游戏不断涌现,在虚拟社区游戏中交友成为大众时尚。同时,这类虚拟社区游戏还形成了一个庞大的"代练"市场,成为中国网络游戏界"代练"方式的雏形。2009年新浪微博正式上线,为广大网民提供了一个能够言简意赅各抒己见的交流社区平台,进一步推动了互联网文化多元发展。

该时期文化产业数字化趋势显著。根据中国知网内"数字化"关键词检索结果的时间排列,自2003年起的10年间,学术界对数字技术与文化产业结合的研究占据了主导地位,其中传媒行业尤甚,相关论文总量远大于其他任一行业。传媒产业是我国最早实行产业数字化的产业之一。在数字经济的高速发展期,传媒产业的重要产品——数字媒体网络广告呈现出蓬勃发展之势。虽然互联网广告收入仅是众多媒体广告收入的冰山一角,总占比不超2%[①],但2003年中国网络广告市场实现了快速发展,规模达到10.8亿元人民币,同比增长120%。[②] 这表明传媒产业在该时期已有数字化趋势,传媒产业正在向互联网端进军。传媒产业内部各部门的产值规模和组成结构在数字技术推动下实现了自我更新,新形式、新业态不断涌现。报纸杂志、电影、电视广播等行业都在数字技术的推动下转型升级,加强了与读者、观众、听众的互动性。

该时期,国家对电子商务做出了重要规划。2002—2005年,国务院先后发布了两份与数字化转型相关的文件,电子政务、电子商务被列入国家重点发展行列。[③] 随后的几年里,国家发改委联合其他部委为电

---

① 资料来源:新浪科技,http://tech.sina.com.cn/i/w/2004-05-08/0817358194.shtml。
② 同上。
③ 文件为《国家信息化领导小组关于我国电子政务建设指导意见》和《国务院关于加快电子商务发展的若干意见》。

25

子商务发展进行了深谋远虑的部署，编制了切合时宜的发展规划，积极带动电子商务推广。2012年，云计算被写入"十二五"发展规划。由此可见，以电子商务、电子政务为主要内容的数字经济发展规划成为国家战略的重要组成部分，数字技术的新形式在充分的政策利好下逐渐涌现，新兴产业方兴未艾。

（三）成熟期：2013年至今

随着移动互联网不断发展，中国数字经济的基本格局逐渐确定，数字经济呈现出以产业数字化为主，数字产业化为辅的格局。

在数字经济成熟期，数字化转型进程加快，数字技术以第三、第二、第一产业的顺序向实体经济渗透。服务业数字化大潮已经来临，未来发展空间广阔。在服务业中，无论是交通出行还是饮食娱乐，线上订单平台呈现出一派欣欣向荣的景象，生活服务的各个方面几乎都在向线上转移。为了应对人口、土地、技术等资源的约束以及综合成本持续上升的问题，企业纷纷组建"无人工厂"，用数字技术赋能工业生产。随着第二产业数字化程度的加深，"工业4.0"和《中国制造2025》未来可期。同时，数字技术与农业也有了进一步的结合，数字农业发展取得显著成效，不仅实现了从无到有的突破，还在农业科技领域实现了一系列具有中国特色的创新。虽然目前我国农业的数字化转型还存在较多障碍，例如农户分散、农业基础薄弱等，农业数字化滞后于第二、第三产业的数字化发展，但我们有足够的理由相信，数字农业在乡村振兴和数字中国战略指导下将有更好的发展。

在该阶段，数字经济迸发出新的活力，数字产业不断迭代升级。如今，阿里巴巴、腾讯和百度这三家起步于数字经济萌芽时期的互联网公司已经成为我国互联网行业的龙头企业。阿里巴巴和腾讯在2019年全球市值前10公司名单榜上分别居于第7位和第8位，已成为全球性的互联网巨头。① 中国互联网业由三巨头主导的格局已经形成，且在这个阶段早期的数年内保持相对稳定的态势。近年来，数字经济领域涌现了共享经济、网红经济等新业态。移动支付作为互联网金融与时俱进的代表，为数字经济注入了新的活力。网络直播在成为数字经济时代效率较

---

① 资料来源：普华永道（PwC），https：//www.maigoo.com/news/525418.html。

高的营销手段的同时，也渐渐成为人们生活中流行的娱乐、交友方式，各大直播平台迅速崛起。快手、抖音等新直播平台吸引了许多内容主播，一定程度上也拉动了就业。在数字经济成熟期，传感器、5G网络、RFID、VR、无人驾驶等技术的突破将再度开启数字产业化的新征程。新的数字产业将成为未来经济的重要增长引擎。

社会治理和城市服务也是我国数字化的重要一环。数字技术为智慧城市建设添砖加瓦，发挥着提升社会治理效能的作用。在数字技术的帮助下，数字政府建设过程中涌现出了众多形式多样、功能齐备的政务新媒体，政府网上服务平台建设日趋完善，政务大数据决策支撑平台也正加速构建。数字技术如人工智能、大数据和5G等新兴技术对城市治理大有裨益。这类新型数字技术利用算法加工和处理数据，能够及时地在海量信息中挑选、组合有利的信息传递给城市管理者，为管理者提供科学有效的决策模型。与此同时，在城市服务建设中，大数据系统通过打通部门之间的数据壁垒，实现了城市治理资源的整合，进一步优化了群众服务措施，大力推动城市治理朝着智慧化、精细化的方向迈进。

2020年年初，突如其来的新冠肺炎疫情给数字经济发展带来了巨大挑战，但同时也带来了巨大机遇。数字经济在疫情扩散中展现出了超常的韧性，大量互联网公司积极运用大数据分析展示疫情动态，为有序复工复产提供重要支持。与此同时，在疫情推动下，各种在线服务新形式不断涌现，丰富了数字经济的应用场景，数字经济得到进一步发展。

在政策方面，数字经济的概念在本时期逐渐丰富和完善，并被明确列入政府报告中，数字经济发展规划上升至国家高度。2013—2020年，我国出台了一系列支持数字经济发展的政策，具体如表2-4所示。

表2-4　　　　　　　数字经济成熟期代表性政策及论断

年份	政策名称/重要论断
2013	《关于加强和完善国家电子政务工程建设管理的意见》
2015	《国务院关于积极推进"互联网+"行动的指导意见》、推进"数字中国"建设
2016	《"十三五"国家战略性新兴产业发展规划》《G20数字经济发展与合作倡议》《智能制造发展规划（2016—2020年）》《智能制造"十三五"发展规划》
2017	"数字经济"首次被写入政府工作报告、"推动数字经济和实体经济融合发展"

续表

年份	政策名称/重要论断
2018	"数字产业化和产业数字化"双轮驱动、"数字丝绸之路"
2019	《国家数字经济创新发展试验区实施方案》《大力推进数字农业农村发展》
2020	《中共中央、国务院关于构建更加完善的要素市场化配置体制机制的意见》

资料来源：中华人民共和国中央人民政府官网。

三 广东数字经济发展历程

广东省数字经济的发展轨迹与我国总体历程具有一定的相似性，但也有着显著的地方特色。许多行业研究报告表明，广东省的数字经济水平位居全国前列，在全国发挥着模范带头作用。参照全国发展历程，广东省数字经济的发展根据广东省数字经济发展成果和政策规划可划分为三个不同时期：起步期、发展期、示范期。

（一）起步期：1995—2003 年

广东省率先开展数字通信基础设施建设。广东省在数字经济发展初期就紧跟国际先进技术的潮流，拥有推动信息化发展的强大动力。1995年，我国第一个宽带综合业务数字示范网（以下简称 ATM 示范网）和第一个宽带多媒体通信实用实验网在广东建成。这些实验网的率先建成彰显了广东省作为对外开放"排头兵"的优势。

我国互联网巨头企业大多起步于广东省。邓小平南方谈话后，广东省的经济发展速度大幅加快，毗邻港澳、华侨数量众多的地缘优势为广东经济发展带来了丰富的红利。开放的思想和包容的环境孕育着数字经济的发展雏形。1995 年，广东有两个知名的 BBS 站台，一个是广州的新月，另一个是深圳的 PonySoft。而 PonySoft 的创办人正是腾讯的创始人马化腾。同年，丁磊在与朋友交流的过程中意识到了广东省的发展潜力和广东省对前沿技术发展的大力支持，毅然决定辞职到广州创业，成功创办了网易。大量互联网企业的崛起塑造了广东省互联网行业的早期发展格局，也为广东省早期数字经济发展注入了活力。

广东省立足外贸优势，将电子商务列入优先发展清单中。广东省是中国对外贸易大省，美国、日本、欧盟各成员国以及各东南亚国家都是广东省电子商务外贸的重点对象。由此可见，广东省的地缘优势为电子商务发展带来了丰富的国际资源。2000年广交会后,广东省形成了多个以电子商务为主要业务的用户网站,其中,广州市数量最多。

(二) 发展期:2004—2015年

在数字经济发展期,广东省信息通信产业蓬勃发展,相关产业规模连续多年在全国范围内名列前茅。2004年,朱高峰在中国科协学术年会上指出,2004年广东省电信业务收入约占全国1/6,信息电子制造业销售额约占全国1/4,信息电子产品出口额约占全国1/3,遥遥领先于其他省市。随后的十年,广东省软件和信息产业规模以平稳的增速不断发展壮大,一批信息产业的龙头企业在广东省涌现和聚集。

该时期,广东省数字经济发展呈现出多领域信息化、数字化的趋势。各式各样数字技术的实际应用丰富了人们的生活。公安、人社、医疗、公积金服务与互联网技术融合,逐渐实现全省覆盖成为人们日常生活不可或缺的部分。交通违法查询、社保查询、出入境业务办理、医疗系统挂号、粤通卡等服务成为用户量最大的五项智慧民生服务。[①] 教育信息化也是该阶段的一大特点。广东省高度重视数字技术对教学质量的提升作用,将大量资金投入到教育信息化建设工作中。在资源共享和教育管理方面,2005年,广东省建成了较为完备的教育管理信息系统、教育信息资源库以及网上考试系统。数字技术极大地推动了广东"双转移"政策的落地,推动传统产业转型升级。传统高耗能高污染的工业逐渐被淘汰,制造业由劳动密集型向技术密集型转型,资源节约和环境友好的工业体系基本形成。此外,广东省政府也十分重视农业农村信息化建设,大力推进农村光纤覆盖及互联网普及工程,促进农业朝着精细化、智慧化方向发展。

(三) 示范期:2016年至今

广东省争当数字经济强省。自"十三五"开局之年(2016年)起,广东省为数字经济由规模大向质量优、融合深的方向发展做出了一系列的努力。第一,广东省大力推进数字产业化。广东省致力于推动电子信息制造业朝中高端方向迈进,重点打造芯片、5G等产业,加快建成世界一流电子信息产业集群。2018年,广东省电子信息制造业产值

---

① 资料来源:广东省电子信息行业协会,http://mp.ofweek.com/robot/a445683221216。

3.88万亿元，软件业务收入破万亿元，连续多年遥遥领先。① 第二，广东省着力培养实力强劲的标杆企业，为企业发展引领护航。2019年，华为、TCL、中兴通讯、比亚迪等多家广东本土通讯企业入选中国电子信息百强企业；② 腾讯、网易、迅雷等老牌互联网企业也毫无疑问地入选中国互联网企业100强。③ 广州拥有信息技术领域上市公司超一百家，数量超过北京和上海之和，总市值超1万亿元，居全国首位。第三，广东省强调通过数字技术助力各产业转型升级。2019年12月，广东省工业和信息化厅与阿里云共同启动了广东产业集群数字化转型升级计划，推动企业广泛运用工业互联网，提高综合竞争力。此外，广东省服务业数字化应用也不断丰富，越来越多服务业向线上发展延伸。第四，广东省大力推进数字技术赋能政府治理和城市管理。过去几年，广东省以"数据上云、服务下沉"为主线，大力推进治理能力现代化、智慧化。智慧城市建设也方兴未艾，数字经济日益渗透到百姓生活的方方面面，数字城市改革涵盖了衣食住行这四大核心领域，增进了民生福祉。

当下，广东省又以粤港澳大湾区建设为契机，将数字经济发展进一步融入湾区建设的统一规划部署之中。广东省在大湾区建设中积极利用技术先进、资金充裕、人才储备丰富、信息披露程度较高等优势，致力于打造"云上湾区、数字湾区、智慧湾区"。④ 广东省积极推进数字经济的"一号工程"，将数字经济列入省经济发展重点，大力推进数字经济发展，赋能实体经济高质量发展。

广东省数字经济的快速发展以及其所取得的卓越成效离不开广东政府的大力支持。2014年至今，广东省采取了一系列积极有为的支持行动，具体如图2－3所示。

---

① 资料来源：《南方日报》，http：//gd.people.com.cn/n2/2019/0827/c123932－33291281.html。
② 资料来源：中国电子信息行业联合会，https：//www.sohu.com/a/328562741_202311。
③ 资料来源：新浪财经，https：//finance.sina.com.cn/chanjing/gsnews/2019－08－14/doc－ihytcern06923－09.shtml。
④ 资料来源：广东省工业和信息化厅，http：//gdii.gd.gov.cn/mtbd1875/content/post_929777.html。

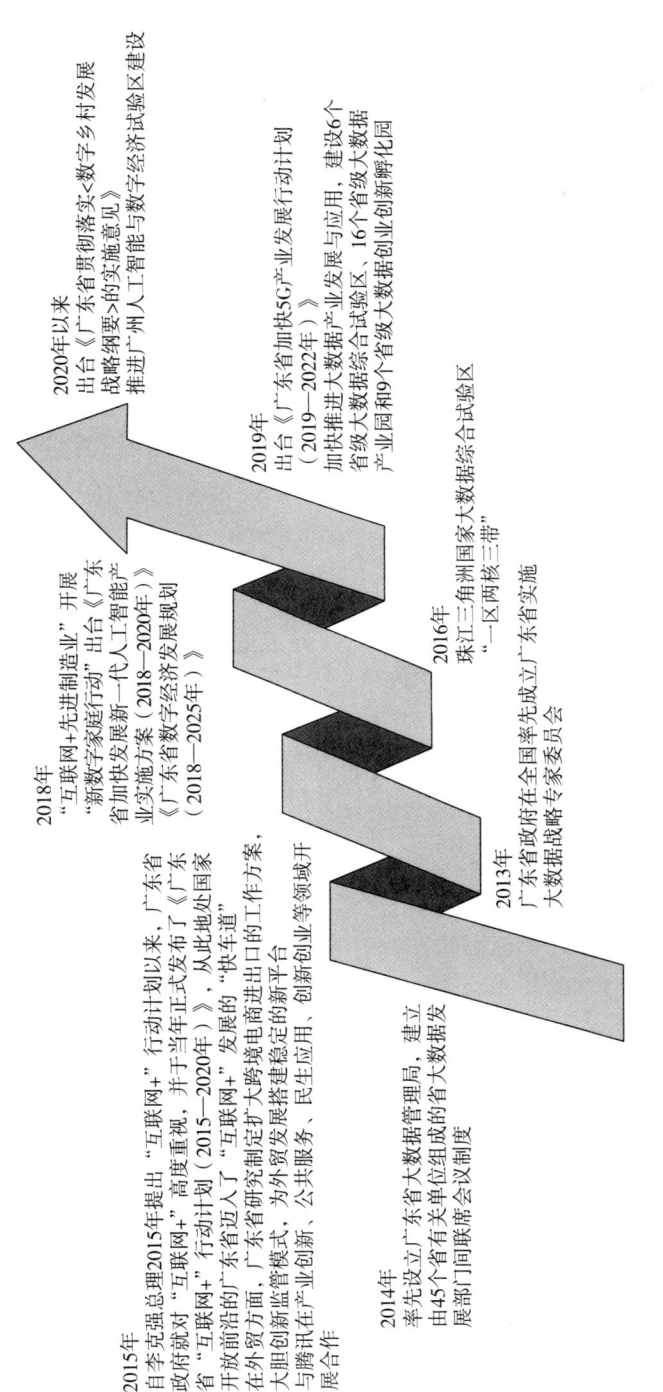

第二章　数字经济的国内外发展现状与存在的问题

2020年以来
出台《广东省贯彻落实〈数字乡村发展战略纲要〉的实施意见》
推进广州人工智能与数字经济试验区建设

2019年
出台《广东省加快5G产业发展行动计划（2019—2022年）》
加快推进大数据综合发展与应用，16个省级大数据产业园和9个省级大数据产业园和9个省级大数据创业创新孵化园

2018年
"互联网+先进制造业"开展"新数字家庭行动"出台《广东省加快发展新一代人工智能实施方案（2018—2020年）》《广东省数字经济发展规划（2018—2025年）》

2016年
珠江三角洲国家大数据综合试验区广东省实施"一区两核三带"

2015年
自李克强总理2015年提出"互联网+"行动计划以来，广东省政府就对"互联网+"高度重视，并于当年正式发布了《广东省"互联网+"行动计划（2015—2020年）》，从此地处国家开放前沿的广东省迈入了"互联网+"发展的"快车道"。在外贸方面，广东省研究制定扩大跨境出口的工作方案，为外贸发展搭建稳定的新平台；大胆创新监管模式，公共服务、民生应用、创新创业等领域开展合作

2014年
率先设立广东省大数据管理局，建立由45个省有关单位组成的省大数据发展部门联席会议制度

2013年
广东省政府在全国率先成立广东省大数据战略专家委员会

图2-3　广东省支持数字经济发展的代表性政府行动

资料来源：广东省人民政府网站。

31

第三节 数字经济发展现状

数字经济发展迅速,拥有良好的前景与广阔的产业转型空间,对促进经济增长起着关键作用。但是,目前不同国家间的数字鸿沟依然较大,未来一段时期内全球数字经济发展不平衡的状态将持续存在。下文总结了全球数字经济的发展现状,并进一步梳理了我国全国和代表地区数字经济的发展现状。

一 全球数字经济发展现状

当今世界正处于从工业经济到数字经济过渡的关口,国际竞争日趋激烈,科技发展水平和数字化程度已成为衡量一个国家综合竞争力的重要指标。全球范围内,数字经济保持平稳高速增长,在经济中起着越发关键的作用。下文将从四个角度描述全球数字经济的发展状况,总结全球数字经济在不同方面的发展现状与特点。

(一) 数字经济繁荣发展,成为促进全球经济发展的关键力量

在全球经济增速放缓、下行风险增大的趋势下,数字经济保持持续快速发展,成为推动全球经济增长的中坚力量。分析显示,全球数字经济总量每提高10%,人均GDP将有约0.55%的增长。[1] 中国信息通信研究院发布的《全球数字经济新图景(2019)》表明,近年来各国数字经济均保持平稳快速发展。在中国信息通信研究院测算的47个国家中,2018年度数字经济增速最快的两个国家分别为爱尔兰和中国,增速分别达到19.5%和17.5%。此外,共有21个国家数字经济增速超10%。数字经济增速超GDP增速最多的两个国家是韩国和土耳其,分别达到7.5%和7.2%。据中国信息通信研究院统计,各国数字经济增长均对同期GDP增长有重要贡献,多个国家数字经济对GDP增长的贡献率超50%。随着科技的持续创新和发展,未来数字经济对全球经济的带动作用将越发明显。[2]

---

[1] 资料来源:《经济日报》,http://views.ce.cn/view/ent/201708/18/t20170818_25091585.shtml。

[2] 资料来源:中国信息通信研究院:《全球数字经济新图景(2019)》,http://www.caict.ac.cn/kxyj/qwfb/bps/201910/P020191011314794846790.pdf。

全球数字经济规模不断扩大。截至2018年年底，美国、中国、日本、德国和马来西亚等全球47个主要国家的数字经济总量已达30.2万亿美元，占国内生产总值总量的40%。预计到2021年年底，这些国家GDP的50%将由数字经济构成，达到45万亿美元。由此可见，数字经济总量将持续增长，数字经济已成为促进全球经济增长的关键动力。[1]

（二）数字经济在各地区的渗透率不同，面临发展失衡的困境

中美两国数字经济发展领跑全球，远超世界其他国家。根据《全球数字经济新图景（2019）》，2018年美国数字经济体量居世界第一，高达12.34万亿美元；我国排名第二，达4.73万亿美元。2018年我国和美国的数字经济总规模占全球数字经济总规模的约50%。[2] 联合国发布的《2019年数字经济报告》指出，数字经济在地域分布上高度集中在中美两国。中美两国拥有全球75%的区块链技术相关专利，两国物联网领域支出占全球物联网领域总支出的50%，并占据了全球超过75%的云计算市场。值得注意的是，中美两国占全球70大数字平台企业总市值的70%，而拉丁美洲、非洲和欧洲，分别仅占1.2%、1.3%和3.6%。世界其他国家和地区的数字经济发展远远落后于中美两国，亟须加大对数字经济的重视力度，制定相关政策鼓励数字经济发展。

总体上，国家间数字经济发展失衡，数字鸿沟较大。国家之间数字化差距显著，并且由于国家发展水平、方针政策等的差异，国家之间数字化差距正逐步扩大。联合国发布的《2019年人类发展指数》指出，发展中国家数字经济的规模、数字经济占GDP的比重这两项指标均显著低于发达国家。[3] 中国信息通信研究院发布的《全球数字经济新图景（2019）》对全球47个国家的数字经济发展水平进行研究，其中20个发达国家拥有22.5万亿美元的数字经济总量，占这些国家GDP的50%，而其他27个发展中国家仅有7.7万亿美元的数字经济总量，占这些国家

---

[1] 资料来源：中国信息通信研究院：《G20国家数字经济发展研究报告》，http://www.caict.ac.cn/kxyj/qwfb/bps/201812/P020181219311367546218.pdf。

[2] 资料来源：中国信息通信研究院：《全球数字经济新图景（2019）》，http://www.caict.ac.cn/kxyj/qwfb/bps/201910/P020191011314794846790.pdf。

[3] 资料来源：UNCTAD,"Human Development Index（HDI）2019"，http://hdr.undp.org/en/content/human-development-index-hdi。

GDP 的 25.7%。国家间的数字经济发展差距也反映在网络覆盖率上。在发达国家，80%以上的人可以接触并使用互联网，而在发展中国家仅有约 20%的人可以得到互联网的使用机会。整体来看，全球互联网普及率尚未达到 50%，数字经济发展不平衡的状态或将继续存在，如果此类问题没有得到及时解决，全球收入不平等的现状或将进一步恶化。①

（三）数字经济的国际合作日益密切，国际化竞争日趋激烈

国际组织和论坛为数字经济的可持续发展提供了必要的平台支撑。随着技术的飞速进步，数字经济成为全球经济增长的新动力，也成为国际合作关注的焦点。我国首次提出覆盖六大洲 138 个国家和 30 个国际组织的"一带一路"倡议，深化了我国与相关国家在经济领域的合作，为推动数字经济全球化发展做出了不可磨灭的贡献。此外，在 2015 年 20 国集团峰会上，"中土数字丝绸之路"首次被提出，成为我国首个双边跨境电商互助项目。G20 和 APEC 等经济合作组织也在数字经济全球化中发挥了重要作用。"数字经济"于 2019 年被 APEC 视为一大议题，APEC 也在同年将"电子商务工作组"改组为"数字经济指导组"。②

各国竞相参与全球数字经济的治理工作，数字经济的国际竞争更加激烈。在此形势下，全球主要国家纷纷提出各自的数字经济理念，推广数字经济规则。例如，美国在 2016 年成立"数字贸易工作组"，并与多国签署数字贸易协议，扩大"数字贸易便利化构建倡议"的辐射范围。日本则将发展重点放在数字经济与民生的结合上，利用其 G20 主席国的身份，将"互联网工业""社会 5.0"等先进理念推向全球。③

（四）产业数字化发展潜力巨大，已成为促进数字经济发展的核心力量

全球各国产业数字化发展水平存在差异，产业数字化的发展潜力为未来数字经济发展带来广阔空间。中国信息通信研究院的研究表明，2018 年全球主要国家产业数字化规模占本国数字经济比重均超 50%，

---

① 资料来源：UNCTAD，"Digital Economy Report 2019"，https://unctad.org/en/pages/PublicationWebf-lyer.aspx?publicationid=24。
② 资料来源：政策信息所数字经济研究室：《2019—2020 年度数字经济形势分析》，http://w-ww.cbdio.com/BigData/2020-01/17/content_6154202.htm。
③ 资料来源：电子信息产业网，http://m.cena.com.cn/ia/20200426/106272.html。

美国、法国等12个国家占比超80%。不同于数字产业化在GDP占比相对稳定的状态,全球主要国家的产业数字化规模占本国GDP比重差别较大,世界上大多数国家的产业数字化占GDP的10%—40%,而部分国家如美国、英国等国则超过50%,新西兰、希腊等国家占比较低,低于10%。[①] 各国产业数字化规模在GDP占比的巨大差异表现出部分国家产业数字化的巨大发展潜力。

产业数字化的整合与转型具有广阔空间。中国信息通信研究院发布的《G20国家数字经济发展研究报告》显示,近年来G20国家的产业数字化总量与数字产业化总量之比持续上升。这说明传统产业与数字技术融合的趋势不断加强。发展数字经济有利于提高各传统产业的商品和服务质量,促进传统产业的数字化转型和数字经济结构的不断优化。传统工业的数字化改造也有效地推动了全球工业的变革,已成为各国工业政策不可或缺的部分。例如,法德两国发布的《面向21世纪欧洲工业政策之法德宣言》和美国提出的"未来工业发展规划"等政策都重点阐述了制造业的数字化转型。

二 世界代表性国家数字经济发展现状

数字经济的繁荣为国家的发展创造了新动能,也给各产业、行业带来了变革。如今,发达国家依然引领着数字经济的发展潮流,少数发展中国家也不甘落后,增长势头强劲。本节将概述部分代表性国家数字经济发展的总体现状,介绍数字经济在这些国家各个产业内的渗透情况,并从行业层面进行具体分析。

(一)美国:领先全球,广播和电信业成龙头

美国是全球数字经济的领先者。美国的数字经济规模在2018年达到12.34万亿美元,占GDP比例的60.2%。美国数字经济发展态势良好,增速与同期GDP相比高出近3%。在内部结构方面,产业数字化是美国数字经济的主要构成部分。2018年,美国数字产业化与产业数字化规模均居世界第一,产业数字化规模达10.8万亿美元,占数字经济比重超80%,占GDP比重超50%。产业方面,数字技术对美国第三、

[①] 资料来源:中国信息通信研究院:《全球数字经济新图景(2019)》,http://www.caict.ac.cn/kxyj/qwfb/bps/201910/P020191011314794846790.pdf。

第二、第一产业逆向渗透现象十分明显。2018年,美国服务业中数字经济占55.1%,工业与农业中则分别只有37.7%与13.7%。① 这表明,虽然美国的数字经济规模居世界第一,但如何平衡产业间差距仍是美国数字经济发展过程中需要解决的重大问题。

各行业中,广播与电信业是美国数字经济实际总产出的重要组成部门,且发展趋势良好。美国拥有AT&T、CenturyLink等世界领先的电信运营商与数量众多的流媒体平台,如2018年全球移动应用中排名第一的Netflix。截至2019年4月,美国互联网普及率达到89%,处于世界领先水平。② 政策方面,美国十分重视5G布局,将其列入政府支持重点,加速其商业化进程。美国互联网渗透率高,广播与电信业企业实力雄厚,美国政府也十分支持广播与电信业的进步,这些因素共同促进了该行业的发展。如图2-4所示,2017年,美国数字经济广播与电信业实际总产

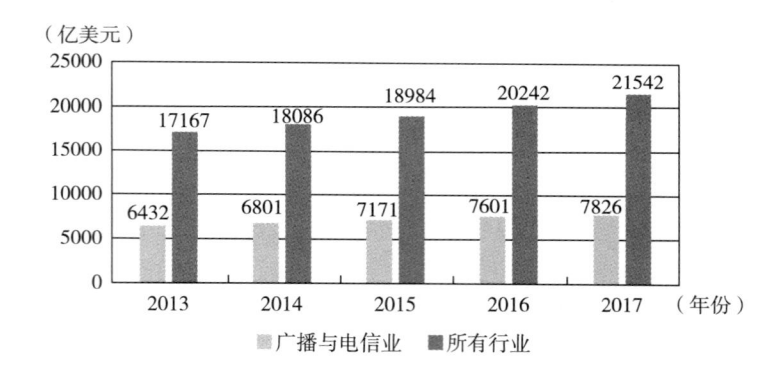

图2-4 美国广播与电信业、所有行业数字经济实际总产出(2013—2017年)
资料来源:美国经济分析局(BEA)。③

---

① 资料来源:中国信息通信研究院:《全球数字经济新图景(2019)》,http://210.78.94.31:81/2Q2W2D5D044E72278E7F3E2EDA720EAFEDF4854F6A7F_unknown_CF445A9649923D97_CB0EC6B87FF4A9C2EC408CF1_6/www.cbdio.com/image/site2/20191011/f42853157e261f0a78c 207.pdf。

② 资料来源:Internet World Stats,https://www.internetworldstats.com/stats14.htm。

③ 资料来源:BEA,"Special Topics for Digital Economy",https://www.bea.gov/data/special-topics/digital-economy。

出达7826亿美元，占所有行业比重为36.3%。① 美国流媒体使用率上升，电信板块迎来新风口，美国数字经济广播与电信业有望迎来跨越式发展。

(二) 德国：发展均衡，聚焦人工智能

德国的数字经济规模居欧洲第一。2018年，德国的数字经济规模接近2.4万亿美元，位居世界第三。数字经济占德国GDP比重同样超过60%，并且增长速度可观，约为10%，高出同期GDP增速逾2%。产业数字化在德国数字经济的内部结构中占绝对优势。2018年德国产业数字化规模达21584亿美元，占GDP比例为54%，而数字产业化规模则仅有其1/9。德国虽为老牌工业强国，工业数字化程度较高，但其数字经济在农业和服务业中的表现也十分突出。服务业、工业中数字经济占比分别为57.2%、42.5%，农业中数字经济占比则为21.9%，三项指标均居全球前二。② 这表明德国在扩大数字经济规模的同时，也注重三大产业与数字经济的融合发展。

人工智能（AI）是德国各行业中数字经济发展的重点，但业内人士对其可能带来的影响存在担忧。据《德国2018年数字经济监测报告》统计，2018年德国5%的商业公司引入了人工智能应用，相比2017年的2%，尽管总体水平仍然不高，但是增速较快。该报告还指出，各行业中，AI应用率最高的是信息通讯业，2018年达16%。医疗保健领域AI应用率尽管高于全行业平均水平，但预计其未来十年内增长速度将较为缓慢，将被当下AI应用率水平相同的化工与制药、金融与保险服务领域超越。当前，德国的机械工程行业AI应用率低于全行业平均水平，但预期未来将实现较高增长，预计2028年将达到48%。对于AI在商业领域的渗透，有64%的受访人工智能专家表达了他们对

---

① 资料来源：BEA，"Special Topics for Digital Economy"，https://www.bea.gov/data/special-topics/digital-economy。
② 资料来源：中国信息通信研究院：《全球数字经济新图景（2019）》，http://210.78.94.31:81/2Q2W2D5D044E72278E7F3E2EDA720EAFEDF4854F6A7F_unknown_CF445A9649923D97_CB0EC6B87FF4A9C2EC408CF1_6/www.cbdio.com/image/site2/20191011/f42853157e261f0a78c207.pdf。

数据安全的担忧，这也说明数据质量是德国未来 AI 应用的关键。①

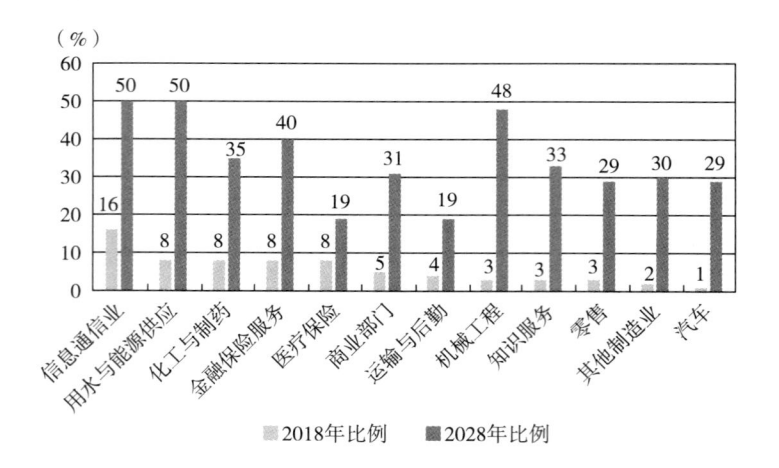

图 2-5　德国 2018 年各领域 AI 使用情况与 10 年后预测使用率

资料来源：*DIGITAL Economy Monitoring Report* 2018。

（三）日本：发展缓慢，电商成亮点

日本的数字经济规模巨大，但发展较为缓慢。2018 年，日本的数字经济规模为 22901 亿美元，位列世界第四。日本数字经济占 GDP 的比重达到 46.1%。然而，相比于其他许多国家的快速增长，日本数字经济发展速度较为缓慢，2018 年增速仅略高于 0，低于同期 GDP 增速。这表明日本数字经济发展仍需要更大的动能来推进。与前文所提到的国家类似，产业数字化在日本数字经济的内部结构中具有较大优势。2018 年，日本产业数字化规模超过 1.9 万亿美元，占 GDP 比重约为 39%。产业上，数字经济对日本的三次产业渗透程度不同。数字经济在服务业、工业中占比均超过 30%，在农业中占比较低，仅为 12.7%，虽与其他两个产业相比稍显不足，但是仍然领先各国中位数逾 6 个百分点。

---

① 资料来源：Weber, Tobias; Bertschek, Irene; Ohnemus, Jörg; Ebert, Martin, "Digital Economy Monitoring Report 2018", https://www.econstor.eu/bitstream/10419/182074/1/1029662916.pdf。

EC（电子商务）正在助推日本数字经济乃至国民经济的发展。① 截至2017年，日本互联网普及率为80.9%，这给EC的发展提供了基础条件。日本的EC市场主要有B2B（企业对企业）、B2C（企业对个人）等部分，其中占比最大的为B2B—EC市场。如图2-6所示，2018年日本B2B—EC市场规模约达30530亿美元②，且EC化率③已超过30%。但是，受制于人口老龄化等因素，日本互联网用户中初学者基数较大，个人端的B2C—EC市场规模较小，不足B2B—EC市场规模的1/10。如图2-7所示，日本B2C—EC化率较低，2018年仅突破6%。④ 但随着EC市场规则与监管政策的逐渐完善，这两项指标正逐年提升。与数字经济相比，日本传统实体经济则面临着逐年萎缩的困境。百货业与超市业作为日本两个重要的生产部门，近年销售额均有下降态势。在国民经济增速放缓，实体经济呈现萎缩趋势的情况下，以电子商务为代表的数字经济正成为推动日本经济稳定发展的引擎。

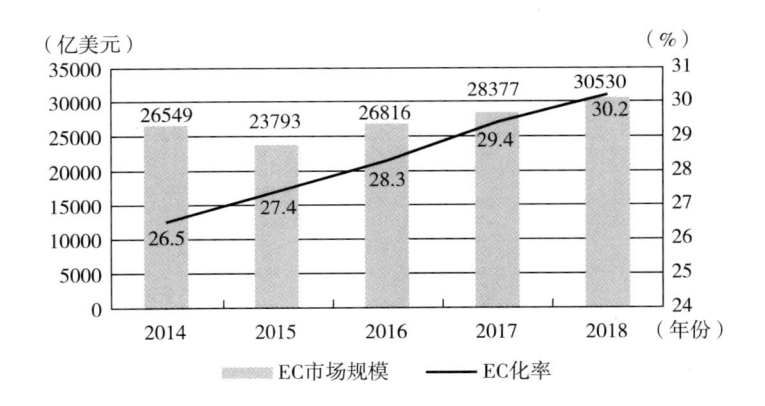

图2-6 日本B2B—EC市场规模与EC化率

① 按日本经济产业省的定义，EC是"在计算机网络上完成订购"的要求，按EC进行的商品或服务的销售金额为EC交易金额。
② 日本EC市场规模按当年日元兑美元平均汇率换算。
③ 按日本经济产业省的定义，EC化率是EC市场规模与所有商业交易量（商业交易市场规模，包括电话、传真、电子邮件和面对面交易）的比率。
④ 资料来源：日本经济产业省：《平成30年我か国"におけるテ"ータ驱動型社会に係る基盤整備（電子商取引に関する市場調査）》，https://www.meti.go.jp/press/2019/05/20190516002/20190516002-1.pdf。

（四）马来西亚：基础较完备，技术待升级

马来西亚数字经济发展势头强劲。2010—2016 年，马来西亚数字经济以每年 9% 的速度快速增长，帮助马来西亚逐渐成为东南亚的数字经济领先者。中国信息通信研究院的数据显示，2018 年马来西亚的数字经济规模约为 780 亿美元，占 GDP 比重超 20%，早已超过世界银行"到 2020 年这一比例会达到 19.5%"的预测，可见马来西亚数字经济增长势头强劲。[①]

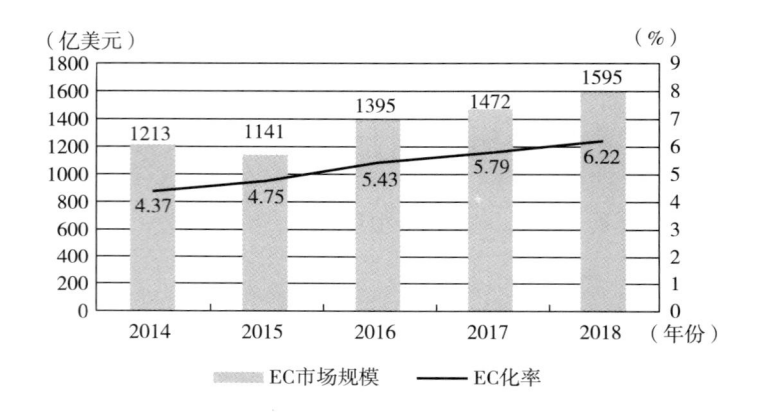

图 2-7 日本 B2C—EC 市场规模与 EC 化率

资料来源：日本经济产业省。[②]

产业数字化在马来西亚数字经济中占比较大，且发展迅速。2015 年，代表数字产业化规模的信息通信技术（ICT）部门产值占数字经济比重超过 70%，远超上文所提国家的平均水平。而到了 2018 年，该比例下降至 40%。在短短三年间，产业数字化超过了数字产业化，成为占数字经济比重最高的成分，反映出它迅猛的发展速度。马来西亚的移动基础设施建设水平在东南亚地区较为领先。2017 年，马来西亚互联网渗透率达到 79%，接近日本、新加坡等发达国家水平；无线蜂窝

---

① 资料来源：World Bank Group, "Malaysia's Digital Economy", https://EconPapers.repec.org/RePEc：wbk：wboper：30383。

② 资料来源：日本经济产业省，https://www.meti.go.jp/press/2019/05/20190516002/20190516002-1.pdf。

网络人均订阅数为 1.14 个，超过了日本和韩国。但是，马来西亚固定宽带市场存在高价格、低覆盖、竞争不足等问题，制约了马来西亚数字基础设施的进一步发展。

行业上，马来西亚 ICT 行业转型升级步伐较快。2015 年，仅计算机与光电产品制造行业产出就占 ICT 部门增加值的 49%，占马来西亚 GDP 的 4.8%。计算机编程、IT 咨询与其他信息服务业的产出仅占 GDP 的 1.2%。而在 2018 年，马来西亚 ICT 服务业规模已实现了对 ICT 制造业规模的反超，达到 ICT 部门总产值的 2/3，这展现出马来西亚在数字产业转型升级方面取得的突出进展。

（五）南非共和国：产业支持不足，但潜力巨大

南非共和国既是金砖五国之一，也是非洲第二大经济体，其数字经济规模居非洲第一，但在金砖五国中处于末位。虽然 2018 年南非数字经济规模较小，仅为 635 亿美元，占 GDP 比重不足 1/5，但其增速超过 10%，比同期 GDP 增速高 5%。在数字经济的具体结构上，产业数字化是南非数字经济的主要成分。2018 年南非共和国产业数字化规模占数字经济总规模的 82.4%，达 523 亿美元，是数字产业化规模的四倍多。

南非共和国对数字经济产业的支持存在许多不足之处。南非的 300 多家国家支柱产业单位中，仅有不到 15% 与数字产业有关。这些单位主要集中在西开普敦附近人口较密集的城镇地区，不同地区受到的产业扶持力度不一。数字经济的落地项目也不能很好地适应南非社会发展现状。例如，南非数字初创公司的资金募集项目要求在 3 个月内完成，但这一过程实际上通常需要半年或更久的时间。另外，南非的风险投资公司大多仅愿意在数字企业初创时进行投资，使得南非数字企业在后期发展阶段缺少稳定的资金来源。[①] 可见，南非的数字经济发展需要更全面、更系统、更持久的引导与支持。

数字经济在南非共和国电信业中发展前景广阔。南非在制造业、自然资源方面有着良好的基础条件，加上其数字经济发展水平在非洲较为发达，吸引了较多的外国资本。2018 年，中国联通在南非成立了第一

---

① 资料来源：World Bank，"South Africa Digital Economy Assessment，No. 33632，World Bank Other Operational Studies"，https：//EconPapers. repec. org/RePEc：wbk：wboper：33632。

家非洲运营公司，双方希望通过技术与制造的合作，推动南非电信业的数字化转型。

三 我国数字经济发展现状

在经历了农业经济时期的领先世界、工业经济时期的追赶崛起之后，我国如今驶上了数字经济的"快车道"。数字经济是我国经济社会发展的新引擎，依靠庞大的互联网用户群体和快速发展的数字科技，逐步深入三大产业，推动传统产业的转型升级。互联网公司在我国数字经济发展过程中逐步壮大。当前，互联网公司的经营领域正从消费互联网扩展到产业互联网，顺应了数字经济的发展潮流。我国数字经济发展现状可以归纳如下。

（一）数字经济成为我国经济社会发展的重要推动力

数字经济是我国经济社会的重要组成部分。中国信息通信研究院的报告显示，我国数字经济规模在 2019 年达到了 35.8 万亿元，占 GDP 比重超过 1/3。从 2014 年到 2019 年，我国数字经济对经济增长的贡献率始终高于 50%，说明数字经济是我国经济增长的重要驱动力。① 2018 年，我国数字经济领域就业岗位超过 1.9 亿个，占当年总就业人数的 24.6%，这表明数字经济已经成为我国吸纳就业的重要渠道。②

数字经济是我国经济高质量发展的关键因子。当前，我国经济告别了过去依靠要素驱动的高速增长模式，正处于逐步向创新驱动的高质量发展模式转变的阶段。在这个背景下，为了推动产业结构转型升级，我国提出了供给侧结构性改革，并以此为经济发展的主线。而数字经济作为一种以数据要素为基础的新的经济形态，为传统生产要素注入新动能，同时也直接驱动产业的数字化升级，助推供给侧结构性改革。例如，传统制造业企业接入工业互联网平台能够增强生产设备间、生产区

---

① 资料来源：中国信息通信研究院：《中国数字经济发展白皮书（2020 年）》，http：// 117. 128. 6. 29/cache/www. caict. ac. cn/kxyj/qwfb/bps/202007/P020200703318256637020. pdf? ich _ args2 = 465 - 14141318015157 _ 9bce07bb032a268ffde42e346ed0f3d0 _ 10001002 _ 9c896d28d0c3f6d09e39518939a83798 _ 573050873f03a63ea80587b4e247c6ec。

② 资料来源：中国信息通信研究院：《中国数字经济发展与就业白皮书（2019 年）》，http：// 117. 128. 6. 23/cache/www. caict. ac. cn/kxyj/qwfb/bps/201904/P020190417344468720243. pdf? ich _ args2 = 465 -06083006063933 _ 0d66f9863910e5fe308981e7d24668ab _ 10001002 _ 9c896c24d0c1f4d19638518939a83798 _ 81dec8740187d57d51104320d9275bc7。

域间和生产系统间的互联互通，提高资源配置的效率，有利于推动自身转型升级。可以说，数字经济的发展与供给侧结构性改革这一发展主旋律是相适应的，两者共同促进我国经济发展质量的提高。

数字经济在疫情期间充当了我国经济社会的稳定剂。2020 年以来，在新冠肺炎疫情影响下，传统线下经济的发展受到了巨大的冲击。而数字经济却逆势发展，在危机中孕育生机。一方面，消费需求从线下移至线上，带动了在线教育、在线医疗、生鲜电商等行业的发展。在疫情期间，猿辅导推出的一款付费智能英语课程的单月跟读量超过了 3 亿人次；[①] 生鲜电商平台叮咚买菜 APP 的每日平均下载量超过 4 万人次，且成交总金额同比增长 6 倍。[②] 另一方面，数字经济助力传统产业开拓数字化渠道，保障各行业正常的经济秩序。为了帮助我国社会解决疫情期间农产品的产销对接问题，拼多多上线"抗疫农货"专区，为全国近 400 个农产区提供专项快递补贴。贝壳借助 VR 技术提供 VR 带看服务，解决了经纪人在疫情期间无法带领客户实地查看和验收货物的问题，春节期间 VR 带看量比去年同期增长约 7 倍。[③]

（二）数字用户与数字科技夯实数字经济发展的基础

我国庞大的网民规模构成了数字经济的用户基础。根据中国互联网络信息中心的统计数据，截至 2020 年 3 月，我国网民总数为 9.04 亿，互联网普及率达到了 64.5%。其中，网民使用手机上网的比率为 99.3%。[④] "网民红利"降低了产品和模式创新的试错成本，促使共享单车、直播、社交电商等创新形式不断涌现。接入、使用互联网是与数字经济互动的首要条件。我国庞大的互联网用户群体为新模式新业态的成长与壮大提供了广阔的市场空间，是我国数字经济发展的活力来源。

新型数字科技支撑我国数字经济的纵深发展。以区块链、人工智能、5G 为代表的新型数字科技正高速发展，进一步挖掘我国数字经济

[①] 资料来源：经济半小时，https://mp.weixin.qq.com/mp/readtemplate?t=pages/video_player_tmpl&auto=0&vid=wxv_1308844262540312577。
[②] 资料来源：全景网，http://finance.ifeng.com/c/7tyUmP6GyDg。
[③] 资料来源：贝壳研究院：《2020 年新冠状病毒对中国房产经纪影响》，https://www.kuleiman.com/news/5550.html。
[④] 资料来源：中国互联网络信息中心：《第 45 次中国互联网络发展状况统计报告》，http://cnnic.cn/hlwfzyj/hlwxzbg/hlwtjbg/202004/P020200428399188064169.pdf。

的增长潜能。2018年我国在区块链领域的专利申请数量占全球总量的一半，技术研发优势初步显现。①2019年我国区块链研究机构达到97家，研究团队力量不断增强。区块链具有去中心化、难以篡改等特点，能够一定程度上保障数字资产的安全流动，在我国已被尝试应用于金融、政务、供应链管理等领域。在人工智能领域，我国从应用层切入，着重发挥人工智能赋能实体经济的作用，逐步建立起完整的人工智能产业生态。在技术层面上，我国人工智能专利申请量长期位居世界首位，计算机视觉和语音识别两大应用型技术领先全球。②在应用层面上，我国不断拓展应用场景，充分发挥人工智能推动传统产业智能化升级的作用。根据艾瑞咨询的测算，2019年我国人工智能赋能实体经济市场规模突破570亿元，其中人工智能对安防、金融和教育等场景的赋能作用最为突出。③在2019年，我国5G技术正式进入商用时代，5G技术与设备的研发以及产业化进程在全球处于领先地位。5G作为新一代的信息通信网络基础设施，进一步突破万物连接的时空限制，使更多智能化场景成为可能。例如，天津海尔洗衣机工厂智慧园区将5G技术应用于跨厂区的设备维护、远程问题定位等场景，有效帮助公司提升运维效率，降低成本。④

（三）我国数字经济发展呈现第三、第二、第一产业逆向渗透模式

数字经济发展的核心要义是带动实体经济提质增效，推动传统产业降低成本、提高效率。在以消费互联网为主要经营领域⑤的阶段，我国互联网企业经过了不断的发展与创新，取得了比较好的成绩。现在，我

---

① 资料来源：UNCTAD，"Digital Economy Report 2019"，https：//unctad.org/en/PublicationsLibrary/der2019_en.pdf。

② 资料来源：世界人工智能大会，http：//www.worldaic.com.cn/portal/newsdetail 4673 83293088763904.html。

③ 资料来源：艾瑞咨询：《2019年人工智能产业研究报告》，http：//report.iresearch.cn/report_pdf.aspx?id=3396。

④ 资料来源：中国信息通信研究院：《中国5G垂直行业应用案例》，http：//117.128.6.32/cache/www.caict.ac.cn/kxyj/qwfb/ztbg/202003/P020200318605048635747.pdf?ich_args2=465-06090703039448_13d4284adf3a88efb1b03f12ef5178b0_10001002_9c896c24d0c1f6d39339518939a83798_f76a7900ab9eca8cd1f9f9a3fa2c9c4c。

⑤ 消费互联网：《依托信息与数据处理能力以及移动终端的发展，将消费场景移至线上，提升个人的生活消费体验》。

国互联网业正处于产业互联网①的起步阶段。从具体产业划分来看，数字经济在三大产业中所占比重呈第三、第二、第一逆向渗透的格局。

第三产业作为我国数字化的标杆产业，继续拓展和深化数字化服务场景。我国数字金融的发展后发制人，形成了成熟的移动支付业务，填补了传统金融服务的"短板"。我国移动支付普及率达到了86%，大约是全世界平均水平的3倍。② 完善的线上支付体系给生活带来便利的同时，丰富了人们的消费体验，还激活了消费动力。数字金融利用大数据技术，收集网上交易流水等信息作为信用凭证，突破了传统风控模型的局限，相对于传统金融扩大了赋能的范围，让中小微企业以及落后地区能够更充分地享受到金融服务。除了与金融业的结合，数字经济也渗透到了人们生活的方方面面，催生出了一批批新兴业态。疫情期间，生鲜电商、互联网医疗、在线教育等行业的用户需求得到充分释放，人们的生活进一步移至线上。以互联网医疗为例，疫情期间互联网医疗独立APP日活最高峰值达到了862.4万人。医院搭建远程诊疗平台为居民提供线上的医疗服务，在缓解了医院线下服务压力的同时更好地满足了居民的需求。③

第二产业在数字化转型上仍有巨大发展空间，信息化与工业化"两化"融合持续深化。我国2019年工业中数字经济比重为19.5%。自2007年党的十七大首次提出"信息化与工业化融合"以来，我国坚持走新型工业化道路。随着人工智能、大数据、云计算等数字技术以及工业互联网新形态的出现，我国"两化融合"被赋予了新的内涵，并向更深层次发展。2018年，我国43.9%的企业使用了云服务，并利用云平台实现协同创新能力的提升。④ 根据工信部2020年1月发布的《中国两化融合图鉴》，2019年我国近半数企业在关键业务环节实现数字化管理，超过1/3的企业实现网络化协同，智能化就绪率以年均

---

① 产业互联网：《利用信息技术和互联网平台，推动互联网与传统产业的融合，提升传统产业的资源配置效率》。
② 资料来源：普华永道：《全球消费者洞察报告（2019）》，https：//tech.ifeng.com/c/7lrW0Mzw6OL。
③ 资料来源：易观，https：//www.analysys.cn/article/analysis/detail/20019728。
④ 资料来源：用友：《中国企业上云指数（2018）》，http：//ncc.yonyou.com/news.php?id=538。

9.4%增速稳步推进,体现出我国工业数字化转型的持续深化。①

第一产业数字化进程相对滞后,电子商务推动农业在销售环节的数字化改造。农业是我国的国民经济基础,2019年农业中数字经济的比重仅为8.2%。② 由于受环境和动植物生长规律影响,农业具有复杂多变的特点。农业数字化对现代信息技术在准确收集实时信息、处理分析数据、实时调控环境等方面都有较高的要求。借助数字技术,我国农业生产可以实现自动化、精准化、智能化的创新发展,从而在优化生产资源配置的同时提升农产品的质量。例如,陕西杨凌的一家食用菌生产企业在田间种植基地部署了传感节点,结合物联网、大数据、云计算、网络通信等核心技术,能够自动调控温、光、水、肥等种植环境,更有效地保证了菌菇的质量。③ 在农村电商方面,以阿里巴巴为代表的互联网企业为我国拓展了农产品销售渠道,并提供了品牌建设、物流运输等服务,在我国农村开辟出一条数字化脱贫道路。2019年"双11"当天,通过阿里巴巴平台销售的农产品总额达到了74亿元,同比增长64%。④ 此外,截至2018年年底,阿里巴巴旗下的菜鸟物流共在全国29个省市(香港、澳门除外)建立了3万多个村级物流站点,逐步打通农产品销售的"最后一公里"。⑤

(四)互联网企业担当我国数字经济"领头兵"

根据《2019年中国互联网企业100强发展报告》,2019年互联网百强企业的互联网业务总额达到2.75万亿元,占我国数字经济的比重为8.8%。互联网百强企业对数字经济的贡献率达到14%,是我国数字

---

① 资料来源:国家工业信息安全发展研究中心:《中国两化融合发展图鉴》,http://www.cspiii.com/sx/xwdd/2020-01-13-6070.html。
② 资料来源:中国信息通信研究院:《中国数字经济发展白皮书(2020年)》,http://117.128.6.29/cache/www.caict.ac.cn/kxyj/qwfb/bps/202007/P020200703318256637020.pdf?ich_args2=465-14141318015157_9bce07bb032a268ffde42e364ed0f3d0_10001002_9c896d28d0c3f6d09e39518939a83798_573050873f03a63ea80587b4e247c6ec。
③ 资料来源:人民网,https://baijiahao.baidu.com/s?id=1649592881638050273&wfr=spider&for=pc。
④ 资料来源:新浪网,http://finance.sina.com.cn/stock/relnews/us/2019-12-31/doc-iihnzhfz9481535.shtml。
⑤ 资料来源:观察者网,https://baijiahao.baidu.com/s?id=1646983840970230585&wfr=spider&for=pc。

经济发展的重要引擎。

我国互联网企业注重科技研发,坚持创新驱动战略。2019年我国互联网企业平均研发强度①突破了10%。互联网企业将重点放在人工智能、云计算、大数据等关键技术的突破,并在现实场景中探索并推广这些技术的应用。② 根据《2019年全球区块链发明专利排行榜(TOP100)》,阿里巴巴在2019年申请了1505件区块链专利,数量位列全球第一。阿里巴巴的区块链专利主要来自支付宝的蚂蚁区块链团队,而该团队的区块链技术应用已在公益善款溯源、跨境汇款、跨城票务结算等场景实现落地。③

我国互联网企业从消费互联网向产业互联网进军,为传统产业打造数字化转型的解决方案。在消费互联网领域,我国互联网企业以平台为基础向消费者提供全场景覆盖的线上服务。打开手机淘宝,人们便可以随时随地挑选购买商品;美团外卖让人们"足不出户,美食到家"的愿望成为现实;小猪短租整合线下房源,提供了大量具有当地特色的旅行住宿选择……除此之外,以盒马鲜生为代表的生鲜配送、以拼多多为代表的社交电商等创新模式也让消费互联网的场景更加多元化,进一步激活了潜在的消费需求。在产业互联网领域,我国互联网企业在数字技术与实体经济融合的实践上"冲锋陷阵",对传统产业的数字化转型具有示范作用。例如,三一重工与腾讯云携手打造"根云"大数据平台,接入工业设备30万台以上,提高了机器维修的效率、降低了易损件备件库存;阿里云的"ET农业大脑"可实时监测猪仔的健康状况,使猪仔死亡淘汰率相比以前降低3%。④

四 我国部分地区数字经济发展现状

在我国,地区间数字经济的发展水平不一,按各省级行政区域的数

---

① 研发强度:研发经费投入强度,指企业研发经费支出与主营业务收入的比值。
② 资料来源:工业和信息化部网络安全产业发展中心:《2019年中国互联网企业100强发展报告》,https://max.book118.com/html/2019/0923/7000114162002056.shtm。
③ 资料来源:新浪财经,https://baijiahao.baidu.com/s?id=16544235091586264 20&wfr=spider&for=pc。
④ 资料来源:工业互联网产业联盟,http://www.chinapower.com.cn/dlxxh/cjxx/20200420/15818.html。

字经济规模可分为四个梯队。① 本节主要关注长三角、川贵地区与粤港澳大湾区三个代表性区域的数字经济发展现状。下文以这三个地区为例，从总体概况、产业融合、特色行业或企业、政策支持四个方面介绍它们各自的发展现状。

（一）长三角地区

长三角地区是我国数字经济的发展高地，但地区内部的数字经济发展水平存在差异。根据《长三角数字经济指数报告（2019）》，2018年长三角地区数字经济总规模达到了8.63万亿元，较去年实现了18%的增长。当地经济总量将近一半来自数字经济，体现出长三角地区经济较高的数字化程度。从总体上看，长三角数字经济规模占全国数字经济总量的28%，超过京津冀地区与珠三角地区的总和。从长三角地区各省市的发展情况来看，杭州与上海组成数字经济发展的第一梯队，引领长三角数字经济的发展。三个省份的发展水平存在差异，整体来看浙江省数字经济发展水平最高，安徽省仍有较大的上升空间。不同城市在数字经济发展的不同方面各有亮点。②

长三角地区的数字经济产业融合情况呈现"二三一"的格局。长三角地区第二产业和第三产业数字化程度相近，农业数字化程度相较之下稍显落后。③ 长三角作为全球领先的制造业基地，产业基础雄厚，对数字化转型的需求较为强烈。杭州在工业互联网领域的探索上成果显著，"ET工业大脑"的应用帮助企业优化生产流程、提高产品质量，促进了大数据和人工智能与产业链的融合。上海作为长三角的龙头城市，因为拥有庞大的消费实力极强的消费者人群，成为新零售模式的试验场。盒马鲜生、智慧门店、刷脸提车等零售新体验都从上海向全世界

---

① 资料来源：赛迪研究院：《中国数字经济发展指数（2019）》，http：//117.128.6.23/cache/www.cbdio.com/image/site2/20191105/f42853157e261f2b7ce507.pdf? ich_args2 = 482 - 06093808022380_0abb0bee7a888197aefee01ad41a9a10_10001002_9c896c24d0c1f8d19e3a518939a83798_502ccf5ccb16b907cf47aef1f0d87196。

② 资料来源：21世纪经济研究院、阿里研究院：《长三角数字经济指数报告（2019）》，http：//finance.sina.com.cn/china/gncj/2019 - 09 - 23/doc - iicezueu7723226.shtml。

③ 资料来源：新华三：《长三角城市数字经济指数白皮书（2019年）》，https：//www.dx2025.com/wp - content/uploads/2020/02/2019 - zhang - san - jiao - cheng - shi - shu - zi - jing - ji - zhi - shu - bai - pi.pdf。

第二章　数字经济的国内外发展现状与存在的问题

蔓延。嘉兴在智慧农业和数字农村建设上表现亮眼，2019年全市益农信息社建设基本实现全覆盖，农业、渔业面积的五成以上有物联网应用，全新5G时代的农业农村产业生态圈逐步形成。①

长三角地区在电商零售、城市治理和两化融合三个方面均表现突出。第一，以阿里巴巴为中心的电子商务生态圈集聚效应明显，"江浙沪包邮"概念的出现体现了长三角商业模式的成熟。从供给上看，电商园区数量最多的十强城市中长三角城市占据了7席，其中包括拥有最多"淘宝村"②的金华和被称为"中国电子商务之都"的杭州。从需求上看，长三角消费者已形成成熟的电商消费习惯，城乡电商消费差距小，且向高端化、日常化的方向发展。③第二，在城市治理方面，长三角地区智慧城市建设大力结合大数据、人工智能技术，为全国树立典范。2016年杭州率先提出"城市大脑"概念，以道路交通治理为切入点，用数据推动城市治理的效益提升。合肥全力打造智慧城市，成为国家第二批社会信用体系建设示范城市。第三，长三角依托自身制造业优势，加快利用数字科技深化两化融合。苏州作为知名的制造业基地，在智能制造、自动驾驶等产业已形成明显优势。苏州工业互联网的发展支持当地制造业转型升级。

数字经济在长三角地区的蓬勃发展得益于当地政策的支持。杭州将数字经济称为"一号工程"，在2018年10月印发的《杭州市全面推进"三化融合"打造全国数字经济第一城行动计划（2018—2022年）》中提出"数字产业化+产业数字化+城市治理数字化"的发展路径。合肥市发布《合肥市数字经济发展规划（2020—2025年）》，提出"136"发展路径和"到2025年数字经济总量占GDP比重超50%"的发展目标。南京全面布局数字经济，计划打造"最聪明城市"，升级智慧化城市治理系统。④

---

① 资料来源：浙报融媒体，https://baijiahao.baidu.com/s?id=1655200518928397578&wfr=spider&for=pc。

② 淘宝村：活跃网店数量达到当地家庭户数10%以上、电子商务年交易额达到一千万元以上的村庄。

③ 资料来源：21·京东DB研究院：《服务消费引领者——长三角精致生活一体化报告》，https://max.book118.com/html/2019/0624/8110122113002031.shtm。

④ 资料来源：华夏经纬网，http://www.huaxia.com/tslj/rdqy/js/2020/01/6336210.html。

49

(二) 川贵地区

四川省与贵州省分别处于我国各省份数字经济发展的第二、第三梯队，总体上与广东省、江苏省等较发达地区差距明显，但数字经济增速较快。尤其是贵州省，虽是我国相对欠发达的西部省份，但数字经济增速自2015年起连续四年位居全国第一。四川省则是我国西部地区数字经济发展的领先省份，2018年数字经济规模达10872亿元，在全国居第10位。①

川贵地区的数字经济发展现状主要体现在数字经济产业发展和数字经济与传统产业融合两个部分。在数字经济产业规模上，四川省位列全国第七，处于全国较好水平；而贵州省位列全国第20，低于平均水平。两省数字经济产业发展均呈现出增速快的特点：2018年，贵州省电子信息制造业增加值增长11.2%，电信业务总量更是同比增长超一倍；②四川注册区块链企业突破三位数，新增131家，增速为262%，上半年电信业务总量同比增长160%，达到了1270亿元。③在数字经济与传统产业融合方面，四川省、贵州省分别在服务业、农业领域显现出较高的融合水平。其中，四川省中西部所拥有的较大人口基数、广阔的市场为数字经济服务领域产业的发展提供了充足的资源，其服务业数字化指数居全国第八。贵州省依靠其大数据的优势地位，积极推动"大数据+农业"的创新发展，其农业数字化指数位列全国第六，处于第一梯队。④

四川省与贵州省数字经济重点不同，两省分别聚焦于电子信息产业和大数据产业的发展。紫光集团、云上贵州两家代表性企业展现了川贵两地数字经济重点发展的方向。紫光集团作为中国大型综合性集成电路领军企业，已在成都投资超过2000亿元，助力四川第一支柱产业——

---

① 资料来源：赛迪研究院：《中国数字经济发展指数（2019）》。
② 普尔来源：《贵州数字经济从初级向纵深迈进》，人民网，http://gz.people.com.cn/n2/2019/0301/c194844-32697795.html。
③ 资料来源：四川省通讯管理局：《2018年上半年四川省信息通信行业运行概况》，http://scca.miit.gov.cn/3/3/2/2018-08-27/3168.html。
④ 资料来源：贵州省人民政府：《贵州：围绕大数据应用发展智慧农业》，http://www.guizhou.gov.cn/xwdt/gzyw/201903/t20190308_2298768.html。

电子信息产业发展。① 云上贵州也借助贵州省政府聚焦大数据产业发展这一契机，依靠当地良好的气候、能源等条件，积极与其他公司合作，发展大数据产业。

川贵两省近年来数字经济的快速发展受益于当地政府的支持。贵州省2016年出台了《贵州省大数据发展应用促进条例》，以支持高等院校进行相关学科建设。② 2017年出台的《贵州省数字经济发展规划（2017—2020年）》提出，到2020年将贵州省的数字经济发展提升至新的高度。③ 四川省在2018年将"全省数字经济规模到2022年突破2.2万亿元"作为未来的发展目标，并出台政策助力本省的数字经济发展。④

（三）粤港澳大湾区

粤港澳大湾区包括位于珠三角的九座城市以及香港、澳门特别行政区，其中珠三角九市数字经济发展呈现出以广深两市为核心的"两核多梯次"的分布体系特征。大湾区包容程度高，发展能力强，已成为促进全国数字经济快速增长的关键区域。2018年，珠三角九市GDP总量达到8万亿元，占当年广东省GDP的80%，而且珠三角九市2018年数字经济规模超过4万亿元人民币。⑤ 港澳地区也因数字经济的繁荣发展获得了新机遇。优质的高校资源和科研能力助力香港的数字科创实力持续提升，香港在智能产业的地位不容忽视。2017年，阿里巴巴集团与澳门政府合作，将通过大数据、云计算等技术协助澳门政府提升数字化水平，促进澳门数字经济的可持续发展。2018年，澳门成功主办具有广泛影响力的全球数字经济发展峰会和世界性数字经济高峰论坛。可见在大湾区，数字经济现在已经成为促进地区经济快速增长、提高人民生活水平的关键力量。

---

① 资料来源：快科技，http://news.mydrivers.com/1/633/633426.htm。
② 资料来源：贵州省人大：《贵州省大数据发展应用促进条例》。
③ 资料来源：贵州省人民政府：《贵州省数字经济发展规划（2017—2020年）》。
④ 资料来源：四川省西部办：《加快推进四川数字经济与实体经济深度融合发展的实施意见》。
⑤ 资料来源：阿里研究院：《粤港澳数字大湾区融合创新发展报告（2020）》，http://www.aliresearch.com/cn/information/informationdetails?articleCode=21946&type=%E6%96%B0%E9%97%BB。

广东省全力支持产业数字化发展，鼓励传统产业转型发展。2020年广东省提出将通过技术改革和设备更新加快工业数字化的发展，并推动传统产业转型。截至 2019 年，广东省已建成超 3.4 万所 5G 基站，5G 建设保持全国领先水平，其中广州市的基站数量占全省 1/3 以上。[①]

传统制造业的改造升级为数字经济的发展创造了广阔的市场以及众多发展机遇。在数字产业和信息技术产业方面，珠三角地区的数字经济发展程度位列全国首位，信息技术产业达万亿规模，占全国总规模的 1/3。此外，粤港澳大湾区在人工智能、工业互联网等数字科技领域具有突出优势。当地政府推出一系列政策支持并鼓励 AI、智能制造、大数据等数字产业的成长。粤港澳大湾区的发展也离不开各行业优秀企业的支持，比如无人机巨头大疆、高科技公司华为和腾讯等。企业借助粤港澳大湾区优质的发展环境，持续推动产业链升级转化，成为促进数字经济发展的中坚力量。[②]

政策支持为大湾区的数字经济协调发展创造了众多机遇。《粤港澳大湾区科技创新行动计划（2018—2022 年）》指出，凭借显著的经济优势和科技优势，大湾区计划充分发挥科学技术对数字经济的带动作用，加快数字科技的改革、创新和发展。[③] 此外，广东省推动粤港澳大湾区建设领导小组于 2019 年 7 月发布《广东省推进粤港澳大湾区建设三年行动计划（2018—2010 年）》。该计划指出，广东省将进一步明确粤港澳大湾区的建设重点项目和发展规划，着力优化新型网络化空间格局，提高基础研究能力，打造高水平科创平台，建立数字化产业体系。[④]

[①] 资料来源：清华大学经济管理学院互联网发展与治理研究中心：《粤港澳大湾区数字经济与人才发展报告》，https：//economicgraph.linkedin.com/zh-cn/research/digital-economy-talent-development-report-china-greater-bay-area-cn。

[②] 同上。

[③] 资料来源：中国新闻网，http：//www.chinanews.com/gn/2018/07-27/8582013.shtml。

[④] 资料来源：广州市人民政府网，http：//www.gz.gov.cn/zt/qltjygadwqjsxsdzgzlfzdf/zxxx/content/post_2866822.html。

第四节　数字经济发展存在的问题

数字经济虽然发展势头迅猛，成为推动世界经济进入崭新阶段的关键力量，但是目前仍然面临一些尚未解决的问题，这些问题严重阻碍着数字经济的进一步发展。下文将首先分析全球数字经济发展中普遍存在的四个主要问题，再从技术、社会、监管三个方面分析我国数字经济发展中存在的问题。

一　全球数字经济发展存在的问题

目前，全球数字经济发展过程中普遍存在公平竞争、版权保护、数据确权和信息与网络安全这四个方面的问题。下文将依次分析这些问题产生的原因及它们对数字经济发展带来的负面影响。

（一）垄断问题

目前在互联网行业的各个领域中大都存在垄断的问题，"一家独大"的市场格局成为一种普遍的现象。出现这个现象的原因主要有两点。第一，早先进入市场的企业由于数据和流量的相互促进，往往能够更快地发展壮大。大数据作为新的生产要素，能为企业带来极大的价值，因此，企业往往希望获得更多数据，以提高自身的核心竞争力。互联网平台的用户在使用服务的同时，也在有意或无意地向平台的发布者提供了如消费水平、个人偏好、消费模式等用户信息。Goldfarb 和 Tucker（2019）认为，数字经济的发展大大降低了信息的搜索成本、复制成本、运输成本、追踪成本和证实成本，所以网络平台能够利用更少的成本追踪目标数据，为自己谋得高额的利润。因此，早先进入市场的竞争者得益于大量历史用户数据的积累，能够设计更加精密完善的算法，向用户提供个性化、精准化的服务。而更多新用户会因为平台提供更加优质、完善的服务而选择使用它们的产品，从而形成一个循环。第二，网络效应和规模效应使少数头部企业的影响力呈几何指数增长。由于网络外部性，在垄断企业的网络平台上，用户只需付出更低的使用成本，就能获得更高的价值。更大的网络平台凭借这一优势吸引更多的用户，用户规模的扩张发挥了规模效应，进一步降低了平台运营成本。因此，垄断巨头得以不断扩张自身的规模，巩固自己的垄断地位。以搜索引擎谷歌为例，2019年谷歌在美国的市场占有率达到了88.24%，在英国、澳大利亚、墨西哥、意大利等国家都超过了90%。① 截至2019年，亚马逊在美国的线上零售业占有52.4%的市场，超过第2—9名电商平台的总和。②

垄断现象通常会扰乱市场秩序，阻碍公平的市场竞争。一方面，垄断企业往往缺乏创新和发展的动力，难以推动产品和服务快速更新迭代。而且，垄断企业往往采取超额定价的策略，不仅难以引领整个行业的发展，还可能损害消费者的利益。另一方面，垄断巨头还可能无视市场规则，滥用自身的资源和市场支配地位以谋取利益，实现"赢者通吃"。许多垄断企业会利用一项产品的市场优势为它的其他产品带来流量，这种现象被称为"市场支配地位的跨市场传导"。例如，处于垄断地位的网络平台可能利用其流量优势，向用户推送自家产品，同时屏蔽竞争对手的产品，或是在用户下载一个软件时强制捆绑安装其他软件。自互联网行业诞生以来，垄断巨头违反市场规定、阻碍公平竞争的行为频频发生。1998年，美国政府对微软公司发起诉讼，理由是微软迫使用户在安装Windows系统时不得不同时购买IE浏览器，非法阻碍了市场竞争。2018年，日本反垄断监管机构提出将对谷歌、亚马逊等国际互联网巨头展开调查，以惩罚它们利用市场支配地位剥削供应商的行为。

在"一家独大、赢者通吃"的市场格局中，如何防止垄断巨头阻碍市场公平竞争，成为数字经济监管中的难题。

（二）版权保护问题

由于数字商品和实物商品在性质上有着本质的不同，网络世界中版权的保护往往比现实世界中更加困难。网络具有开放性和资源共享的特性，这使数字商品具有完全非竞争性的特征，即同一数字产品可以被多人同时使用。几乎为零的数据复制成本和数据运输成本使信息能够在短时间内大范围传播。网络普及带来的信息共享便利化一方面使资源的获

---

① 资料来源：Alphametic，https：//alphametic.com/global-search-engine-market-share。
② 资料来源：Statista，https：//www.statista.com/topics/846/amazon/。

取和利用更加高效，加速经济和科技的发展；另一方面也降低了盗版侵权行为的门槛，为剽窃他人的智力成果的不法行为提供了可乘之机。

最常见的网络侵权是非法复制音乐、书籍、影视作品等资料，并在网络平台传播的行为。随着互联网技术的发展、互联网的普及和网络进入门槛的降低，网络侵权成为生活中普遍的现象，盗版读物、音乐、视频等随处可见。

从地区上来看，网络侵权问题不仅在人均受教育程度偏低的发展中国家存在，在音乐、文学等艺术产业高度繁荣的美国、英国、法国等发达国家，盗版现象也较为严重。表2-5展示了2018年各国盗版网站访问量排名。从种类上来看，盗版产品中，盗版电视剧最受人们的欢迎。仅2017年一年内，全球盗版电视剧网站就有高达1069亿次的访问量。[①]

表2-5　　　　　　　2018年各国盗版网站访问量排名

排名	国家	盗版网站访问量/10亿次
1	美国	17.38
2	俄罗斯	14.468
3	印度	9.589
4	法国	7.339
5	土耳其	7.335
6	乌克兰	6.126
7	印度尼西亚	6.075
8	英国	5.75
9	德国	5.356

资料来源：Dataprot。[②]

网络盗版产品流通直接导致了正版产品销售收入的下降。在美国，每年有70000人因盗版音乐而失去工作；而在电影行业，全球每年因盗版而造成的损失达到400亿—971亿美元。据美国学者估测，在国际互

---

① 资料来源：Dataprot，https://dataprot.net/statistics/piracy-statistics/。
② 同上。

联网上进行的侵犯著作权的行为每年可导致数百亿美元的损失（刘守芬、孙晓芳，2001）。由此可见，版权保护的不到位给经济和社会造成了巨大的损失。

然而，一方面，在很多国家，由于相关法规不完善，侵犯版权的非法分子往往得不到应有的惩处。被侵权者想要维权，往往需要花费与最终获得的赔偿不成比例的时间和精力。另一方面，在世界大部分国家和地区，人们的版权保护意识仍需进一步加强。虽然很多人了解盗版侵权行为的危害，但他们仍然因为更低的经济成本和极低的法律风险而选择盗版产品。社会对创作者版权利益的保护不到位，会大大削弱创作者持续创新的动力和积极性，不利于形成万众创新的社会氛围。所以，我们需要认真考虑如何提高大众的数字版权意识、保护创作者版权的问题，并及时采取相关的措施，以改善网络上盗版产品无处不在的局面。

（三）数据确权问题

对于数据的产权应该如何界定这一问题，人们至今仍未制定出一个统一的标准，不同国家的政策也仍未达成共识。在传统产业中，建立清晰规范的产权制度是发展经济的关键，而由于数据与其他生产要素有着本质的区别，其所有权、使用权、处置权等权利相对而言更加难以做到清晰、准确的产权界定。

大数据作为数字经济时代新的关键生产要素，被人们誉为"21世纪的石油"，可见数据在数字经济的生产活动中起到十分重要的作用。目前，不同的研究和法规对数据的确权问题还存在较多争论。欧盟的《通用数据保护条例》（GDPR）规定，企业收集到的个人资料或数据应由个人所有，而企业只能作为个人信息的托管方。掌握用户个人信息的企业对这些数据的管理要采取分权原则与最小使用权限方法，且以最大限度的方式来保护个人资料的权益。2019 年，Google 由于违反 GDPR 的规定，非法处理和使用用户数据，被法国数据保护监管机构处以 5000 万欧元罚款，这也是 GDPR 自 2018 年 5 月生效以来首次对美国科技企业开出的巨额罚单。[①] 还有一些学者认为，如果不能通过数字化及智能化的方式转化为信息，海量的数据是没有价值的。这样认为的原因

---

① 资料来源：腾讯科技，https://tech.qq.com/a/20190122/001464.htm。

是公开数据如果不经过一系列必需的处理，它的交易费用就是零，所以根据科斯定理①，我们无须对其产权进行清楚的界定（易宪容、陈颖颖，2019）。

完全自由的数据共享和使用，可能造成数据的非法滥用和对个人隐私的侵犯；太过限制数据的流通，又可能违背网络开放和快速传播的特性，阻碍数据生产要素的高效率利用，限制数字经济的发展。因此，如何在数据共享与数据产权两者之间达到平衡，成为数字经济发展中的关键问题。

（四）信息与网络安全问题

随着互联网技术在人们日常生活各个方面应用的广泛深入，如今网络已经成为现代社会不可或缺的一部分，而信息安全和网络安全问题也随之而来。信息和网络安全面临计算机病毒入侵、黑客攻击以及其他类型的计算机犯罪等问题的威胁。

1. 计算机病毒

计算机病毒是人为编制的一组计算机指令或者程序代码，它可以通过自我复制入侵他人的计算机从而实现大范围的传播。计算机病毒入侵不仅可能造成计算机停止正常运行，还可能一定程度上破坏计算机中储存的重要文件，因此计算机病毒给信息和网络安全造成极大的负面影响。由于计算机病毒能够造成难以挽回的信息损失，人们又很难对其进行有效的防备，因此它被看作数据安全的头号敌人。以世界历史上最具破坏力的计算机病毒之一 WannaCry 为例，它利用美国国家安全局泄露的危险漏洞"EternalBlue"进行传播，在入侵电脑主机后向用户勒索比特币，并重写电脑中的文件。② 自 2017 年 5 月 12 日爆发后，WannaCry 攻击了 150 多个国家的 20 多万台计算机。③ WannaCry 具有自我复制、主动传播的特性，其破坏性传播导致大量企业和政府部门陷于网络瘫

---

① 科斯定理：科斯本人从未将定理写成文字，而其他人如果试图将科斯定理写成文字，则无法避免表达偏差。关于科斯定理，比较流行的说法是：只要财产权是明确的，并且交易成本为零或者很小，那么，无论在开始时将财产权赋予谁，市场均衡的最终结果都是有效率的，实现资源配置的帕累托最优。

② 资料来源：Avast，https://www.avast.com/c-wannacry。

③ 资料来源：财新网，http://gbiz.caixin.com/2017-05-15/101090638.html。

痪，在全球造成了80亿美元的损失。然而直到今天，制造WannaCry病毒的犯罪分子仍未落网。

自1987年受到世界范围内的普遍重视以来，计算机病毒向更加隐蔽、破坏力更大、传播更快的方向发展，为信息和网络安全带来极大的隐患。

2. 黑客攻击

黑客攻击是指一些计算机使用者借助相关技术入侵别人的计算机系统，进而盗取计算机网络信息的行为（姜文军，2018）。黑客们利用计算机的弱点和漏洞闯入计算机、盗取重要的保密信息、使系统瘫痪，给人们造成巨大的损失。随着计算机技术的广泛应用和数字技术与实体经济的深入融合，黑客进行攻击以牟取利益成为越来越频繁的现象。以DDoS攻击为例，根据卡巴斯基的数据，2019年全球DDoS攻击数量相比上年增长了49%。[1] 我们应该重视黑客攻击的破坏性，提高防范黑客攻击的技术水平，及时修复计算机系统中可能成为安全隐患的漏洞，不断完善计算机系统，从而更好地保障计算机网络和信息的安全。

3. 其他类型的计算机犯罪

计算机犯罪通常是指利用窃取口令等手段非法侵入计算机信息系统，传播有害信息，恶意破坏计算机系统，实施贪污、盗窃、诈骗和金融犯罪的活动（彭晓明，2009）。广义上看，除了计算机病毒入侵、黑客攻击等利用计算机技术侵入其他计算机，以破坏系统、窃取数据的新型犯罪行为属于计算机犯罪，利用互联网实施例如盗窃、诈骗等传统犯罪的行为也属于计算机犯罪。为了避免与上文讨论过的计算机病毒入侵和黑客攻击的两点重复，我们将本段中提及的计算机犯罪定义为利用计算机技术实施传统犯罪的行为。由于网络具有匿名性，在网络上实施传统犯罪比在现实生活中更加隐蔽，这为不法分子提供了更加理想的犯罪途径。美国曾有组织进行过一项调查，结果显示，在调查范围内的200家大企业中，95%的公司曾有过遭受网络诈骗的经历，可见计算机犯罪已经成为一种普遍的现象（刘守芬、孙晓芳，2001）。计算机犯罪可以造成和传统犯罪同等的危害，应该受到人们的重视，以提高对其的防范

---

[1] 资料来源：Securelist，https://securelist.com/ddos-report-q4-2019/96154/。

意识，减少可能造成的损失。

想要保证信息和网络安全，我们需要有效地防范计算机病毒入侵、黑客攻击和其他类型的计算机犯罪，从而为数字经济的成长营造良好的外部环境。

二 我国数字经济发展存在的问题

当前我国数字经济的发展在技术层面、社会层面和监管层面上都出现了一系列问题。这些问题不仅在经济发展中常见，也与数字经济的特殊属性有关。

（一）技术层面

在技术层面上，我国数字经济发展主要有核心技术不够先进、数字人才紧缺和信息基础设施铺设不够完善的问题。

1. 核心技术不够先进

数字技术主要包括软件技术和硬件技术。数据是数字经济的核心生产要素，数字经济的发展天花板取决于数据的容量和算力，而数据的容量和算力由软件和硬件共同决定。海量数据蕴含巨大的价值，对数据"采、存、算、管、用"的能力是支撑数字经济运行的基础，而数据"存不下、流不动、用不好"的问题则会阻碍各行业数字化发展。[①]

我国的数字经济发展以市场驱动为主，应用方面的创新比较多，而技术方面的创新则相对比较少。这个特点在互联网产业尤为突出。我国面向应用的互联网企业网络用户基数庞大，市场规模快速扩大，但是核心技术的发展仍然比较缓慢。在集成电路设计、基础软件等软硬件领域的技术上，我国还远远落后于欧美。尤其是涉及高端芯片和电脑、手机操作系统等的前沿技术，张辉和石琳（2019）认为，我国起码需要数十年的时间才能追赶上美国等发达国家的水平。

我国的芯片自主研发技术较为落后。例如，龙芯等自主研发的CPU（中央处理器）与国际领先的英特尔产品仍有相当大的差距，华为海思、展讯等国产移动设备芯片仍难以比肩高通和三星（张辉、石琳，2019）。近年来，美国多次对我国的科技企业进行技术封锁，其他国家

---

① 资料来源：中国信息通信研究院：《数据基础设施白皮书（2019年）》，http：//www.caict.ac.cn/kxyj/qwfb/bps/201912/P020191230615996204297.zip。

与我国科技企业的技术合作也常常因为政治原因而中断，暴露出我国部分数字技术的对外依赖性。2020年5月15日，美国商务部对华为的"管制措施"进一步升级，直接干涉外国公司与华为的合作。① 从长远来看，我国需要掌握更为先进的芯片技术，才能保证我国的数字经济发展不受制于人。

我国的数据存储技术也不够先进。数据存储能力是以硬件方面的技术为基础的。《华为全球产业展望GIV》预测，从2018年到2025年，全世界新增数据量将从32.5ZB（约325万亿亿字节）快速增长到180ZB。② 然而，我国目前常用的存储系统仍是在传统架构基础上搭建的，数据存储成本高。据估计，我国企业数据仅有不到2%被保存，数据"存不下"的问题日益突出。根据中国信息通信研究院发布的《数据基础设施白皮书（2019年）》，目前的数据存储技术存在的三个主要问题分别是存储扩展性不足、存储协议类型单一和存储成本高昂。这些问题往往通过分盘存储的方法解决，但这种解决方法也导致了数据割裂和工作效率降低等新问题，还增加了管理与利用信息资源的难度，大幅提高了企业的成本，甚至导致企业放弃部分数据的存储。③ 数据存储技术的问题亟须得到妥善解决。

2. 数字人才紧缺

数字经济对人才的需求和要求都很高。数字经济作为前瞻性经济，是典型的知识密集型经济，需要进行大量创新性研究与应用工作，特别是加强数字信息技术与各行业的融合发展这一过程需要大量的人才才能完成。具体来说，数字人才既需要掌握各行业内的专业知识与技能，也需要掌握跨行业的专业知识和技能（李艺铭，2019）。目前，我国数字经济领域高技能人才极为稀缺，前沿型和复合型人才存在较大缺口，尤其缺乏跨界融合型人才（张辉、石琳，2019）。一方面，在前沿数字技

---

① 资料来源：网易，https：//3g.163.com/news/article/FD8VL5830519GBC0.html？from = history - back - list。

② 资料来源：华为：《华为全球产业展望GIV》，https：//www.huawei.com/minisite/giv/Files/whitepaper_ cn_ 2019.pdf。

③ 资料来源：中国信息通信研究院：《数据基础设施白皮书（2019年）》，http：//www.caict.ac.cn/kxyj/qwfb/bps/201912/P020191230615996204297.zip。

术领域，AI、大数据分析、硬件制造等技术人才短缺；而在应用环节，数字推广人才、深度学习人才和算法开发人才不足。另一方面，在传统行业转型升级的过程中，有经验和能力参与自然智慧农业、智能制造、智慧交通等领域的数字化升级的复合型人才也供不应求（李艺铭，2019）。

数字人才紧缺可分为供给和需求两端的问题。在传统人才供给端，大学、研究所和专科院校等培训体系难以为数字经济发展培养提供足够的专业人才。数字技术教育存在一系列问题，比如数字经济概念比较新颖，导致研究相关方向的师资力量不足、标准化编写的课程难以跟上瞬息万变的技术发展与行业需求、课程内容偏向科普缺少具有深度与先进性的前沿内容、难以标准化衡量该领域教育水平等问题。另外，目前我国的人才培养体系中，不仅专业设置和课程设计不够先进，还缺少标准化、规模化的实践训练。在需求端，随着数字经济相关的资本涌入，数字经济巨头企业集中了大量社会资源，导致更多人才倾向于流向少数大型企业、知名企业。例如，百度、阿里、腾讯和华为等企业不仅能够为人才提供更具吸引力的薪酬，更能提供其他中小企业难以匹敌的个人发展资源。和这些巨头相比，中小企业缺乏竞争实力，只能依靠自身力量培养人才（陈煜波、马晔风，2018）。以区块链技术的人才紧缺为例。区块链的底层系统架构设计人才不仅要掌握涉及操作系统、网络通信、密码学、数学、金融、生产等交叉学科的多项专业技能，拥有系统架构设计的经验，深入理解底层设计原理，还要了解应用场景的具体业务逻辑。[1] 根据火币研究院发布的《全球区块链行业人才报告》，区块链人才市场表面供给充沛，实则人才存量极度匮乏，存在虚假繁荣现象。[2] 根据 2019 年火币研究院发布的报告，真正符合要求的区块链技术人才仅能满足市场需要的 7%。[3] 区块链市场高速发展背景下，对人才需求量极

---

[1] 资料来源：中国信息通信研究院：《区块链白皮书》，http://www.caict.ac.cn/kxyj/qwfb/bps/201912/P020191230615996204297.zip。

[2] 资料来源：火币研究院：《全球区块链行业人才报告暨数字经济人才报告》，https://research.huobi.cn/detail/244。

[3] 资料来源：智联招聘：《2018 年区块链人才供需与发展研究报告》，https://www.jianshu.com/p/27ada31eb3b9。

大，对专业性要求极高，而这些是目前的人才培养体系难以满足的。

3. 信息基础设施建设不够充分

信息基础设施主要是指网络设备设施，既是我国经济数字化建设的基础支撑，也是我国数字经济的重要组成部分，更是数字经济提质增效的关键基础。如何在我国国土面积大、发展不均衡的国情下全面加强基础设施铺设，是数字经济全面发展必须解决的问题。

我国宽带速度与质量有待提升。宽带速率以及宽带连接质量是网络通信速率与质量的基础，也是数字经济发展的基础指标。在2019年4月到6月，我国固定宽带下行速率超过35Mbps（35百万位比特每秒），同比增加66.4%，而4G通信下平均下行速率则接近24Mbit/s（24百万兆字节每秒），同比增加16.6%，速度处于全球中上水平。[①] 而根据中国信息通信研究院和Keynote网站的数据，截至2019年年中，我国网间时延相比2015年下降了38.1%，为39.62ms；丢包率（性能测试中丢失数据的比率）相比2015年下降了89.2%，仅为0.11%。我国骨干网网内平均时延优于AT&T、Verizon、Sprint、Cogent、Savvis和NTT等国际运营商，丢包率逐渐接近国际水平，整体性能基本达到国际平均水平。[②] 可见，我国的宽带速率与质量水平总体处于全球中上水平，这与我国世界排名第二的数字经济规模是不匹配的，部分地区互联网宽带发展水平落后于数字经济的发展需要，有很大提高的空间。

我国需要继续推进网络铺设与接入工作，进一步提高互联网接入率。消费者在数字经济时代中扮演着一个十分重要的角色，因为他们同时也是数据的生产者。消费者数量的增长能带动网络价值实现指数级增长。截至2020年第一季度，我国网络接入规模达9.04亿人，对应的网络普及率达到较理想的64.5%，然而其中农村地区仅为46.2%，还不到半数水平。[③] 目前我国还有进5亿人口未普及网络，图2-8展示了

---

① 资料来源：宽带发展联盟：《中国宽带速率状况报告》，http：//www.chinabda.cn/class/18。
② 资料来源：中国信息通信研究院：《中国宽带发展白皮书》，http：//www.caict.ac.cn/kxyj/qwfb/bps/201912/P020191230615996204297.zip。
③ 资料来源：中国互联网信息中心：《中国互联网络发展状况统计报告》，http：//www.cnnic.net.cn/hlwfzyj/hlwxzbg/hlwtjbg/202004/P020200428596599037028.pdf。

我国非网民不上网的原因及分别对应的比例。他们如果能够尽可能多地接入互联网，对数字经济的发展会产生重要的推动作用。

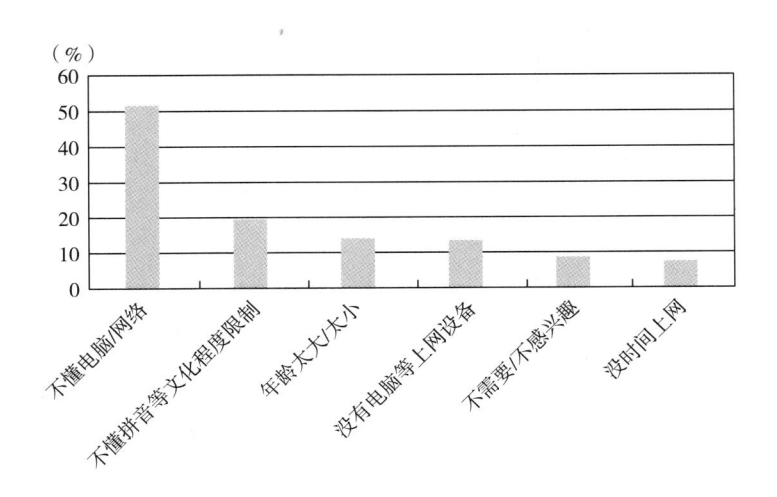

图 2-8　2019 年我国非网民不上网原因占比

资料来源：中国互联网信息中心：《中国互联网络发展状况统计报告》。

（二）社会层面

作为一种新的经济成分，数字经济要进一步融入实体经济，才能有更强大的生命力。因为数字经济与农业经济、工业经济并非完全分离而是相互融合的，所以数字经济的发展会受到不同经济成分的影响，表现出数字经济发展的不均衡。数字经济虚拟化和技术依赖的特殊属性，也会使数字经济的发展速度和质量有所分化。总体而言，我国数字经济存在地区、产业发展不均衡的表现，引致了一系列社会问题。

1. 地区发展不均衡

目前，我国数字经济区域发展不均衡。经济发达地区数字经济发展领先于较落后地区，各地区数字经济发展排名与整体经济水平的排名十分相近。暂且无论这个现象背后是否有因果关系，这种不均衡体现出数字经济打破地理限制的能力没有被充分利用。经济总量高的省份特别是京、沪、粤、浙、苏等的数字经济发展相对领先，而落后省份数字经济发展也相对滞后；而精确到城市维度，2018 年"北上深杭"四座一线城市高度集聚了 145 家数字经济"独角兽"企业，占全国数字经济

"独角兽"企业的82.7%（张辉、石琳，2019）。2018年，广东省数字经济规模突破4万亿元，江苏省也达到3万亿元，浙江省、山东省均突破2万亿元。然而，青海、宁夏数字经济规模都不足1000亿元人民币，数字经济规模最小的10省加起来还没有广东大。① 根据赛迪智库的《2019年中国数字经济发展指数》，数据中心指数、5G试点城市数量指数、IPV6比例指数三个指标的标准差较大，表明全国各地的数字基础设施建设进展存在差距。在该报告的细分指标中，软件和信息技术服务业规模、信息传输业规模、ICT领域主板上市企业数量等6个细分指标的标准差都超过16，"独角兽"企业分指标的标准差更是达到了33.8。② 这表明各省产业规模和龙头企业对数字经济产业发展影响较大，各地区数字经济具有产业分化特征。

发达地区的数字经济发展速度相对更快，未来数字经济的发展水平差异可能会变得更为明显。第一，上文提及，东部沿海和一线城市等发达地区的信息基础设施建设遥遥领先于我国第一、第二阶梯地区。信息基础设施是数据传输和技术应用的基础，这为发达地区的数字经济发展带来先发优势。第二，数字经济的发展在一定程度上改变了人们的社会生活方式，也要求人们掌握一定的技能。经济发达地区的人们更多接触到数字经济的新概念、新技术、新产品，能先适应数字经济带来的改变，从而先享受数字技术带来的红利。第三，基本的义务教育体系缺少对数字化能力和思维的培养。而发达地区的课外机构与兴趣班众多，不同地区青少年儿童数字化技术的启蒙年龄有很大差距。发达地区的学生更有条件参加课外的"信息竞赛班""奥数班"，可能在小学就具有编程能力，经济落后地区的学生则难以获得类似资源。这又进一步拉开了经济发达地区和其他地区的数字人才储备水平，使经济领先区域数字经济的先发优势更加明显。

2. 产业发展不均衡

我国三大产业之间的数字经济发展水平不均衡。2019年，我国服

---

① 资料来源：中国信息通信研究院：《中国数字经济发展白皮书》：http://www.caict.ac.cn/kxyj/qwfb/bps/201912/P020191230615996204297.zip。
② 资料来源：赛迪智库：《2019年中国数字经济发展指数》，http://www.199it.com/archives/963640.html。

务业的数字经济渗透率为37.8%，工业中为19.5%，而农业中数字经济渗透率仅为8.2%，而同一产业中不同细分行业的数字化水平也不均衡。①

在服务业和工业中，不同性质的细分行业数字经济发展不均衡。根据中国信息通信研究院发布的《G20国家数字经济发展研究报告（2018年）》，在服务业方面，生产性服务业主要是资本、技术密集型行业，主要包括金融、运输、科技等领域，较易带动行业的整体产出。生活性服务业主要为劳动密集型行业，主要从事住宿、餐饮、娱乐方面的业务，资本和技术投入比较少，其数字化转型较慢。2017年，作为制造业配套的生产性服务业数字经济占行业比重平均值为31.9%，直接满足居民消费的生活性服务业数字经济占行业25.8%，生产性服务业数字经济发展水平超过生活性服务业；而在工业领域，在总体上展现更多资本密集特征的重工业中，数字经济占行业比重基本均高于10%，而轻工业数字经济占行业比重较低，基本维持在4%—7%。② 整体上，这体现了细分行业内资本比重与数字经济占比的正相关关系。

在农业领域，我国农业的数字经济融合程度相对较低，同时农业领域细分产业产品的数字经济比重也不均衡。整体而言，2018年，在农业领域的林、渔、农、畜产品中，数字经济比重最高的林产品比重仍不足13%，远低于服务业和工业中数字经济比重的平均水平。农业领域中数字经济比重最低的是畜牧产品，其数字经济比重甚至低于5%。③ 具体而言，农业领域的数字化转型普遍具有以下三个问题：第一，智慧农业产品发展缓慢、成本较高，市场普及率与对需求变化的适应能力低。第二，我国农业从事人员的学历整体偏低，对数字化技术的接受能力和学习能力都比第二、第三产业的人员更低。这同时也提高了农业从事人员参加数字经济的培训、学习成本。第三，农业的行业利润空间较

---

① 资料来源：中国信息通信研究院：《中国数字经济发展白皮书（2020年）》，http://www.caict.ac.cn/kxyj/qwfb/bps/202007/t20200702_285535.htm。

② 资料来源：中国信息通信研究院：《G20国家数字经济发展研究报告》，http://www.caict.ac.cn/kxyj/qwfb/bps/201812/t20181218_190857.htm。

③ 资料来源：中国信息通信研究院：《中国数字经济发展白皮书》，http://www.caict.ac.cn/kxyj/qwfb/bps/201912/P020191230615996204297.zip。

少，土地成本远高于人力成本，缺乏利用数字技术提高利润的空间。

3. 数字经济带来的社会问题

作为一种新的先进的经济成分，数字经济会一定程度上改变人们的生活模式和观念，进一步带来失业、隐私泄露、技术分享困难等社会性问题。

第一，数字技术难免会造成部分传统岗位的失业。例如，网络购物蓬勃发展，导致大量线下门店难以为继，造成经营小型实体门店的个体户失业；机器人将代替部分简单重复劳作岗位的工人；未来许多人将面临人工智能应用导致的失业或转岗风险，易被取代的岗位包括法务、客服、翻译、金融民工、财务、新闻工作者、老师、编辑、护理、家政等（牛禄青，2017）。这些岗位并不会完全被取代，但部分效率较低的劳动力将被淘汰，不能掌握一定数字技术的劳动人口可能面临结构性失业的风险。数字经济的发展可能会重构未来的劳动力结构，劳动人口的文化教育程度和数字技能应用水平亟待提升。

第二，数字经济存在群体垄断的问题。数字经济仍属于新鲜事物，部分知识文化水平相对较低的社会群体在市场竞争中处于天然的劣势地位。该群体通过数字经济发展获取更多效益的可能性明显较低。而部分知识文化水平相对较高，又掌握着尖端技术的社会群体，则能从中攫取源源不断的经济收益（龚晓莺、王海飞，2019）。这使数字经济红利在人群中的分配严重不均。部分特定群体还有能力对数字经济的知识与技术进行垄断，这可能会加剧贫富差距，不利于社会的长远发展。

第三，数字经济带来隐私泄露问题。人们在日常生活参与数字经济过程中，难免会把个人信息以自愿或不自知的方式上传到互联网，产生大量数据，而数字技术与数字化生活方式大大降低了人们对隐私信息的获取、存储和传播难度。无论是不法分子窃取、销售个人信息，还是大公司的数据库泄露，都会对个人隐私安全带来巨大威胁。目前，很多手机 App 涉嫌过度获取用户权限。通过获取相册、通讯录甚至粘贴板权限，手机应用可以在用户不知情的条件下读取、上传用户的敏感信息。尽管相关部门处罚了部分违规应用，但是有些应用在用户协议中直接索取获取用户信息的权限，对此大部分用户只能接受。2018 年 3 月，百度 CEO 李彦宏提出，我国用户对隐私不那么敏感，容许用隐私换取便利或者效率。① 央视评论，科技巨头对用户核心利益的视若不见使人担忧，用户为了使用权"不得不"在隐私权方面让步。② 对客户隐私信息保密缺乏重视是造成更多隐私泄露案例的罪魁祸首。

（三）政府监管层面

在监管层面，数字经济存在安全问题、市场监管及引导与数字经济发展水平不匹配的问题以及反垄断问题。

1. 数字经济的安全问题

数字经济的安全问题主要表现为互联网安全问题。随着信息技术的不断发展以及互联网的进一步普及，我国的网络安全威胁一直是数字经济发展的威胁。

近年来，我国网络违法犯罪数量多、规模大，威胁数字经济安全。根据中国最高人民法院和中国司法大数据研究院发布的专题报告，2016—2018年，全国审结网络犯罪案件共计4.8万余件，占全部刑事犯罪的1.54%，而且网络犯罪的数量和比重均呈逐年上升趋势，2017年数量同比升幅为32.58%，2018年同比上升50.91%。③ 2018年，多个省份抓捕境内境外网络违法分子均超过数千名。此外，我国网站篡改问题严重。截至2019年12月，官方机构检测发现我国被非法修改网站185573个，比2018年年底（7049个）明显增多。④ 网络犯罪问题也是数字经济发展的确定性因素，会降低投资者信心，阻碍经济发展。案件数量多、规模大，意味着从事网络违法犯罪人员数量巨大。整体上，治理网络违法犯罪的形势仍然并不乐观。

互联网安全问题给互联网的使用者带来了相当大的麻烦，干扰了数字经济活动，导致了巨大的时间和财产损失。2017年，我国61%的成年网络用户曾遭遇网络犯罪攻击，而网络用户或其周围的人曾受网络攻

---

① 资料来源：新浪科技，https://tech.sina.com.cn/i/2018-03-26/doc-ifysqfnf7938663.shtml。
② 资料来源：网易新闻，http://news.163.com/18/0328/03/DDV513QI0001875N.html。
③ 资料来源：中国司法大数据研究院：《司法大数据专题报告之网络犯罪特点和趋势（2016年1月—2018年12月）》，http://data.court.gov.cn/pages/reportshow.html?filename=司法大数据专题报告之网络犯罪特点和趋势（2016年1月-2018年12月）.pdf。
④ 资料来源：中国互联网信息中心：《中国互联网络发展状况统计报告》，http://www.cnnic.net.cn/hlwfzyj/hlwxzbg/hlwtjbg/202004/P020200428596599037028.pdf。

击威胁的比例为58%，受害者的损失总计超过660亿美元，人均损失132美元，而受害者对攻击的善后工作平均需要近4个工作日（28.3个小时）完成。① 2020年4月4日起，陆续有用户被名为WannaRen的新型勒索软件，当用户被感染后所有文件都会被"加密"，且被勒索0.05个比特币（约人民币2500元），且该勒索软件似乎可通过网络感染局域网内的其他设备。② 这些问题为网络使用者带来时间和经济损失，不利于数字经济发展。图2-9展示了我国网民遭遇各类网络安全问题及分别对应的比例。可以发现，2020年我国网络安全环境相比2018年年底已有明显好转，不过仍有43.6%的网民遭遇过网络安全问题。

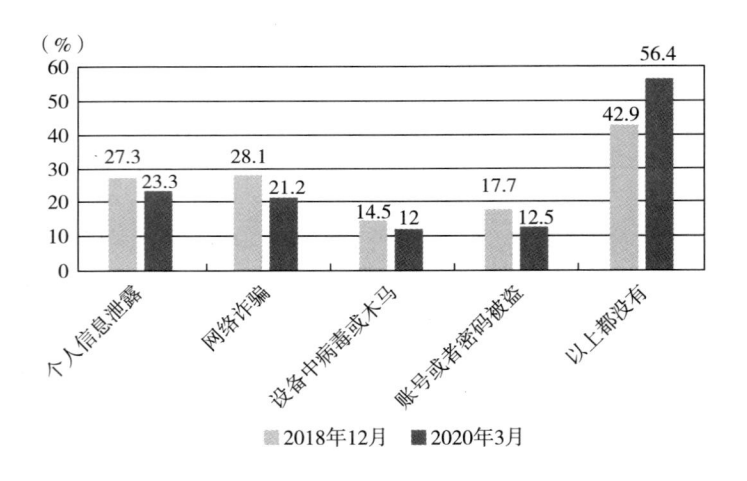

图2-9 网民遭遇各类网络安全问题的比例

资料来源：2020年3月CNNIC中国互联网发展状况调查。③

2. 监管及引导与数字经济发展水平不匹配

我国对数字经济发展的政策指引还不够完善，国家级的具体战略规划尚未出台。2018年以来，部分省份出台了省级的数字经济发展规划

---

① 资料来源：Symantec Corp, Norton Cyber Security Insights Report, http://www.199it.com/archives/690743.html。
② 资料来源：蓝点网，https://mp.weixin.qq.com/s/VfRMMFHZnAJn5hsDe23IEA。
③ 资料来源：CNNIC：《第45次中国互联网发展状况调查》，http://www.cnnic.net.cn/hlwfzyj/hlwxzbg/hlwtjbg/202004/P020200428596599037028.pdf。

相关报告，但是我国的数字经济发展顶层设计仍未出台。直至2020年5月30日，国家发改委才以总纲领的形式提出数字经济发展8大举措，而细分领域的相关具体政策仍尚未出台。[①] 如果缺少统一的行为规范和行动纲领指引，数字经济的探索容易出现方向性问题。国家层面的引导需要更快到位，才能使得数字经济的发展少走弯路、错路。

不良信息、网络攻击等影响数字经济环境的因素，很大程度上仍依赖企业自身的处理。论坛、聊天平台、博客以及各种网站上的不良恶劣信息甚至部分涉嫌违法犯罪的信息，往往都按照平台自身规定，由平台自行处理。缺少政府充分参与的信息处理方式使得网络监管及引导难以执行，也造成违规信息的处罚力度不一等问题。根据我国网络违法犯罪举报网站数据，仅2020年3月，公安机关依法通知网络接入商、网站开办者关停网站1家、暂时关闭网站11家、限期整改4家、删除信息984条、告知网民到当地报案794件、与网民协商解决41起、移交相关部门40件、移交相关警种50件。[②] 网络违法犯罪活动和不良信息的监管处置中间环节多，执法权限划分不够清晰。在网络攻击方面，如常见的DDoS攻击，主要依赖云服务器提供商和其他网络安全厂商来处理。以游戏行业为例，根据《阿里云：游戏行业DDoS态势报告》，游戏行业由于业务投入大、运营周期短，一旦出现几天的业务中断，可能直接导致数百万元的损失，因此需要做好7天24小时的全天候实时防御工作。[③] 网络攻击涉及的网络协议种类多，监管部门不可能为企业提供实时防御支持，而事后处理往往难以弥补也无从追讨已经造成的巨大损失。

3. 反垄断问题

反垄断与鼓励巨头带动行业发展之间需要找到平衡点。经济发展与资本的涌入关系密切。目前，巨头对数字经济的发展有带动作用。巨头

---

① 资料来源：中国人大网，http：//www.npc.gov.cn/npc/c30834/202006/2b8aa923c61e4e218a3f22d7c87ff7a8.shtml。

② 资料来源：网络违法犯罪举报网站，http：//www.cyberpolice.cn/wfjb/html/xxgg/20200408/4740.shtml。

③ 资料来源：阿里云：《游戏行业DDoS态势报告》，https：//yq.aliyun.com/articles/127833? utm_content=m_26003。

占数字经济的规模大，且巨头在科研、创新方面的投入均较高，这对数字经济的长远发展都是有深刻意义的。但是，资源的过度聚集对数字经济生产力及经济效率是不利的。网络经济打破了地域与时空的限制，数据这一核心生产要素较易被部分巨头掌握并垄断，而网络空间的广阔又有利于数字经济巨头企业的扩张。所以，如果政府不对此加以约束，数字经济的垄断问题将更加严重。2018 年，天猫、京东和拼多多三大网购平台占据国内 B2C 网络零售市场份额前三位，市场份额分别达到 53.5%、27.8% 和 7.8%；排名第四至八位则分别为苏宁易购 3.46%、唯品会 2.18%、云集 0.38%、蘑菇街 0.28% 和当当 0.26%。[①] 巨头能收集更多的用户偏好与背景数据，进一步巩固其垄断地位。部分行业巨头获得大量资金与资源投入之后，继续扩大其市场份额，在行业竞争中扩大领先优势，引致劣性循环，吸引更多的资本和资源投入，加大数字经济内部的贫富差距。如果资源高度集中在少数地区或组织，数字经济向着平台垄断的方向发展，可能会严重阻碍数字经济的全面发展，也使大部分人难以真正享受到数字经济发展的红利。

① 资料来源：网经社电子商务研究中心，http://www.100ec.cn/zt/2018wllsbg。

第三章 数字经济发展原则与发展水平测度

数字经济是推动我国经济社会发展的新动力，其凭借快速发展的数字技术成为推动产业转型升级的关键因子。中国信息通信研究院的报告显示，我国数字经济规模在 2019 年达到了 35.8 万亿元，超过当年 GDP 的 1/3。[①] 显然，数字经济是我国经济社会的重要组成部分。为了对我国数字经济的发展水平有更加深刻的了解，本章探索性地提出数字经济的发展原则，尝试构建测度数字经济发展水平的指标体系，并分别对全国和省级层面的数字经济发展水平的测算结果进行分析。

第一节 数字经济发展原则

本节以数字经济的发展现状和问题为基础，参照国际文件、国家政策与各省市政策，创新性地提出数字经济的发展原则。我们从三个层面——国际、国家与省级层面来阐述数字经济的发展原则。各个层面的发展原则具有相关性，国际原则影响国家原则，国家原则指导省级原则。它们共同组成完整的数字经济发展原则体系。

---

① 资料来源：中国信息通信研究院：《中国数字经济发展白皮书（2020 年）》，http：//117.128.6.29/cache/www.caict.ac.cn/kxyj/qwfb/bps/202007/P020200703318256637020.pdf?ich_args2 = 465 - 14141318015157_ 9bce07bb032a268ffde42e364ed0f3d0_ 10001002_ 9c896d28d0c3f6 d09e39518939a83798_ 573050873f03a63ea80587b4e247c6ec。

一 国际数字经济发展原则

目前,一些国际组织初步提出了国际数字经济发展原则的框架。2016年,20国集团成员通过《G20数字经济发展与合作倡议》(以下简称《倡议》),提出了以下7项促进数字经济发展与合作的共同原则:创新、伙伴关系、协同、灵活、包容、开放和有利的商业环境以及促进经济增长、信任和安全的信息流动。① 与此同时,《倡议》也提出了数字经济合作的关键领域。2020年2月,经济合作与发展组织发布《数字化综合政策框架》(The Going Digital Integrated Policy Framework),提出了数字经济战略的七个层面,分别为数据的获取、使用、创新、就业、繁荣、信任及市场开放(access, use, innovation, jobs, social prosperity, trust and market openness)。② 这些理念的贯彻落实需要各国合作与交流。数字经济的发展推动全球化进程,而全球化也对数字经济的进一步发展有积极作用,所以合作成为各国为促进数字经济发展的共识。

综合国际上现有的发展共识,国际数字经济发展原则应该包括合作治理原则、开放包容原则及创新驱动原则。这些原则将促进各国在自身数字经济的具体发展情况基础上达成国际合作共识,引导全球数字经济整体发展。

(一)合作治理原则

合作治理原则要求各国通过监管、社会及技术三个层面的合作,解决数字经济发展中的主要问题,包括垄断问题、数据确权与知识产权保护问题、信息和网络安全问题等。

各国应该坚守合作治理原则,公平有效地治理数字经济中的垄断问题。各国应该摒弃保护主义,避免为了本国利益而过度保护本国企业的倾向。2020年5月,在"两会"期间,全国政协委员李守镇建议修改并完善反垄断法,破除"包容审慎不监管"的误区,强化对互联网恶性竞争的管控力度。③ 各国反垄断法应该清晰界定数字经济中的垄断问

---

① 资料来源:《G20数字经济发展与合作倡议》,http://www.g20chn.org/hywj/dncgwj/201609/t20160920_3474.html。
② 资料来源:OECD, "The Going Digital Integrated Policy Framework", http://www.oecd.org/going-digital/summit/going-digital-summit-agenda.pdf。
③ 资料来源:澎湃,https://www.thepaper.cn/newsDetail_forward_7556413。

题，为数字经济发展创造良好竞争环境。各国相关部门应严厉查处互联网企业滥用市场优势地位和违背垄断协议的活动，打击非正当逐利和恶性竞争的行为。存在利益争议时，各国应该在相关国际组织的协助下处理垄断问题。例如，欧盟等区域性组织在垄断治理方面拥有许多成功经验。2017年6月27日，欧盟判定谷歌的搜索引擎不合理推送该集团"亲儿子"购物服务，刻意排挤竞争对手，构成垄断，并处罚高达24.2亿欧元（约188亿元）罚金（邓志松、戴健民，2017）。2019年8月，欧盟对Facebook的"天秤币"（Libra）数字货币项目开展反垄断调查。① 此外，欧盟拟于2020年年底推出数字服务治理的框架性文件《数字服务法案》（Digital Services Act），进一步完善数字服务治理体系。②

各国应该就如何解决数据确权问题达成基本共识，合作解决数据确权与知识产权保护问题。数据产权包括数据的所有权、占有权、支配权、使用权、收益权和处置权（吴易风，2007）。目前，数字化形式的技术、文学作品、艺术作品等产品的知识产权归属较为明确，而网络信息资料或用户数据的产权归属则相对不够清晰。欧盟《通用数据保护条例》写明，商业组织获取到的私人信息或数据应由产生这些信息或数据的自然人所有。但是在现实中，存在部分数据有多个制造者或者制造者难以追溯的情况，业界认为，在这种情况下，数据实控方（即收集及利用数据一方）对数据拥有产权（王融，2015）。数据与常规生产要素不同，它不能完全依赖要素市场交易获取，因而缺少产权交割的环节。③ 现实中，大部分数据会由多方自行获取、存储、使用。例如，在社交网络中，用户利用各种平台（如Facebook、YouTube、微信等）进行文字、音视频等数字化内容的交流，产生并上传相关数据。这使各种应用与平台能够收集数据，并把其中一部分存储在数据库中，在需要时

---

① 资料来源：新浪科技，https://tech.sina.com.cn/it/2019-08-21/doc-ihytcern2332864.shtml。
② 资料来源：商务部，http://www.mofcom.gov.cn/article/i/jyjl/m/202002/20200202936932.shtml。
③ 资料来源：OECD, "Data in the Digital Age", http://www.oecd.org/sti/ieconomy/data-in-the-digital-age.pdf。

进行计算和使用。数据的制造者、收集者、存储者都对最终积累的数据做出了贡献。所以，各国应该达成数据产权划分的基本共识，设立区域性数据产权标准。第一，私人信息的采集和使用需要获取用户授权。各国应该一致打击非法收集、滥用及销售私人数据等行为，保护数据安全和数据隐私。对于跨境侵犯数据产权的行为，应当按照从严处理的原则，保证各国相关部门共有执法权。第二，对于公开数据，首先要明确公开数据中不能包含未经授权的私人数据。值得注意的是，公开数据并非"无主权"，其共享应该服从一定的隐私、安全及知识产权保护条例。个人与组织可以在多国监管下通过合法渠道获取、存储及使用跨国数据，实现数据价值。

各国应该共同治理信息与网络安全问题。全球各个国家和地区有共同监管和维护数字经济发展环境的责任。因为网络打破了生产活动的地域限制，所以数据资源流通跨越了各国各地区的法律和司法系统。[①] 同时，网络作为工具，可能被跨境犯罪组织利用以实施违法行为。跨国犯罪往往具有一定的复杂性，因此多边合作是追捕网络犯罪者的最佳选择。这不仅是维护网络环境健康发展的需要，也是维护各国公民权益和社会秩序的需要。2001年，全球首部针对网络犯罪行为而制定的国际公约《网络犯罪公约》签署，该公约至今仍在由专设的网络犯罪公约委员会维护与执行。[②] 各国必须坚守合作治理原则，合作保障信息与网络安全，共同监管跨国数字经济活动，才能一同维护良好的数字经济发展环境。第一，各国应携手打击网络违法犯罪行为，合作追捕跨国非法集团，明晰管辖权与司法权界限。第二，各国应在一定程度上推动监管数据共享，降低监管成本，同步跨国网络犯罪的防控信息。第三，各国应合作监管跨国数字经济平台的活动。跨国数字经济平台的发展要遵循各国的法律法规与行业道德要求，同时受注册地与经营地区的相关部门监督。第四，各国应规范跨国社区的讨论，规范网络言论，营造文明网络环境，治理网络谣言、垃圾信息、攻击性言论及违法违规言论。第

---

① 资料来源：CIGI，"Data Governance in the Digital Age"，https://www.cigionline.org/sites/default/files/documents/Data%20Series%20Special%20Reportweb.pdf。

② 资料来源：Council of Europe，https://www.coe.int/en/web/cybercrime/tcy。

五，各国应通过技术合作，防范和处理各类跨境黑客攻击和计算机病毒传播，保障信息安全。

（二）开放包容原则

开放包容原则是各国数字经济交流与合作的基本要求。在全球化浪潮中，大量信息互动跨越国界，让跨境数据流动成为经济和社会活动的重要推动力。

开放包容原则下，各国需要共建数字经济合作组织。合作组织的首要任务是确定并公开数据协议标准。例如，在3G时代，4套主流技术标准（WCDMA、CDMA2000、TDS-CDMA与WIMAX）共存，直到2008年5月才有统一的国际标准。在多种标准使各地区设备之间不能通用，各国纷纷高价拍卖通信执照，大大增加了重复基建的概率和企业经营的成本，不利于技术红利的共享。[①] 到了4G时代，国际电信联盟早在2008年3月便设定4G标准，LTE（Long Term Evolution，长期演进）构架成为全球主流，优化了通信的兼容能力。[②] 国际通用数据协议标准的确定有利于共享技术发展成果和扩大数字经济交流范围。同时，建立数字经济合作组织能够维持数字经济合作常态，避免合作不稳定性带来的经济成本。长期稳定的国际合作协议是各国数字经济战略规划的关键组成成分。各国之间可取长补短，认清各自在全球数字经济发展中最适合扮演的角色，明确数字经济的发展方向。

开放包容原则下，各国应当致力于营造开放与协作的数字经济环境。为了推进数字经济发展，各国应该同意一定范围的数据互访和共享。例如，根据调查，英国人工智能部门探索了公平、公开及安全的数据共享框架，如数据信任机制定义了共享数据的权利和责任，还建立了一个新的数据伦理和创新中心（Planes-Satorra and Paunov，2019）；法国的人工智能战略促进其创建特定的平台以编译和共享数据，为适合人工智能的大型计算基础设施提供这些数据的访问机会，并促进其在受控环境中进行实验。在执行分析和生成计算结果的数字经济活动中，开放连接的数据能够提供更多分析学习的维度并提高计算的效率。数据访问

---

① 资料来源：维基百科，https://zh.wikipedia.org/wiki/3G。
② 资料来源：维基百科，https://zh.wikipedia.org/wiki/4G。

与技术协作促进了新算法的产生。在各国的需求和约束下，数据可以通过开放网络平台和数据库的访问权限来实现共享。根据各国的经济基础，数字经济的开放与协作可以分散到整个供应链中，以此提高经济运行效率。

开放包容原则下，各国应该强化数字经济领域的互信与交流。各国应建立互信与沟通机制，实现多边协调发展，减少发展摩擦。各国应当相互尊重数字经济发展的独立性，保证各国的立法司法独立性与发展独立性。同时，为了充分发挥互联网的潜力，各国需要维护网络的可信度，使互联网成为一个强劲的增长、发展和创新的平台。网络连接是一种点到点活动，其具体协议如 TCP（Transmission Control Protocol）协议等，都建立在网络互信这个基础上。在缺乏信任的情况下，用户将改变自己的行为，更谨慎地进行在线活动，甚至转向局域网和非联网活动，使数字经济发展环境变得封闭，阻碍数字经济规模扩大。具有数字经济信任与包容特点的典型案例是欧盟的数字化单一市场（Digital Single Market）。在 DSM 中，不论国籍和居住地，货物、服务、人员及资金都能够自由流通，消费者和服务商都有机会在公平透明的竞争环境中进行在线活动，他们的数据能获得高水平的保护（彭丹丹，2019）。

（三）创新驱动原则

在国际合作与交流的基础上，各国应该坚持创新驱动原则，保证本国数字经济发展的速度与质量。数字经济发展的技术依赖性高，相关领域技术需要持续更新迭代以满足其发展的需要。新的数字技术正在迅速发展，但尚未均匀地扩散到全球各个地区，特别是尖端技术，实现其国际共享是不现实的。各国需要建立针对数字经济的创新战略，激励数字经济领域的技术研发。根据具体国情，各国的创新方向与投入虽然各不相同，但是创新驱动的原则是国际适用的。

在数字产业化方面，各国需完善信息基础设施建设，为技术的创新与应用提供基础与保障。数字经济发展需要一定的"基建"过程，各国应共同维护数字经济发展环境，推动数字经济基础设施建设，实现数字经济规模效应的最大化。第一，各国应该积极推动国内的网络基础设施建设，必要时寻求或提供援助，适应和平与发展的时代主题。第二，各国应该支持跨国互联网组织的合法活动，合作完成跨国基础设施建设活动，如跨国光纤铺设、数据漫游服务通路、非国防导航卫星系统合作等。第三，各国应维护数字经济的共同价值观，使数字经济的跨境发展成果能够作为各国共同的发展红利。

在产业数字化方面，各国应该依照创新驱动原则，推动尖端技术研发与应用。目前，世界各国对前沿数字技术的应用仍不充分。在国际上，5G 网络、人工智能、区块链与物联网等尖端技术尚未发展完善，距离全面应用还有相当大的差距，而芯片光刻、集成电路设计、数据存储技术及电子元件制造等基础技术也有进一步提高的空间。数字技术创新能够引导数字经济的未来走势，甚至重新定义数字经济，是影响数字经济未来发展的关键要素。各国应该在战略层面上加大数字经济的科研投入，不单纯地依赖他国的技术分享。比如，在人工智能技术方面，为推进人工智能研究，众多国家设立了新的研究中心，或为人工智能研究项目设置专项资助。加拿大、德国及韩国的人工智能战略特别强调在人工智能领域的投入，它们的目标是成为研究该领域的领导者（Planes - Satorra and Paunov，2019）。加拿大资助了三个分别位于埃德蒙顿、蒙特利尔和多伦多的卓越人工智能研究和创新中心，旨在建立一个人工智能研究社区网络。韩国在其人工智能战略规划下，创立了人工智能研究中心，重点将人工智能融入机器人、生命科学及自动驾驶等领域的研究。这些科研工作规模和耗资较大，其成果的国际分享是不现实的，因此各国均需要在国家战略层面上自行支持尖端科研工作。

各国应该培育数字人才，提高全民数字素养。创新不应该被少数机构或者组织垄断。在数字经济时代，每个人都是数据生产者甚至数字商品生产者，这为全民参与创新提供了条件。各国应该支持如 GitHub、CSDN 等网上论坛、社区等全民创新平台，鼓励更多劳动力与资本投入到技术创新中。目前，开源社区受到全球众多企业与个人开发者的追捧，部分技术的共享和有偿分享促进了开发者的技术进步。社区中一部分突出项目可以得到投资，此外很多从社区中学到技术的人也最终从事技术开发相关工作。创新驱动原则要求各国做好信息科学教育，提高全民数字素养。联合国提出，包含数字认知能力、应用能力及交流能力等内容的数字素养是与听、说、读、写一样关键的基础能力。[①] 例如，法国、德国及美国的人工智能战略强调劳动力数字技能的培养，支持个人为数字经济时代开发新技能。[②] 提高全民数字素养的措施包括提供职业教育或培训方案、促进人机交互能力的普遍提升、提高社会信息化程度、增强数字经济时代劳动力的工作能力等。人才培养周期长，而目前各国数字人才已经普遍面临紧缺的问题。因此，各国需要兼顾下一代教育与成人教育，提高全民数字素养。信息科学教育不仅有利于培养学生的数字素养，更有利于培养人们在数字经济时代下的思考方式，使人们更容易适应数字经济时代的生活方式，并在全年龄段发掘和培养数字人才。

二 我国数字经济发展原则

我国数字经济已迈入新的发展阶段，成熟期的数字经济呈现出形态日益丰富、体系日益健全的特征。新的阶段需要新的指导性原则，本节综合数字经济国际发展原则和我国数字经济发展中存在的问题，在回顾中央文件和总结地方法规的基础上提出我国数字经济发展的五大原则（具体如下）。该原则旨在为我国数字经济发展提供方向指引，促进数字经济提质增效，增强数字经济发展动能，进一步释放数字经济红利。

（一）创新驱动原则

创新是支持数字经济升级迭代的首要内生动力。数字经济领域的创新虽然涉及技术创新和融合创新两种不同途径，但二者殊途同归，皆能带动数字经济进一步发展。数字技术主要通过直接转化为现实生产力和与生产要素结合从而放大各生产要素的生产力这两条路径推动生产并提高效能。互联网形态的提质升级需要互联网技术的更新迭代，各种数字经济新业态、新模式的涌现也同样离不开数字技术的发展与应用。由此可见，技术创新作为数字经济发展的核心引擎从多角度、全方位推进数字经济向纵深发展。我国自主创新能力与世界一流水平相比仍有一定差距。为此，国家要积极作为，致力于提升关键核心技术的研发创造本

---

① 资料来源：新华网，http://www.xinhuanet.com/info/2017-03/13/c_136124225.htm。
② 资料来源：CIGI, *Global Commission on Internet Governance*, http://www.lawfareblog.com/2014/01/global-commission-on-internet-governance/#UuAZQhAo670。

领。国家应加大对数字技术研发的支持力度，从人才引进、资金补贴等方面入手，为技术创新营造良好的社会氛围。除了技术创新，融合创新也至关重要。数字融合是数字技术与实体经济结合的过程，数字融合创新指数字技术与实体经济结合方式的创新、数字技术应用场景的创新。国家应重视企业作为经济重要主体的作用，鼓励企业技术应用创新和商业模式创新协同发展。国家只有激发社会各界的创新活力，才能催生新产品、新业态、新模式，丰富数字经济应用场景，才能掌握数字产业发展主动权，培育新的经济增长点，形成新的经济动能，促进经济提速换挡，行稳致远。

创新应以实际应用为最终目的。随着数字经济的发展，人们对数字经济的认识不断深化，并在认知和理解的基础上进行了一系列具有突破性的技术尝试。数字技术不是脱离实际的空中楼阁，它应源于实际、用于实际。数字技术服务于实际应用有助于实现效益最大化，任何数字技术的研发都应该以实际应用为导向。国家统计局公开数据显示，2018年我国研究与开发试验发展经费支出总额为16396.69亿元，研究与开发应用研究经费支出总额达2190.87亿元[①]，均远超基础研究支出。由此可见，国家对知识应用予以高度重视，对知识应用的支持力度远大于对知识创造的支持力度。国家在相关经费支出的差异反映出对技术应用的深度关切。总结数字经济发展经验可知，将数字技术转化为产业和将数字技术与产业结合是两种进行实际应用的有效操作。国家应高度重视数字产业化，辨明我国优势突出的数字产业，大力扶植芯片制造、信息通信、软件等数字产业，在重点区域和核心领域打造一批鲜明合规的应用情境。同时，国家应促进数字资本、技术与实体经济的深度黏合，着力打造数字融合新实例，以案例为示范增强企业数字应用信心，鼓励技术创新赋能。

创新依靠数字人才。随着数字经济的深入发展，数字人才短缺问题日益显露，成为制约数字化转型的首要因素。2019年我国研究与试验

---

① 资料来源：国家统计局，http：//data.stats.gov.cn/easyquery.htm? cn = C01&zb = A0M0B02&sj = 2019。

发展人员全时当量为461万人年①,与2018年相比增加了5.2%。2019年我国研究生及博士生在校生数达286.37万人,普通本科生在校生数为1750.82万人。② 由此可见,虽然我国接受高等教育的人数较多,但科研人才较少,我国R&D人员数量仍有较大提升空间。正如习近平总书记强调:"人才是第一资源""强起来要靠创新,创新要靠人才"。③ 在数字经济发展过程中社会各界都应高度重视人才资源储备和人才激励,要盘活人才资源,充分发挥高端人才在数字经济领域创造的能动性。第一,国家应尽快出台数字人才培养指导方案,实施人才工程,着力培养或引进一批高层次人才及团队,为数字经济发展提供人才支持。第二,社会各界应秉承国家对人才高度重视的观念,充分挖掘人才、培养人才,努力营造尊重人才的环境氛围。

(二) 优化配置原则

充分发挥数据作为新生产要素的驱动作用。数据是数字经济时代的基础性、战略性资源,是新的生产要素和重要生产力。随着数字经济的深入发展,数据的存量与日俱增。20年前,数据的增长速度大约只有每天100GB,而现在,数据的增长速度已达到每秒5TB。由此可见,数字化浪潮已至,大量数据和其快速增长的速度对数据的存储、流通、应用提出了更高的要求。数据作为生产要素,需要与劳动者结合才能实现价值。数据资源在加工处理和流动分享中与劳动一起物化,形成了人们需要的产品,从而创造价值,驱动经济发展。因此,充分发挥数据要素的驱动作用需要社会各界的精诚协作、一致努力。第一,国家要破除数据流通的制度壁垒,建立健全数据流通渠道和保障机制,着力推动数据资源开放共享;第二,国家应建立健全数据流通和应用的标准规范,为数据合理高效应用保驾护航;第三,企业要培植数据驱动创新体系和发

---

① 万人年是统计计算数据单位,科技人员万人年是指某年全国研究和试验发展人员折合全时当量的数值。指全时人员数加非全时人员按工作量折算为全时人员数的总和。例如:有两个全时人员和三个非全时人员(工作时间分别为20%、30%和70%),则全时当量为2 + 0.2 + 0.3 + 0.7 = 3.2人年。

② 资料来源:国家统计局,http://data.stats.gov.cn/easyquery.htm? cn = C01&zb = A0M0B02&sj = 2019。

③ 资料来源:《习近平:发展是第一要务,人才是第一资源,创新是第一动力》,新华网,http://www.gov.cn/xinwen/2018 - 03/07/content_ 5272045.htm。

展方式，以数据资源的价值挖掘激发经济新活力。

发挥市场的主导作用。发展数字经济需要将数据要素资源交予市场配置，同时优化技术、资本等传统要素资源的配置。企业是市场的主体和经济发展的源泉。发挥市场的作用意味着要强化企业创新主体地位，发挥企业在数字经济中的主导作用，加快以市场需求为导向的数字化产品与服务的培育。2018年我国R&D企业资金经费共支出15079.30亿元，远超R&D政府资金经费支出的3978.64亿元。由此可见，企业的科研投资是推进数字技术研发的重要动力。因此，国家应充分发挥市场的主导作用，通过颁布政策、直接投资等方式引导企业资金向数字经济领域汇聚，为数字经济发展提供支持、注入动力。此外，国家应坚持审慎包容原则，放宽市场准入限制，加强公正监管，助力建立统一开放、竞争有序的数字经济市场体系。除了宏观体系外，国家还应创造法治良好、公平竞争、共享协作、接轨国际的营商环境，调动各类市场主体的活跃性，充分激发社会创新创造活力。

发挥政府的引导作用。在我国经济体系下，政府是有限政府，不直接控制经济发展步骤，但通过制定全局性、系统性的文件规范引导经济发展。数字经济发展需要发挥好政府顶层设计和规范引导作用。国家政府的引导作用尤为重要，国务院出台的文件对地方各级政府有指导作用。因此，国家应着眼经济社会数字化智能化升级的大局，清除制约人才、资本、技术、数据等要素自由流动的制度障碍。国家应充分发挥数字经济相关政策的引导作用，积极扶持相关产业发展，支持全社会围绕重点领域加大投入。对于领军企业和重大项目，国家应从财税优惠、资金补贴、人才引入等方面加大政策支持力度，精准服务企业发展需求。此外，国家还应统筹部署数字经济试验区，推进数字经济创新发展试验区建设，并对各试验区进行成效评估，加大示范案例推广力度，通过打造标杆项目引领数字技术科研方向。

（三）强基维稳原则

国家应组织各界积极构建广泛互联、支撑有力的基础设施体系。截至2019年年底，我国5G基站数已超13万个，用户规模增速超100万人/月，用户规模与网络覆盖范围同步扩大，且在国家高层定调之下，推进速度或超预期，5G 建设前景光明。① 5G 是我国"新基建"战略的重要内容，更是惠及人民的先进技术。因此，在数字经济发展过程中我国应深入贯彻"新基建"战略要求，引导资金流向基础设施建设领域，重点推进 5G 的基础设施建设及其实景应用。建立绿色集约、无缝覆盖、智联畅通、支撑有力的基础设施体系是数字经济向高水平迈进的重要前提。2020 年以来，"新基建"已在 25 个省市的政府工作报告中被列为重点，其中更有 8 个地区明确了建设 5G 基站的战略布局，预计新建基站数量合计将超越 30 万个。② 地方政府积极响应国家号召，为搭建广泛互联、支撑有力的基础设施体系创造了机遇，为我国数字经济发展再上一个台阶提供了可能。

国家要统筹协调发展与安全的关系。发展与安全之间的博弈、权衡及选择是经济发展过程的重要一环。历史和现实共同证明，以安全保发展、以发展促安全的原则是指导数字经济发展的黄金原则。以互联网为代表的数字技术普及应用使人们与网络之间的联系更为紧密，也为人们及时获取资讯、分享信息提供了便利。诚然，科技是一把"双刃剑"。数字经济在向人们生活渗透的过程中产生了不少由信息或网络安全问题引发的矛盾。互联网"黑天鹅"事件的频发给人们敲响警钟，此类突发事件使得警惕和预防网络犯罪成为当下网络安全语境下的重要议题。如新冠肺炎疫情成为不法分子进行网络攻击的诱饵，网络攻击手段持续翻新，为数字经济发展带来了安全隐患。当下，"新基建"正如火如荼地开展，在建设过程中可能带来的网络安全问题也给数字经济的发展带来新挑战。因此，加强安全建设是时代之需。面对数字经济发展过程中层出不穷的安全问题，国家要有效治理因垄断而导致的市场失灵，严厉打击新技术犯罪。第一，国家应加强数字经济法制建设和标准制定，运用法律武器维护数字转型环境的安全稳定。第二，国家应鼓励企业发展壮大网络安全产业，支持企业积极投身市场并在良性竞争中不断提高产业质量。第三，国家应坚决维护我国关键信息安全，健全安全保障体

---

① 资料来源：新浪财经：《重磅！国家首次明确"新基建"：3 大方向，更曝光 1 个新领域》，https：//finance.sina.com.cn/money/fund/jjzl/2020 - 04 - 20/doc - iirczymi7426485.shtml.
② 同上。

系，坚决抵制、打击危害我国数字安全的行为。

（四）融合赋能原则

国家应聚焦实体经济产业数字化转型。产业数字化是数字经济发展的主要形式，融合赋能为数字经济提速升级带来了机遇。当下正值我国制造业转型升级、提质增效的关键节点，推动制造业向高精尖方向发展、重塑实体经济核心竞争力是产业融合的历史使命。我国实体经济种类繁多、场景丰富，为数字技术的落地提供了广阔的赋能空间。然而，国家在产业数字化重点规划、重点突破领域划分等方面的政策设计仍存在较大的空白。因此，国家可以从以下几种途径考虑，切实推进实体经济数字化转型。第一，创新发展工业互联网，将实施智能制造工程放在首要位置。引导工业互联网平台向规范、高效、开放的方向发展，促进全产业链智能改造升级。第二，加快农业与农村的数字化进程。大力打造智慧农业和数字乡村，盘活农业生产资源，积极运用科技手段振兴农业，促进农村经济发展。第三，充分带动服务业数字化转型。培植新型商业模式，促进服务业新业态生成，丰富数字技术应用场景。政府在具体产业实践中应以龙头企业为引领，以中小微企业为重点，遵循产业发展与转型升级规律，打造数字经济产业生态体系。

国家应积极优化数字政府服务。政务服务质量关系民生，数字政府作为数字化治理的重要体现，衡量了数字经济的发展水平。相关报告显示，中国的电子政务发展指数（EGDI）以0.6811的数值位列第65位，总体处于全球中上水平。其中，在线服务指数为0.8611，位列第34位，在全球各国中处于较高水平。[①] 由此可见，我国数字政府建设仍处于发展阶段，虽然取得了不错的成绩，但也存在较大的提升空间，与全球一流水平相较仍有一定差距。政务服务水平提升主要体现在政务流程优化、服务渠道畅通、政务服务信息体系健全以及群众满意度提升这四个方面。国家应将数字政府工作视为系统性、常规性工作来推进，注重建设过程中的前瞻布局、技术创新以及多方协作。国家应积极利用新兴数字技术，借助云计算、大数据等前沿技术提高政府服务效率，提高为人民服务的能力，推进一体化政务服务平台建设，构建平台运营新模

---

① 该报告指《2018年联合国电子政务调查报告》。

式，为数字政府建设注入强大活力。

国家应引导数字技术助力人民生活。数字经济的发展趋势与我国社会所倡导的"成果人民共享"理念相适应。社会要实现共同富裕，需要每个人都有机会参与经济的发展，都有机会享受经济发展带来的红利。数字科技进步拓宽了个体消费者和小微企业参与经济活动的渠道。数字金融方面的技术进步更能缓解农业、农民融资难问题，优化收入分配。因此，数字经济普惠化、便捷化成为大势所趋。当下，数字技术赋能于社会保障体系，在教育、医疗、住房等民生重点领域，对人们生活产生了深远的影响。2020 年年初的新冠肺炎疫情暴露了社区工作的不足，使得有关智慧社区的诸多问题日益涌现。智慧社区在我国尚处于起步阶段，存在覆盖范围小、基础设施智慧化能力不足、社区管理数字化程度低等问题，这严重影响了管理效率。[①] 由此可见，加强智慧城市建设、促进社会治理数字化具有现实必要性。此外，促进数字化转型能够使群众对美好生活的向往得到满足，提升人民生活质量，增进人民福祉。因此，国家应借助资金、政策工具，积极引导数字科技向善，赋能数字城市建设，加快推进一流智慧城市建设。

（五）开放合作原则

国家应在合理范围内开放共享数据资源。历史和实践共同证明，包容开放的社会环境是国家繁荣、经济腾飞的重要条件，对外开放是符合经济发展规律的政策。随着数字经济深入发展，数据资源开放也成为我国对外开放的重要一环，对发展数字经济起着独一无二的作用。在全球化时代，数据具有更高的流动性，各国之间的合作交流日益紧密，开放合作已成为国际共识。因此，我国应实施积极主动的开放战略，破除阻碍数据资源跨境流通的壁垒，消除信息孤岛，高效利用全球优质数据资源。此外，正如上文国际发展原则所言，国家在实现数字资源开放共享的同时也要高度重视信息主权，要在数据资源流通中将维护本国的根本利益放在首位。

国家应积极开展数字经济领域国际合作。在全球化的国际环境中，

---

① 资料来源：腾讯科技：《苏宁张近东今年提交 5 项建议：聚焦民生关注数字经济发展》，https://tech.qq.com/a/20200521/002934.htm。

各国的发展不仅受到本国国情的影响,还与国际世界休戚相关。诚然,安定有序的国际环境为国家谋取发展机遇带来可能。此外,和平与发展成为国际共识,对各国在涉外事务中的表现有深远影响。与各国开展数字经济领域的国际合作既与我国外交政策方针相适应,也与联合国针对数字经济提出的要求相吻合。2017 年中国发起了一项有关建设数字丝绸之路的倡议。① 该倡议提出了建设"命运共同体"的目标,拓宽了数字经济合作领域和空间。目前,由"数字丝绸之路"引领的数字合作逐渐成为大势所趋。丰富各国之间的合作方式,提高合作成效是当下国际建设的重要任务。国家要积极与世界各国开展国际数字合作,搭建具备全球影响力的国际化、开放式、前瞻性数字经济交流合作平台,举办技术、人才交流活动,共同商讨数字经济核算体系构建方案,共同构建数字经济全球通用法律体系,共同打造生态良好的全球网络空间。

三 省级数字经济发展原则

我国各省市数字经济发展的条件、禀赋不尽相同,数字经济发展水平参差不齐。因此,各省市在布局数字经济时应在遵循全国发展原则的基础上根据本省市特色进行合理规划。本节通过提出省级数字经济发展原则,为各省市发展数字经济提供方向,引导各省市科学施策、精准发力,助力各省市经济发展与社会进步。省级数字经济发展原则共有四条,具体如下:

(一) 立足实际,因地制宜

各省市在发展数字经济时应当立足当地具体实际,发挥各自的资源禀赋和比较优势,发展优势产业,聚集各种要素资源。各省市要围绕各行政区域内部的功能定位和产业发展方向,以培育优势产业为要务,分类布局、突出特色,牢牢把握数字经济发展这一核心。例如,广东省是制造业大省,近年来其制造业数字化转型步伐加快,以互联网与制造业融合为主体的融合型数字经济发展态势繁荣。众多工厂改变了原有的单点作业模式,实现了全要素、全价值链、全产业链的融合,工厂数字化水平不断提高;作为国内电子商务的起源地和著名的文化旅游大省,浙

---

① 中国在 2017 年第四届世界互联网大会上与阿联酋、沙特、老挝等国共同发起了《"一带一路"数字经济国际合作倡议》。

江省在电商零售、城市治理及两化融合三个方面表现突出，以阿里巴巴为中心的数字经济生态圈集聚效应明显。由此可见，各省市政府只有充分了解本地各产业的实际情况，深耕本省市优势产业，以优势产业为核心部署数字经济发展战略，才能又好又快地培育数字经济发展的动能。

（二）系统布局，统筹推进

数字经济发展应注意协调整体与部分的关系，整体和部分有机结合能够形成数字经济发展的强大合力。北京市、上海市、浙江省以及广东省的政府都已敏锐地抓住数字经济发展的机遇，契合时宜地出台科学、系统的政策指导数字经济相关产业发展，为当地数字经济发展扫除了制度障碍。而事实也证明，这些省市释放的政策红利推动当地发展成数字经济示范区。在制定数字经济发展战略时，各省市政府首先要树立全局观念，立足数字经济宏观整体，统筹发展战略并部署全局，抓好本省市数字经济发展系统布局，探索有层次、有步骤、有目标的分阶段发展路径，加快出台相关标准和实施细则。另外，各省市政府必须重视部分的作用，推进数字经济微观层面建设，用局部的发展推动整体的发展。各省市政府应发挥部门协调和省市联动作用，形成差异布局、协同共进、分工合作的良性局面。在产业方面，要以新业态为突破口，大力培育新兴市场主体，加速新业态新模式集聚。同时，各省市政府还要统筹兼顾并持续推进旧产业转型升级。

（三）标杆示范，龙头牵引

向业内或业外最优秀的企业学习是标杆管理的核心思想，不断向最优秀的企业学习可以提高自身竞争力。数字经济的发展可以积极运用标杆管理思想。树立标杆项目、培养龙头企业有利于形成示范效应，有利于进一步提高数字经济整体发展质量。2016 年广州市率先部署区块链产业，在广东省区块链发展中起了引领作用。两年后，广州黄埔开发区在获得国家批示后，正式成为我国首个且唯一一个具有显著区块链特色的中国软件名城示范区。上海张江开发区、南京雨花台开发区与广州黄埔开发区一同被列为中国软件名城示范区。开发区的成功创设也促进了区块链企业的迅猛发展。2016—2018 年，我国区块链企业数量连续两年增幅超 250%，发展态势强劲、发展前景广阔。由此可见，标杆示范效应对行业发展有正向作用。因此，数字经济的发展要以应用场景开放为驱动，形成一批具有显著成效的数字应用场景示范标杆项目。地方政府要大力支持数字经济核心产业的发展，培育、聚集一批细分领域龙头企业，加快培育区域经济新动能。

（四）内外联动，整合资源

各省市在数字经济发展过程中应注重客观联系，实现省内外互联互通，数据资源共享，加强区域经济合作。工信部曾牵头推进"京津冀"地区协同发展，可见国家对区域联动高度重视。长三角地区建设的高水平数字经济示范区也是区域协同的一个典范。数据显示，2019年长三角数字经济增速接近20%，数字经济占当地经济总量的比重超过40%，数字经济占全国数字经济总量的比重接近30%，位列全国各城市群首位。[①] 由此可见，开放联动是数字经济发展的重要举措。地区内外人才、资金、技术资源得到有效利用，有利于形成区域联动，对数字经济发展有叠加作用。邱泽奇等通过建立经济模型得出了互联网资本（数据）效用的发挥极度依赖规模乘数效应的结论（邱泽奇等，2019）。因此，各省市政府首先要大力打造数字经济产业集群，建立数字经济产业示范区；再者，整合各界资源，充分利用本地优质资源，促成跨省市、跨行业合作，以此扩大经济规模、提高经济效益，促进经济向高质量发展。

第二节　我国数字经济发展水平测度

首先，本节对数字经济发展水平进行定义并阐释对其进行测度的主要困难，对国内外现有相关的测度方法进行综述与评价，以此为基础建立符合时代要求的数字经济发展水平指标体系。其次，我们采用指数测度法结合用于计算指标权重的熵权法对数字经济发展水平进行测算。最后，我们分别对全国和省级层面的测算结果进行分析，并利用莫兰指数考察各省市数字经济发展水平是否与其地理位置相关。

一　数字经济发展水平定义

本节我们定义的数字经济发展水平是指数字经济发展规模与质量的

---

① 资料来源：《长三角地区城市总体迈入了数字经济发展快车道》，《经济日报》，https://tech.china.com/article/20200604/20200604532251.html。

综合表现。其中，数字经济发展的规模在此是一种狭义的数字经济范畴，是数字产业化的产品生产能力与服务能力的体现。按照第一章中"数字产业化即为信息通信产业（ICT）"的划分，我们用ICT部门的产业规模、规模以上工业企业数量等相关指标来衡量数字经济发展的规模。

数字经济发展质量衡量的是数字经济的发展动力和它与三大产业的融合程度。"5M1E"分析法是在分析影响发展质量的因素中常用的分析手段。因此我们借鉴该方法对数字经济发展质量进行分析。"5M"即5个M，包括"Man（人）""Machine（机器）""Material（材料）""Method（方法）""Measurement（测量）"，"1E"即1个E，指"Environment（环境）"。由于"Measurement（测量）"指测量质量的方法是否标准、正确，而本节的目的之一正是构建一个能标准、正确地体现数字经济发展质量的测度体系，若考虑此因素，则可能导致测度体系对自身产生影响，从而引起矛盾。而包括政策环境、市场环境等在内的"Environment（环境）"因素难以找到相关的量化指标，不利于后续测度体系中的指数测算。因此我们在借鉴"5M1E"分析法以阐述数字经济发展质量时，暂不将Measurement（测量）和Environment（环境）列入数字经济发展质量的组成部分中。首先，人力资源对应"Man（人）"这一因素。从事数字经济相关行业的劳动力是各种材料和技术得以充分应用的前提，同时对数字经济发展质量有直接影响。其次，数字基础设施对应"Material（材料）"。数字基础设施是人、机之间互联互通的保障，同时也在交互中不断产生数据，为数字经济的高质量发展提供源源不断的生产要素。再者，前沿数字科技对应"Method（方法）"。前沿数字科技促进了生产效率的提升，为数字经济的快速发展与质量提高创造可能。以上的人力资源、数字基础设施、数字前沿科技三个因素共同形成了数字经济的发展动力。最后，数字经济与传统产业的融合对应"Machine（机器）"。这里的机器并不局限于工业的生产器具。在数字赋能的时代，"机器"也指应用了数字技术的农业数字平台、自动化设备、智能服务操作系统等，而这些都是在数字经济与传统产业融合的背景下产生的，体现了两者的融合程度。

通过以上划分，我们结合数字经济发展规模与质量两个方面，定义了数字经济的发展水平，并基于此定义构造了数字经济发展水平指数。该指数是数字经济发展水平的数值化表示，力求科学、客观、系统、全面地反映数字经济发展水平。

二 数字经济发展水平测度面临的挑战

数字经济渗透到国民经济发展中的各行各业，其发展是动态的且变化速度超过了以往的任何一种传统经济形式。同时，国内外关于数字经济的内涵特征和口径范围尚未达成共识，数字经济发展水平测度没有公认的边界或统一的框架。这造成了诸多挑战。数字经济规模核算的步骤主要包括：界定数字经济范围；统计数据；确定核算方法；测算数字经济增加值、数字经济总产出等指标的规模（许宪春、张美慧，2020）。本部分按照此框架依次分析关于数字经济范围界定、统计数据及核算方法这三方面面临的挑战。

（一）范围界定方面的挑战

首先我们需要准确界定数字经济的范围。由于数字经济影响并渗透到社会经济活动中几乎所有方面，如何准确划分数字经济的范围面临着挑战。

数字经济在社会生产中具有渗透性，即可渗透到国民经济的各个层面，因而按传统的行业范围划分方法很难界定数字经济的范围。数字经济跨越了行业限制，其通过对传统行业的渗透来提高传统行业的生产效率，促进传统经济升级。数字技术可以多维度多层次地被应用于其他行业的生产，放大各行业的生产力乘数，提高各行业生产效率并获得更多的产出。例如，数字技术提升公共服务的效率。我国政务服务数字化速度明显加快，市民线上办理业务频率显著提升（唐杰英，2018）。截至2020年3月，我国在线政务服务用户规模达到6.94亿人次，相比2018年底涨幅为76.3%。[①] 再者，数字经济与农业的融合也不断加深。利用数字化技术，实现在农产品质量的监管流程中对生产过程的追溯，提高了农产品合格率（唐杰英，2018）。同时，"数据"作为数字经济的生产要素，具有以往生产要素即资本和劳动力所不具有的跨地域性。在农

---

① 资料来源：中国互联网络信息中心：《第45次中国互联网络发展状况统计报告》，http://www.cnnic.net.cn/hlwfzyj/hlwxzbg/hlwtjbg/202004/P020200428596599037028.pdf。

业经济与工业经济中，生产要素是土地、劳动力及资本，是具体的实物，具有排他性，不同生产者之间的劳动力和资本不能实现共享。数据作为数字经济的关键生产要素，其特点有可共享性和非排他性。一个生产者对数据的利用并不会阻碍处于另一个地域的生产者对数据的利用。人们在社会生产中可通过互联网跨地域分享和获取信息，提高对数据这一生产要素的利用率。由此可见，数字经济跨越了地区和行业的限制，导致准确界定数字经济的范围成为一个挑战。

国际社会目前在数字经济内涵方面尚未达成共识，甚至存在争议，这也给数字经济范围的界定带来挑战。目前，关于数字经济内涵方面的理解主要有狭义的理解和广义的理解之分。前者是把数字经济当成一种产业经济，数字化货物和服务的生产、消费与分配活动需从依附于传统国民经济活动的部门中剥离出来，发展成为国民经济中独立的核心产业，即数字化产业（许宪春、张美慧，2020）。后者是把数字经济当成是数字推动其他产业发展而带来的经济效应，即同时包括数字化产业和互联网产业对于服务业、工业、农业的贡献（续继，2019）。[①] 受界定范围的影响，测度所得到的结果差别也会很大。数字经济对其他行业的溢出效应难以在狭义的理解里体现出来。广义定义考虑了数字经济对其他行业的渗透，但如何量化数字经济对其他行业产出的增加值也存在着争议。因此，如何合理地定义数字经济的内涵来准确界定数字经济的范围，以此来全面反映数字经济的发展水平是一个需要面临的挑战。

（二）统计数据方面的挑战

数字经济发展速度快，商业模式灵活，具有跨界、融合的特点，加之数字经济某些相关指标无法量化，都给统计数据这一步骤带来了挑战。

数字经济发展迅速，新产业、新业态及新商业模式等新兴经济活动不断产生。如何适时地将数字经济这些新兴经济活动纳入统计范围，并找到合适的指标作为统计对象，也是数字经济的统计数据方面面临的挑战。统计系统需要更加灵活地应对由数字经济快速发展带来的各种新生

---

① 资料来源：G20 杭州峰会：《二十国集团数字经济发展与合作倡议》，http://www.g20chn.org/hywj/dncgwj/-/201609/t20160920_3474.html。

的且快速演变的概念。新兴经济活动由于在刚开始产生时规模比较小，在数字经济中的重要程度较低。同时，新兴经济活动在开始阶段一般研发投入很大，账面收益几乎为零，甚至亏损。① 如果在初期便将这些新兴经济活动纳入统计范围不仅耗时耗力，还可能导致统计出来的数据具有误导作用。这要求测度人员需要时刻关注数字经济的发展，灵活调整统计内容，适时地将数字经济的部分新兴经济活动纳入统计范围，来保证数字经济数据的时效性。

相比传统行业，数字经济商业形式灵活，具有跨界、融合的特点，这对统计调查工作提出了更高的要求。数字经济产生的非实体组织和商业活动的灵活外包使公司和市场之间的边界开始模糊，也使工作和社会生活的边界开始模糊。因此，统计机构需要重新设计统计方案，以获得描述数字经济的统计数据。例如，通过扩大住户调查范围和调查内容，获得居民个人生产活动的详细数据，以减少被遗漏的居民个人生产活动；通过建立和完善企业注册制度，完善企业调查来获得新经济参与者及其活动数据（许宪春，2016）。同时，由于新兴经济活动与其他产业相互融合，因此为了准确反映新兴经济活动的影响，统计人员在统计时需要以产业活动为单位。② 而数字经济作为新经济的重要形态，其与服务业、工业及农业融合程度不断加深，如何找到合适的统计调查方法来准确统计出数字经济与实体经济的融合程度，也是统计数据方面的挑战之一。

同时，数字经济存在着难以量化的指标，这也给数字经济的数据统计带来了挑战。信息技术的投入可以衡量数字经济活动中创新的各要素投入，其主要包括智能硬件、智能软件、信息网络及信息技术服务，而这四项指标由于无法直接可测，所以采用定性指标进行衡量（万晓榆、罗焱卿，2019）。另外，在收集数据过程中，我们发现个别指标出现国家与省份统计年鉴数据不一致的情况。比如，对于广东2018年的集成电路产量，省份年鉴提供的数据为365亿块，在国家年鉴中则是301亿

---

① 资料来源：中国国家统计局：《国民经济核算体系（2016）》，http：//www. stats. gov. cn/tjgz/tzgb/20170/P020170823513032646432. pdf。

② 同上。

块。此外，一些经济发展水平相对较低的省份的统计年鉴中不包含所需指标，或者存在某些指标在部分年份数据缺失的情况，这导致了个别指标数据不连续的情况。这些问题的出现都说明现有的统计体系有待改进，尚未达到准确统计数字经济数据的要求。

(三) 数字经济发展水平的测度方法面临挑战

目前，主要有两类测度数字经济发展水平的方法：一是规模测度法，二是指数测度法。规模测度法通常从测算数字经济规模的角度体现数字经济发展水平，其通过定义数字经济的范围、计算发展规模来进行测度；指数测度法则是用数字经济指数反映数字经济发展水平，其通过选取不同领域的指标并赋权计算发展指数来进行测度。由于数字经济对其他行业溢出效应强，发展速度快，这两类测算方法均面临着挑战。

数字经济渗透到国民经济发展中的各个行业，对其他行业的溢出效应强，给寻找一种合理的数字经济发展水平测度方法带来巨大挑战。规模测算法在测算一个行业的规模时首先要界定该行业的生产活动范围。相比其他行业，由于数字经济的重要生产要素是数据，跨越了行业和地域的限制（徐清源、单志广，2018），这意味着以往测度传统行业规模的方法很难准确测量数字经济及其发展水平。以往的规模测算法只需要根据传统的产业分类体系界定某一行业的生产活动范围，然后对该行业所有生产活动的生产产品进行加总即可估计出该行业的生产总值。然而，由于数字经济对其他行业有溢出效应，其通过对传统行业的渗透来提高传统行业的生产效率，促进传统经济升级。数字技术可以多维度多层次地被应用于其他行业的生产，放大各行业的生产力乘数，提高各行业生产效率并获得更多的产出。因此，通过规模测算法来测算数字经济发展水平，不仅要测算数字经济产业本身的生产总值，还需要找到合适的方法来度量数字经济促进其他行业生产效率提高而带来的额外产出。这是应用规模测算法测算数字经济发展水平面临的一个挑战。同时，数字经济产业本身的产值测算也存在挑战。以数字经济产值的测算为例，目前许多网站向居民提供大量免费或价格非常低廉的服务，例如信息服务和通信服务等，其主要通过在线广告使企业获得收入，这使居民关于网站提供的服务的最终消费被忽略或被严重低估（许宪春，2016）。同样，指标测度法也由于数字经济的溢出效应而面临着挑战。指标测度法首先需要建立数字经济发展水平的评价维度并选择各个维度所涉及的具体评价指标。由于数字经济的影响范围广，几乎涵盖社会经济活动的所有方面，所涉及的维度以及各维度所涉及的指标非常多。因此，如何构建一个能够全面衡量数字经济发展水平的指标体系是我们在测度过程中面临的挑战。相比规模测度法来说，指数测度法受溢出效应的影响更小，可以相对较好地规避溢出效应带来的问题。

数字经济的快速发展造成统计数字经济数据的困难，给寻找一种合理的数字经济发展水平测度方法带来挑战。如果我们在测算过程中不及时将新产业新业态及新商业模式纳入规模测算法的测度范围或指数测算法的指标体系，可能将无法全面地测度数字经济的发展水平。这意味着规模测算法的测算范围和指数测度法构建的指标体系需要不断调整，甚至在一个短时间内便有比较大的变动。以2020年由于新冠肺炎疫情影响而兴起的在线教育产业为例，2020年年初，全国大中小学校推迟开学，2.65亿在校生普遍转向线上课程。用户需求得到充分释放，在线教育应用呈现爆发式增长态势，如腾讯课堂和Zoom等应用发展势头迅猛。[①] 因此，我们需要及时将在线教育应用这一产业纳入规模测算法的测度范围或指数测算法的指标体系。而这一产业从兴起到形成巨大规模只用了不到半年的时间，这也说明了规模测算法的测度范围或指数测算法的指标体系可能在短时间内便有较大的变动。这可能带来调整前后数字经济发展水平测算结果缺乏可比性的问题。如何解决前后期数据的可比性问题是测度方法所面临的另一挑战。

三　国内外现有的数字经济发展的测度方法综述与评价

由于不同的政府、机构或学者对数字经济发展水平定义不同，从而导致数字经济发展的测度过程也有所差异。结合现有的政府部门、机构或学术界的研究与报告，目前测度数字经济发展水平的方法一般分两类：一是规模测度法，二是指数测度法。这两种方法在国内外均有大量的应用。本节详细阐释两种方法的概念和发展，介绍了在定义不同的背景下两种方法的使用实例，并为后文指标选取和测度方法选择提供参考。

---

① 资料来源：中国互联网络信息中心：《第45次中国互联网络发展状况统计报告》，http://www.cnnic.net.cn/hlwfzyj/hlwxzbg/hlwtjbg/202004/P020200428596599037028.pdf。

(一) 数字经济的规模测度法

数字经济的规模测度法是在定义数字经济的范围后,统计某一区域内数字经济的规模,从而反映数字经济发展水平的测度方法。它在国外数字经济研究中有较长历史,最早出现于1962年。为计算美国信息经济规模,经济学家 Fritz Machlup 运用最终需求法对信息服务和产品总额进行加总,其中包括投资、净出口等多方面。同时他建立了所用的测度范式,公式为 $GNP = C + G + I - (X - M)$。其中,GNP 代表国民生产总值,C 代表消费支出,G 代表政府采购支出,I 代表投资支出,X 代表出口额,M 代表进口额,X - M 代表产品和服务的进出口差额(马克卢普,2007)。1977年,为了测算信息经济规模,经济学家 Marc Uri Porat 提出一级和二级信息部门的概念。Marc Uri Porat 认为,可以将与信息经济相关的部门一分为二,分为一级和二级信息部门:一级信息部门是直接和市场进行交换的厂商部门,其主要职责是负责向市场提供信息商品或服务;二级信息部门提供的信息相关的生产和服务则主要是面向政府部门或企业内部的消费。近年来,全球数字经济与信息数字技术迅速发展,社会行业也有所变化,而 Fritz Machlup 和 Marc Uri Porat 的测度方法建立于数十年前,因此较为陈旧,无法适应时代要求。然而,国外学者在数字经济测度理论方面取得了进展。20世纪末,Dale Jorgenson、Kevin J. Stiroh 等经济学家把 ICT 产品作为影响信息经济的主体,同时把其影响效应分为两类:基于 ICT 产品而产生的对其他产品的"替代效应"和对其他产业的"渗透效应",从而测度数字经济的规模。20世纪国外相关的研究为近年数字经济(信息经济)规模的测算提供了一定的理论基础。

近年在国外数字经济研究领域,规模测度法也获得了长足发展。随着数字经济发展,一套适用于数字经济的、合理的、规范的衡量标准亟须制定。在2016年,美国数字经济咨询委员会(DEBA)基于这样的需求制定了一个衡量数字经济发展水平的框架,该框架被用于进行美国数字经济的规模测度。[①] 其中衡量数字经济的框架包含:①各经济领域

[①] 资料来源:美国商务部数字经济咨询委员会(DEBA)2016年发布的《数字经济委员会第一份报告》。

如企业、家庭的数字化程度；②数字化对经济活动和产出的影响如搜索成本、供应链效率；③实际经济指标的复合作用，比如国内生产总值、生产率等诸多类似因素；④监测新出现的数字化领域。对数字经济运用了规模测度法进行测度的政府机构还有美国商务部经济分析局（BEA）。[①] 其在2018年推出了"供给—使用（supply–use framework）"框架的数字经济测算模型，并制定了数字经济估算的"界定＋统计规模"标准化流程：第一步，对数字经济进行定义，将数字经济的内容划分为数字基础设施（Digital–enabling infrastructure）、电子商务（E–commerce）及数字媒体（Digital media）三大类；第二步，使用"供给—使用"框架界定和数字经济相关的商品和服务；第三步，使用"供给—使用"框架确定出与生产商品和服务的相关行业，并估计相关经济活动中的产出、增加值以及其他因素。其中第二步界定的具体商品和服务范围如下：①数字基础设施，包括电脑硬件、软件、电信设备和服务，其中电信设备如数据中心光缆交换机等，服务如咨询维修等；②电子商务贸易，包括B2B和B2C；③数字媒体，包括付费的与免费的数字媒体等。综上可见，美国数字经济研究理论体系相对成熟，而且数字经济发展周期长，其研究体系值得我国在结合国情的基础上进行参考借鉴。

在国内的数字经济研究领域，规模测度法也在早期有广泛的影响力。近年，部分权威机构组织或政府单位如中国信息化百人会、中国信息通信研究院和腾讯研究院等，用规模测度法发布数字经济和信息经济的测算结果，并产生了一定影响力。在《中国信息经济发展报告（2016）》[②] 中，中国信息化百人会在测算信息经济过程中倡导和采用生产法核算与效率提升测算相结合的方法，将信息经济划分为生产部分和应用部分，分别测量两个部分的增加值，以得到其发展水平。该报告运用生产法在生产部分直接测算电子信息各行业增加值，包括设备制造、传输服务业等，同时还包含了新兴行业，比如云计算、物联网、大数据

---

① 资料来源：美国商务部经济分析局，"Defining and Measuring the Digital Economy"，https：//www.bea.gov/research/papers/2018/defining–and–measuring–digital–economy。

② 资料来源：中国信息化百人会，http：//www.chinainfo100.com/document/201701/article13456.htm。

等。应用部分主要测算 ICT 渗透到各行业领域后通过提升生产效率而带来的价值增值。中国信息通信研究院将数字经济范围限制在信息通信产业，并将其规模分为信息通信产业的直接贡献即产业增加值占 GDP 的比例和间接贡献即其他产业中该产业被引入导致的增加值占 GDP 的比例两部分。在 2017 年 7 月，为估算中国数字经济总量，中国信息通信研究院使用了规模测度法。[①] 同在 2017 年，腾讯研究院采用面板数据分析估算了"互联网 + 数字经济指数"与 GDP 之间的回归系数，并且利用了合成的"互联网 + 数字经济指数"来推算数字经济增加值。[②] 但其测算数据来源和腾讯相关产品具有较大关联，缺乏普适性。2020 年 7 月发布的《中国数字经济发展白皮书（2020 年）》中，在数字经济的"两化（数字产业化和产业数字化）"与"三化（数字产业化、产业数字化和数字化治理）"框架的基础上，中国信息通信研究院提出了数字经济"四化"框架，即数字产业化、产业数字化、数字化治理及数据价值化。同时中国信息通信研究院以"四化"框架为理论支撑，使用规模测度法测算数字经济增加值。然而尽管理论得到发展，中国信息通信研究院在测算过程中受制于数据可得性和测算方法局限性的问题，仍然使用了"两化"框架下的测算方法，即仅考虑数字产业化和产业数字化。近年有学者研究认为数字经济基础和融合两部分可用来共同构成表示数字经济规模，基础部分表示信息产业本身规模，融合部分表示信息通信技术在与其他产业融合过程中附加的产出增加与效率提升（崔保国、刘金河，2020）。对于数字经济基础部分，我们可直接进行数据采集和测算，而数字经济融合部分则需通过投入产出法，以增长核算方法为基础，计算贡献。该统计测算的基础将数字传媒产业和 ICT 产业、网络平台产业置于同一层面，而排除了数字经济与传统产业融合的效应，但由于没有细化具体的行业归类，在强调了数字传媒重要性的同时有一定的不足。

[①] 资料来源：中国信息通信研究院：《中国数字经济发展白皮书（2017 年）》：http://www.caict.ac.cn/kxyj/qwfb/bps/201904/t20190417_197905.htm。

[②] 资料来源：腾讯研究院：《中国"互联网 +"数字经济指数（2017）》：https://www.tisi.org/4868。

（二）数字经济的指数测度法

指数测度法，又称综合指标法，是指通过建立综合指标体系对目标数量特征进行描述与分析的方法。鉴于规模测度法对数据可获得性的高要求，准确测算数字经济的具体规模是有一定困难的。现在有越来越多的国内外研究机构与学者选择综合指标法测度地区的数字经济发展水平。

在国际数字经济研究领域，许多国际组织在近年来争相提出各自的数字经济指标体系。数字经济与社会指数（DESI）由欧盟委员会在2016年发布，它从数字连通性、互联网使用、数字技术整合等五个方面评估数字经济发展水平，是研究欧盟各个成员国的数字经济发展现状和未来发展趋势的重要参考依据。经合组织（OECD）也在数字经济发展水平测度领域上取得了重大成就。OECD发布的《衡量数字经济——一个新的视角》选取互联网用户数、用户复杂性等38个具有国际可比性的指标，构建成完善的指标体系。其对与数字经济相关的几个关键领域的叙述分析，对后来的研究有极大的参考价值。但这份指标体系也有很多不足之处，例如其未针对这38个指标对样本国家进行全面的数据收集，也未对样本国家的数字经济发展水平进行具体的指数测算和分析。

在国内的数字经济研究领域，指数测度法在近年来也有着愈加广泛的影响力。2018年阿里研究院和毕马威合作发布的《全球数字经济发展指数（2018）》创造性地提出了以基础设施、产业生态、公共服务等五个方面为一级指标的指标评价体系，并据此在全球范围内对众多样本国家进行了数字经济发展水平的测算与研究。[①] 在测算数字经济指数时，该报告对五大因素赋予相同的权重即20%，对于每个因素下的二级指标，也同样赋予相同的权重，即在《全球数字经济发展指数（2018）》中，没有因指标间的差异而赋予它们不同的权重。同样，赛迪研究院发布的《2019年中国数字经济发展指数》也是采用综合指标法对数字经济发展水平进行测算和分析。与阿里研究院采用的权重设计

---

① 资料来源：阿里研究院 & KPMG：《全球数字经济发展指数报告（2018）》，http：//www.aliresearch.com/cn/information/informationdetails？articleCode = 21560&type = % E6% 96% B0% E9% 97% BB。

方法不同,《2019年中国数字经济发展指数》采用专家打分法确定各指标权重,进而计算出各省市的数字经济发展指数。此外,《2019年中国数字经济发展指数》还分别在数字产业、行业融合等范围(指标体系中的一级指标)下计算数字经济指数,以体现数字经济在这几个领域的发展水平。① 腾讯研究院联合滴滴出行、京东等机构发布的《中国"互联网+"数字经济指数(2017)》也是使用综合指标法对我国数字经济发展水平进行分析和研究。其指数体系在指标选取上充分利用了腾讯等公司的数据优势,包含了与微信等平台密切相关的公众号累计粉丝数、移动支付总笔数等指标,以及与京东、滴滴、携程相关的有效单量(京东)、购买金额(京东)、司机人数(滴滴)、DAU(携程)等指标。② 总的来看,该指标体系数据覆盖面广,并测算了全国350余个城市的"互联网+"数字经济指数。但这一体系也有一些不容忽视的缺点,比如虽然指标繁多,但对于体现传统制造业的数字化转型等宏观层面的指标几乎没有涉及。

表3–1　　　　不同数字经济发展水平的测度方法的比较

测度方法	报告	发布年份	发布单位	优势	不足
规模测度法	《数字经济委员会第一份报告》	2016	美国数字经济咨询委员会(DEBA)	清晰制定了数字经济规模测度的四个框架	对数字经济发展中涌现的新兴技术与产业未构建完善体系
	《定义与测度数字经济》	2018	美国商务部经济分析局(BEA)	界定了与数字经济相关的商品与服务范围,将数字经济测度流程规范化	缺少与其他产业的融合程度与创新发展能力的规模测度

---

① 资料来源:中国电子信息产业发展研究院:《2019年中国数字经济发展指数》,http://www.cbdio.com/BigData/2019-11/05/content_6152621.htm。
② 资料来源:腾讯研究院:《中国"互联网+"数字经济指数(2017)》,http://www.cbdio.com/image/site2/20170420/3417eb9bbd591a62741647.pdf。

续表

测度方法	报告	发布年份	发布单位	优势	不足
规模测度法	《中国信息经济发展报告（2016）》	2017	中国信息化百人会	在定义与测度部分，将信息经济（数字经济）划分为生产与应用两部分，其中生产部分涵盖了如大数据等新兴行业	缺少对数字经济相关基础建设的界定与测度
	《中国数字经济发展白皮书（2017）》	2017	中国信息通信研究院	将信息通信产业作为数字经济的中心产业，并用其直接贡献与间接贡献反映数字经济发展水平	贡献主体只考虑了信息通信产业，缺少对数字经济可能造成影响的其他主体产业的测度
	《中国"互联网+"数字经济指数（2017）》	2017	腾讯研究院	创新地使用合成的"互联网+"数字经济指数推算数字经济增加值，从而表示发展水平	数据的采集对腾讯旗下产品依赖度较高，降低了数据来源的多元性
	《中国数字经济发展白皮书（2020）》	2020	中国信息通信研究院	为反映数字经济发展水平，在"四化"框架理论下，分别测算数字产业化和产业数字化的数字经济增加值并进行加总	规模测算法具有局限性，没有进行全面量化，无法测算"四化"中的数字化治理与数据价值化
指数测度法	《衡量数字经济——一个新的视角》	2015	国际经济合作与发展组织	指标具有国际可比性。对与数字经济相关的几个关键领域的叙述十分详尽，有极大的参考价值	未收集目标国家的相关数据，也未对目标国家的数字经济发展水平作出测算和分析
	《全球数字经济发展指数（2018）》	2018	阿里研究院和毕马威	建立了以数字基础设施、数字产业生态等五方面为一级指标的指标体系，并对全球各国的数字经济发展水平进行测算与分析	没有考虑到指标之间的差异性，对体系中的所有指标赋予相同的权重

99

续表

测度方法	报告	发布年份	发布单位	优势	不足
指数测度法	《2019年中国数字经济发展指数》	2019	赛迪研究院	在数字产业、行业融合等相关领域计算数字经济指数，以体现数字经济在这几个领域的发展水平	使用专家打分法，较为主观，不能从客观层面反映权重
	《中国"互联网+"数字经济指数（2017）》	2017	腾讯研究院、滴滴出行和京东等机构	指数体系在指标选取上充分利用了腾讯等公司的数据优势	几乎没有涉及宏观层面的指标

资料来源：根据公开信息整理。

规模测度法通常从测算数字经济规模的角度体现数字经济发展水平，其通过定义数字经济的范围、计算数字经济的发展规模来进行测度；指数测度法则是用指数反映数字经济发展水平，其通过选取不同领域的、衡量各地区数字经济发展水平的指标并赋权计算来进行测度。总的来说，目前尚不存在测度数字经济发展水平的统一标准和规范，两个主流方法即规模测度法和指标测度法各有优势，但也都存在一定的局限性。规模测度法在数字经济研究领域有较长时间的发展，体系相对完善。但由于数字技术不断发展和新兴行业不断出现，数字经济的定义与内涵、数字经济发展水平的定义都在不断发展与变化，也随之对规模测度带来了巨大挑战。除了具体计算困难之外，不同学者或机构对规模的测度结果也会出现较大的差异。指数测度法可采用多个指标，从不同领域多方面测度数字经济发展水平，是多种理论方法综合运用的结果，具有开放性和动态性。值得注意的是，数字经济发展水平指数对评价体系中指标的选取有较强依赖性，要想保证指数测度的可靠性，指标需满足覆盖全、重叠少等要求。同时，结合上一节数字经济发展水平测度面临的挑战，相对规模测度法，指数测度受溢出效应影响更小。而且使用指数测度法可以依据现实数字经济发展情况增添新方向的指标，通过更新指标体系来解决数字经济发展速度快、定义内涵不断变化的测度挑战。

鉴于规模测度法对数字经济发展水平的定义具有高度依赖性，即不同定义下测度的数值会有较大差异，导致最终结果的参考性较低，我们决定采用指数测度法，通过测度数字经济发展指数比较不同地区数字经济发展水平的差异。

四　数字经济发展水平评价指标选取

建立数字经济发展水平评价指标体系就是建立数字经济发展水平的评价维度并选择各个维度所涉及的具体的评价指标。在评价指标选取部分的内容中，本章参考了目前已有的其他指标评价体系，并基于科学性、系统性及可操作性三个原则，在国家层面构建了以基础指标、融合指标及创新指标作为一级指标的数字经济发展水平评价体系。同时，在省级层面构建了以基础指标和创新指标作为一级指标的数字经济发展水平评价体系。

（一）数字经济发展水平评价指标选取原则

本章参考了现有的各种数字经济测度方法所选取的指标，并从符合中国实际的测度思路、指标统计调查的关键框架、数据来源三个方面进行考量（徐清源等，2018），提炼出指标选取的以下三个原则：科学性、系统性及可操作性。

1. 科学性原则

科学性原则是指选取的指标符合对应事物发展的客观规律，能够全面地、本质上地反映出对应事物的发展特征。在对数字经济发展水平测度的过程中，我们要遵循数字经济发展的客观规律，结合中国数字经济发展的实际情况（陈芳，2019）。我们要突出数字经济发展过程中最本质、最显著的发展水平特征，从多维度全面反映数字经济发展水平状况。

为了理解数字经济发展的特征和客观规律，本章主要从数字产业化和产业数字化两方面入手。数字产业化为数字经济发展提供了技术、产品及服务等方面的基础支撑，是产业数字化得以实现和向高级形态发展的必要条件。而产业数字化的作用主要反映在数字技术带动农业、工业及服务业这些传统产业转型升级和拓展更丰富的、更深层次的增长空间上。本章在选取数字经济发展指标的过程中，首先从这两个角度出发，构建了基础指标和融合指标。其次，作为知识型经济，数字经济的持续发展离不开技术、模式等各方面的创新。因此，为了能够反映数字经济中前沿数字科技的发展情况和企业的创新能力，本章将创新指标也纳入了数字经济发展水平评价指标体系。

2. 系统性原则

系统性原则是指要能够立足全局，用动态的、系统性的观点去看待所需要研究的问题。为了能够更好地研究数字经济发展水平，我们在建立指标评价体系的过程中，既要概括数字经济过去和现在发展水平的全貌，又要能够从多个不同的角度去比较全面地研究数字经济的发展水平。此外，我们也要关注数字经济发展所具有的时序性和空间性等特点，分别从时间纵向比较和全国横向比较两个方面评价数字经济发展水平。

在数字经济发展水平评价体系的指标选取过程中，我们非常注重选取指标的系统性。首先，我们考虑了指标体系的全面性与多角度性。我们将指标体系依据范围大小分为三级。基础、创新、融合的三个一级指标对数字经济发展水平全貌进行总体概括，二级指标将一级指标细分为行业、产业等方面，三级指标对二级指标进行进一步细化，在行业、产业内部选取最能够衡量数字经济发展水平的代表性指标。这样的划分保障了指标体系的全面性与多角度性，能够有效概括数字经济多维度的发展水平。其次，我们考虑了指标体系的时序性及空间性。我们在全国层面和省份层面都进行指标收集，并且体系中的指标既包括了发展时间较长的数字基础设施建设的有关指标，也含有人工智能专利、区块链专利等体现数字新兴产业发展的指标，充分体现了空间性与时序性。

3. 可操作性原则

可操作性原则是指要选取那些具有明确的量化方法而且能够收集到对应数据的指标。本章所选择的指标体系中所包含的数据都是能够通过权威渠道采集到的，否则我们就没有办法应用所建立的指标体系。我们在根据数字经济发展的实际情况上，结合数据的可获性、可靠性、权威性等因素去构建综合指标评价体系，从而确保我们的数字经济发展水平评价体系是有效和可行的。

本章选取的数字经济发展水平评价指标均可用数值或百分数来衡量，因此我们可以很好地将它们量化。各项指标的数据均来源于《中国统计年鉴》等权威性文件，每项指标的各年份数据来源一致，以保证本章采用的数据真实可靠。后文将给出各项数据的具体来源。由于部分指标只能得到国家层面的数据，且省份层面的数据有所缺失，所以我们在国家和省份层面采用两套不同的指标体系，不仅要保证本章采用的数字经济发展水平评价体系是具有可操作性的，还不能破坏省份层面的指标体系的科学性和系统性，使后续的测算能够顺利进行。

（二）数字经济发展水平评价指标体系构建

作为一种新的经济形态，数字经济的创新之处在于它包含了一个数字技术向传统经济领域渗透的动态过程。数字经济以数字技术为出发点，依靠基础设施为社会经济的高效率运行与高质量发展注入创新活力。因此，数字经济发展水平应在反映基础技术与设施发展状况的同时，体现经济社会的融合程度。

我们依据本章第一节中所提到的目前已有的各种指标体系，以科学性、系统性及可操作性作为基本原则去选取我们衡量数字经济发展水平的细化指标。在国家层面，我们采用基础、融合、创新3个一级指标。由于省份层面的数据可获得性较差，为保证数据的准确性，我们在国家层面指标的基础上进行一些删减，只采用基础与创新2个一级指标。最终，我们在国家层面构建了由3个一级指标、7个二级指标及31个三级指标组成的数字经济发展水平评价体系；在省级层面构建了由2个一级指标、4个二级指标及19个三级指标组成的数字经济发展水平评价体系。本章所建立的指标体系兼顾数字经济基础建设、产业发展、资本投入、人才培养、科技创新多个方面。

在指标选取方面，我们主要参考了四份报告中的指标体系和相关内容，分别为中国信息通信研究院的《中国数字经济发展白皮书（2020年）》、赛迪研究院的《中国数字经济指数白皮书（2018年）》、阿里研究院和KPMG的《全球数字经济发展指数（2018）》以及中国信息通信研究院的《中国数字经济发展指数（2019）》。本章所选取的三级指标基本上涵盖了上述报告中考虑的各个方面，但是也在上述报告的基础上有所改进。《中国数字经济发展白皮书（2020年）》构建了一个全新的数字经济"四化"框架，指出数字经济包括数据价值化、数字产业化、产业数字化及数字化治理四个部分。但由于数据的可得性问题，我们的指标体系无法充分体现数据价值化和数字化治理的内容。在具体的指标体系参考上，我们保留了上述报告中关于数字基础设施、数字产业化规模、数字经济与传统产业融合以及数字科研方面的指标，在分析数字经济本身发展情况的同时也纳入了对数字经济溢出效应的考量。《中国数字经济指数白皮书（2018年）》和《中国数字经济发展指数（2019）》都考虑了数字政务方面的指标，而由于数字化政务方面的数据可得性较差，我们删去了这一部分。另外，我们在各方面指标的具体选取上，也根据数据的可得性和合理性做出了一些调整。同时，由于数据可得性和可比性的问题，指标体系并没有直接纳入数字经济发展过程中最新出现的业态和商业模式，这也是此指标体系的局限性所在。

表3-2　　　　我国数字经济发展水平评价指标体系

一级指标	二级指标	三级指标
基础指标	用户规模	4G移动电话用户（万户） 移动电话普及率（部/百人） 域名数（万个） 网站数（万个） 移动互联网用户（万户） 互联网宽带接入用户（万户）
	产业规模	通信、计算机及其他电子设备制造业收入（亿元） 通信、计算机及其他电子设备制造业企业数量（家） 软件业务收入（亿元） 软件产品收入（亿元） 信息技术服务收入（亿元） 集成电路产量（亿块） 微型计算机设备产量（万台） IDC（互联网数据中心）市场规模（亿元） 云计算产业规模（亿元）
	人力资源	计算机、通信和其他电子设备城镇单位就业人员年末人数（千人） 信息传输、软件和信息技术服务业城镇单位就业人员年末人数（千人）

续表

一级指标	二级指标	三级指标
融合指标	农业融合	大宗农产品电子交易市场数（个） 生鲜电商市场交易规模（亿元）
	工业融合	工业企业数字化研发设计工具普及率 关键工序数控化率 实现管控集成的企业比例 实现网络化协同的企业比例 智能制造就绪率
	生活融合	网上零售额（亿元） 即时通信用户规模（万人） 网络支付用户规模（万人）
创新指标	前沿科技	人工智能相关专利申请数量（件） 区块链相关专利申请数量（件） 工业企业 R&D 有效发明专利数（件） 工业企业新产品开发项目数（项）

表 3-3　　各省数字经济发展水平评价指标体系

一级指标	二级指标	三级指标
基础指标	用户规模	4G 移动电话用户（万户） 移动电话普及率（部/百人） 域名数（万个） 网站数（万个） 移动互联网用户（万户） 互联网宽带接入用户（万户）
	产业规模	通信、计算机及其他电子设备制造业收入（亿元） 通信、计算机及其他电子设备制造业企业数量（家） 软件业务收入（亿元） 软件产品收入（亿元） 信息技术服务收入（亿元） 集成电路产量（亿块） 微型计算机设备产量（万台）
	人力资源	计算机、通信和其他电子设备城镇单位就业人员年末人数（千人） 信息传输、软件和信息技术服务业城镇单位就业人员年末人数（千人）

续表

一级指标	二级指标	三级指标
创新指标	前沿科技	人工智能相关专利申请数量（件） 区块链相关专利申请数量（件） 工业企业 R&D 有效发明专利数（件） 工业企业新产品开发项目数（项）

（三）指标体系说明

基础指标从用户规模、产业规模及人力资源三个方面，分别说明了互联网的接入状况、数据要素的使用水平以及人才支撑情况。首先，互联网和移动互联网用户是数字经济的消费者和数据生产者，互联网的普及情况决定了数字经济的社会渗透程度。其次，ICT 产业为互联网提供必要的软件与设备资源，是数字产业化的重要产业部门。ICT 制造业方面，通信、计算机及其他电子设备制造业收入和企业数量反映了 ICT 制造业的规模。微电子是信息技术产业的基础（江泽民，2008），而集成电路和微型计算机设备可以一定程度上反映微电子产业的制造水平，进而体现 ICT 制造业的生产能力。软件业务收入、软件产品收入、信息技术服务收入等指标则体现了 ICT 服务业的发展状况。互联网数据中心和云计算都是"新基建"的重要组成部分，为传统经济社会领域的主体提供数据的存储和处理服务。互联网数据中心市场规模体现了为企业提供系统构建与维护等服务的能力。云计算是企业数字化转型的核心基础设施，其发展可以推动更多企业借助云上的软件应用和数据服务以提高生产和服务的效率。最后，计算机、通信和其他电子设备就业人员的数量和信息传输、软件和信息技术服务业人员的数量都反映了数字经济中人力资源的水平，这些人员为数字经济的发展提供了人才支撑。

融合指标从农业、工业、生活三个方面评价了数字技术在其他领域的应用水平。农业方面，随着信息网络的发展，农产品电商新业态成为我国农业发展的一大推动力。线上交易使农产品的销售突破了时间和空间的障碍，让农产品的供需得到了更好的匹配，提高了农业发展的整体效率。因此，本章选取大宗农产品电子交易市场数和生鲜电商市场交易规模两个指标来反映数字经济与农业的融合水平。工业方面，数字技术的发展将两化融合深化，提高了工业生产的资源整合能力和智能调控能力。数字经济发展对工业制造效率提升的贡献主要体现在三个方面。第一，研发设计工具的数字化能够促进工业企业新产品研发效率的提高。本章使用工业企业数字化研发设计工具普及率这一指标来衡量这一方面的水平。第二，生产流程的数字化不仅能够加快生产速度，还可以提高生产精度。数字经济这一方面的水平一般是用关键工序数控化率和智能制造就绪率来刻画。第三，互联网和通信技术的应用使得管理人员对于制造业生产流程和工作人员的管理更为高效。数字经济时代，工业企业可以通过网络化协同，将各生产环节的串行工作变为并行工作，实现资源的充分利用。此外，数字化系统使工业企业能够对生产制造的各个环节实现实时的管理与控制，实现管控一体化。因此，本章使用实现管控集成的企业比例和实现网络化协同的企业比例来衡量工业企业数字化管理的水平。生活方面，数字技术的应用不仅极为深刻地改变了人们的生活，还创造出了许多新兴业态。网上零售额和网络支付用户规模反映了数字经济对消费和支付习惯的影响程度。即时通信极大提高了交往的效率，其用户规模体现了即时通信对日常生活的影响程度。

创新指标从前沿科技和企业的创新发展情况两个方面评价了数字经济发展的潜力。全球对于以 5G、人工智能、物联网为代表的前沿技术研究仍在初步探索时期，前沿技术对产业的增值赋能作用正逐步显现。因此，我们选取人工智能和区块链相关的专利申请数量以体现前沿科技领域的创新能力。企业的资本深化有利于推动其技术不断进步（李小平，2007），新产品开发项目是企业将资本深化转换为科技产出的媒介，而 R&D 有效发明专利数的变化则体现企业科技水平的发展。因此，我们选取这两个指标衡量工业企业从资本深化到技术进步的传递过程与转化能力。

（四）数据来源及其处理

各指标数据主要来自 2015—2019 年的《中国统计年鉴》《中国劳动统计年鉴》《互联网络发展状况统计报告》《中国云计算产业发展白皮书》《中国农产品电商发展报告》《中国大宗农产品市场发展报告》《中国两化融合发展数据地图》及 CNNIC、INNOJOY 的数据库，部分数据经整理而成。①

由于全国与各地的 2020 年版年鉴尚未发布，因此指标中普遍存在 2019 年数据缺失的情况。对于这种情况，我们采用线性拟合的方法，利用 2014—2018 年的数据估计出 2019 年缺失的数据值。由于我国香港、澳门、台湾数据统计体系有差异，我们只选取了全国其他 31 个省级行政区的数据进行省份层面的测度。此外，部分地区的统计年鉴中指标发生变动，上海市统计年鉴自 2017 年开始便不提供通信、计算机与其他电子设备制造业企业数量的数据，导致个别年份数据无法获取。为解决所遇到的这个问题，我们找到 2010—2016 年上海市通信、计算机和其他电子设备制造企业数量数据，并同样用线性拟合方法分别估算出 2017—2019 年的数据值。

五 数字经济发展水平测度方法及结果

本节结合现有数字经济发展水平测度方法已采取的指数测度法，通过分析比较赋权方法，最终选择熵权法，从整体赋权和实际赋权两个角度全面确定数字经济发展水平的测度方法。另外，我们进行的数字经济发展水平测度包括数据归一化处理等步骤，最后得到测度结果并进行说明，为下一节测度结果分析提供数据支撑。

（一）测度方法

本小节将确定在指数测度法中通过指标选取从而得到的各个评价指标的权重。综合国内外现有数字经济的测度方法，我们得到结论：规模测度法对数字经济发展水平的定义有较高依赖性，即不同定义下测度的数值会有较大差异，而指数测度法可以在数字经济发展水平的各角度采集指标，具备更高的参考价值。因此，本章采用指数测度法，测度数字经济发展水平指数，同时省级层面的测算还支持了比较不同地区数字经济发展水平的后续工作。我们针对现有测度方法在选取指标的角度上增加了创新和融合类型的指标，并采集了较为完整的数据，弥补了现有测度指标选取角度上的不足。但是，我们还需要确定各指标在评价体系中各自的权重占比。因此，我们先对现有在数字经济领域计算权重的方法

---

① 由于数据收集涉及的时间跨度大、地区划分多，使用的数据量较多，因此在这里不做展示。

作出介绍,再结合国内外运用指数测度法的特点与不足,确定本章的测度方法。

德尔菲法(Delphi)、熵权法与专家熵权法是目前国内外的研究与报告中用于确定数字经济发展水平指标权重的三种主要方法。德尔菲法是由多位专家进行直观的经验判断,以给不同指标赋权的方法。德尔菲法是20世纪50年代的研究成果,被广泛应用于指标体系构建中的指标选取与赋权环节(Dalkey and Helmer,1963)。其特点在于主观性强与经验判断,难点包括但不限于专家组的构成与意见公正性、调查形式与交流制度的设计(徐蔼婷,2006)。熵权法是根据指标对最终评价目标贡献程度的大小(数值的离散程度)从而对指标赋权的方法。熵本身是热力学概念,由香农(C. E. Shannon)于1948年引入信息论。Shannon(1948)建立了数学模型,并给出了信息熵(简称为"熵")的定义。$H(X)$为随机变量X的熵值H,X为离散随机变量时$p(x)$为X的概率质量函数,我们可以理解为事件X发生的概率,公式如下:

$$H(X) = -\sum p(x)\log p(x)$$

熵可以被理解为一个系统有序程度的度量。一个指标的熵值越小,表示这个指标的离散程度越大,即指标的不同数值蕴含了越多不尽相同的信息(Gallager,1968)。而熵越大,指标则包含了越少的信息,从而在评价中起到较小的作用,评价体系中的赋权可以越小。因此测度数字经济发展水平的过程中,信息熵是用于计算各指标权重以完成测度的强有力工具。该方法首先将指标归一化处理得到规范化矩阵,然后计算各指标的熵值与差异性系数,最后确定各个指标客观权重并计算。熵权法具有良好的客观公正性,广泛应用于多个领域,比如科学技术、地理及经济等。专家熵权法是同时结合专家判断与客观评价的方法,用于为指标体系内的指标赋权。专家熵权法既具有利用专家经验解决数据缺失问题的优势,又保留了由数据出发计算的客观公正性。但专家判断和客观评价两部分的权重占比,仍然需要选择合适的权重确定方法。目前使用该方法的研究多采取0.5:0.5的比例。

我们比较了用于确定指标权重的方法。在数字经济现有测度方法的综述与评价一节中,已罗列使用指标测度数字经济发展的报告和方法。现有相关报告多以德尔菲法进行综合测度,但赋权的主观性较强,尤其在选取不同指标的测度体系下,难以形成统一的指标权重。熵权法能够对各指标的相对重要程度给出一个较为客观的评价,避免了主观判断带来的差错,从而使给出的指标权重值具有更高的客观度。而专家熵权法虽然结合了主观与客观的评价方式,但在专家确定和两种方式各自的占比环节操作难度较大(见表3-4)。同时,熵权法在经济发展评价领域已有较多的运用(张雪玲、焦月霞,2017)。赵文亮等(2011)将熵权法应用于测度中原经济区的经济发展水平;在同类型的研究中杜挺等(2014)将熵权法应用于测度重庆市县域的经济发展水平;在进一步运用中魏敏等(2018)将熵权法应用于测度新时代中国经济高质量发展水平。因此,本章我们采用熵权法进行数字经济发展水平测度,对中国及31个省区市数字经济发展水平评价中各评价指标进行赋权,并应用该方法综合评价国家及省份层面的数字经济发展水平。这极大地弥补了现有报告对指标简单赋予相同权重以及主观性过高的不足,提高了测度的准确性与客观性。

表3-4　　　　数字经济发展水平指标赋权方法对比

方法	说明
德尔菲法	赋权的主观性较强,尤其在选取不同指标的测度体系下,难以形成统一的指标权重
熵权法	避免了主观判断产生的差错与干扰,熵权法能够对各指标的相对重要程度进行客观评价
专家熵权法	结合主观与客观评价方式,但在专家确定以及两种方式各自的占比环节操作难度较大

值得注意的是,在综合评价过程中,熵代表的不是一个指标对于整个评价目标重要程度,而是在与其他指标竞争过程中,对给定评价目标和其他指标相比而产生的相对激烈程度(邱菀华,2002)。

(二)数字经济发展水平测度及结果

本小节在使用指数测度法构建数字经济发展水平测度体系后,使用熵权法确定各指标在测度体系中的权重,并得到2014—2019年中国数字经济总指数、基础指数、融合指数及创新指数,2014—2019年全国31个省份地区经济总指数、基础指数及创新指数。

数据归一化处理。由于数字经济发展水平各指标数据单位不同，量纲、数量级均有差异。为了保证数据使用同一度量单位，需要对初始数据做归一化处理，使得所有值介于 0 与 1 之间。由于归一化会产生 0 元素，为了在熵计算中有意义，熵权法一般采取归一化结果均加上 0.001 的处理方法，整体平移后对结果无影响。由于正向指标与负向指标对测度结果影响方向不同，在测算过程中我们应采取不同的归一化处理方式。鉴于本章选取指标均对目标产生正面积极作用，故统一使用正向指标归一化的方法。通过数据收集，我们可以得到数据矩阵 $X = (x_{ij})_{m \times n}$。$x_{ij}$ 为第 i 个指标在第 j 年的全国数据，其中共有 m 个指标，n 个年份。对于指标 i，指标值 x_{ij}（$j = 1, \cdots, n$）如果都相对非常集中甚至相等，则该指标对发展水平的评价影响程度不大。反之若指标值 x_{ij}（$j = 1, \cdots, n$）差异越大，其对评价结果的影响程度越深重。$\overline{x_{ij}}$ 为归一化的结果。公式如下：

$$\overline{x_{ij}} = \frac{x_{ij} - \min\{x_{i1}, \cdots, x_{in}\}}{\max\{x_{i1}, \cdots, x_{in}\} - \min\{x_{i1}, \cdots, x_{in}\}}, \quad i = 1, \cdots, m$$

熵值法计算各指标权重。p_{ij} 表示归一化数值在同一指标中的占比。根据归一化的数值计算第 i 个指标在第 j 年的特征比重 p_{ij}，并以此计算第 i 项指标的信息熵 E_i，公式如下：

$$p_{ij} = \frac{\overline{x_{ij}}}{\sum_{j=1}^{n} \overline{x_{ij}}}, i = 1, \cdots, m$$

$$E_i = -\frac{1}{\ln m} \sum_{j=1}^{n} p_{ij} \ln p_{ij}$$

计算各指标的差异性系数。d_i 为指标的信息熵 E_i 与 1 之间的差值，决定了指标包含的信息量大小。由于差异性系数不带测量单位，因而适用于数据变异情况的比较。一个指标对应的差异系数的数值越大，从而其对指标评价体系能起到更强的作用，公式如下：

$$d_i = 1 - E_i, \quad i = 1, \cdots, m$$

最后根据各指标差异性系数在全体指标差异性系数的总和中的占比，确定第 i 个指标权重 w_i，公式如下：

$$w_i = \frac{d_i}{\sum_{i=1}^{m} d_i}, i = 1, \cdots, m$$

代入我们选取指标 2014—2019 年的数据，得到测度结果。本章选取我国数字经济发展水平评价指标体系（见表 3-2）计算产生国家层面总指数和各一级指标对应指数，得到 2014—2019 年中国数字经济发展水平总指数和各一级指标指数，一级指标指数包括基础指数、融合指数及创新指数。本章还选取各省相应的评价指标体系（见表 3-3），计算产生省份区域层面总指数和各一级指标对应指数，得到 2014—2019 年全国 31 个省份地区数字经济发展水平总指数和一级指标指数，一级指标指数包括基础指数和创新指数。

根据各指标归一化的数值和熵值法确定的权重，计算国家层面和省份层面（31 个省份地区）在各年份的各三级指标评价值。例如在计算省份区域层面的数字经济发展水平指数的过程中，通过数据收集得到三维数据集 $Y = (y_{kij})_{p \times m \times n}$ 为第 i 个三级指标（下文简称"指标"）在第 k 个区域（省、自治区、直辖市）第 j 年的数据，其中共有 p 个区域，m 个指标，n 个年份。r_{kij} 为第 i 个指标在区域 k 和年份 j 的数据与第 i 个指标在所有区域及年份的最大值的比值，表示该指标和对应该指标最高水平值的比例。S_{kij} 为第 k 个区域在第 j 年的第 i 个指标的评价值测算结果，公式如下：

$$r_{kij} = \frac{y_{kij}}{\max\{y_{1i1}, \cdots, y_{1in}, y_{pi1}, \cdots, y_{pin}\}}, \quad k=1, \cdots, p, \quad j=1, \cdots, n$$

$$s_{kij} = \sum_{i=1}^{m} w_i r_{ij}$$

最后将相应的二、三级指标评价值依据一级指标分类进行加总，即可得到各一级指标指数及总指标。

在国家层面，我们采用基础、融合、创新三个一级指标，并计算总指数和各级指数。它们分别代表我国各年份数字经济发展总水平、基础水平、融合水平及创新水平。而在省级行政区层面，我们采用基础、创新两个一级指标，计算总指数和各级指数。它们分别代表我国各省区市在各个年份数字经济发展总水平、基础水平及创新水平。

基础指数反映了我国数字经济用户规模、产业规模及人力资源水平三个方面。其指数大小反映了数字经济对社会的渗透程度、ICT 制造业的规模和生产能力、数字经济"新基建"水平和数字经济相关的人力资源水平的整体发展情况。融合指数反映了在三大产业相应的领域中，数字经济技术的应用水平。其指数大小反映了数字经济与农业融合下农产品电商新业态发展情况、工业生产中资源整合能力和智能调控能力，也反映了数字技术在日常生活的应用水平与影响。创新指数反映了未来数字经济发展的可持续发展能力与创新潜力。其指数大小反映了人工智能和区块链相关的专利申请量和 R&D 有效发明专利数的变化，体现了企业创新水平的发展情况。

结果如表 3-5 和表 3-6 所示。表 3-5 为 2014—2019 年中国数字经济发展水平指数。为了使结果更加直观，我们进行同时 1000 倍放大，因此最终指数区间从 [0, 1] 被放大为 [0, 1000]。[①] 根据熵权法的原理，第二列总指数数值越接近 1000，代表该年份数字经济发展总水平越高。表 3-6 为 2014—2019 年全国 31 个省份数字经济发展水平总指数，结果处理方式和表 3-3 相同。第二到第七列总指数数值越接近 1000，代表该省份在相应年份数字经济发展水平越高。限于篇幅，如有读者需要关于省区市一级和三级指标的数据计算结果，可联系笔者获取。

表 3-5　　　　2014—2019 年中国数字经济发展水平指数

年份	总指数	基础指数	融合指数	创新指数
2019	995.29	534.49	324.15	136.65
2018	887.30	471.29	293.16	122.85
2017	753.78	435.32	245.29	73.17
2016	661.11	390.66	221.08	49.37
2015	582.28	347.34	199.99	34.95
2014	520.66	309.34	177.72	33.60

表 3-6　　2014—2019 年全国 31 个省份数字经济发展水平总指数

年份	2019	2018	2017	2016	2015	2014
广东省	893.61	759.30	632.56	544.36	479.10	429.63
江苏省	569.89	531.67	482.96	435.44	390.35	359.67

---

① 各指数值以 0.001 作为标准单位，就可以将 0—1 的指数数值放大为 0—1000，故此操作合理，且在图表展示及可视化过程中不影响分析结论。

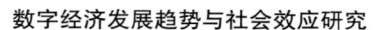

续表

	2019	2018	2017	2016	2015	2014
北京市	477.34	445.17	372.01	326.94	285.22	251.42
浙江省	375.62	335.11	299.22	259.46	223.14	189.15
山东省	313.48	269.15	249.86	231.23	199.99	176.62
四川省	301.64	276.12	251.47	217.84	191.03	178.78
上海市	286.90	282.11	260.66	222.87	227.12	229.23
福建省	253.03	219.25	203.37	168.91	139.36	123.47
河南省	197.82	177.20	159.11	136.24	116.60	97.25
重庆市	185.92	166.01	148.51	135.93	119.74	110.68
湖北省	171.85	157.56	136.50	120.80	107.70	85.08
安徽省	170.93	150.63	128.24	109.94	95.08	78.63
河北省	153.63	136.68	123.81	110.77	90.20	77.23
湖南省	145.63	129.67	115.18	99.45	80.11	70.90
陕西省	140.39	130.10	112.23	97.85	83.62	73.58
辽宁省	125.00	126.00	127.96	118.10	122.30	117.73
江西省	105.54	98.90	80.66	68.65	59.02	48.93
甘肃省	104.57	92.86	81.71	65.13	55.43	48.16
天津市	101.06	95.10	85.72	78.30	78.22	74.84
广西省	100.48	93.23	79.73	67.74	59.25	52.28
云南省	91.49	81.84	71.28	64.56	52.72	46.05
山西省	90.91	84.47	74.32	65.03	58.74	53.06
贵州省	86.18	78.79	67.72	59.01	50.24	42.70
黑龙江省	78.53	73.26	69.82	62.09	57.32	55.36
吉林省	77.29	75.70	70.19	62.28	55.57	56.25
内蒙古自治区	71.56	67.63	61.59	52.97	48.14	47.88
海南省	57.90	53.80	48.02	42.77	39.80	37.94
新疆维吾尔自治区	57.79	54.65	47.52	44.39	40.44	39.67
宁夏回族自治区	52.48	50.23	45.01	40.25	35.56	36.87
青海省	42.88	41.51	37.02	32.48	30.48	31.14
西藏自治区	31.61	30.71	28.27	27.67	26.50	29.23

六 我国数字经济发展水平的测度结果分析

总体来看,我国数字经济发展水平持续稳定提高,数字基础设施建设力度不断加强,数字经济与实体经济融合不断深化,数字创新能力也取得一定进步,但还有很大的进步空间。各省份的数字经济发展水平地域性差异明显,与经济发展水平紧密关联,呈现出由东部沿海地区向西部内陆地区逐渐降低的规律。

(一) 全国层面数字经济发展水平

近些年来,我国数字经济蓬勃发展。图 3-1 为 2014—2019 年中国数字经济发展水平总指数、基础指数、融合指数及创新指数的变化趋势。以 2014 年为基准,2014—2019 年以来我国数字经济发展总指数增长约 100%。数字经济融合指数 2014—2019 年以来的增幅接近 100%,数字经济与实体经济的融合有望成为推动我国经济发展的新动力。

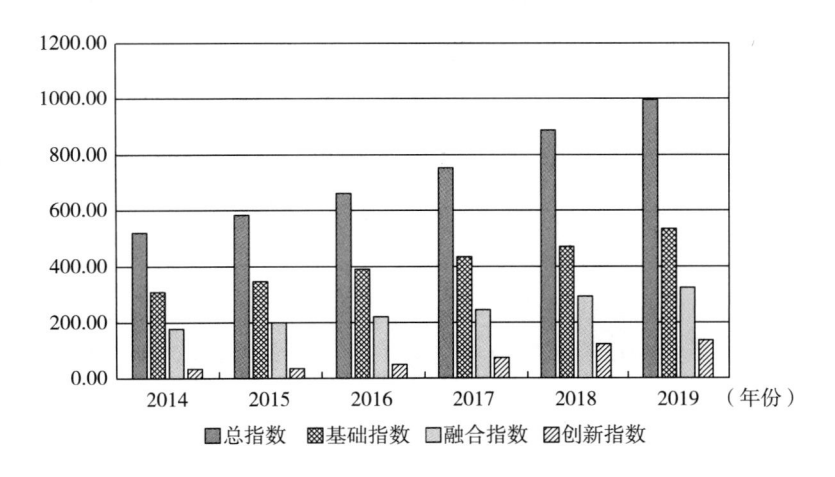

图 3-1 2014—2019 年中国数字经济发展水平指数

总指数由三个一级指数组成。图 3-2 为 2014—2019 年全国数字经济发展水平各分指数(基础指数、融合指数及创新指数)占总指数百分比的堆积图。由图 3-2 可知近些年来各分指数在总指数中的占比情况。2014 年基础指数约占数字经济发展水平总指数的 60%,融合指数约占 30%,创新指数约占 10%。这说明该时期我国数字经济的发展主要由数字基础设施建设拉动,数字经济与实体经济融合程度有待加强,数字技术创新能力较弱。近些年来我国大力促进各产业数字化和数字经济产业化的进程,数字经济发展水平融合指数迅速提高,这说明数字经济和实体经济的融合程度不断加深。

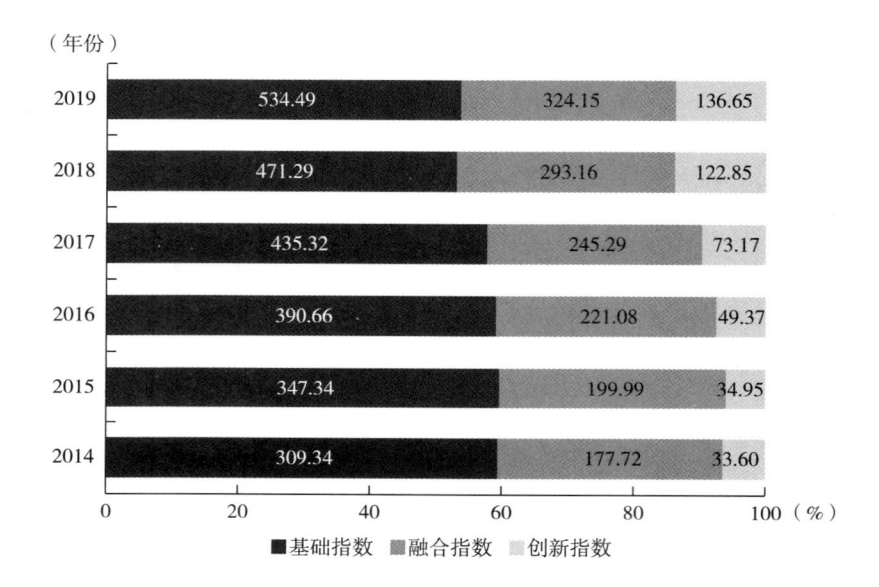

年份	基础指数	融合指数	创新指数
2019	534.49	324.15	136.65
2018	471.29	293.16	122.85
2017	435.32	245.29	73.17
2016	390.66	221.08	49.37
2015	347.34	199.99	34.95
2014	309.34	177.72	33.60

图 3-2 2014—2019 年全国数字经济发展水平各分指数百分比堆积

需要注意的是,我国数字经济发展水平创新指数虽然在近些年来有所增长,但依旧存在很大的进步空间。我国需要以新发展理念为引领,以技术创新为驱动,加大数字技术创新的力度,大力促进数字技术创新。

(二)31 个省级行政区数字经济发展水平

2019 年全国 31 个省级行政区域数字经济发展水平总指数平均值为 190.74,其中九个省市总指数在平均值之上。其中,广东省以总指数 893.61 居全国榜首,江苏省、北京市位列第二名、第三名,总指数分别为 569.89 和 477.34。

各省级行政区的数字经济发展水平总指数从高到低可划分成四个梯队。广东省、江苏省及北京市三个省份的 2019 年数字经济发展水平总

图 3-3 2019年全国31个省级行政区数字经济发展水平总指数

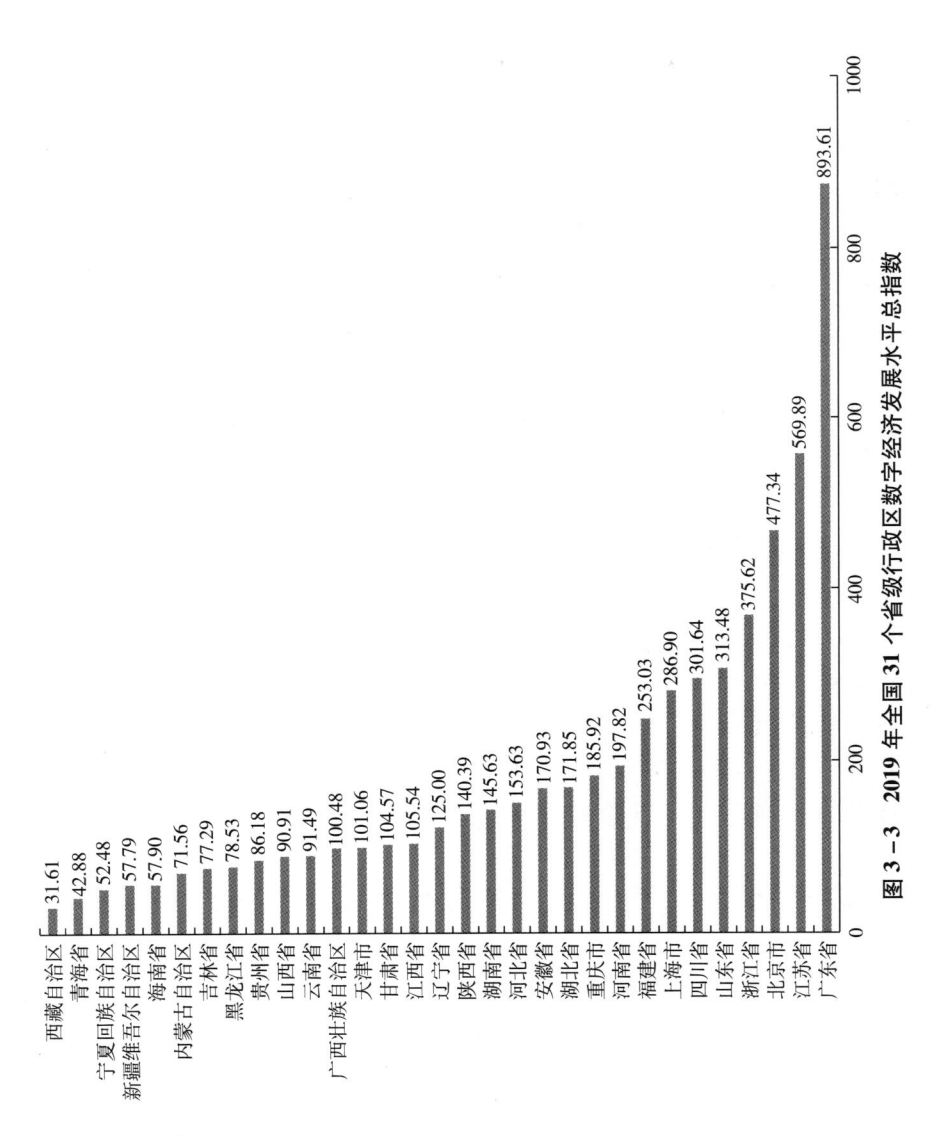

指数处于第一梯队,其中广东省遥遥领先。广东省地处粤港澳大湾区,既是全国信息通信产业大省又是全国制造业大省,其电子信息制造业、软件和信息服务业规模多年位居全国第一。同时其服务业发达,电子商务发达,数字化应用市场和融合发展空间广阔,在产业数字化方面处于全国领先水平,这奠定了其在数字经济发展的领先优势。

浙江、山东及四川等五个省份的总指数处于第二梯队,得分高于平均值。其中,四川省是唯一一个跻身第二梯队的中西部省份。四川传统产业基础雄厚,近些年来大力开展互联网基础设施建设,促进数字经济与传统产业相互融合发展,这奠定了其在中西部地区数字经济发展的领先地位。河南省、重庆市及湖北省等十二个省份总指数处于第三梯队,得分低于平均值。贵州省、吉林省及黑龙江省等十一个省份总指数处于第四梯队。第四梯队的省份基本属于经济较发达的偏远地区,数字经济发展水平较低,亟须加强数字基础设施的建设和增加数字技术创新的投入。

各省份数字经济发展水平的地区差异明显,其与经济发展水平关系密切。第一梯队的广东省和江苏省2019年GDP分别位列第一和第二,北京市则是中国首都。第一梯队的三个省级行政区分别处于我国的三大经济圈。第二梯队除去四川省位于中西部之外,其余四个省份均分布在我国东部沿海。第三梯队除去河北省、辽宁省及天津市位于沿海地区,其余九个省份都处于我国的中西部。而第四梯队的十一个省份除海南省处于沿海地区,其余十个省份均为内陆省份。

第一梯队：≥400	第二梯队：200—400
广东省、江苏省、北京市	浙江省、山东省、四川省、上海市、福建省

第三梯队：100—200	第四梯队：100以下
河南省、重庆市、湖北省、安徽省、河北省、湖南省、陕西省、辽宁省、江西省、甘肃省、天津市、广西壮族自治区	云南省、山西省、贵州省、黑龙江省、吉林省、内蒙古自治区、海南省、新疆维吾尔自治区、宁夏回族自治区、青海省、西藏自治区

图3-4 2019年中国31个省级行政区数字经济发展水平总指数分布情况

图 3-5 为 2019 年 31 个省份地区 GDP 和数字经济发展水平总指数对比。由图 3-5 可知，各省市数字经济发展水平总指数与 GDP 分布规格基本一致。我们进一步计算二者的关联系数，结果为 0.893，这说明了数字经济发展水平与地区经济的发展水平关系密切。

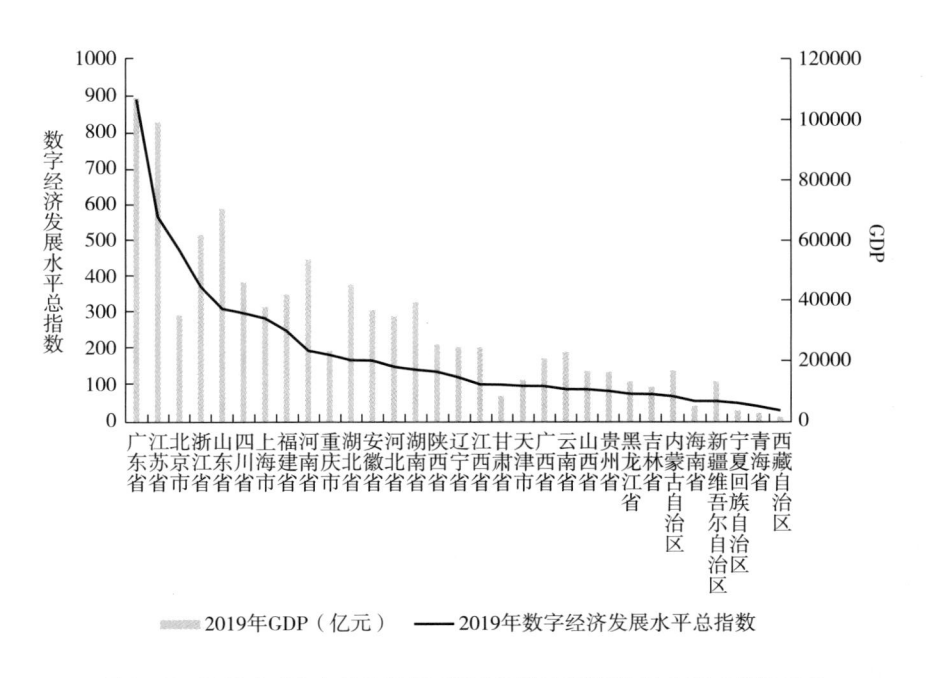

图 3-5　2019 年 31 个省份地区 GDP 和数字经济发展水平总指数对比

（三）空间自相关分析

同一个变量在不同地理位置上的相关性被称为空间自相关（张松林、张昆，2007）。当相邻的观测值显示出具有非常大的对比度时，地图就显示出负的空间自相关；反之则呈现正的空间自相关（Haining，2001）。在本章内容中，我们使用空间自相关考察全国范围内各地区数字经济水平是否与其地理位置相关，并利用 Moran's I（莫兰指数）衡量不同地区的空间自相关属性。莫兰于 1948 年提出全局莫兰指数，莫兰指数反映空间邻近区域特定属性的相似程度（张松林、张昆，2007），其计算模型为：

$$Moran's\ I = \frac{N \sum_i \sum_j w_{ij}(x_i - \bar{x})(x_j - \bar{x})}{W \sum_i (x_i - \bar{x})^2}$$

式中，N 表示地区个数，x_i 表示第 i 个地区的数字经济指数，W 为空间权重矩阵 $(w_{ij})_{n \times n}$ 中所有元素之和。[①] 空间权重矩阵以矩阵的形式描述不同地区的空间临近关系。对于矩阵中任意元素 w_{ij}，若 $w_{ij} = 1$，则表明第 i 个地区与第 j 个地区相邻，若 $w_{ij} = 0$，则说明两地区不相邻。考虑到海南省无陆地接壤的省份，我们不妨在空间权重矩阵中设海南省与广东省相邻。

Moran's I 可以衡量我国不同省区市数字经济发展水平的空间相关程度，其取值介于 -1 与 1 之间。Moran's I 小于 0，说明数字经济存在负向空间自相关性，即地理位置相近地区的数字经济发展水平不一定相近，在数字经济指数高的地区周边很有可能存在数字经济指数低的地区。Moran's I 大于 0，意味着不同地区数字经济呈现正向的空间自相关性，即地理位置相近的地区数字经济发展水平也相近，并且 Moran's I 越接近于 1，这一特点越显著。

由图 3-6 可知，我国数字经济的 Moran's I 在 2014—2019 年整体呈下降趋势，从 2014 年的 0.074 逐年下降到 2019 年的 0.018。我国数字经济的 Moran's I 在 2014—2019 年始终介于 0 与 1 之间，说明我国数字经济始终呈现正向空间自相关，数字经济的空间集聚现象始终存在。虽然如此，但是我们从莫兰指数的下降趋势可以得知，我国数字经济的空间集聚性效应正在逐步减弱。总体而言，我国数字经济在 2014—2019 年呈现正向空间自相关，但是这一相关性正在逐年减弱。

图 3-7 为 2019 年我国数字经济发展指数的莫兰散点图，横坐标 STD 表示数字经济指数归一化后的数值 $\frac{x_i - \bar{x}}{\sigma^2}$，其中 σ^2 表示数字经济指数的方差，其他符号与上文表示含义相同，纵坐标 LAG 表示某地区的所有相邻地区的数字经济指数的加权平均值 $\sum_{j \neq i} w_{ij} \frac{x_i - \bar{x}}{\sigma^2}$，又称为空间滞

[①] 资料来源：维基百科，https：//en. wikipedia. org/wiki/Moran's_ I。

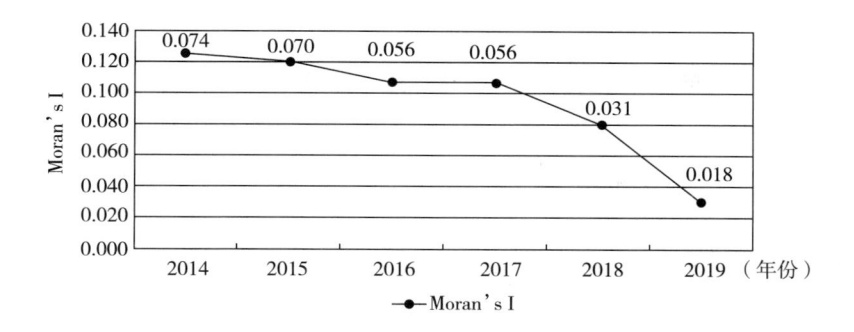

图 3-6 2014—2019 年 Moran 指数变化

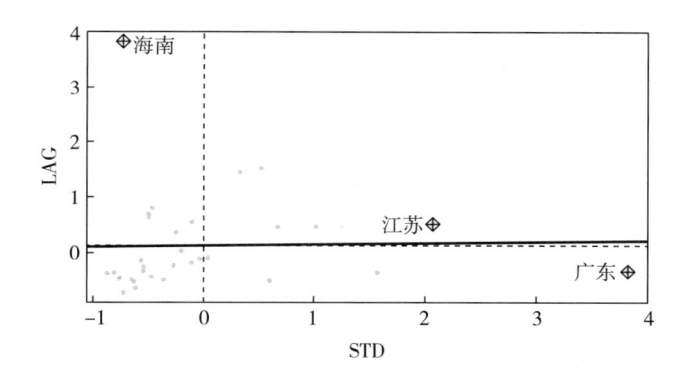

图 3-7 2019 年数字经济指数的 Moran 指数散点

后值。图 3-7 中第一、第二、第三、第四象限分别对应四种局部空间关系——高高聚集、低高聚集、低低聚集、高低聚集。从图 3-7 中可以看出，大多数的省份都落在第一象限或第三象限，这说明多数省份与周围省份的数字经济发展水平是协调一致的，表现出高高聚集或低低聚集特点。比如江苏省落在散点图的第一象限，这说明江苏省与周边省市的数字经济发展均处于较高水平。相比起落在第一和第三象限的地区，莫兰散点图中落在第二和第四象限的地区数明显较少。若某地区落在散点图的第二象限，则说明此地区数字经济发展水平相比其邻近地区低，表现出低高聚集特点。比如海南省落在第二象限，说明其数字经济发展水平相比临近的广东省较低。若某地区落在散点图的第四象限，则说明此地区数字经济发展水平相比其邻近地区高，表现出高低聚集特点。比如广东省落在第四象限，这说明广东省数字经济发展水平高，而临近的海南、湖南、广西等省份数字经济发展水平相对广东省较低。

  总体来看，我国数字经济发展水平稳步提升，数字经济空间集聚性正在逐年弱化，数字基础设施建设力度不断加强。需要注意的是，我国数字技术创新能力仍较弱，需要进一步加强，并且我国数字经济发展的区域不平衡现象依旧存在，需要进一步改善。

第四章　数字经济发展的重要影响因素及其作用机制

前一章我们以指数形式给出了全国以及各省份层面2014—2019年数字经济发展水平的测度结果，并分析了国家层面和省级层面数字经济的发展状况。本章中，我们将在第三章的基础上探究数字经济发展的影响因素及其作用机制，并对各影响因素的重要程度进行定量分析。

第一节　数字经济发展的重要影响因素

根据现有文献和相关理论，我们从宏观和微观的角度梳理出了影响数字经济发展的重要因素，包括经济发展水平、网络基础设施、科技研发投入、人力资本和对外开放程度。

一　经济发展水平

数字经济是以数字化信息和知识为基础、与实体经济紧密融合的新型经济形态，其发展必然受到国家或地区经济发展水平的影响。第三章中，在对2014—2019年省份层面数字经济发展水平进行测度后，我们发现以指数形式呈现的各省份数字经济发展水平总体上符合从东部沿海地区向西部内陆地区逐渐降低的规律。赛迪研究院在《中国数字经济指数白皮书（2018年）》中经过计算也验证了这一趋势，指出数字经济发展水平与经济发展水平基本呈正相关。① 在国际社会中，数字经济与经济发展水平的高度关联性也是可以被观察到的。中国信息通信研究院对 2018 年世界 47 个国家的数字经济发展规模进行了测算，发现其排名与 GDP 排名基本相当。② 经济发展水平与信息技术普及有直接关系，从而对数字经济发展产生影响。胡鞍钢等（2002）通过人均 GDP 与各类信息指标的对数方程测算经济发展水平和信息化水平之间的关系，指出信息化水平高的国家与信息化水平低的国家之间所存在的数字鸿沟（Digital Divide）是由经济发展水平差异决定的，国际互联网接入情况对人均 GDP 增长表现出较高的增长弹性。王青华等（2006）利用人均 GDP 和网络域名数、站点数、网民人口占比等互联网发展水平相关指标的数据，经过相关系数计算也得出了类似的结论。邵培仁和张健康（2003）指出"横亘"于发达国家和发展中国家之间的数字鸿沟从本质上来看是由国际政治经济的不平衡、不合理导致的，而存在于同一国家内部地域间的数字鸿沟则应该用经济发展水平的差距来解释。经济较落后的地区只能享受到极为有限的信息资源，这导致了当地居民接触互联网的机会较少、使用互联网的技能较低。此外，产业数字化占据主导地位是数字经济发展的必然趋势，良好的产业基础促进数字技术向产业价值链各环节渗透，有利于数字经济快速成长。根据李廉水等（2019）对我国制造业智能化发展历程的总结，我国经历了一个较长的工业化和信息化并轨推进的过程。出现这种情况的主要原因是当时我国制造业的基础较为薄弱，只能投入大量的时间通过引进技术、扩张规模和模仿学习等方式实现技术创新（Cheng and Liu，2018）。更高的经济发展水平意味着更坚实的产业基础，这将有利于更高效率地实现产业的数字化转型。

二 网络基础设施

网络基础设施决定了互联网普及程度，是数字经济发展的前提条件。网络基础设施包括互联网光缆线路、互联网宽带、移动电话网络等，网络基础设施的完善程度在很大程度上决定了一个国家或地区的互

---

① 资料来源：赛迪研究院：《中国数字经济指数白皮书（2018 年）》，http：//www.doc88.com/p-3781701921939.html。

② 资料来源：中国信息通信研究院：《全球数字经济新图景（2019）》，http：//www.199it.com/archives/948509.html。

联网接入率，从而影响数字技术向生产生活渗透的程度。在努力建设数字中国的过程中，网络基础设施建设始终位于非常重要的位置。从"十五"规划开始，我国在每次的五年规划中都会提出建设和升级网络基础设施的未来发展方向，国家网络信息基础设施已经成为互联网在全国范围内快速普及的基本前提和支撑（胡鞍钢等，2016）。而互联网的覆盖程度不仅是衡量数字经济发展水平的重要标准之一，也是决定全民能否共享数字经济发展红利的基础。互联网平台用户增长又能从需求端进一步带动数字经济向实体经济渗透、与实体经济融合，促进数字经济发展。因此，我们认为网络基础设施是数字经济发展的重要影响因素之一。

三　科技研发投入

科技研发投入促进数字技术的发展和应用，从而为数字经济的发展提供持续驱动力。何枭吟（2013）指出，随着数字经济的纵深发展，以新一代信息技术为代表的知识和技术将成为国家和企业争先获取的关键资源。科技研发投入为不同类型和层次的研发活动提供资金支持，影响数字技术创新开发和融合应用的广度和深度。目前大量研究验证了科技研发投入对自主创新能力或技术进步具有重要的正向促进作用，投入水平的差异拉大了国家和企业之间在技术竞争力上的差距。Furman等（2002）经过实证研究发现，仅研发投入一项就可以解释国家之间创新能力90%的差异性。李平等（2007）利用1985—2004年我国国内研发支出、专利申请数等指标数据，经过回归分析发现，国内研发资本投入是我国各个层次尤其是高层次的自主创新动力的主要来源，并提出我国应注意鼓励大型企业加大在关键技术上的研发投入。从国家层面上看，美国一向重视研发投入，即使在金融危机之后也未对研发经费进行大幅度削减，为科技创新提供了雄厚的经费保障（张荣权，2015）。与持续大量的研发投入相对应，美国在信息技术领域的优势地位突出，与数字经济相关的技术和商业创新几乎是从美国开始的。[1] 从企业层面上看，华为近十年的累计研发费用超过6000亿元，其研发投入所支撑的创新

---

[1]　资料来源：阿里研究院 & KPMG：《全球数字经济发展指数报告（2018）》，http://www.199it.com/archives/774852.html。

成果构成了华为的独特优势，使其在通信领域保持领先。[①] 科技研发投入是进行科技创新活动的前提条件，对以知识和技术为基础的数字经济成长具有决定性的影响。总体来看，我国数字经济发展在整体上仍存在底层技术创新不足、数字技术推动传统产业升级的作用有限等问题（钟春平等，2017）。科技创新作为数字经济发展的持续驱动力，需要得到各主体的重视，其发展受到科技研发投入强度的影响。

四 人力资本

高数字能力和素养的人力资本通过推动数字技术与生产生活的融合，提高数字经济的发展水平。李平等（2007）认为，人力资本不仅影响一国原始创新的效果，而且影响国外溢出技术的快速吸收和二次创新的产出。赵江林（2004）经过实证分析发现，地区引进外资的技术含量与当地的教育水平相匹配，人力资本影响对外资转移技术的接受和应用程度。我们在第二章中提到，数字经济是典型的知识密集型经济，涉及大量创新性研究和应用工作，对人才的要求和需求都很高。数字技术具有通用目的技术的特点，从初期的特定应用到多个部门的广泛应用既需要具备数字思维的技术开发者，也需要具备市场需求导向思维的创新型人才。以5G、人工智能、云计算为代表的前沿信息技术创新和应用需要高端科技人才，而各行业、企业转向数字化的轨道需要兼备数字能力和具体行业知识的复合型人才。人力资本供给是否能满足数字技术发展、应用和融合的要求，对数字经济的发展水平有重要影响。此外，人力资本的数字素养决定了人们参与数字经济相关活动的广度和深度，影响数字经济在社会生活中的可"伸展"空间。

五 对外开放程度

对外开放程度影响各国在商品、资本、人才、技术等方面的交流，从而对数字经济发展产生促进或抑制作用。在全球化的大背景下，数字经济发展需要国家之间加强合作，而一国的对外开放程度会直接影响它与其他国家合作的广度和深度。金砖国家之间在数字技术、信息安全等领域积极展开合作，其中我国与印度在软件开发、智能手机制造等领域的合作创造出了良好的成效（林跃勤，2017）。越南对外国企业设立严

[①] 资料来源：中国新闻网，http://www.chinanews.com/cj/2020/03-31/9143457.shtml。

第四章　数字经济发展的重要影响因素及其作用机制

格的准入门槛，阻碍拥有更先进经验和技术的外企直接入驻，不利于越南在数字通信等方面学习或使用前沿技术（金丹和杜方鑫，2020）。数字经济时代下的企业面临全新的经营环境，借助数字技术提升效率并创造价值将成为企业发展的基础（陈剑等，2020）。对外开放程度不仅影响一国对外国数字经济发展成果的吸收，而且对于国内企业是否能够顺应数字经济的发展潮流、提升自身竞争力有重要影响。王红领等（2006）基于1998—2003年工业行业数据，经过回归分析发现外资的进入与参与对于内资企业具有重新洗牌的作用，能够刺激它们加速提高自身研发能力。在数字经济背景下，詹晓宁等（2018）认为，数字经济领域的外商直接投资对传统产业的升级改造和国际竞争力的提升至关重要。《2017年世界投资报告》指出数字化跨国公司[①]对国际生产的影响力日益提升，它们的投资有利于东道国企业生产率的提高，带动当地数字经济发展。[②] 由此可见，对外开放程度对数字经济发展有重要影响。

第二节　数字经济发展的重要影响因素的作用机制

前文通过对文献和相关理论的梳理概括出了影响数字经济发展的重要因素。为了能够从理论的角度进一步探究这些因素如何影响数字经济发展，我们更加深入地分析与总结以往的文献，并从经济发展水平、网络基础设施、科技研发投入、人力资本、对外开放程度五个方面凝练出数字经济发展影响因素的作用机制。

一　经济发展水平是数字经济发展的基础

经济发展水平为数字经济的持续发展提供必要基础。第一，经济发展水平不断提升有助于增加数字人才培养所需的要素投入。一般来说，一个地区经济发展水平越高，这个地区政府和家庭在基础教育和高层次教育方面的投入也会越高。政府通过提高教育财政支出，可以降低基础教育入学门槛，加强教育基础设施建设，让基础教育覆盖的范围更广，

[①] 数字化跨国企业：Digital MNEs，包括互联网平台、电子商务和数字内容企业。
[②] 资料来源：UNCTAD, World Investment Report 2017, http://www.199it.com/archives/600585.html。

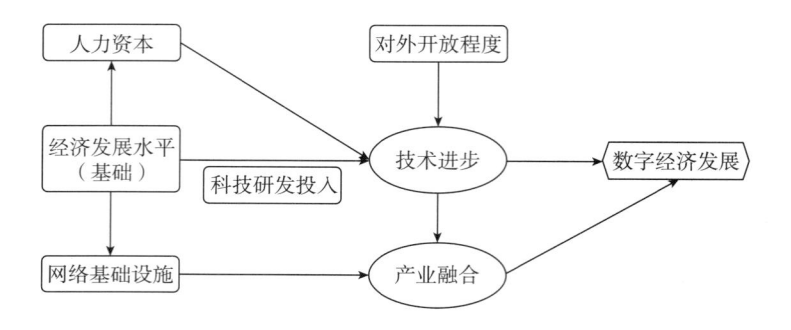

图 4-1　数字经济发展的重要影响因素的作用机制

质量更高。同时政府通过提高财政支出可以提升高等教育水平，扩大高等教育规模，使数字人才的培养能够提质增量。第二，经济发展水平提高有利于促进与数字经济相关的各种基础设施的快速建设和充分利用。一方面，政府通过增加对数字经济及其相关产业的基础设施的投资，可以提高国家各项数字经济基础设施建设水平；另一方面，经济发展过程中人们收入水平提高也能够提升民众对这些数字基础设施的消费能力。此外，人们收入水平的提升提高了他们对宽带等基础设施的消费能力，也反向促进了网络基础设施的大规模建设。第三，经济发展水平提高有助于促进科研投入增加，从而推动技术进步和增加创新产出，推动数字经济发展。第四，总体经济发展程度提高为数字经济相关产业落地提供充足的消费群体和市场空间。经济发展能够激发数字经济的规模效应，扩大其市场规模，从而推动数字经济进一步发展。

二　网络基础设施建设扩大数字经济规模，促进产业融合

第一，网络基础设施建设扩大了数字经济的规模。网络基础设施包括互联网、宽带、移动电话基站等传统 IT 基础设施和工业互联网、数据中心、5G 网络等新基建。首先，网络基础设施属于数字经济中数字产业化的成分，是 ICT 产业链的一部分，与电信业、ICT 零部件制造业和互联网行业等数字产业化主要行业密切相关。这些行业产品和服务需求的增加促使数字经济规模扩大，提高了数字产业化水平，并直接带动了这些行业的发展。其次，网络基础设施建设对产业数字化有推动作用，能够为各行业的数字化转型提供物质基础。这是因为，网络基础设施建设是网络覆盖率提高的前提，更是信息技术广泛运用和数据生产要

素流通的基础。邱泽奇等（2016）认为，互联网规模存在乘数效应，即戴维德的正反馈，这意味着扩大互联网规模能激励更多人更频繁地使用互联网。在更大的网络规模下，网络用户的日常活动会更加频繁，形成更多数据。网络基础设施能够使得数据的生产、存储、流动和使用更方便和更安全，提供了人与物、人与人、物与物的交互基础，是产业数字化的物质基础条件。因此，网络基础设施能够有力支撑数字经济的规模扩张，提高数字经济发展速度，创造增量（罗雨泽等，2011）。

第二，网络基础设施建设促进数字经济与三大产业融合，为数字技术的应用提供基础，在三大产业中激发巨大的增长潜力。首先，网络基础设施是数字技术在三大产业经营活动中应用的基础。马淑琴和谢杰（2013）认为，在深化供给侧改革、推动产业数字化转型升级过程中，网络基础设施建设是重要环节。过去的经验证明，更高质量的网络连接解决了网络不稳定与速度慢的问题，是数字技术具体应用的基础。例如，移动支付与二维码技术早在20世纪已经出现，但其应用和流行与4G通信技术的成熟与普及有关。没有4G通信的速度与覆盖率，移动支付无法保障其便捷性、覆盖率与成功率。网络基础设施保障了云计算、人工智能终端、物联网等数字经济核心技术的应用，为数字产业化提供基础。光纤、5G通信等技术带来更稳定更快速的网络服务，能够减少网络连接问题带来的经济损失，提高数字经济效率。其次，新型基础设施建设也将继续带动5G手机、车联网终端、智能家居等新型信息产品的应用与升级，推动无人配送等新业态的产生与成熟，促进三大产业的数字化转型。例如，在农业领域，京东数科与首农畜牧公司合作，基于区块链、人工智能提供智能化解决方案，促进畜牧养殖的标准化、集约化发展，有效降低牧场的人力劳动需求，以数字化助力智能养殖。[1] 在工业领域，网络基础设施成为车联网、智能制造、远程医疗仪器制造等一批先导产业的基础平台，让产业数字化进程逐步渗透到纺织服装、能源等传统产业部门，为数字经济持续发展提供新动能（谢伏瞻，2019）。在服务业领域，网络基础设施是教育行业网课的先决条件。如果网络基础设施建设不到位，新冠肺炎疫情下全国的教育问题将

---

[1] 资料来源：搜狐，https://www.sohu.com/a/352948829_114984。

难以解决。

三　加大科技研发投入促进技术创新与进步

科技是第一生产力。加大科技研发投入能够推动各产业的数字化转型，加快形成数字经济创新驱动发展的机制，积极营造创新生态、培植创新土壤、释放创新活力，不断催生数字经济新模式新业态（王一鸣，2017）。

总体上看，加大科技研发投入能够支持科研部门基本运行、科研设施建设、科研项目开展、科技普及等活动。一般而言，较多的科技研发投入意味着科技活动能够得到更多的资金支持，科技人才也能够获得更高的物质性补助。[①] 首先，加大科技研发投入能够为科研项目提供更先进的研究仪器，还可以改善科研人员的待遇，能够帮助科研机构招揽更优秀的理论型、技术型人才，吸引更多人才到科研岗位中就业。同时，定向的科技研发投入能够引导科研机构的研究方向，使得它们关注国家数字经济发展或者企业数字化发展中的重要问题，引导数字技术的发展方向。其次，加大科技研发投入能够促进新技术的不断产生，进而创造数字经济新业态、新模式，让政府与企业发现和培育新的经济增长点。例如，2019 年，中国互联网协会和工信部网络安全产业发展中心评选出"互联网 100 强企业"，这 100 家企业投入了总和高达 1538.7 亿元的研发资金，不断突破核心数字技术。此外，企业的成就不是靠短期加大科研投入就能达到的。如图 4-2 所示，"2019 年互联网企业 100 强"排名与这些企业近年的研发投入排名高度相似。工信部指出，互联网 100 强企业通过加大科技研发投入获得了 5G、AI、云端大数据分析、智能算法等关键核心技术的突破，增加了企业的发展潜力和品牌价值。[②]

政府增加财政科技支出能够支持社会创新创业活动，引导市场资金流向创新型企业。国务院设立国家科研资金，通过资助、风险投资、贷款贴息、后补助等多种方式支持科研机构开展对经济社会发展具有重要

[①] 资料来源：《国务院关于国家财政科技资金分配与使用情况报告》，中国政府网，http://www.gov.cn/gzdt/2013-10/23/content_2512858.htm。

[②] 资料来源：工信部，http://www.miit.gov.cn/n1146290/n1146402/n1146445/c7260802/content.html。

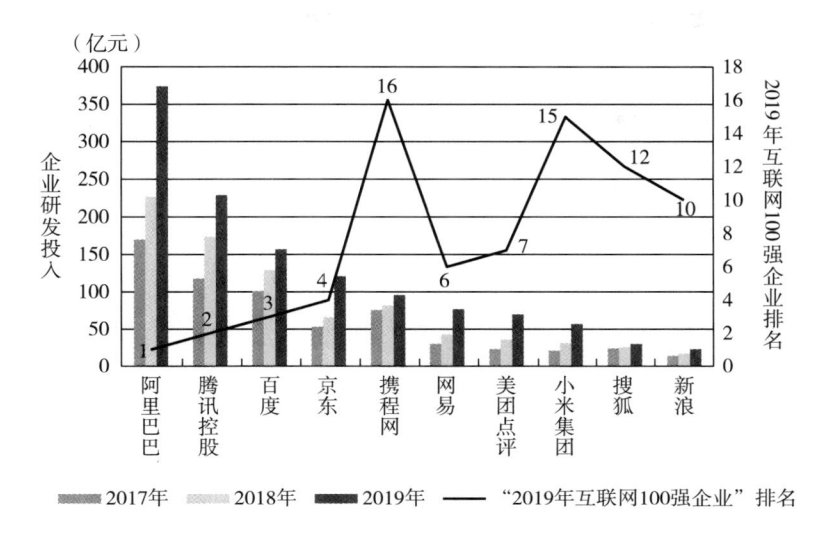

第四章　数字经济发展的重要影响因素及其作用机制

图 4-2　近 3 财年互联网企业研发投入及
"2019 年互联网 100 强企业"排名

资料来源：笔者根据公开资料整理。

作用的科技研发活动。① 马海涛等（2019）发现，财政科研资金能够产生融资约束缓解效应和人才积累效应，增加企业的融资机会，因此能够帮助企业吸引和聘用更多的数字人才，从而促使企业产生更多的创新成果。人才积累效应是指财政科研资金通过激励人才参与数字经济生产活动，或者引导高学历人才参与科研工作，从而增加 R&D 人员数量，提升企业创新水平，促进数字技术升级、应用与推广。在缓解企业融资约束压力方面，第一，财政科研资金以创新补助的形式发放到企业，可以直接作为企业创新专项资金使用。2020 年 6 月，广州市向 2018 年度第二批高新技术企业认定奖补助企业发放 30 万元到 100 万元不等的奖励，超过 3000 家企业获得补助。② 2019 年度，1096 家企业受深圳 2019 年度

---

① 资料来源：国务院：《国家中长期科学和技术发展规划纲要（2006—2020 年）》，http://www.most.gov.cn/mostinfo/xinxifenlei/gjkjgh/200811/t20081129_65774.htm。
② 资料来源：广州市科学技术局，http://kjj.gz.gov.cn/gsxx/content/post_5925216.html。

高新技术企业培育资助计划资助，受资助金额达 31968.6 万元。[1] 第二，财政补助具有引导作用。财政科研资金作为一种信号，能够让外部投资者对特定企业的经营状况和发展潜力更有信心。郭玥等（2018）认为，财政科研资金的审批结果可以视作政府对企业的隐形信用担保。在信息不完全的商业环境中，上述的隐形信用担保能够引导社会资金流向优质投资目标。在国家资金的指引下，其他企业、金融机构和社会资金不断定向投入到创新领域，最终形成稳定的多元化创新投入资金支持链。此外，财政科研资金还能引导企业的技术研发方向，提高企业对研发的信心，动员社会力量推动数字经济关键技术进步，促进数字经济发展。2018 年，企业研究部门、政府研究部门和高等院校对全社会研发经费增长的贡献分别为 75.9%、12.4% 和 9.3%。[2] 2020 年，李克强总理在国家科学技术奖励大会上指出，"要加大财政稳定支持力度，引导企业等社会力量增加（科技研发）投入"。[3]

企业加大科技研发投入，促进科研创新成果产生。对企业来说，科技研发能够提高技术水平、实现先进技术的商业化应用，从而促进企业的产品升级、结构优化和效率提升。首先，企业增加科技研发投入对我国数字经济创新体系的形成与完善意义重大。特别是对于经济发展水平较高、市场机制较为完善的经济区域而言，企业的研发成果可能是我国经济发展中技术突破的重要来源（赖明勇等，2005）。企业只有真正做到自主创新、掌握核心技术、落实创新成果应用，才能成为符合我国技术创新体系要求的领军企业。[4] 企业只有保证科研经费投入，真正做到自主创新，才能够成为推动一个国家或地区数字经济发展的关键主体。[5] 其次，科技研发带来了信息技术、智能技术和其他数字化技术的爆发，是目前备受关注的新一轮产业互联网化的关键驱动力。因为新技

---

[1] 资料来源：深圳市创新委员会，http://stic.sz.gov.cn/xxgk/tzgg/content/post_7912536.html。
[2] 资料来源：中国政府网，http://www.gov.cn/xinwen/2019-08/30/content_5425837.htm。
[3] 资料来源：新华网，http://www.gov.cn/xinwen/2019-08/30/content_5425837.htm。
[4] 资料来源：《人民日报》，http://opinion.people.com.cn/n1/2018/0708/c1003-30132964.html。
[5] 资料来源：中国科学院，http://www.cas.cn/zt/jzt/djzt/2006nlhzt/lhbd/200603/t20060314_2668482.shtml。

术的所在领域和发展路径无法预测,技术驱动的科技型企业在新技术带来庞大利益空间的吸引下,往往会踊跃参与多样化的技术开发和发展路径探索(谢伏瞻,2019)。埃森哲的报告显示,我国企业中的"转型领军者"积极进行科技研发,利用大数据分析、5G通信、云计算、AI等前沿信息技术进行业务升级。积极投入科研的"转型领军"企业形成了数字经济时代的新优势,绩效表现显著优于其他企业。2015—2018年的4年间,上述"转型领军者"营收复合增长率比其他竞争者高出11.7%。[1]

四 数字人才是技术创新与应用的主体

数字人才是数字经济中研发、生产等活动的核心成员。数字人才主要在企业中满足生产需要和在高校等研究组织中进行研究工作,而技术研发和生产应用的工作有融合趋势。

首先,在企业中,R&D人员是技术创新和应用的创造者,是数字经济中的关键劳动力。2020年6月,工信部在第四届世界智能大会上指出,在生产活动中,企业对数字人才的需求十分多样化。企业急需大量数字人才来支持从技术研发、产品设计、市场开发到售后追踪的多种工作。[2] 白俊红(2011)通过计量模型分析得出,R&D人员数量每增加1%,就可以带动专利数量相应增加约0.632%。R&D人员对专利发明的增加和企业新产品利润的提高都有明显帮助,他们的产出弹性处于0.409—0.493。[3] 在一些研究中,R&D人员数量可以用以简单估算R&D活动水平。根据安同良等(2009)的研究,我们认为数字人才作为知识和技能载体,他们的劳动投入与最终商品生产关系密切。这是因为除了推进技术进步,数字人才还直接参与数字经济生产活动,推动数字经济发展。数字经济发展迅速,新业态与新模式不断涌现,技术随之更新换代,理论成果的商业化应用离不开数字人才的劳动。习近平主席强调:"人才是第一资源,创新靠人才。"[4] 数字人才运用自身的数字知

---

[1] 资料来源:埃森哲,https://www.accenture.com/cn-zh/insights/digital/corporate-digital-transformation-index。

[2] 资料来源:工信部:《人工智能产业人才发展报告(2019—2020)》,http://www.miitec.cn/ezweb/upload/wcm/cc26-be3d-4b30-bd10-3eb0_2017928753310024.jsp。

[3] 产出弹性:一种投入要素的既定百分比变动所引起的产量的百分比变动。

[4] 资料来源:新华网,http://www.xinhuanet.com/politics/2018lh/2018-03/07/c_1122502719.htm。

识和技术，通过生产活动创造财富，满足数字经济发展的用人需求。

其次，高校学生是主要的数字人才储备，将参与技术创新，缓解未来的数字人才紧缺问题。数字人才往往需要拥有本科或以上学历，还需要具有一定的科研能力和经验。清华大学的研究团队把狭义的数字人才定义为具有 ICT 专业技能和 ICT 补充技能的人群。他们认为，我国约有 72 万名数字人才，其中仅有 0.6% 为本科以下学历。[①] 作为主要的数字人才储备，高校学生通过学习和交流知识、参与创新和扩散创新成果来推动数字经济发展（柳希，2017）。第一，高校学生通过学习与交流，维持数字技术知识存量，间接促进数字经济发展。徐欣和唐清泉（2012）提出，知识存量是决定经济增速的主要影响因素之一。高校教育和社会实践使高校学生掌握各学科知识，维持人群中的知识存量，保证了科技研发投入的产出率。第二，高校学生通过实验与实践参与创新活动，并通过交流和发表成果扩散创新成果，推动理论与技术进步。他们通过学习和研究活动参与创新，而如论文、专利等创新成果又会在高校师生团体中扩散，通过乘数效应引发更多更完善的创新活动。第三，高校学生的创新活动还具有跨学科特点，不同专业的学生合作使得创新成果更加全面，适应各行业数字化转型的需求。第四，数字人才储备将在未来进入市场，缓解就业市场数字人才紧缺的状况，保障数字经济可持续发展。2020 年 8 月，华为通过"天才少年计划"以近两百万年薪在华中科技大学招聘 4 名来自计算机系统结构、软件工程等专业的博士生。[②] 阳光高考网统计，我国高校中仅计算机类的计算机科学与技术、软件工程等 5 个主要专业，就有超过 20 万名毕业生。[③] 相关专业的高校学生不断进入人才市场，将有效缓解数字经济就业市场人才紧缺的压力，减少数字人才不足对数字经济发展的约束。

五 对外开放对数字经济发展具有促进作用

对外开放水平的提高能够促进贸易开放度和外商直接投资水平的提

---

① 资料来源：清华经管学院互联网发展与治理研究中心：《中国经济的数字化转型：人才与就业》，http：//cidg. sem. tsinghua. edu. cn/details/achdetails. html? id = 130。
② 资料来源：凤凰网，http：//news. ifeng. com/c/7yqVuvXMvdv。
③ 资料来源：阳光高考网，https：//gaokao. chsi. com. cn/zyk/zybk/specialityDetail. action? specialityId = 73384336。

高，从而间接促进数字经济技术进步，扩大数字经济规模，提高数字经济发展质量。第一，贸易对外开放程度的提升对于推动数字经济及其相关产业的发展往往具有较为明显的正向促进效果。一方面，进口贸易所交易的商品往往包括许多高新技术产业的先进制造设备和国际前沿生产技术，能够促进生产率不断提升，从而推动数字经济发展（刘晓鹏，2001）。另一方面，出口贸易扩张可以帮助我国数字经济及其相关产业寻找更为广阔的消费市场。信息服务、智能设备等出口有利于提高数字经济规模，而规模效应能够进一步提高生产率，促进数字经济发展。第二，国外数字经济领域相关企业对中国直接投资水平的提高可以提升中国数字经济发展的水平和速度。一方面，国外数字经济领域相关企业对中国直接投资能够促进中国数字经济领域的资本形成。魏后凯（2002）认为，国外企业对中国的大规模投资可以通过增加中国数字经济领域资本形成和扩大数字经济相关产品出口等途径拉动数字经济更快成长。经济发展又将推动数字经济及其相关产业的消费群体和市场容量不断扩大，产生集聚效应，从而能够进一步扩大国外企业对中国投资规模。这样，国外数字经济领域的相关企业对中国的直接投资和中国数字经济及其相关产业增长之间就逐渐形成一种循环累积的因果效应。另一方面，国外数字经济领域相关企业对中国的直接投资具有技术外溢效应，能够促进技术进步，从而推动数字经济发展（杨晓冬，2017）。外商直接投资对中国来说是进行技术转移非常重要的工具手段，能够产生"以市场换技术"的作用（陈浪南、陈景煌，2002）。国外企业特别是大型的跨国公司对中国的直接投资，可以把发达国家最前沿的生产技术和企业管理经验转移到中国（魏后凯，2002）。国内数字经济领域的企业通过对这些外资企业的模仿和借鉴，可以推动企业生产技术和管理水平提高。而这些企业面临外资企业竞争压力下的自主创新推动了数字经济领域企业在产品、技术、服务、管理等方面核心竞争力的提高，从而促进国家整体数字经济的发展。

第三节　数字经济发展影响因素重要程度的定量分析

本节中，我们基于以上的梳理，共选取了 5 个一级指标和 10 个二级指标以建立数字经济发展影响因素的指标体系。随后，我们分别采用灰度关联分析法和地理探测器模型定量分析各影响因素的重要程度以及它们影响数字经济发展水平的空间分异的重要程度。

一　数字经济发展的重要影响因素的指标选取

我们选取了经济发展水平、网络基础设施、科技研发投入、人力资本和对外开放程度5个一级指标和人均GDP、第三产业占GDP比重等10个二级指标，并针对每个因素对数字经济发展产生影响的重要程度进行相关测度。

（一）指标体系构建

一级指标中，经济发展水平包括两个二级指标，它们共同反映影响数字经济发展的宏观内部因素。网络基础设施一级指标包括互联网宽带接入端口数和光缆线路长度两个二级指标，它们分别反映了网络基础设施所提供网络服务的数量和质量。科技研发投入下有规模以上工业企业R&D经费投入和国家财政科学技术支出两个二级指标，它们分别反映了企业和政府这两个主体对于科技创新在资金方面的支持情况。人力资本一级指标包括R&D人员全时当量和每十万人口高校平均在校生数两

表4-1　　　　　　数字经济发展影响因素的指标体系

一级指标	二级指标
经济发展水平	人均GDP
	第三产业占GDP比重
网络基础设施	互联网宽带接入端口数
	光缆线路长度
科技研发投入	规模以上工业企业R&D经费投入
	财政科学技术支出
人力资本	每十万人口高校平均在校生数
	R&D人员全时当量[①]
对外开放程度	进出口总额占GDP比重
	外商投资企业投资总额

---

① R&D人员全时当量：指全时人员数加非全时人员按工作量折算为全时人员数的总和。

个二级指标，分别反映了科研的人力投入状况和高素质人才积累的情况。对外开放程度包括的两个二级指标，它们分别从贸易和投资的角度反映了一个国家或地区的对外开放程度。

（二）数据来源及其处理

表 4-2 给出了本书用于计算数字经济影响因素重要程度的二级指标的数据来源。

表 4-2　　　数字经济发展影响因素二级指标的数据来源

指标	数据来源	数据年份
人均 GDP	国家统计局网站	2014—2019
第三产业占 GDP 比重	国家统计局网站数据计算而得①	2014—2019
互联网宽带接入端口数	中国统计年鉴	2014—2018
光缆线路长度	中国统计年鉴	2014—2018
规模以上工业企业 R&D 经费投入	中国统计年鉴	2014—2018
财政科学技术支出	中国统计年鉴	2014—2019（国家数据） 2014—2018（省份数据）
每十万人口高校平均在校生数	中国统计年鉴	2014—2018
R&D 人员全时当量	中国统计年鉴	2014—2018
进出口总额占 GDP 比重	国家统计局网站数据计算而得②	2014—2019
外商投资企业投资总额	国家统计局网站	2014—2018

部分指标 2019 年的数据有所缺失。对于表格中绝大部分指标 2019 年数据缺失的情况，我们利用 2009—2018 年的数据，通过多项式拟合的方法估计出结果。特别地，由于规模以上工业企业 R&D 经费投入缺失 2010 年的数据，且考虑到 2011 年以来该项指标统计主体的范围有所调整，其中 2019 年的数据由 2011—2018 年的数据通过多项式拟合估计出结果。

---

① 第三产业占 GDP 比重 = 第三产业增加值/GDP 总额。
② 本章采用的计算方法：全国进出口总额占 GDP 比重 = 全国进出口总额（人民币）/全国 GDP 总额；各省份进出口总额占 GDP 比重 = 该省进出口总额（美元）/该年美元对人民币汇率/该省 GDP 总额。

二 数字经济发展影响因素重要程度的测算

完成数字经济发展影响因素指标体系的构建后,为了探究各影响因素的重要程度,我们分别采用灰度关联法和地理探测器模型展开进一步分析。在灰度关联法一节中,我们利用第三章中 2014—2019 年中国数字经济发展水平指数以及本章选取的同时段的国家层面指标数据,测算各影响因素对于总指数的影响程度。在地理探测器模型一节中,我们利用第三章中 2014—2019 年全国 31 个省份数字经济发展水平指数以及本章选取的同时段的对应省份层面指标数据,测算各影响因素对总指数的空间分异性的影响以及因素之间的交互作用。

(一) 灰度关联法

考虑到全国数字经济发展水平及其各影响因素的时序数据量少,且各因素对数字经济发展的影响存在不确定性,本部分选择灰度关联法来测算各影响因素对数字经济发展的重要程度。与用于系统相关因素影响分析的回归分析、方差分析和主成分分析等方法相比,灰度关联法更适用于时序数据量少的情况。考虑到本书测度的数字经济发展水平总指数跨度为 6 年,时序数据量较小,我们选择灰度关联法来定量研究各因素对我国数字经济发展的影响。具体步骤如下:

第一步:选取参考序列和比较序列。

本章选取 2014—2019 年 6 年的我国数字经济发展水平总指数作为参考序列,并选取同期 10 个主要影响因素作为比较序列。

参考序列:$X'_0 = [X'_0(1), X'_0(2), \cdots, X'_0(n)]$

比较序列:$X'_i = [X'_i(1), X'_i(2), \cdots, X'_i(n)]$

其中 X'_0 为全国数字经济发展水平总指数的时间序列,$X'_0(k)$ 为第 k 年的全国数字经济发展水平总指数,n 的值为 6,X'_i 为影响因素的 i 时间序列,i 表示影响因素 i ($i = 1, 2, \cdots, m$),$X'_i(k)$ 为第 k 年的影响因素 i 的大小,本章选取十个影响因素进行分析,因此 m 的值为 10。

第二步:对数据进行无量纲化处理。

由于各个影响因素所代表的经济含义是不相同的,而且其单位的数量级也存在差异,这导致了数据的量纲、数量级都有所差别,各影响因素的数据不便于相互比较。因此我们需要用无量纲化处理方法处理初始

第四章　数字经济发展的重要影响因素及其作用机制

数据，使各影响因素的数据可以相互比较。无量纲化处理一般有两种方法，即标准化处理法和均值化处理法。相比于标准化处理法，均值化处理法没有改变初始数据之间的差异度，不会导致计算得到的结果偏离实际，可以对评价对象进行有效的区分（叶宗裕，2003）。因此，我们采用均值化处理方法：

参考序列均值化：$X_0 = X'_0 / \overline{X'_0} = [X_0(1), X_0(2), \cdots, X_0(n)]$

比较序列均值化：$X_i = X'_i / \overline{X'_i} = [X_i(1), X_i(2), \cdots, X_i(n)]$

式中，$\overline{X'_0}$表示序列X'_0的均值；$\overline{X'_i}$表示序列X'_i的均值，X_i为影响因素i均值化后的时间序列，$X_i(k)$为第k年中影响因素i均值化后的序列，$i = 1, 2, \cdots, 10$。

第三步：求关联系数。

在得到经过均值化处理的参考序列X_0和比较序列X_i后，便可利用公式求得关联系数（邓聚龙，1988）：

$$\zeta_i(k) = \frac{\Delta_{\min} + \rho \Delta_{\max}}{\Delta_i(k) + \rho \Delta_{\max}}$$

式中，$\Delta_i(k) = |X_0(k) - X_i(k)|$，$\Delta_{\min} = \min\limits_{i=1}^{n} \min\limits_{k=1}^{n} |X_0(k) - X_i(k)|$表示两级极小差，$\Delta_{\max} = \max\limits_{i=1}^{m} \max\limits_{k=1}^{n} |X_0(k) - X_i(k)|$表示两级极大差，$\zeta_i(k)$表示第$k$年影响因素$i$的均值化序列$X_i$与时间序列$X_0$的关联系数。$\rho$为分辨系数，$\rho$的取值范围为$[0, 1]$，$\rho$越小，分辨率越高。$\rho$的具体取值规则如下（吕锋，1997）：

$$\Delta_y = \frac{1}{nm} \sum_{i=1}^{m} \sum_{k=1}^{n} \Delta_i(k)$$

令 $\in \Delta = \frac{\Delta_y}{\Delta_{\max}}$，若 $\Delta_{\max} \leq 3\Delta_y$，则 $\in \Delta \leq \rho \leq 1.5 \in \Delta$；若 $\Delta_{\max} \geq 3\Delta_y$，则 $1.5 \in \Delta < \rho \leq 2 \in \Delta$。

这种原则避免了样本中的离群值支配整体的关联度取值大小的情况，使结果能够更好地体现整体的特征，使ρ的取值兼具一定的客观基础和灵活性（吕锋，1997）。代入数据，经计算得 $\in \Delta = 0.4337$，即 $\Delta_{\max} \leq 3\Delta_y$，所以 $0.4337 \leq \rho \leq 0.65055$。因此，在这里，我们取值$\rho = 0.5$。通常情况下，取$\rho = 0.5$便可获得较好的分辨率（孙玉刚，2001）。

139

第四步：求关联度。

对各影响因素的比较序列分别计算其各个时期与全国数字经济发展水平总指数序列关联系数的均值（各期数值采用等权处理）：

$$\gamma_i = \gamma_i(X_0, X_i) = \frac{1}{m}\sum_{k=1}^{n}\zeta_i(k), i = 1,2,\cdots,10; k = 1,2,\cdots,6$$

经计算得到各影响因素的关联度与全国数字经济发展的关联度，关联度的取值范围为 $[0,1]$，γ_i 越靠近 1 说明影响因素 i 对数字经济发展的影响程度越大，计算结果如表 4-3 所示。

表 4-3　　　数字经济发展总指数与影响因素的灰色关联度

γ_1（人均 GDP）	γ_2（第三产业占 GDP 比重）	γ_3（互联网宽带接入端口数）	γ_4（光缆线路长度）	γ_5（规模以上工业企业 R&D 经费投入）
0.5021	0.5978	0.8556	0.8513	0.5069
γ_6（财政科学技术支出）	γ_7（每十万人口高校平均在校生数）	γ_8（R&D 人员全时当量）	γ_9（进出口总额占 GDP 比重）	γ_{10}（外商投资企业投资总额）
0.9312	0.6592	0.7087	0.6740	0.5761

根据表 4-3 所展示的测算结果，我们发现各个影响因素对应的关联度都高于 0.5。其中，互联网宽带接入端口数、光缆路线长度和国家财政科学技术支出这 3 个影响因素的关联度均高于 0.85，R&D 人员全时当量、每十万人口高校平均在校生数和进出口总额占 GDP 比重这 3 个影响因素对应的关联度均位于 0.65 与 0.75 之间，说明这些因素对数字经济发展有相对重要的影响。我们将在后面的结果分析部分对测算结果进行更为详细的分析。

（二）地理探测器模型

在这一部分，我们将利用地理探测器模型探究各影响因素对我国各地区数字经济发展水平的空间分异的影响程度，其中数字经济发展水平的空间分异是指不同地区拥有不同数字经济指数的性质。统计学概念上，空间分异性表现在层内方差小于层间方差。地理探测器模型是研究目标属性空间分异状态并确定其影响因素的重要数学方法，其核心思想是检验属性 y 是否与影响因子 x 有相似的空间分布。在我们的问题中，若某影响因素对数字经济指数的空间分异性有较大影响，则它表现出与数字经济指数较为相似的空间分布。自地理探测器模型提出以来，国内外众多学者利用此模型在区域经济、区域规划、地质、生态等不同领域进行探索。Liu 和 Yang（2012）利用地理探测器模型探究中国县域城镇化程度的空间分异特点和这一现状的形成机制，探究固定资产投资和农民收入水平等因素对东部沿海、长江沿岸等不同区域的城镇化率的作用。在数字经济领域，王彬燕等（2018）利用腾讯研究院联合京东等公司发布的数字经济指数和地理探测器模型对 2016 年我国各地区数字经济发展水平的空间分异特点进行研究。研究指出，与信息化相关的因素起到较大的影响作用，并且东部沿海地区数字经济发展水平的影响因素较为多样，而中部地区的影响因素较为单一。在区域经济方面，胡雪瑶等（2019）仔细分析和研究了甘肃省县域经济发展的空间分异情况及其演变过程，并借助地理探测器模型探索这一空间分异现象的主导因子。为确定我国区域贫困分化的主导因素以及为反贫困工作构建理论基础，Pan 和 Feng（2020）从自然和社会两方面选取造成贫困空间分异的影响因素，并用地理探测器诊断出导致不同地区贫困程度大相径庭的主要原因。

地理探测器模型具有显著优势。第一，地理探测器擅长处理分类变量[①]对属性的影响程度。若影响因素是连续变量，我们也可以通过连续变量离散化，继而利用地理探测器对这部分影响因素进行分析。因此地理探测器在能够处理的变量类型的范围上有很大优势。第二，地理探测器模型在探测不同影响因素的交互作用上有极大优势。回归分析对因子交互的研究仅限于乘积交互，而地理探测器模型不仅可以探测出两因子间是否存在交互作用，还能探测出交互作用的具体种类（见表 4-4）。第三，地理探测器模型对数据的要求较低。本章研究对象是 2014—2019 年的数字经济发展水平指数及其影响因素，涉及年份较少，不适用于回归分析等对数据量有较高要求的分析方法。而地理探测器模型对

[①] 分类变量指包含有限的类别数或可区分的组数的变量，如性别、班级、层次编号（1、2、3）等，需与连续变量相区别。

数据量的要求较低,且对变量不要求满足线性假设(王劲峰、徐成东,2017),适用于本章的情况。第四,地理探测器模型中统计量 $q(x,y)$ 即 q 值含义明确。我们可以通过计算 $q(x,y)$ 探测属性 y 与影响因素 x 的空间关系。$q(x,y)$ 介于 0 到 1,并且其值越大,x 对属性 y 的空间分异的影响程度越大。$q(x,y)$ 表示影响因子 x 对属性 y 的空间分异有 $100\times q(x,y)\%$ 的贡献度。

表 4-4　　　　　　　　　交互作用类型与对应判据

判据	交互作用种类
$q(x_1\cap x_2,y)<\min[q(x_1,y),q(x_2,y)]$	非线性减弱
$\min[q(x_1,y),q(x_2,y)]<q(x_1\cap x_2,y)<\max[q(x_1,y),q(x_2,y)]$	单因子非线性减弱
$q(x_1\cap x_2,y)>\max[q(x_1,y),q(x_2,y)]$	双因子增强
$q(x_1\cap x_2,y)=q(x_1,y)+q(x_2,y)$	独立
$q(x_1\cap x_2,y)>q(x_1,y)+q(x_2,y)$	非线性增强

资料来源:王劲峰、徐成东:《地理探测器:原理与展望》。

地理探测器包括因子探测器、交互作用探测器、生态探测器与风险探测器四大功能模型。其中,因子探测器可以用于探究不同影响因子对数字经济发展水平空间分异状态的贡献程度大小(王劲峰、徐成东,2017)。交互探测器用于探测两影响因子对数字经济空间分异的影响是否交互,即确定两因子对数字经济的影响是否独立,并在影响不独立的情况下进一步确认它们之间的交互影响具体属于非线性减弱等影响类型中的哪一种。生态探测器则可以用来判定两个影响因素对数字经济发展水平空间分异状况影响力的大小。而我们可以利用风险探测器比较地区间各个影响因素的平均差异程度。

在探究数字经济发展水平空间分异情况时,影响因素作为自变量为连续的数值变量,但是地理探测器模型要求自变量影响因素必须是分类变量,因此我们首先需要对每个影响因子进行聚类分析。k 均值聚类(k - means clustering)是最常见的一种无监督学习算法,也是我们所采用的方法。k 均值聚类算法是一种迭代算法,它尝试将数据划分为 k 个非重叠的子组,其中每个数据点属于且仅属于一个子组。它尝试使同一子组内的数据点距离尽可能相近,即通过不断迭代,使子组中所有数据点到子组聚类中心的距离平方和达到最小,在这里某一子组的聚类中心是指该子组内所有数据点的算术平均值。算法的具体步骤是:首先,指定目标分类数 k,并任意指定 k 个点作为初始聚类中心;其次,对每个数据点,将其归类到离它最近的聚类中心所在的子组;最后,在每个子组中重新计算聚类中心,并迭代第二步,直到聚类中心位置不变。在这里,我们使用 k 均值聚类算法将 10 个影响因素由数值变量转换为分类变量。① 在第三章,31 个省区市的数字经济发展水平总指数从高到低被划分成四个梯队,这里我们不妨与第三章保持一致,将每个影响因子利用聚类方法分为四个梯队也就是四层,再进行后续分析。

下文我们将借助因子探测器检验不同因子对数字经济发展水平空间分异的影响大小,并进一步使用交互作用探测器以判别各个因子之间存在的关系。这两个目标都可以利用地理探测器模型中定义的 $q(x, y)$ 即 q 值完成,其公式如下:

$$q = q(x,y) = 1 - \frac{\sum_{i=1}^{m} n_i \sigma_i^2}{n\sigma^2} = 1 - \frac{SSW}{SST}$$

其中,$SSW = \sum_{i=1}^{m} n_i \sigma_i^2$ 表示层内方差和(Within Sum of Squares),$SST = n\sigma^2$ 表示全区总方差(Total Sum of Squares)。$q(x, y)$ 为影响因子 x 对属性 y 空间分异影响力的评价指标,在这里,属性即为数字经济发展水平。为计算 $q(x, y)$,我们以分类变量 x 为基础将全国以省级行政区为单位进行分层,形成 m 个层,每个层包含若干个省级行政区。由于我们将每个影响因子根据其数值大小分为四层,所以在这里 m 为 4。例如,我们以影响因子人均 GDP 来分层,即把全国各省级行政区按照人均 GDP 高低分成四类,每一省级行政区属于且仅属于一类。$q(x, y)$ 公式中的 n 代表全国范围内我们所研究的省级行政区的数目,由于我们只考量全国 31 个省级行政区,所以在这里 n 即为 31。n_i 代表第 i(i = 1,2,3,4)个层中包含的省级行政区数目,σ^2 代表全国范围内各个省

---

① 资料来源:Towar Dsdata Science, https://towardsdatascience.com/understanding - k - means - clustering - in - machine - learning - 6a6e67336aa1。

级行政区之间数字经济发展水平指数的方差,而 σ_i^2 是指第 i 个层内各省级行政区数字经济发展水平指数的方差。交互作用检测也与 $q(x,y)$ 有着密切关系。当我们想检测影响因子 x_1、x_2 是否对属性 y 的空间分异有交互作用时,我们分别计算以下三个 q 值——$q(x_1,y)$、$q(x_2,y)$ 和 $q(x_1 \cap x_2,y)$,并通过比较三者关系确定具体的交互作用种类。

基于第三章的研究结果,本章我们使用地理探测器模型对中国 2014—2019 年数字经济发展水平的空间分异的影响因素进行研究。

下面我们运用地理探测器模型及 GeoDetector 地理探测器探测软件,对全国 31 个省份 2014—2019 年这六年期间的数字经济发展水平测度结果中的总指数（Y）进行了因子探测（Factor Detector）、交互作用探测（Interaction Detector）,实证研究本章第一节选取的数字经济发展影响因素在空间分异层面的影响程度以及随时间发展的变化情况。影响因素（X）包括:人均 GDP（X_1）、第三产业占 GDP 比重（X_2）、互联网宽带接入端口数（X_3）等社会经济变量。表 4-5 为下文用到的影响因素符号说明。

表 4-5　　　　全国 31 个省份数字经济发展影响因素符号说明

数字经济发展影响因素	指标符号
人均 GDP（元）	X_1
第三产业占 GDP 比重	X_2
互联网接入端口数（万个）	X_3
光缆线路长度（千米）	X_4
规模以上工业企业 R&D 经费（万元）	X_5
财政科学技术支出（亿元）	X_6
每十万人口高校平均在校生数（人）	X_7
R&D 人员全时当量（万人年）	X_8
进出口总额占 GDP 比重	X_9
外商投资企业投资总额（百万美元）	X_{10}

表 4-6 和表 4-7 分别展示了 2014 年与 2019 年因子探测的结果,表现了在一定时间跨度下空间影响因素与影响力的变化。如有读者需要 2015—2018 年的具体数值结果可联系笔者获取。$q(x,y)$ 即 q 值为影响

表 4-6　　2014 年全国 31 个省份数字经济发展影响因素因子探测模型结果

指标	q 值（影响力指标）	p 值
X_1	0.4471	0.0203
X_2	0.3269	0.1808
X_3	0.4157	0.0108
X_4	0.5488	0.0071
X_5	0.7100	0.0000
X_6	0.7638	0.0000
X_7	0.1480	0.4543
X_8	0.6623	0.0000
X_9	0.6253	0.0039
X_{10}	0.8099	0.0000

表 4-7　　2019 年全国 31 个省份数字经济发展影响因素因子探测模型结果

指标	q 值（影响力指标）	p 值
X_1	0.5265	0.0131
X_2	0.1026	0.7116
X_3	0.5001	0.0053
X_4	0.5584	0.0055
X_5	0.7697	0.0000
X_6	0.7631	0.0026
X_7	0.1842	0.6456
X_8	0.7686	0.0000
X_9	0.5809	0.0066
X_{10}	0.7573	0.0054

因子对数字经济发展水平空间分异的影响力评价指标，其计算公式详见前页。p 值（p-value）在统计学中用于假设检验。在地理探测器模型中，一个指标对应的 p 值越小，则说明该指标代表的数字经济发展空间分异影响因素的显著度越高。显著度越高代表指标产生的影响程度具有统计学意义，而并非运气结果。本章参照目前科学界和杂志编辑标准，选定显著性水平为 0.05。p 值的计算与 q 值有着密不可分的关系，为计算 p 值，我们首先考察 SSB 和 SSW 的分布，其中 SSB 满足 $SST = SSW + $

SSB。Wang 等（2016）表明，SSB 服从系数为 σ^2，自由度为 $m-1$，非中心参数为 λ 的非中心卡方分布，即 $SSB \sim \sigma^2 \chi^2(m-1, \lambda)$，其中 $\lambda = \frac{1}{\sigma^2}\left[\sum_{i=1}^{m}\mu_i^2 - \frac{1}{n}\left(\sum_{i=1}^{m}\sqrt{n_i}\mu_i\right)^2\right]$，$\mu_i$ 为影响因子 x 的第 i 层内所有省级行政区的数字经济发展水平指数的均值。SSW 服从系数为 σ^2，自由度为 $n-m$ 的卡方分布，即 $SSW \sim \sigma^2 \chi^2(n-m)$。接下来，我们定义统计量 $F = \frac{SSB/(m-1)}{SSW/(n-m)}$，则 F 服从第一个自由度为 $m-1$，第二个自由度为 $n-m$，非中心参数为 λ 的非中心 F 分布，即 $F \sim F(m-1, n-m; \lambda)$。Wang 等（2016）将地理探测器模型中的零假设和备择假设定义如下：

H_0：x 对属性 y 的空间分异没有显著的贡献作用。

H_1：x 对属性 y 的空间分异有显著的贡献作用。

在这里，假设检验可以通过计算 p 值来完成。由于显著性水平为 0.05，因此我们取定临界值 F_a，使上述非中心 F 分布的概率密度函数由 f_a 到正无穷的积分值为 0.05。现在我们可以得到 p 值的计算公式 $p = P(F > F_a)$，其中 F 由式 $F = \frac{SSB/(m-1)}{SSW/(n-m)}$ 得到。若 p 值小于 0.05，则我们在显著性水平为 0.05 的情况下拒绝零假设，否则接受零假设。我们借助 GeoDetector 软件得到影响因子 x 对属性 y 空间分异影响力的评价指标值 q 及其对应的 p 值。

根据结果可知，本模型实证中 2014 年除 X_2、X_7 的 p 值大于 0.05，不可作为数字经济发展水平产生地域性差异的影响因素，其余的 8 个指标均可作为影响因素进行考虑。在 2019 年，同样 X_2、X_7 的 p 值高于显著性水平 0.05，即 X_2、X_7 以外的 8 个指标均对数字经济发展水平的地域性差异产生了影响。美国统计学会（American Statistical Association）于 2016 年发布声明，提出 6 条使用和解释 p 值的原则（Wasserstein 和 Lazar，2016）。其中第三条为：单凭 p 值是否小于一个特定的值，不能得出科研结论、商业决定和政策制定。在本模型中，p 值的结果将在统计学意义上影响对应指标是否可作为空间分异角度上影响数字经济发展的因素。本模型测算的结果从地理空间的层面解释了多个自变量对于数字经济发展的影响状况，为从区域尺度出发探索影响数字经济发展因素提供了支撑。在后续的讨论中，我们将本方法与灰色关联分析方法、数字经济发展影响因素的作用机制分析相结合，对数字经济的影响因素进行进一步阐述。

我们在对全国 31 个省份数字经济发展影响因素交互作用探测的实证中发现，10 个影响因素指标均产生了交互作用影响。表 4-8 和表 4-9 分别展示了 2014 年和 2019 年交互作用探测的结果。如有读者需

表 4-8　　　　2014 年全国 31 个省份数字经济发展影响
因素交互作用探测模型结果

交互指标	q 值	交互结果	交互指标	q 值	交互结果
$X_1 \cap X_2$	0.820408	非线性增强	$X_3 \cap X_{10}$	0.924087	双因子增强
$X_1 \cap X_3$	0.734604	双因子增强	$X_4 \cap X_5$	0.894962	双因子增强
$X_1 \cap X_4$	0.815485	双因子增强	$X_4 \cap X_6$	0.853435	双因子增强
$X_1 \cap X_5$	0.781538	双因子增强	$X_4 \cap X_7$	0.733534	双因子增强
$X_1 \cap X_6$	0.831947	双因子增强	$X_4 \cap X_8$	0.780444	双因子增强
$X_1 \cap X_7$	0.509572	双因子增强	$X_4 \cap X_9$	0.944476	双因子增强
$X_1 \cap X_8$	0.745010	双因子增强	$X_4 \cap X_{10}$	0.921497	双因子增强
$X_1 \cap X_9$	0.822804	双因子增强	$X_5 \cap X_6$	0.941228	双因子增强
$X_1 \cap X_{10}$	0.883454	双因子增强	$X_5 \cap X_7$	0.761159	双因子增强
$X_2 \cap X_3$	0.848836	非线性增强	$X_5 \cap X_8$	0.727264	双因子增强
$X_2 \cap X_4$	0.845869	双因子增强	$X_5 \cap X_9$	0.961077	双因子增强
$X_2 \cap X_5$	0.944598	双因子增强	$X_5 \cap X_{10}$	0.892343	双因子增强
$X_2 \cap X_6$	0.814630	双因子增强	$X_6 \cap X_7$	0.798237	双因子增强
$X_2 \cap X_7$	0.526616	非线性增强	$X_6 \cap X_8$	0.854049	双因子增强
$X_2 \cap X_8$	0.861085	双因子增强	$X_6 \cap X_9$	0.812615	双因子增强
$X_2 \cap X_9$	0.766497	双因子增强	$X_6 \cap X_{10}$	0.859818	双因子增强
$X_2 \cap X_{10}$	0.921346	双因子增强	$X_7 \cap X_8$	0.719592	双因子增强
$X_3 \cap X_4$	0.721064	双因子增强	$X_7 \cap X_9$	0.795987	双因子增强
$X_3 \cap X_5$	0.741994	双因子增强	$X_7 \cap X_{10}$	0.865089	双因子增强
$X_3 \cap X_6$	0.848618	双因子增强	$X_8 \cap X_9$	0.913909	双因子增强
$X_3 \cap X_7$	0.561237	双因子增强	$X_8 \cap X_{10}$	0.892129	双因子增强
$X_3 \cap X_8$	0.684218	双因子增强	$X_9 \cap X_{10}$	0.859490	双因子增强
$X_3 \cap X_9$	0.917842	双因子增强			

表4-9　　　　　2019年全国31个省份数字经济发展
影响因素交互作用探测结果

交互指标	q值	交互结果	交互指标	q值	交互结果
$X_1 \cap X_2$	0.788047	非线性增强	$X_3 \cap X_{10}$	0.965257	双因子增强
$X_1 \cap X_3$	0.828781	双因子增强	$X_4 \cap X_5$	0.856763	双因子增强
$X_1 \cap X_4$	0.823236	双因子增强	$X_4 \cap X_6$	0.908612	双因子增强
$X_1 \cap X_5$	0.893540	双因子增强	$X_4 \cap X_7$	0.876243	非线性增强
$X_1 \cap X_6$	0.923173	双因子增强	$X_4 \cap X_8$	0.828674	双因子增强
$X_1 \cap X_7$	0.872880	非线性增强	$X_4 \cap X_9$	0.942784	双因子增强
$X_1 \cap X_8$	0.817239	双因子增强	$X_4 \cap X_{10}$	0.893141	双因子增强
$X_1 \cap X_9$	0.802429	双因子增强	$X_5 \cap X_6$	0.922340	双因子增强
$X_1 \cap X_{10}$	0.887785	双因子增强	$X_5 \cap X_7$	0.883956	双因子增强
$X_2 \cap X_3$	0.724463	非线性增强	$X_5 \cap X_8$	0.900456	双因子增强
$X_2 \cap X_4$	0.732774	非线性增强	$X_5 \cap X_9$	0.965091	双因子增强
$X_2 \cap X_5$	0.884068	双因子增强	$X_5 \cap X_{10}$	0.853544	双因子增强
$X_2 \cap X_6$	0.800460	双因子增强	$X_6 \cap X_7$	0.816424	双因子增强
$X_2 \cap X_7$	0.270786	双因子增强	$X_6 \cap X_8$	0.895169	双因子增强
$X_2 \cap X_8$	0.817393	双因子增强	$X_6 \cap X_9$	0.888907	双因子增强
$X_2 \cap X_9$	0.820913	双因子增强	$X_6 \cap X_{10}$	0.871811	双因子增强
$X_2 \cap X_{10}$	0.879232	双因子增强	$X_7 \cap X_8$	0.916769	双因子增强
$X_3 \cap X_4$	0.687601	双因子增强	$X_7 \cap X_9$	0.840846	非线性增强
$X_3 \cap X_5$	0.826380	双因子增强	$X_7 \cap X_{10}$	0.901180	双因子增强
$X_3 \cap X_6$	0.928428	双因子增强	$X_8 \cap X_9$	0.939845	双因子增强
$X_3 \cap X_7$	0.706932	双因子增强	$X_8 \cap X_{10}$	0.924285	双因子增强
$X_3 \cap X_8$	0.829813	双因子增强	$X_9 \cap X_{10}$	0.869852	双因子增强
$X_3 \cap X_9$	0.923405	双因子增强			

要2015—2018年的具体数值结果可联系笔者获取。在表4-8和表4-9中，第1列、第4列为两两交互的自变量指标，即两个指标共同作用于数字经济发展水平测度总指数（Y）。第2列、第5列为两两自变量指标交互作用后的值，即空间分异影响力指标。q值越大，该交互作用在空间分异层面上对数字经济发展越具有影响力。第3列、第6列为交互

结果，由交互作用探测的 q 值与因子探测的 q 值进行比较得到。

由表 4-4 可知，非线性增强（nonlinear enhancement）表示两个因素交互作用的影响力大于两个因素单独作用的影响力之和，双因子增强（bi-factor enhancement）表示两个因素的交互作用对因变量的影响力大于两个因素单独作用的影响力中的最大值。因此，相比于双因子增强，产生非线性增强结果的两个影响因素，其在影响因变量中的交互作用更为显著。表 4-9 显示，在 2019 年指标 X_1 和 X_2、X_1 和 X_7、X_2 和 X_3、X_2 和 X_4、X_4 和 X_7、X_7 和 X_9 呈现非线性增强的交互结果，其交互作用比其他指标的两两交互作用更显著。同时表 4-8 显示，在 2014 年仅有指标 X_1 和 X_2、X_2 和 X_3、X_2 和 X_7 呈现非线性增强的交互结果。而其余的交互指标组在这一年中均呈现双因子增强结果。虽然后者的交互作用不及前者非线性增强组的交互作用强，但结果仍反映出后者交互指标组相较于对应的单因素对数字经济发展产生更大影响力。我们将在结果分析中进一步阐释各指标在数字经济发展中的作用。

三 数字经济发展影响因素的测算结果分析

通过上述两种定量分析模型的运用，我们可以得到各因素对数字经济发展的正效应的大小以及对数字经济发展水平空间分异的影响程度。下文将从全国层面和区域层面两个角度，分别对两个模型的测算结果进行分析，并阐述数据背后的具体经济含义。

（一）全国层面的数字经济发展影响因素分析——灰色关联度法结果分析

本部分我们将对灰色关联度法的计算结果进行详细解释，在已知数据结果的情况下对相关影响因素的影响力大小进行比较分析。为了研究方便，我们进一步整理上述各指标与全国数字经济发展的关联度表，使各指标因素与关联度数据以及对应排名更直观，得到表 4-10。

表 4-10　　　各级影响因素指标的灰色关联度及排序

一级指标	二级指标	符号	关联度（γ_n）	排序
经济发展水平	人均 GDP	X_1	0.5021	10
	第三产业占 GDP 比重	X_2	0.5978	7

续表

一级指标	二级指标	符号	关联度（γ_n）	排序
网络基础设施	互联网宽带接入端口数	X_3	0.8556	2
	光缆线路长度	X_4	0.8513	3
科技研发投入	规模以上工业企业R&D经费投入	X_5	0.5069	9
	财政科学技术支出	X_6	0.9312	1
人力资本	每十万人口高校平均在校生数	X_7	0.6592	6
	R&D人员全时当量	X_8	0.7087	4
对外开放程度	进出口总额占GDP比重	X_9	0.6740	5
	外商投资企业投资总额	X_{10}	0.5761	8

由表4-10可知，数字经济发展总指数与各个影响因素的关联度在0.5021—0.9312之间，存在正相关关系。该结论说明了上述指标都对数字经济发展起正向作用，且每个指标对数字经济发展的促进作用存在一定的差异。其中，X_3（互联网宽带接入端口数）、X_4（光缆路线长度）和X_6（国家财政科学技术支出）这3个指标的关联度均超过0.85，与数字经济发展总指数之间存在较高的相关性。同时，X_8（R&D人员全时当量）、X_9（进出口总额占GDP比重）、X_7（每十万人口高校平均在校生数）这3个指标的关联度位于0.65到0.85之间，说明这些因素对数字经济发展的影响力达到中上水平。[①]

由$\gamma_3 = 0.8556$，$\gamma_4 = 0.8513$可知，影响数字经济发展情况的因素中互联网宽带接入端口数关联度位居第二，光缆线路长度位居第三。由此可见，以光缆线路长度和互联网宽带接入端口数为主的基础指标平均关联性最大，基础指标与中国数字经济发展关联最为紧密。[②] 该结论与我国当下大力号召加强"新基建"的行动不谋而合。由国家和骨干数字企业共同搭建的新一代网络基础设施奠定了数字经济提质增效的重要基础。

R&D人员全时当量以$\gamma_8 = 0.7087$的关联度位居第四，而每十万人口高校平均在校生数以$\gamma_7 = 0.6592$位列第六。由此可以看出，人力资

---

① 关联度在0.5以上的指标均可视为具有相关性。由于相关文献并未提及关联度大小对应的重要性层级划分，为方便结果分析，本章对指标具有解释力的下限值0.5和上限值1.0分别增减0.15，以其对应的数值0.65和0.85作为关联度重要性高低的临界值。

② 平均关联性是一级指标的关联性，其在数值上等价于该一级指标下的两个二级指标的均值。

本与数字经济发展存在较强的关联性，高质量人力资源和科技研发对数字经济发展有着重要且深远的影响。此外，国家财政科学技术支出指标以及规模以上工业企业 R&D 经费指标在所有指标中的关联度排序则分别以 $\gamma_6 = 0.9312$ 和 $\gamma_5 = 0.5069$ 的数值位于第一与第九位。由此可见，国家财政对科学研发活动的支持以及社会资本对技术创新的投资有利于推动中国数字经济高速发展。值得注意的是，国家财政科学技术支出是与数字经济发展关联度最高的二级指标，说明该指标对数字经济发展的促进作用最为显著，即一个国家对科学技术的高度重视直接对该国新经济的发展产生巨大的正效应。

由表 4-10 可知，进出口总额占 GDP 比重与数字经济发展的关联度以 $\gamma_9 = 0.6740$ 位居第五，呈现了较大程度的相关性。而外商投资企业投资总额这一指标与数字经济发展的关联度以 $\gamma_{10} = 0.5761$ 位居第八。由此可见，对外开放为数字经济发展提供了大量的机遇、广阔的平台和持久的动力。进一步地，进出口总额占 GDP 比重这一指标与数字经济发展的关联度高于实际利用外商直接投资金额指标的关联度，说明在对外开放过程中，国家通过政策工具或正向激励扩大进出口总额比鼓励外商投资更重要。为实现促进数字经济高质量发展的目标，我国在对外开放层面应重点培养外向型企业的国际竞争力，构建资本国际间自由流动的渠道，健全对外贸易体系和相关法律法规，以开放促发展、促繁荣。

此外，由实证结果可知，经济发展水平指标相较其他一级指标对数字经济发展的影响力较小。值得注意的是，虽然经济发展水平指标在整体上与数字经济发展关联度小，但第三产业占 GDP 比重这个单一指标对数字经济发展的影响不容小觑。各国数字经济发展的现实表明，第三产业数字化水平普遍高于第一、第二产业，发展进度遥遥领先。由此可知，阻碍第三产业数字化转型的壁垒较少，第三产业更容易实现数字化。而第三产业占 GDP 比重可以体现一个经济体的产业结构，也体现了数字经济发展空间的广阔度。由上述实证研究结果可知，第三产业占 GDP 比重越大，数字化转型的空间越广阔，数字经济发展效果越好。

（二）区域层面数字经济发展的影响因素分析——地理探测器模型结果分析

本部分我们将对地理探测器模型的计算结果进行分析，从数据角度分析各指标对我国数字经济空间分异的影响程度。同时，我们也关注影响因子的交互作用。我们将根据双因子交互的结果分析各影响因素之间的交互作用对数字经济发展带来的影响。

1. 单一影响因子分析

为了使研究结果更直观，我们用柱状图的形式分别表示2014—2019年各影响因素的空间分异影响力（q值），得到图4-3：

（a）2014年影响因子及其影响力

（b）2015年影响因子及其影响力

（c）2016年影响因子及其影响力

（d）2017年影响因子及其影响力

（e）2018年影响因子及其影响力

（f）2019年影响因子及其影响力

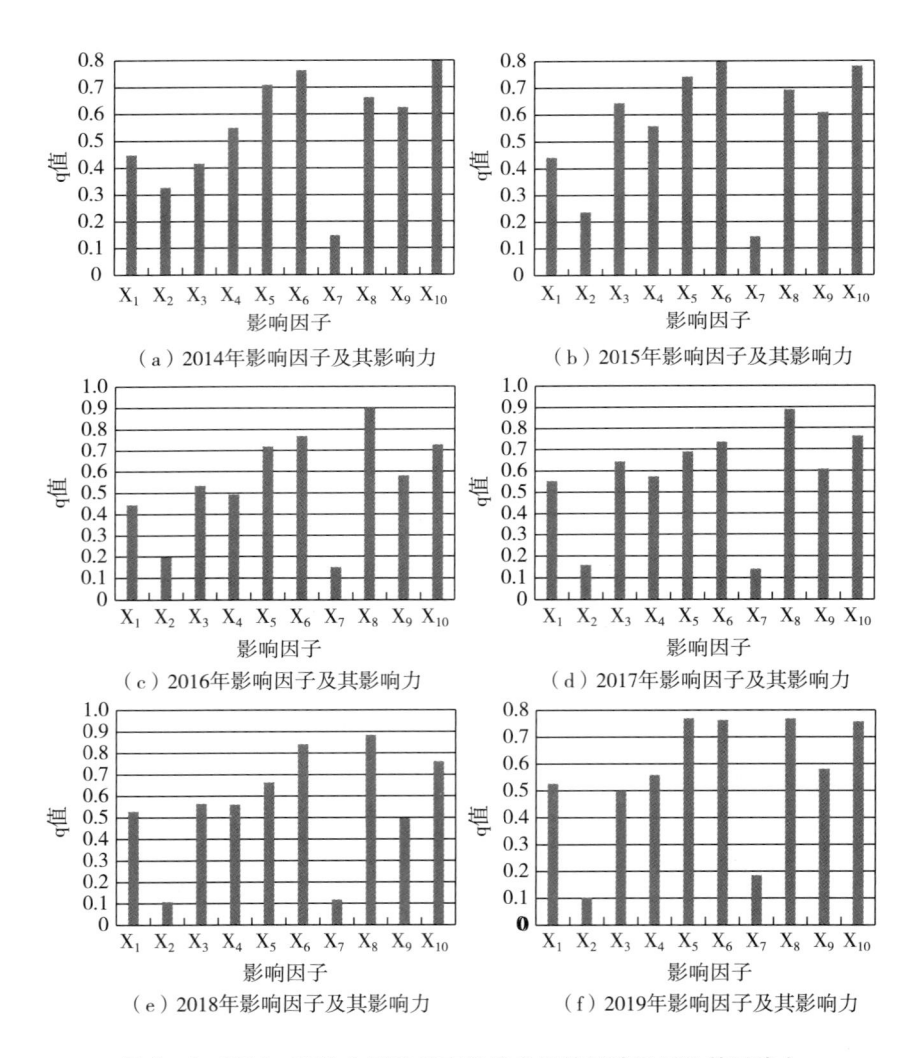

图4-3　2014—2019年影响数字经济发展的影响因子及其影响力

由相关影响因子对数字经济发展的影响力的评价统计量以及其对应的值 p 可知，2014—2019 年各年的 X_1（人均 GDP）、X_3（互联网宽带接入端口数）、X_4（光缆线路长度）、X_5（规模以上工业企业 R&D 经费投入）、X_6（财政科学技术支出）、X_8（R&D 人员全时当量）、X_9（进出口总额占 GDP 比重）以及 X_{10}（外商投资企业投资总额）这八个数据指标均在 0.05 的置信水平上显著。此外，由模型实证结果还可知，上述涉及社会经济不同领域的影响因素对数字经济空间分异产生了不同程度的影响。

在所有影响因子中，财政科学技术支出、R&D 人员全时当量以及外商投资企业投资总额这 3 个影响因子对数字经济发展水平空间分异的影响力在 2014 年至 2019 年各年度的实证结果中均位于前三，影响力普遍高于 0.7。这表明了各省市政府对科学技术的资金支持力度、各省市高水平 R&D 人才储备以及各省市外商活跃度对数字经济发展空间差异起到关键作用。由此可知，不同省市政府对数字经济的重视程度不同，且对科学技术的资金投入受制于当地财政收入状况，造成了各省市数字经济发展程度差距悬殊。R&D 人才储备量也是影响各省数字经济发展的一个重要因素。该论断也有强大的事实支撑。据有关数据显示，广东省 2019 年以 74.3 万人年的 R&D 人员全时当量和 1221.6 亿元的财政科学技术支出位居我们所测定的 31 个省市的榜首；而西藏自治区则以 0.15 万人年的少量 R&D 人员全时当量和 9.39 亿元的财政科学技术支出排在最后。[①] 由第三章的研究结果可知，广东省是全国各省份中数字数字经济发展程度最高的省份，而西藏自治区的数字经济总指数处于倒数第四，与广东省有较大的鸿沟。自 2019 年开始，广东省政府与众多高校及企业合作，加快高端数字人才培养，并按照两点（广州、深圳）布局模式，大力推进人工智能与数字经济省级实验室建设，总投资超 70 亿元。[②] 这一行动为广东省数字经济进一步发展注入强大动力，省份之间的数字鸿沟可能会进一步拉大。此外，外资企业以对华投资和拓展

---

① 资料来源：广东省统计局，http://stats.gd.gov.cn/；西藏自治区统计局，http://tjj.xizang.gov.cn/。

② 资料来源：澎湃新闻，https://www.thepaper.cn/newsDetail_forward_4305063。

在华业务的方式为中国数字经济发展带来了优质的人才、丰厚的资金、先进的技术和成熟的管理经验等，极大地推动了中国数字经济朝着高质量方向迈进，向世界顶尖水平看齐。广东省对外开放起步早、程度高，政策红利丰富，营商环境良好，极大地促进了各类资金向广东省集聚；而西藏自治区位于内陆，加上周边国家发达程度较低，对外商的吸引力较弱，外商投资企业投资总额少。因此，外商投资总额的不同也是导致广东省与西藏自治区数字经济发展水平差异大的重要原因。

纵观 2014—2019 年各年度数据可知，第三产业占 GDP 比重和每十万人口高校平均在校生数这两个影响因子并非导致我国数字经济发展空间分异的主要原因，其对数字经济发展空间差异的影响并不显著，且连续多年处于较低位置。由现有数据整理可得全国高校平均在校生数 2014—2019 年平均值为 2585 人/十万人。各省市在该指标上的差异并不显著，大多数省份均在 2000—3000 人/十万人。同时，该影响因子对数字经济空间分异影响较小的另一重要原因是在校生具有天然的流动属性，学生在各省市之间流动的现象普遍存在。同样，由 2014—2019 年平均数据整理可知，各省市的产业结构虽然不尽相同，但第三产业占 GDP 比重差异较小。除个别极端状况如北京市（81%）、上海市（69%）等第三产业发达的行政区外，其他各省份普遍拥有 40%—55% 的第三产业占比。大致趋同的第三产业占 GDP 比重一定程度上造成了较低的影响力，由此我们可以得出第三产业占 GDP 比重对数字经济空间分异影响甚微的结论。

此外，我们将 2014—2019 年各年度同一个影响因子的影响力数值变化进行可视化处理，得到图 4-4。由此，我们可以探究 2014—2019 年各影响因子的影响力在时间维度上的变化。

由图 4-4 可知，在所有影响因子中，X_2（第三产业占 GDP 比重）和 X_7（每十万人口高校平均在校生数）这两个影响因子的影响力在 2014—2019 年始终处于较低水平，其中每十万人口高校平均在校生数这一影响因子的影响力变化较小，始终保持在 0.1—0.2。而网络基础设施指标中的 X_3（互联网宽带接入端口数）、X_4（光缆线路长度）和 X_1（人均 GDP）有着较为相似的变化趋势。另外，由折线变化可知，2016 年、2017 年是数字经济发展的重要节点，在这些年份中各影响因子的影响力有较大的变化。2016年是国家"十三五"建设的元年，国家宏观战略规划的部署改变了部分影响因子对数字经济发展的影响力。例如，R&D人员全时当量这个影响因子的影响力在当年实现了较大幅度的上升，对数字经济发展的重要性得到了提升。值得注意的是，自2016年后，财政科学技术支出、R&D人员全时当量以及外商投资企业投资总额的影响力呈稳中有增的态势。2017年，"数字经济"这一名词首次出现在政府报告中，正式成为国家重点发展对象，数字经济的发展上升至国家高度。该年度人均GDP的影响力上升，达到2014—2019年的最高水平，而光缆线路长度的影响力下降，此后也一直保持在2017年影响力水平附近。

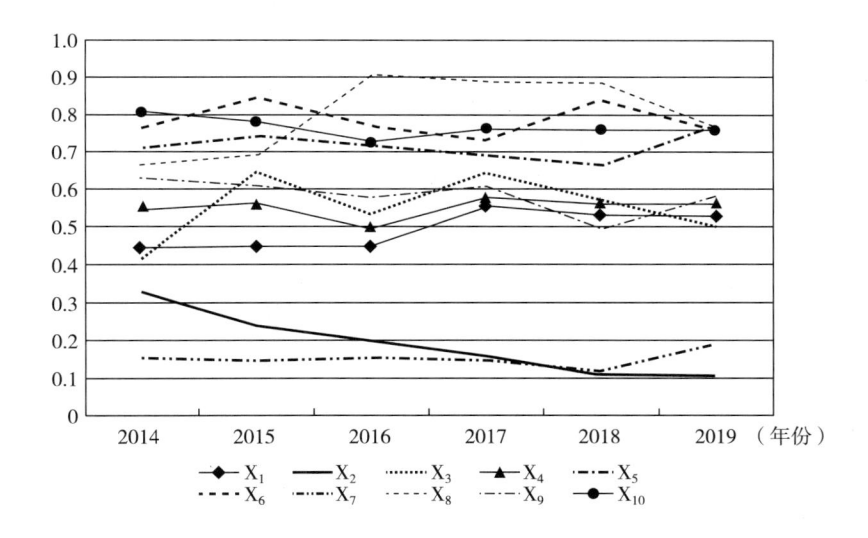

图4-4 2014—2019年影响因子的影响力变化

2. 影响因子交互作用分析

单因子模型中，互联网宽带接入端口数的因子影响力位于平均水平，2014—2019年各年影响力普遍高于0.5；外商投资企业投资总额的因子影响力在2014—2019年均高于0.7。以2018年影响因子交互作用结果为例，影响因子两两交互后，互联网宽带接入端口数和外商投资企业投资总额的交互因子解释力最高，结果为0.9716，该值远高于产生交互作用的双方所对应的单因子的影响力水平。这证明了交互作用后的因子影响力会明显增强。

由实证过程可知，10个影响因子经过两两交互探测后均产生了非线性增强与双因子增强两种效应，且不存在独立作用因子。这表明数字经济空间分异是多重因素综合作用的结果，影响因子的叠加交互是区域间数字经济发展存在差异的重要原因。由此，我们进一步归纳得出2014—2019年所有影响因子两两交互后排名前十位的交互结果（见表4-11），对各影响因子之间的关系进行探究。

表4-11　　　　　　　　排名前十位的交互因子

排名	交互因子	q值（保留4位小数）	年份
1	$X_3 \cap X_{10}$	0.9716	2018
2	$X_2 \cap X_8$	0.9674	2018
3	$X_3 \cap X_{10}$	0.9653	2019
4	$X_5 \cap X_9$	0.9651	2019
5	$X_5 \cap X_9$	0.9610	2014
6	$X_5 \cap X_9$	0.9594	2015
7	$X_5 \cap X_6$	0.9592	2015
8	$X_5 \cap X_6$	0.9587	2018
9	$X_3 \cap X_{10}$	0.9581	2015
10	$X_4 \cap X_8$	0.9571	2016

由表4-11得X_5（规模以上工业企业R&D经费投入）、X_9（进出口总额占GDP比重）、X_8（R&D人员全时当量）、X_3（互联网宽带接入端口数）以及X_{10}（外商投资企业投资总额）和其他特征因子的交互作用增强效果明显，这些特征因子两两交互后的因子解释力度大。由此可知，数字经济发展水平产生空间分异的主要原因是各省份对外开放水平、科技支持力度以及数字基础设施完备度存在差异。这一论断也有大量的事实支撑。江苏省2019年数字经济发展势头强劲，以超3万亿的规模位居全国第二。[①] 而江苏省数字经济规模的高速增长在一定程度上

---

① 资料来源：《数字江苏建设发展报告（2018）》，http://js.people.com.cn/n2/2019/0903/c360301-33317907.html。

第四章　数字经济发展的重要影响因素及其作用机制

是享受了南京市未来网络试验设施项目（CENI）①启动的红利。另外，江苏省科教实力雄厚，大量的院士、学者为数字经济发展提供了有力的人才支持，各大专院校是江苏培育数字经济人才的沃土。此外，广东省也因技术红利而实现了长足发展。2019年，广东省数字经济规模超4万亿，占全省GDP比重超40%，这与广东省各界高度重视数字经济，齐心协力促进数字经济发展密不可分。② 近年来，广东省通过技术改革和设备更新加快工业数字化的发展，积极推动传统产业转型。在基础设施建设方面，广东省也紧跟数字经济发展大势，着力建设新一代通讯网络。截至2020年4月，广东省已建成超4.5万个5G基站。③ 江苏省与广东省在地理环境上也有相似性。两省均具有临海沿江优势，聚集了众多重要的口岸城市，经济开放程度高。综上所述，对外开放水平从宏观层面推动数字经济发展，而科技、基础设施则从微观层面助力数字经济发展。

---

① 未来网络试验设施项目（CENI）是全国通信与信息领域唯一的国家重大科技基础设施。
② 资料来源：《广州日报》，http://www.ce.cn/cysc/tech/gd2012/201904/21/t20190421_31902418.shtml。
③ 资料来源：《铁塔微报》，http://www.escn.com.cn/news/show-1043146.html。

157

第五章 数字经济发展的关键路径和趋势研判

数字经济萌芽至今已有将近70年的历史。虽然与农业、工业和服务业相比，数字经济是一种新的经济形态，但是数字经济在各国GDP中占比与日俱增，其重要性毫不逊色于传统产业。而从世界各国的数字经济相关政策和如火如荼地进行着的数字化转型来看，数字经济无疑已成为经济高质量发展的重要推动力。纵观其发展历程，数字经济是通过什么样的关键路径才形成了如今这番繁荣的景象？它在未来的发展趋势如何？本章我们将探讨这两个问题。

第一节 数字经济发展的关键路径

数字经济日益繁荣，但是数字经济在不同地区、不同产业中发展的关键路径存在差别。下文将从全球与我国两个层面入手，从数字产业化、产业数字化和数字化治理三个角度对数字经济发展的关键路径进行探究。

一 全球数字经济发展的关键路径

当前，全球各国都在抢占数字经济发展的新高地。数字经济给传统产业发展注入了新动能，给政府治理模式提供了新思路。下文将从数字产业化、产业数字化和数字化治理三个方面，通过分析世界不同国家数字经济发展历程的异同，总结出全球数字经济发展的关键路径。本部分主要聚焦除中国之外的其他国家,对于中国数字经济发展的关键路径我们将会在下一部分详细梳理。

(一) 全球数字产业化发展的关键路径

数字产业化从含义上来讲即为信息通信产业,包含的具体行业门类有电子信息制造业、电信业、软件和信息技术服务业、互联网行业。因为经济基础、政治环境、人力资源等各方面因素不同,不同国家的数字产业化也走出了各具特点的发展路径。

根据中国信息通信研究院《全球数字经济新图景(2019)》,2018年美国和中国以较大优势在数字产业化规模排名中分列全球第一、第二,日本、德国、韩国、英国、法国和印度等几个国家的数字产业化规模排名位列其后。[1] 将数字产业拆分为 ICT 制造业和 ICT 服务业来分析时,美国这两方面均居于领先地位;韩国 ICT 制造业成就格外突出,发展规模仅次于中国和美国;而在发展中国家当中,印度的 ICT 服务业发展态势良好,与其他发展中国家相比仅次于中国。下文从数字产业化的代表性国家美国、韩国和印度探寻不同国家数字产业化发展的关键路径。

1. 美国数字产业化发展的关键路径

美国作为世界上数字产业化发展头号强国,自数字产业诞生以来就占据绝对领先地位。美国数字产业化发展的关键路径是美国依靠先发优势,以强大的科技研发实力在全球数字产业化发展历程中抢占先机,并借助深厚的人才基础、政府政策支持和数字经济领域的企业不断颠覆式创新持续保持优势。

第一,美国依靠先发优势,以强大的科技研发实力在全球数字产业化发展历程中抢占先机。在数字产业化发展过程中,最重要的两个基础设施是计算机和互联网,而它们都是在美国被发明创造并被率先投入使用的。计算机的出现正式开启了数字经济纪元,计算机也成了使数字产业化能够持续不断发展的基础性发明。1946年美国科学家冯·诺依曼在美国军方的大力支持下带领科研团队发明了世界第一台通用计算机ENIAC。1954年IBM公司发明了世界上首台能够使用晶体管代替电子

---

[1] 资料来源:中国信息通信研究院:《全球数字经济新图景(2019)》,https://www.sohu.com/a/346790541_712171。

159

管的通用计算机 TRADIC，使计算机运算能力与之前相比大幅提升。[①] 1968 年 Intel 在硅谷创立，主要研制 CPU 处理器，并在日后引领了全球计算机和互联网革命。数字产业化另一个重要的基础设施互联网也是在美国诞生与率先发展的。20 世纪 60 年代末，美国国防部组织人员出于国防需要设计研发了互联网的前身 APARNET。20 世纪 80 年代中期，美国国家科学基金会资助建立教育及科研网络 NSDNET，它成为互联网出现的重要标志（王爱国、张淑芬，2004）。由此可知，在数字产业化发展过程中，美国率先在数字产业的关键领域取得了突破与发展。

第二，美国政府支持和对人才培养的高度重视对美国数字产业化持续发展起到重要作用。在美国数字产业化向前发展进程中，美国国防工

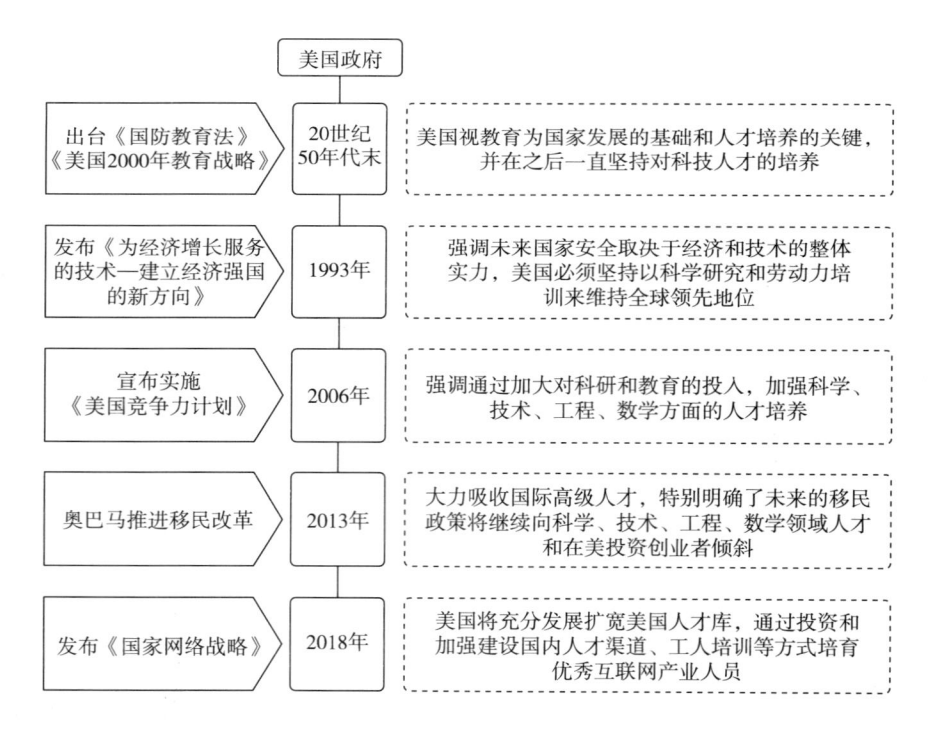

政策	时间	内容
出台《国防教育法》《美国2000年教育战略》	20世纪50年代末	美国视教育为国家发展的基础和人才培养的关键，并在之后一直坚持对科技人才的培养
发布《为经济增长服务的技术—建立经济强国的新方向》	1993年	强调未来国家安全取决于经济和技术的整体实力，美国必须坚持以科学研究和劳动力培训来维持全球领先地位
宣布实施《美国竞争力计划》	2006年	强调通过加大对科研和教育的投入，加强科学、技术、工程、数学方面的人才培养
奥巴马推进移民改革	2013年	大力吸收国际高级人才，特别明确了未来的移民政策将继续向科学、技术、工程、数学领域人才和在美投资创业者倾斜
发布《国家网络战略》	2018年	美国将充分发展扩宽美国人才库，通过投资和加强建设国内人才渠道、工人培训等方式培育优秀互联网产业人员

图 5-1 美国主要人才政策

资料来源：根据公开信息整理。

---

① 资料来源：泛科技，https://panx.asia/archives/43345。

业起到了至关重要的主导作用。美国政府和美国军方对计算机和其他信息技术的采购为美国数字产业化发展提供了初始市场，支撑其发展壮大。美国注重基础学科教育和数字人才的培养与吸引，为数字产业化发展奠定基础。此外，美国对优秀国际人才有较强吸引力，为其数字产业化发展输送高素质人力资源。国家的政策支持和人才培养一方面为美国早期数字产业化发展过程提供支撑，另一方面也为之后数字产业化的发展提供源源不断的动力。

第三，美国数字经济领域的企业通过持续的颠覆式创新使美国在数字产业化领域长期保持优势。2019年《福布斯》分别从营业额、盈利、资产和股价走势四个维度对科技、媒体、数字零售和电信等领域的企业进行了综合研究与分析，最终评选出全球规模和影响力最大的100家数字经济领域的企业。[①] 在这100家数字经济领域的企业中，美国企业共计有38家上榜，前10名里美国占据了8席，其中苹果位居榜首，微软、谷歌等公司紧随其后。在美国数字经济领域的企业发展过程中，技术研发与科技应用有机融合，形成了产学研一体化的企业模式。美国数字经济领域企业还通过不断颠覆式创新，为数字产业化发展提供持久动力。一方面，美国数字科技领域的发明专利层出不穷；另一方面，美国数字经济领域的企业使这些科技发明与成果能够迅速转化为生产力，投入生产与应用。美国数字经济领域企业已成为美国数字产业化发展过程中的主要力量，引领全球数字产业化不断向前发展。

2. 韩国数字产业化发展的关键路径

在数字产业化发展过程中，韩国是典型的后进式国家。韩国数字产业化发展的关键路径是韩国政府发挥主导作用，培育数字经济领域的大型企业；韩国企业通过对美国、日本等数字产业化领域先发国家的数字技术进行引进、消化、模仿、改良和创新，推动韩国数字产业化快速发展。

第一，韩国政府在数字产业化发展中发挥极为重要的作用，着力培育该领域大型企业。自朴正熙执政以来，韩国积极学习日本的工业发展方式，通过国家的扶持大力发展私营垄断性企业，集中力量促进培育一

---

① 资料来源：《福布斯》，https://www.forbeschina.com/lists/1724。

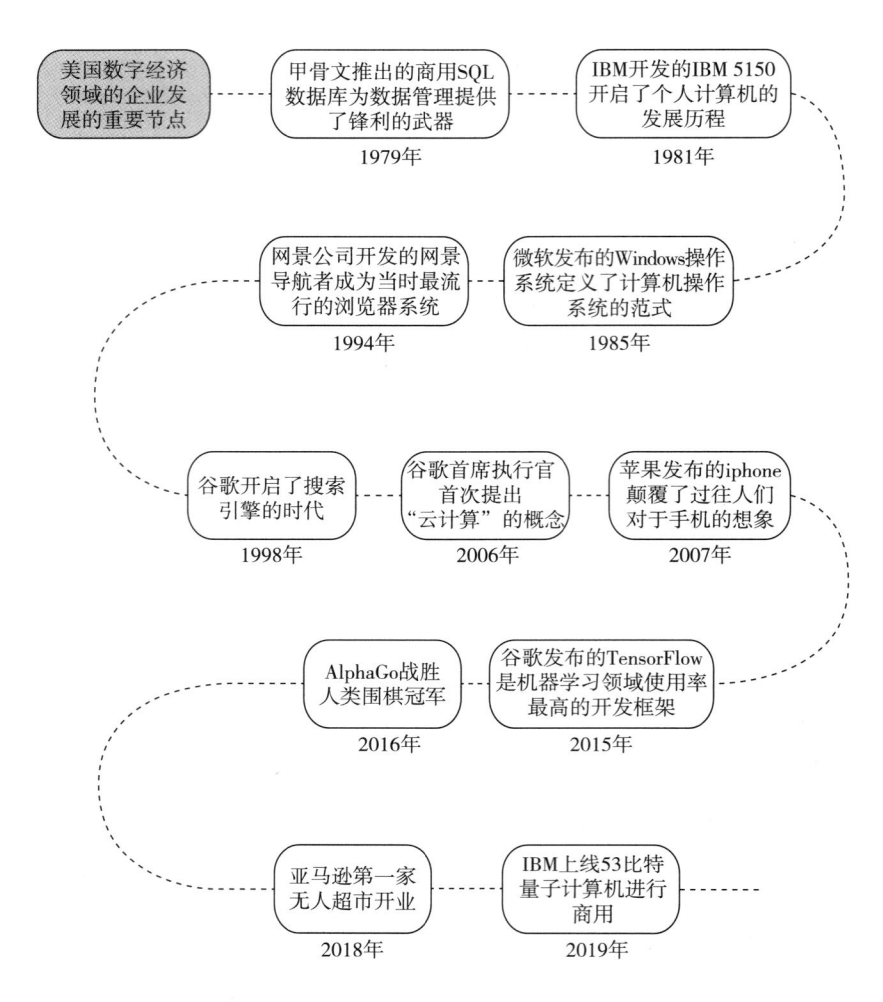

```
美国数字经济          甲骨文推出的商用SQL          IBM开发的IBM 5150
领域的企业发          数据库为数据管理提供          开启了个人计算机的
展的重要节点          了锋利的武器              发展历程
                      1979年                    1981年

          网景公司开发的网景          微软发布的Windows操作
          导航者成为当时最流          系统定义了计算机操作
          行的浏览器系统            系统的范式
              1994年                    1985年

    谷歌开启了搜索      谷歌首席执行官      苹果发布的iphone
    引擎的时代          首次提出            颠覆了过往人们
                        "云计算"的概念      对于手机的想象
        1998年              2006年              2007年

              AlphaGo战胜          谷歌发布的TensorFlow
              人类围棋冠军          是机器学习领域使用率
                                    最高的开发框架
                  2016年              2015年

              亚马逊第一家          IBM上线53比特
              无人超市开业          量子计算机进行
                                    商用
                  2018年              2019年
```

图 5-2 美国数字经济领域的企业发展的重要节点

资料来源：根据公开信息整理。

批经济效益好、竞争力强的私营大公司。这些企业也顺应经济全球化和科学技术加速创新的趋势，投身于电子制造相关产业的研发生产。之后这些企业又通过兼并收购等手段，使势力进一步集中。目前在韩国，最大的四个财阀企业分别为三星、现代、SK 和 LG，这些企业对韩国数字产业化发展产生了重大影响。在 2019 年《福布斯》评选的全球规模和影响力最大的 100 家数字经济领域的企业中，三星电子、SK 海力士、

SK控股、SK电讯在其中分列第3位、第28位、第59位和第67位。①

第二，韩国企业通过对美国、日本等先发国家的数字技术进行引进、消化、模仿、改良和创新，推动韩国数字产业化不断升级。韩国企业在数字产业化发展前期，通过引进国外相关技术，迅速在本土建立起较为现代化的工业生产线，缩小了与发达国家企业之间的技术差距。韩国企业大量引入国外数字产业化领域先进技术之后，对其加以消化吸收并进行改良，最后投入生产，并在韩国政府扶持下进行技术革新，最终在全球数字产业化领域中占据领先地位。以韩国数字产业化领域领军企业三星集团为例，1969年三星分别创建了三星电子、三星三洋和三星日本电气。三星通过与日本企业深入合作，实现了前期在电子制造领域的技术积累。1974年，三星瞄准半导体领域未来广阔发展机遇，果断收购了当时濒临破产的韩国半导体公司。② 之后三星通过引进日本相关领域人才、学习日本先进的研发和生产技术，于1981年成功开发出电视机用的彩色信号IC。1983年，三星正式进军半导体行业。三星通过提供极具竞争力的薪酬，吸引美国和日本半导体公司中的韩国技术人员，加快进行技术研发。在经过多年的深耕与积累后，以三星为代表的韩国半导体产业在1990年成功超过日本，成为世界第一。③ 三星在手机领域也取得了巨大的成就。1988年，三星开始量产自己研发出来的第一部手机——"随意呼"。在之后短短的两年时间内，三星手机市场规模不断扩大，1990年三星手机在韩国市场份额跃居国内第一。智能手机时代，三星也不断推陈出新，并于2011年在全球出货量方面赢得全球第一。截至2019年，三星仍占据19.2%的全球智能手机份额。④

3. 印度数字产业化发展的关键路径

印度软件服务业在印度的数字产业化中扮演重要的角色。印度数字产业化发展的关键路径是通过差异化竞争，找准发展赛道，并凭借政策支持、人力资源优势和外商支持，在软件业扎稳脚跟，成为全球数字产

---

① 资料来源：《福布斯》，https://www.forbeschina.com/lists/1724。
② 资料来源：新华网，http://www.xinhuanet.com/world/2018-05/07/c_1122795204.htm。
③ 同上。
④ 资料来源：业界新闻，http://www.pcdiy.com.tw/detail/15413。

业化中一股不可忽视的力量。

第一，印度政府根据印度自身特点找准数字产业化发展赛道，大力支持软件服务业发展。印度发展软件服务业很大程度上是由印度特殊的国情和经济发展特点决定的。由于国家可利用优质能源短缺、基础设施落后、生产生活所依赖的气候条件恶劣、民众普遍文化素质较低等因素，印度在制造业发展方面临很大的限制。而发展软件服务业可以在较大的限度范围内避开上述问题带来的制约。自20世纪80年代以来，印度各届政府及其领导人都将软件服务业放置在需要扶持的首位，期望通过发展以软件服务业为代表的信息产业，带动国内经济、文化、军事发展。

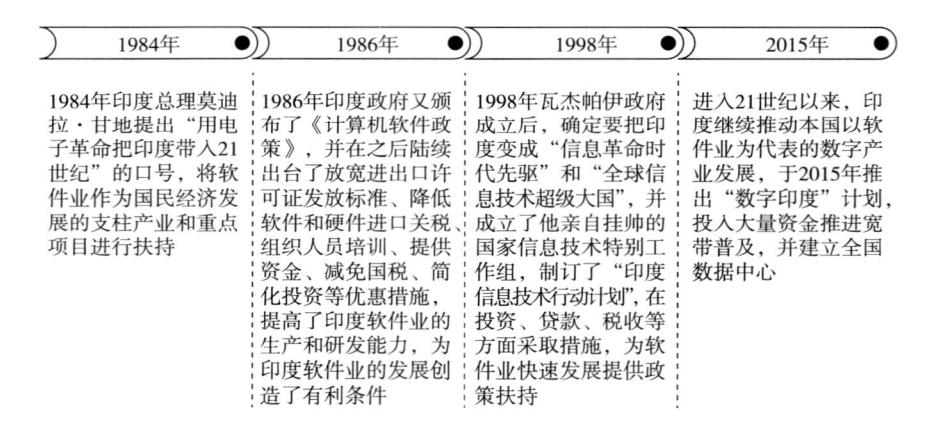

1984年	1986年	1998年	2015年
1984年印度总理莫迪拉·甘地提出"用电子革命把印度带入21世纪"的口号，将软件业作为国民经济发展的支柱产业和重点项目进行扶持	1986年印度政府又颁布了《计算机软件政策》，并在之后陆续出台了放宽进出口许可证发放标准、降低软件和硬件进口关税、组织人员培训、提供资金、减免国税、简化投资等优惠措施，提高了印度软件业的生产和研发能力，为印度软件业的发展创造了有利条件	1998年瓦杰帕伊政府成立后，确定要把印度变成"信息革命时代先驱"和"全球信息技术超级大国"，并成立了他亲自挂帅的国家信息技术特别工作组，制订了"印度信息技术行动计划"，在投资、贷款、税收等方面采取措施，为软件业快速发展提供政策扶持	进入21世纪以来，印度继续推动本国以软件业为代表的数字产业发展，于2015年推出"数字印度"计划，投入大量资金推进宽带普及，并建立全国数据中心

图5-3 印度主要数字经济政策

资料来源：根据公开信息整理。

第二，软件人才培养为印度数字产业化发展提供充足人力资源支撑。印度为培育软件服务业发展所需要的人才，主要采用了以下政策措施：①印度政府自20世纪50年代开始，对印度大学教育投入了巨额资金。同时，印度政府极度重视高校理工科的发展，模仿美国的麻省理工学院，在印度建立了六个理工学院，提供了技术支持和丰富的智力支撑（周任，2004）。②印度重视软件技术培训。印度政府每年提供教学资源为25万人提供软件服务业相关技术的培训，并大力培养复合型人才。

印度也通过交叉使用、岗位代职、专家授课、外出培训等途径，有效培训各专业骨干。[①] 此外，印度的人力资源相比于其他国家也具有独特的优势。一方面，相对于日韩或者欧美发达国家来说，印度人力资源价格极为低廉。另一方面，与其他非英语国家相比，印度中产以上阶层有相当比例的人具备熟练运用英语的能力，在以英语为主的软件开发环境和技术研究环境中更得心应手。

第三，印度积极引进外商投资为印度的数字产业化提供资金和技术支持。1991年，印度实行自由经济，首先在软件业实施体制改革，优化软件业编制体制。印度在全国建立软件技术园区，并为软件园区中的企业提供极具吸引力的优惠政策：不仅对企业进出口货物免除关税，还为注册企业设立能够享受10年免交所得税政策的红利（孙娜，2007）。印度政府对外资企业一系列优惠措施不断吸引企业进驻软件园，美国、西欧等发达国家纷纷将自己的软件设计工作交给印度设计公司完成。在美国、欧洲等国家的软件外包开发工作中，印度凭借自身强劲的软件开发实力推动了软件业的快速发展。

4. 全球数字产业化发展路径总结

不同国家数字产业化路径既具有相同点，又拥有差异性。相同点是各国数字产业化发展都需要政府的政策支持、人才支撑和数字经济领域企业的发展。不同点则是数字产业化发展所处的时期、技术研发的方向和数字产业化行业的侧重等方面。

以前文所列举的美国、韩国和印度三个国家的数字产业化路径为例：从数字产业化的发展起始时期来看，美国发展最早，韩国次之，印度起步较晚。而对技术研发来说，美国因为发展较早，为数字产业化发展所需要的基础理论做出了较多的贡献，同时在具体技术应用层面也大多扮演了首创和领先角色。在美国之后，韩国数字产业化发展充分发挥自身后发优势，通过引进美国理论技术和国家垄断力量扶持取得了飞速发展。对发展中国家来说，面对全球已有的竞争激烈的数字产业化市场格局，走差异化竞争道路是数字产业化发展的一条可行之道。印度通过

[①] 资料来源：中华人民共和国驻印度大使馆，https：//www.fmprc.gov.cn/ce/cein/chn/kj/zykjwj/t200826.htm。

政策支持、人力资源优势和外商支持，最终在软件业方面成功地走到世界前列。

（二）全球产业数字化发展的关键路径

数字经济发展离不开与传统产业融合。产业数字化作为数字经济的重要组成部分，承担了数字经济与传统产业融合的重任。在全球范围内，产业数字化发展主要体现在数字技术推动农业、工业、服务业转型升级，实现生产效益提升。

美国是全球数字经济的领军者，产业数字化规模位居世界第一，数字经济领域企业在美国的产业数字化发展过程中作用显著；英国作为最早出台数字化相关政策的国家之一，一直致力于打造数字化强国；印度产业数字化虽然起步较晚，但政府的主导作用使其发展路径极具特色。下文从美国、英国、印度三个产业数字化发展的代表性国家入手，尝试探寻与总结全球产业数字化发展的关键路径。

1. 美国产业数字化发展的关键路径

美国的各个产业拥有良好基础，在数字技术快速更新的同时能够及时吸纳和应用新技术。通过技术与应用的融合，美国的产业数字化规模稳居世界第一，给其他国家的产业数字化发展提供了宝贵经验。美国产业数字化发展的关键路径是利用数字技术的先发优势赋能农业、选择工业互联网作为工业数字化转型的方向、数字经济领域的企业进行技术创新与应用以推进服务业数字化转型。

农业方面，美国利用技术上的先发优势，逐步推动数字技术向农业渗透。早在20世纪50年代，计算机刚在美国诞生不久，美国政府就开始在农村铺设电话、广播等信息基础设施，推动美国农业迈入信息化时代。[①] 在20世纪80年代，电脑与互联网逐渐普及，美国农业部也跟随时代步伐，开发了农业信息数据库，为广大农业工作者提供参考资料。经过数十年发展，美国的农业数字技术和成熟的大农场生产模式已深度融合。数字技术既能为农民提供农业生产过程中产品质量的实时分析，也能对可能出现的虫害、天气灾害等风险进行预测，以帮助农民调整生

---

① 资料来源：中华人民共和国农业部：《美国农业信息化发展历程》，http://jiuban.moa.gov.cn/fwllm/jjps/200608/t20060823_672578.htm。

产活动。21世纪以来，区块链等技术出现有助于农产品供应商发现并解决农产品销售过程中出现的问题。例如，沃尔玛实行的一个为期两年的示范项目，运用了区块链技术对生菜和菠菜供应商的产品进行信息追踪，以便迅速追踪污染。区块链的可追溯性提高了供应链的数字化水平，帮助零售商及时处理问题产品，也有助于消费者及时了解产品的质量信息。[①] 由此可见，利用技术上的先发优势，美国一步步推动数字技术与农业的融合，实现了从生产到销售的农业数字化转型。

工业方面，发展工业互联网成为美国推进工业数字化转型的关键选择。"工业互联网"这一概念由通用电气公司（General Electric）于2012年提出，旨在依托机器间的智能连接以实现人机连接，并以大数据与软件分析等技术作为辅助，对工业关键领域进行升级，提高能效和生产效率（延建林、孔德婧，2015）。2013年，通用电气通过旗下的工业互联网平台Predix帮助风能开发商提高风能开发效率，并开发了PowerUp平台，与能源公司E.ON合作升级风力发电装置。仅一年时间，E.ON公司在北美的风电系统就实现了20%的利润增长。[②] 工业互联网对生产效率的提高作用显著。2014年，IBM、AT&T（美国电话电报公司）等五家企业联合成立了工业互联网联盟（Industrial Internet Consortium，IIC）。IIC发展至今已吸引超过两百家企业加盟，积累了工业互联网运行的大量经验，为美国的工业数字化转型发挥了重要的推动作用。

服务业方面，美国数字经济领域的企业深耕技术创新并不断将创新成果与现实应用结合，对服务业数字化转型起到了重要推动作用。随着5G、大数据、人工智能等技术不断成熟，美国数字经济领域的企业将科技研发成果与现实应用有机融合。一方面，规模较大的企业依托庞大的服务业市场，积极拓展服务业数字化范围，打造线上线下一体化的服务业新生态，充当服务业数字化转型排头兵。例如，亚马逊公司（Amazon）在2016年宣布推出无人便利店Amazon Go，将庞大的线上服务体

---

① 资料来源：《纽约时报》，https://www.nytimes.com/2018/09/24/business/walmart-blockchain-lettuce.html。

② 资料来源：Industrial Internet Consortium，https://www.iiconsortium.org/case-studies/GE_E-ON_PowerUp_Case_Study.pdf。

系延伸至线下。Amazon Go门店利用深度学习、视觉识别等技术省去了传统商店的收银环节，简化购物流程，给消费者带来更全面、更便捷的购物体验。另一方面，一些规模较小的企业也不甘示弱，纷纷发展自身特色，利用人工智能、无人驾驶等技术推进服务业的智能化。例如，美国图森公司（Tusimple）虽然业务覆盖范围不广，但是自主研发了无人驾驶系统Tusimple Connect并将其应用于载货卡车上，实现了高效、准时的智能化物流运输，为劳动力紧缺的长途货运行业提高了运力。数字经济领域大大小小的企业各自发挥自身的优势，在技术应用过程中不断进步，是美国服务业数字化转型的重要推动力。

2. 英国产业数字化发展的关键路径

英国在近十年来相继发布了《数字英国战略》《数字宪章》等一系列指导性文件，体现出其打造数字强国的决心。英国产业数字化发展的关键路径是发展"精准农业"以推动农业数字化转型、政企共建数字化平台以实现产业互联，以及在服务业领域重点推进公共服务业数字化。

农业方面，发展"精准农业"是英国进行农业数字化转型的关键路径选择。"精准农业"这一概念由高盛集团于2016年提出，是一种集物联网、人工智能、大数据分析等技术于一体的高效农业生产模式。[①] 由于气候变化等因素影响，以及其他国家农业数字化发展导致的农业竞争加剧，英国农业收入在2013—2016年经历了一段明显的波动。[②] 为了应对气候变化等挑战并提高农业产业的国际竞争力，英国企业与政府近年来积极推动农业生产环节的转型升级。英国一些企业以农业应用为导向，了解农民需求，加大资本投入以改进技术与研发新型设备，力求实现农业"精准化"。例如，英国的小型机器人公司（Small Robot Company）开发了多种农业机器人，可以运用人工智能技术检测

---

① 资料来源：Goldman Sachs，Precision Farming：Cheating Malthus with Digital Agriculture，https：//docdrop.org/static/drop-pdf/GSR_agriculture-N1sH6.pdf。

② 资料来源：世界银行公开数据库，https：//data.worldbank.org.cn/indicator/NV.AGR.TOTL.CN? locations = GB。

土壤情况，并进行播种、除草等工作，帮助农民进行管理决策。① 英国政府也在 2020 年颁布了《耕作未来》的政策摘要，提出要从 2021 年开始为农业科技开发提供更多资金支持，并为英国未来农业发展指明方向。②

工业方面，英国所选择的路径类似于美国的工业互联网，英国政府与企业共建数字化发展平台以实现产业互联。英国政府在 2017 年的《数字英国战略》中就提出要建设世界一流的数字基础设施和产业互联网络。为了确保更多企业能够使用互联网，英国政府牵头举办了企业连接论坛（Business Connectivity Forum），为企业解决在互联网接入过程中遇到的困难。另外，为了使不同城市的特色产业实现深度融合，英国政府推出了科技北方（Tech North）等项目，将英国北部的赫尔、利兹、曼彻斯特等七座城市组成城市产业集群，与各地企业一同组建平台集中发展数字科技，形成数字生态系统。各具特色的企业在数字平台上积极合作，并借助政府资金进行数字技术研发和工业生产的数字化转型。

服务业方面，公共服务数字化是英国服务业数字化发展路径的重中之重。2009 年，英国政府发布了《数字化不列颠报告书》，着重提出"公共服务转移到万维网上"的计划。2013 年，英国又提出了"默认数字化"战略，目标是降低业务成本，为民众提供更高效的公共服务，以此提高民众满意度。③ 近年来，脱欧为英国的经济社会发展带来了许多挑战与不确定因素，如何维护并增进人民福祉成为英国政府在脱欧的新形势下面临的巨大挑战。英国政府于 2017 年年底发布了《现代产业战略——构建适应未来的英国》（白皮书），目的之一就是为"构建服务所有人的强大与公平的英国"提供指引。英国政府目前已投入逾 1

---

① 资料来源：TechRepublic，https：//www.techrepublic.com/article/smart – farming – how – iot – robotics – and – ai – are – tackling – one – of – the – biggest – problems – of – the – century/。

② 资料来源：UK Department for Environment, Food and Rural Affairs, Farming for the future: Policy and progress update，https：//assets.publishing.service.gov.uk/government/uploads/system/uploads/attachment_data/file/868041/future – farming – policy – update1.pdf。

③ 资料来源：中国经济网，http：//intl.ce.cn/specials/zxgjzh/201604/13/t20160413_10439044.shtml。

亿英镑用于研发基于人工智能的早期疾病诊断技术,并与铁路企业进行合作,将铁路基础设施改造资金中的一部分用于新数字铁路技术的研发。① 同年发布的《数字英国战略》也强调了数字技术在公共服务领域的重要性。该战略提出要建设更全面的数字医疗服务体系,并提倡政府与企业合作通过手机 App 等平台为英国公民提供在线诊疗、健康状况追踪等数字医疗服务。可见,在追求成为数字化强国的过程中,公共服务业数字化一直是英国服务业数字化发展路径的重心。

3. 印度产业数字化发展的关键路径

印度是全球最大的数字消费市场之一。截至 2018 年年底,印度拥有 5.6 亿互联网用户,居世界第二位。② 但是,由于数字化转型起步较慢,印度的产业数字化存在发展水平低、产业发展不平衡等问题,亟须政府发挥引领作用,帮助解决以上问题。印度政府于 2015 年通过了"数字印度"战略,较为系统、全面地规划了印度的数字化发展路径。印度产业数字化发展的关键路径是提高数字接入程度以开拓农业数字化发展路径、积极通过合作提高工业数字化水平、政府利用重大项目牵头推进服务业数字化转型。

农业方面,印度以提高数字接入程度为突破口,开拓农业数字化发展路径。农业是印度经济的重要产业,2019 年印度农村人口占全国总人口的 69.5%,农业增加值约占 GDP 的 16%,而人均农业增加值只有不到 2000 美元,远低于 3501 美元的全球均值。③ 可见,印度的农业发展效率较低。此外,由于印度的互联网普及率较低,电子商务较不发达,农产品销售渠道较窄,所以农民的议价能力较弱,农产品销售所能带来的收入较低。为了改变这些现象,突破传统农业发展的"瓶颈"并迈入农业数字化时代,印度政府在"数字印度"战略中着重强调了要提高农村地区的数字接入程度,在所有农村普及宽带。另外,印度政

---

① 资料来源:中国国际问题研究院:《英国产业战略:背景、进展与前景》,http://www.ciis.org.cn/yjcg/xslw/202007/t20200710_1017.html。

② 资料来源:McKinsey Global Institute, Digital India, https://www.mckinsey.com/business-functions/mckinsey-digital/our-insights/digital-india-technology-to-transform-a-connected-nation。

③ 资料来源:世界银行公开数据库,https://data.worldbank.org.cn/indicator/NV.AGR.TOTL.ZS?locations=IN&view=chart。

府还开发了国家电子农业市场（Electronic National Agriculture Market，eNAM）这一用于农产品交易的电子平台。目前，该平台在印度已覆盖了超过16个州，拓宽了农产品销售渠道，也为农民提供了丰富的市场信息与农业专业知识。

工业方面，印度注重引进数字技术，通过多方合作逐步提升工业数字化水平。中国信息通信研究院发布的《全球数字经济新图景（2019）》表明，2018年印度工业中数字经济占比为10.8%，工业数字化水平在全球前十大经济体中排名偏低。[1] 麦肯锡研究院的报告表明印度的工业部门存在较为严重的数字化发展不平衡现象，工业部门的各个行业之间数字化程度差异显著，行业内部企业之间的数字化程度分化严重。[2] 为了加快推进工业数字化转型，印度政府与企业都在积极寻求合作，引进先进数字技术。2016年，印度政府提出了"德里—孟买工业走廊"计划，由政府负责土地开发并吸引国内外企业在"走廊"内投资建厂。该计划提出，印度政府将在北部各州建立多个生产关系紧密的工业园区，以促进地区间产业的协调发展。印度信实工业有限公司（Reliance Industries）则于2019年与微软公司达成合作，双方将共同建设数据中心，并利用微软的Azure云计算平台为中小微企业提供自动化工具与全面的数字化转型指导。通过技术引进、多方合作等手段，印度工业数字化水平较低、发展不平衡等问题正被逐步改善。

服务业方面，印度政府以重大项目为节点，牵头推进服务业数字化转型。2009年，印度政府开始推行全球规模最大的生物识别项目——Aadhaar，为后续的数字化发展作铺垫。该计划通过收集印度公民的指纹、虹膜等生物信息与照片、姓名等个人基本信息，形成了一个12位的数字代码。这个代码可以记录印度公民的数字足迹，公民也可以凭此代码享受医疗、教育等公共服务。除此之外，这个代码还可被用于登录一系列交互平台，公民可以借此进行电子支付、文件收发等工作。同

---

[1] 资料来源：中国信息通信研究院：《全球数字经济新图景（2019）》，http://www.caict.ac.cn/kxyj/qwfb/bps/201910/P020191011314794846790.pdf.

[2] 资料来源：McKinsey Global Institute, Digital India, https://www.mckinsey.com/business-functions/mckinsey-digital/our-insights/digital-india-technology-to-transform-a-connected-nation.

时，印度还于2016年废除了面值为500与1000卢比的大额纸钞，旨在推进"无现金社会"建设。同年，印度政府推出了Startup India项目，牵头鼓励数字经济领域的创新创业，特别是金融、医疗等服务行业的创新创业。在政府重大项目的推动下，印度的服务业数字化转型进展迅速，数字支付、数字医疗等技术得以广泛应用。但是，印度政府的服务业数字化转型计划过于激进。Aadhaar项目不仅难以普惠全国人民，还可能造成公民生物信息泄露的安全风险。2018年1月，Aadhaar的认证系统遭受网络攻击，造成大量数据泄露，印度公民的身份数据甚至被黑客明码标价出售。[①] 废除大额纸钞的政策也带来了短时间的流动性短缺。如何兼顾安全性与普惠性是印度政府大踏步推进服务业数字化转型过程中的一大难题。

4. 全球产业数字化发展路径总结

从美国、英国、印度的产业数字化发展关键路径中可以看出，三个国家都十分重视数字技术在三大产业中的应用。这三个国家由于经济发展情况与数字基础设施建设水平不同，在产业数字化方向及方法选择上也有所差异。下文将基于美英印三国产业数字化发展的关键路径，辅以其他国家的案例，对全球产业化数字发展的关键路径进行归纳总结。

在农业数字化发展路径上，发达国家与发展中国家方向不同。发达国家的农业数字化发展旨在将农业粮食部门整合到现有的国家数字发展战略中，以助力实现更广泛的产业转型和社会转型。发达国家往往具有较完整的农业产业链和较大的农场规模，依托这些优势可以实现更大规模的农业数字化赋能。例如，法国机器人公司Naio Technologies研发的农业机器人能以极高的精度帮助农民除草。[②] 诸如此类的数字技术创新在发达国家的应用使当地的农产品供销双方提高了生产效率，节约了人力，促进了农业产业的转型。

发展中国家的农业数字化的关键发展路径是以基本的电子农业服务支持农业发展。发展中国家的数字基础设施建设水平与发达国家相比较

---

① 资料来源：赛迪研究院：《中国网络安全发展白皮书（2019年）》，http://www.mtx.cn/u/cms/www/201903/01165036x7sd/index.html。

② 资料来源：Naio Technologies，https://www.naio-technologies.com/en/agricultural-equipment/large-scale-vegetable-weeding-robot/。

第五章　数字经济发展的关键路径和趋势研判

低，在以农业为主的农村地区还存在较为严重的群众受教育程度偏低的问题。这些因素制约了发展中国家数字技术在农业生产中的应用。因此，完善基本的电子农业服务成为发展中国家农业数字化的首要方向。例如，在肯尼亚，一款名为 M - Farm 的手机 App 为当地农民提供农产品价格信息，提高了农民与市场的连接程度，有效地帮助他们更好地规划生产过程，也有利于农民提高收入（Baumüller，2015）。基础的电子农业服务应用为发展中国家的农民带来了切实的收益，也为这些地区后续的农业数字化转型开辟了道路。

在工业数字化发展路径中，工业互联网是各国推动工业部门进行数字化转型升级的核心。企业通过工业互联网可以实现管理数字化和工作模式便捷化，从而降低生产成本。宝洁公司（P&G）位于捷克共和国拉寇那（Rakona）的工厂就是成功运用工业互联网技术进行制造升级的代表性工厂之一。该工厂通过管理系统与生产车间的连接，实时监测车间的生产情况，实现了产能的数据收集和绩效管理的数字化。此外，该工厂还采用了宝洁公司研发的通用包装系统（Universal Packing System），连接产品包装线上的摄像头、包装器等机器，基于包装线上每个环节的不同运行状态，自动安排衔接流程。在采用工业互联网技术进行数字化升级的 3 年时间内，该工厂的生产效率提高了 160%，成本降低了 20%，次品率下降了 42%。[①] 在这样的成功应用工业互联网的例子的带动下，越来越多的企业也开始意识到其重要性，投入大量人力、物力和财力进行相关的转型升级。为了在国际竞争中获得生产效率和产品质量上的优势，多个国家纷纷出台了相关的鼓励政策，如法国的《利用数字技术促进工业转型的方案》、德国的"工业 4.0"战略等，日本更是把"互连产业"作为日本未来产业发展的新方向（刘平、孙洁，2019）。

搭建工业互联网平台以给工业互联网提供必要的技术支撑是各国工业数字化发展路径中的关键步骤。工业互联网平台由三大核心要素组

---

① 资料来源：World Economic Forum, McKinsey & Company, Fourth Industrial Revolution: Beacons of Technology and Innovation in Manufacturing, http://www3.weforum.org/docs/WEF_4IR_Beacons_of_Technology_and_Innovation_in_Manufacturing_report_2019.pdf。

成：数据采集、工业 PaaS①、工业 APP。② 其中，数据采集代表了工业生产过程中数据的产生、收集与处理。工业 PaaS 将工业技术原理与知识传输至云端平台，形成方便运用的操作系统。而工业 APP 则是对工业 PaaS 的调用，是工业互联网的实际运用部分。以上三个环节为工业互联网提供了海量数据基础、可靠的服务体系和高效的运用手段。工业互联网平台的典型案例是美国通用电气公司开发的 Predix 平台。Predix 平台通过 Predix 机器软件、Predix 连接、Predix 云、Predix 服务四个组件，为第三方企业提供优化方案，并在此过程中借助用户的数据完善自身系统。从整体上看，工业互联网平台为工业互联网提供了关键的技术支撑，而后者正是工业数字化的关键。

表 5-1　通用电气公司 Predix 工业互联网平台的组件及相应作用

组件	作用
Predix 机器软件	管理工业资产，保护关键数据，数据预处理，向 Predix 云传输数据
Predix 连接	提供从 Predix 机器软件到 Predix 云的连接
Predix 云	数据接收与存储，提供远程管理与应用
Predix 服务	包括运营服务和工业服务，满足工业互联网的开发、部署与应用

资料来源：GE Digital，https://www.ge.com/digital/。

全球层面的服务业数字化路径以平台全球化、线上线下一体化、业务智能化为核心。平台全球化代表了服务业数字化转型的广度，即将数字化服务扩展到全球的能力。服务业根植于商户供给和消费者需求的匹配，但是不同地域的时空间隔可能阻碍了供需双方沟通，使商品和服务无法充分流动。数字平台依靠互联网技术逐步实现全球化，为不同国家和地区之间供需双方匹配提供了更多可能。例如，阿里巴巴的速卖通平台已覆盖全球超过 200 个国家与地区③，给各国民众提供了海淘机会和便捷的配送服务。疫情期间，国际化的数字平台更是发挥其独特作用，

---

① PaaS：Platform as a Service，"平台即服务"。
② 资料来源：赛迪智库：《工业互联网平台赋能重点行业数字化转型方法论白皮书》，https://www.useit.com.cn/forum.php?from=album&mod=viewthread&tid=27507。
③ 资料来源：AliExpress，https://www.aliexpress.com。

在人员流动普遍受限、商品流通受阻的情况下,为企业和消费者搭建了沟通的桥梁,促进了线上贸易往来,给全球经济注入了活力。

线上线下一体化体现了服务业数字化转型的深度,反映了企业打通不同服务渠道,创造立体服务模式的能力。越来越多的电商企业正利用人脸识别、深度学习等技术开设线下门店,通过刷脸支付等服务使购物过程便捷化。线下门店收集的用户数据又可以被用于用户需求的挖掘,有助于进一步提升用户体验。此外,各国政府部门也积极利用数字化转型契机,推动电子政务、数字医疗等公共服务的线上线下一体化。例如,奥地利政府建立的全民电子健康系统有效协调了医疗系统中各个利益相关者的关系,简化了医疗流程(陈璋等,2017)。

业务智能化体现了服务业数字化转型的精度,即精确识别并纠正疏漏,规避风险的能力。大数据、机器学习等数字技术的发展让企业可以同时处理大量数据,并在业务运营过程中及时发现问题,这将使在传统的人工监测方式下无法识别的问题得以显现。例如,美国的 ZestFinance 公司便利用大数据技术对用户信息进行分析,并结合机器学习模型,评估信贷申请人的偿还能力,有效地提高了公司的风险控制能力。而在物流行业中,跨国物流公司 DHL 推出的智能仓储系统运用数字孪生等技术将线下仓库与虚拟仓库连接起来,更高效地处理复杂的物流数据。

(三)全球数字化治理发展路径

随着数字经济不断发展,信息技术与其他领域的融合不仅在传统农业、制造业等领域有所体现,也深入了政府治理层面。如今,数字化治理成为世界各国治理体系转型升级的新浪潮。世界各国纷纷出台政策,加快建设"数字政府",并将数字技术应用于城市建设中。数字化治理通常指依托互联网、大数据等技术的应用,创新社会治理方法,优化社会治理模式,助力其实现现代化(刘丽超,2020)。数字化治理提高了政府治理的效率和质量,从而使民众享受到了更优质的公共服务。本小节将讨论世界上几个主要国家的数字化治理发展的关键路径,从而为我国的数字化治理发展提供经验和借鉴。

1. 美国数字化治理发展的关键路径

美国数字经济发展水平居于全球首位,其数字化治理发展也领先其他国家。总体来看,美国的数字化治理发展的关键路径主要是:第一,美国政府推动国内的信息基础设施建设，为数字化治理的产生和普及创造了前提条件；第二，美国政府利用互联网平台为公民提供线上政务服务，并通过这种方式提高政府的工作效率、降低工作成本、提高公民参与度；第三，在实现了信息公告和政务服务办理功能的数字化后，美国促进政府数据和信息公开，提高政府透明度，激发国内创新活力。在政府治理实现数字化的同时，美国政府也关注政府和公民信息的安全，并通过出台法律法规保障数据安全，提高公民对数字政府的信任程度。

第一，美国政府通过信息基础设施建设为实现数字化治理奠定基础。20世纪90年代，在克林顿执政时期，美国开始构建"电子政府"（E-government），利用信息技术改善政府管理及服务成为改革方向和目标。该时期美国宣布了《国家信息基础设施行动》，通过国家投资，推动建设和完善国内通信网络。1994年，美国颁布《全球信息基础设施行动计划》，希望能够构建一个全世界联通的信息网络。美国的这两项举措被称为"信息高速公路战略"。这项战略不仅促进了美国的经济增长，也为后来数字化治理发展创造了条件。因此，制订计划促进国内乃至全球信息基础设施建设是美国数字化治理的关键路径之一。

第二，美国政府利用网络向公民提供线上公共服务，提高政府工作速度和质量。小布什执政期间，美国将电子政务作为新的措施，赋予政府网站提供办事服务的功能（姚水琼、齐胤植，2019）。2002年，美国政府颁布《电子政务战略——简化面向公民的服务》，提出了"以公民为中心而不是以官僚体制为中心、以结果为导向为公民创造可衡量的改进、以市场为基础积极推进创新"三大原则。该战略旨在利用信息技术使政府的工作更加高效、成本更低和提升政府对公民需求的反馈能力。

第三，利用政府网站开放政府信息和数据，提高政务透明度、鼓励国家创新。2009年，奥巴马提出了基于透明、参与、协作原则的政府战略，颁布了《开放政府令》《电子化政府执行策略》等法案。这项措施使美国成为全球首个政府将数据进行公开的国家。2012年5月，美国政府提出了建设21世纪的数字政府的计划。该计划有三个主要目标：一是使美国公民无论在何时何地、使用何种设备，都能享受到高质量的数字政府信息和服务；二是确保国家各级政府能够跟上数字化高度发达的世界的脚步，利用智能、安全和实惠的方式购买设施和数据；三是在全国范围内共享政府的数据，由此为民众创新想法提供数据资源，促进大众创新，并提高政府服务的质量。[1] 利用数字化手段促进政府信息开放透明，是美国数字化治理的关键路径之一。近年来，特朗普政府也十分重视数字政府建设，于 2017 年 5 月成立美国科技委员会，旨在让数字化服务顺利过渡，变得更加现代化。

2. 英国数字化治理发展的关键路径

英国是世界上较早推动数字化治理转型的国家之一，从 1994 年起就推出了一系列政策推动政府部门的数字化进程。英国数字化治理发展的关键路径如下文所述：第一，英国政府建立并整合政府网站，创建了便捷高效的政府服务平台，提高数字化治理效率。第二，英国政府通过数字基础设施建设、提高线上服务质量、加强宣传等手段，逐步扩大线上服务涵盖的范围，推动政府服务的"默认数字化"，将原来到办事处才能办理的政务服务改为网上办理。第三，随着治理数字化水平不断提升，英国政府将数字治理的核心转向公民，利用信息通信技术促进政府服务理念转变，更好地服务英国公民。

第一，英国政府建立并整合政府网站以实现政府服务电子化，提高工作效率。1994 年，英国政府提出"电子英国"计划，并设立网站"open. gov. uk"，开始在管理活动中使用数字技术。1999 年，英国出台《政府现代化》白皮书，推动落实"电子政府"这一目标，为公民提供在线政务服务。在英国电子政务发展过程中，中央和地方政府纷纷建立网站，造成了政府网站数量多、功能分散的后果，且中央和地方的网络未能形成一个联通的体系。因此，英国于 2007 年开始进行政府网络集约化，大量撤销、整合政府网站。英国政府利用"Directgov"和"BusinessLink. gov. uk"两个网络平台公开政府信息和为公民服务，又于 2012 年将它们两者合并为单一政府门户网站 gov. uk（林梦瑶等，2019）。英国政府通过对网站进行集约化，大大缩短了英国公民为办理政务花费的时间，提高了服务效率。

第二，英国改善线上政务服务以推动"默认数字化"，达到节约成

---

[1] 资料来源：National Archives, https://www.archives.gov/digitalstrategy/overview.html。

本的效果。2010 年，英国提出了政府服务的"默认数字化"，将一部分可以提供线上服务的政府服务数字化，以达到减少成本、节约时间的效果。随后，英国政府提出并实施了许多计划及战略，加速默认数字化的实现。2011 年 3 月，英国推出政府信息通信技术战略，希望加强 ICT 基础设施建设，并通过 ICT 技术减少政府治理中的浪费、提供高质量的政府服务，并刺激经济增长。[①] 2012 年，英国政府提出《政府数字化战略》，并在 2013 年 12 月对其进行修订。该计划提出，要对接近一半的政府服务提供线上办理的选择，并鼓励和倡导民众在线办理事务，推动英国政府完成先前的"默认数字化"目标。[②] 英国政府于 2015 年启动"数字政府即平台"计划，进一步推进政府治理的转型升级。这一系列举措从基础设施、用户和服务质量三个方面促进英国在政府服务方面实现"默认数字化"的要求。在 2016 年联合国的评估中，英国政府的电子政务水平获得排名第一的成绩，成为世界上数字化治理转型最成功的国家之一。

第三，利用数字技术实现政府转型升级，建立以公民为中心的现代化政府。2017 年，英国政府颁布《政府转型战略（2017—2020）》，旨在利用数字技术改变政府扮演的角色，让政府成为一个服务者，更快更有效地回应公民提出的建议和需求。该战略通过提高公务员数字素养、扩大线上服务范围、提升数据应用能力等措施，提高公共服务质量，并让公民更多地参与到政府治理中。

3. 新加坡数字化治理发展的关键路径

新加坡数字化治理水平处于亚洲甚至是全球的前列。据调查评估，新加坡的电子政务水平位于世界第 11 位。[③] 新加坡的数字化治理发展关键路径主要是：第一，新加坡在打造数字化政府、实现数字化治理的前期同样经历了信息通信技术发展以及数字基础设施建设。第二，新加

[①] 资料来源：UK Cabinet Office，https：//assets. publishing. service. gov. uk/government/uploads/system/uploads/attachment_ data/file/85968/uk－government－government－ict－strategy_0. pdf。

[②] 资料来源：GOV. UK，https：//www. gov. uk/government/publications/government－digital－strategy/government－digital－strategy。

[③] 资料来源：《联合国电子政务调查报告（2020）》，https：//www. vzkoo. com/doc/16780. html。

坡通过一系列措施推动政府事务办理的数字化，并利用互联网平台促进政府信息公开透明。在政府数字化达到较高水平后，新加坡政府推动城市数字化建设，将数字化治理的范围从政府信息公开和政务处理扩展到整个城市的治理和规划。新加坡在治理数字化的过程中同样重视数据安全与公民隐私保护，并出台相关法律法规规范数据使用行为。

新加坡政府通过信息技术普及和网络基础设施建设为数字化治理奠定了基础。1980—2000年前后，新加坡在国内进行信息技术普及以及数字基础设施建设，颁布了《国家IT计划（1986—1991）》和《国家科技计划（1991—2000）》等计划，大大提高了国内的互联网普及率，增加了政府办公地点的电子设备数量，为后续的数字化治理发展打下了基础。

新加坡政府在推动数字化政府发展的同时也逐步促进数字技术在城市建设中的应用。新加坡于2000年和2003年分别提出了《e‐Government Action Plan Ⅰ》和《e‐Government Action Plan Ⅱ》来推动数字化政府建设。这两项计划的实施推动了政府提供更便捷的政府服务和更丰富的信息，由此也提高了公民在政府治理中的参与度和对政府的满意度。2006年，新加坡提出"智慧国2015计划"，在数字政府建设、IT产业及人才发展、ICT基础设施建设等方面做出战略规划。该计划完成后，新加坡政府又于2015年提出了"智慧国2025计划"，将大数据、物联网等前沿技术应用到企业生产与日常生活中。

4. 全球数字化治理发展路径总结

英国、美国和新加坡都是世界上治理数字化起步较早、发展水平较高的国家，它们的发展路径体现了世界数字化治理的发展路径。通过分析三者数字化治理的发展历程，我们可以发现它们虽然起步时间不同、具体的措施有各自的侧重点，但三者也有相互一致的发展规律。第一，它们在数字化治理发展和转型的前期都出台相关政策推动数字技术发展、促进数字基础设施建设。一个国家只有奠定了物质基础和用户基础，才能为数字化治理推进创造条件。第二，三个国家都通过建立统一的政府平台，促进信息公开透明，提供线上政府服务，不仅节约了大量成本，也为公民提供了便利。三个国家的治理数字化都以节约治理成本、提高治理效率、促进经济社会发展为目的。第三，在政府数字化水平达到一定高度后，三个国家的治理数字化都更加强调以人为核心，旨在为公民提供更高质量的服务，提升公民的满意程度。

二 我国数字经济发展的关键路径

2019 年我国数字经济规模达到 5.2 万亿美元，在全球 47 个经济体中位居第二。[①] 纵观我国数字经济的发展历程，我国依靠独特的制度优势，在政府和企业的共同努力下，实现了数字经济的快速发展。数字产业化的各行业逐步转向高质量发展，产业数字化正逐步推进，政府数字化治理的能力也在实践中得到提升。下文将基于我国数字经济的发展历程，分析我国在数字产业化、产业数字化和数字化治理三个领域中发展的关键路径。

（一）我国数字产业化发展的关键路径

数字产业化大致可以划分为 ICT 制造业和 ICT 服务业。近年来，数字产业化各细分行业稳步发展，均保持一定的增速，同时陆续进入转型调整阶段。总体上看，我国数字产业化发展的关键路径为先依靠市场规模和人口红利形成完整产业链从而实现快速增长，再强调创新驱动积极转型追求高质量发展。

关键路径 1：随着大规模基建与庞大市场的发展，我国数字产业化形成了较完整的产业链，依靠规模红利快速增长。

数字产业化需要保持较大规模，才能保持其规模效应和经济效率，即在一定的经济成本上获得尽可能大的经济收益（王学庆，2001）。2018 年和 2019 年，我国用收入直接衡量的数字产业化规模分别为 6.4 万亿元与 7.1 万亿元，占 GDP 比重分别为 7.1% 和 7.2%。[②] 从电话基站、网络等信息基础设施，到 ICT 制造业，再到电信服务、互联网业务服务，数字产业化产业链中的各个环节都能享受到我国庞大人口和市场带来的发展红利。例如，电信业本身就具有规模效应，电信接口的接入者越多，接入者获利就越多，进而能够吸引更多用户（陈小洪，1999）。有线、无线网络通信服务是数字经济运行的基础，属于数字基

[①] 资料来源：中国信息通信研究院：《全球数字经济新图景（2020）——大变局下的可持续发展新动能》，http://www.caict.ac.cn/kxyj/qwfb/bps/202010/P020201014373499777701.pdf。

[②] 资料来源：中国信息通信研究院：《中国数字经济发展白皮书（2020 年）》，http://www.caict.ac.cn/kxyj/qwfb/bps/202007/t20200702_285535.htm。

础设施的重要内容。如图 5-4 所示，近 30 年我国互联网普及率和电话普及率均持续快速提高，前者实现了从 2002 年的 4.6% 到 2020 年 6 月 67.0% 的跨越，后者则实现了从 1990 年的人均 0.011 部到 2019 年的人均 1.28 部的突破。[①] 而且，我国新型信息基建铺设规模不断扩大，有力支撑社会的数字化转型。[②] 截至 2020 年 3 月，全国已经建成 5G 基站 19.8 万个，可以预见未来我国 5G 通信的规模将持续扩大，进一步提升数字产业化规模。

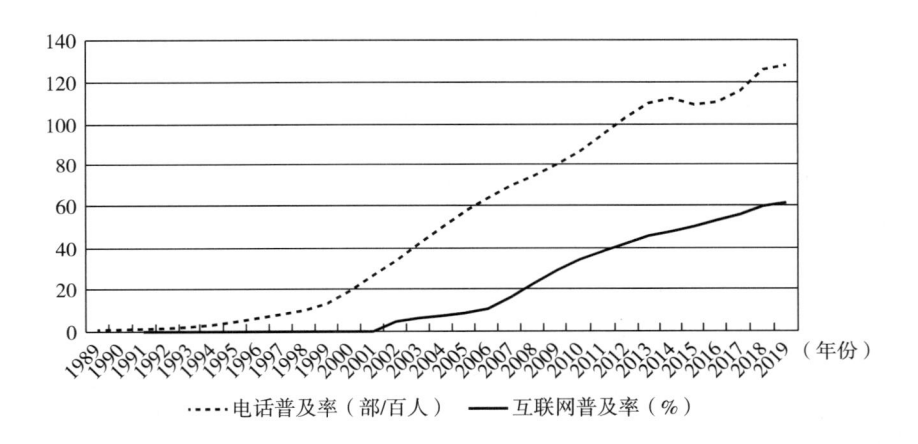

图 5-4 近 30 年我国电话普及率与互联网普及率

资料来源：国家统计局。

第一，我国 ICT 制造业享受了生产贸易全球化和全球互联网发展期的红利，形成了产业链较完整、市场需求庞大和劳动力成本较低等竞争优势。在工业经济发展减缓的背景下，2019 年我国工业增加值增速仅为 5.7%，而 ICT 制造业增加值仍上升 9.3%。[③] 2018 年我国 ICT 制造

---

① 资料来源：中国互联网信息中心：《第 46 次中国互联网络发展状况统计报告》，http://www.cnnic.net.cn/hlwfzyj/hlwxzbg/hlwtjbg/202009/P020200929546215182514.pdf。
② 资料来源：中国信息通信研究院：《中国数字经济发展白皮书（2020 年）》，http://www.caict.ac.cn/kxyj/qwfb/bps/202007/t20200702_285535.htm。
③ 工业增加值是反映工业生产活动成果的重要指标，ICT 制造业增加值是工业细分产业的增加值指标（资料来源：国家统计局、工信部，http://www.miit.gov.cn/n1146312/n1146904/n1648373/c7673583/content.html）。

业收入占第二产业收入比例为12%，这个比例随着数字经济发展还将继续提高。由此可见，ICT制造业属于我国工业中增速较快、收入较高的重要部分。从细分产业来看，我国是全球消费电子①生产和装配的主要产地，移动电话、计算机产量均占到全球总产量的90%以上。2018年，全球通信系统硬件制造业产值增速为负，而我国该行业产值反而提高了14.6%。同年，我国集成电路相关产品产值增长20.7%，比全球同类产品产值增速高4.8%。② 可见ICT制造业是数字产业化中增长率高、业务收入高、具有全球竞争力的组成部分，对数字经济增长也具有较大贡献。此外，对于数字经济而言，网络通信业务，特别是速度较快、质量较好的光纤宽带网络、4G网络和5G网络等电信业务，具有数字产业化"基建"的性质。随着我国信息基础设施建设不断完善，对应基站、线缆、芯片等部件的制造业也能享受到"新基建"的规模红利。

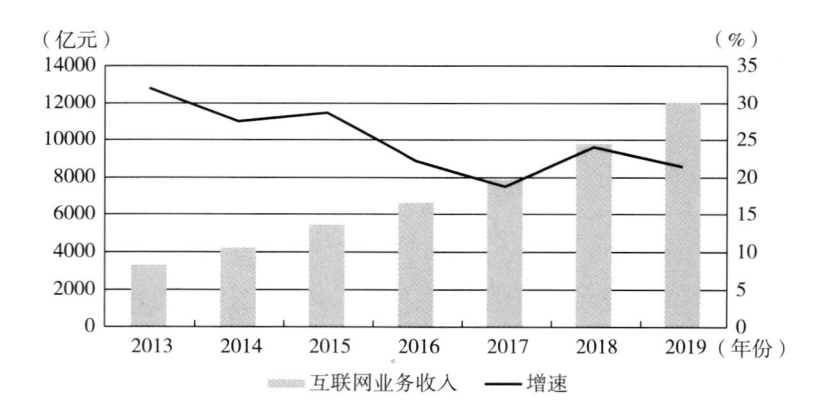

图5-5 2013—2019年互联网业务收入增长情况

资料来源：中国网信办，http://www.cac.gov.cn/2020-02/17/c_1583491212183970.htm。

---

① 消费电子：Consumer electronics，指供日常消费者生活使用的电子产品，在我国已形成成熟行业。我国股市的消费电子板块指数已纳入超过80只成分股。
② 资料来源：工信部：《2019年中国电子信息制造业综合发展指数报告》，http://www.miit.gov.cn/n1146290/n1146402/c7640404/content.html。

第五章 数字经济发展的关键路径和趋势研判

第二，我国ICT服务业同样拥有较为成熟的产业链，规模增长迅速。如图5-5所示，2013年以来我国互联网业务收入快速增长，虽然增长速度有减缓趋势，但总体仍在20%以上。目前，我国ICT服务业主要提供信息业务、平台业务和数据业务三个方面的产品。其中，互联网企业信息业务（包括在线音乐和视频、网页游戏、新闻、在线图书等产品）是互联网相关服务业的主要营收来源。此外，互联网平台服务企业为政府、企业和个人提供生产和生活服务、科技创新、公共服务等领域的平台建设、维护和使用服务。近年来，数据中心业务、智能云业务等互联网数据业务成为新兴产业。互联网数据服务业与5G通信、机器学习和AI等前沿技术的应用关系密切，同时也受益于信息基础设施建设的成熟，具有良好的发展前景。但是，目前我国互联网数据服务总规模仍然较小，2019年占ICT服务业份额不足1%。[①] 为了保持产品在ICT服务业的竞争力，互联网企业不断增加研发投入，在人工智能等新领域发力。作为ICT服务业产业链的下游，我国互联网服务业规模迅速增长，同时研发投入增速高于收入增速。2019年，我国互联网服务

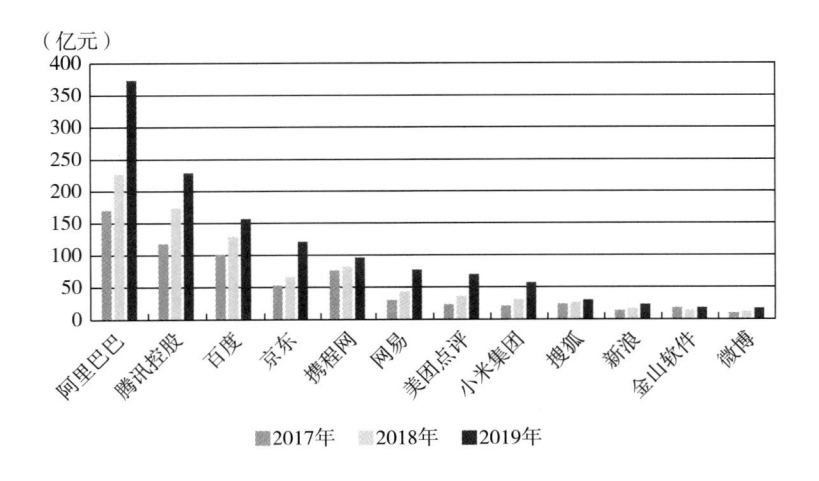

图5-6 部分知名互联网企业研发投入

资料来源：Wind。

---

① 资料来源：网信办，http://www.cac.gov.cn/2020-02/17/c_1583491212183970.htm。

业的研发费用为535亿元，比2018年提高了23.1%，研发费用增速比2018年提高了4.1%，比业务收入增速高出1.7%。①阿里、腾讯、百度等国内互联网巨头纷纷加快在新兴领域布局，加大研发投入，推动企业结构优化升级。②

关键路径2：我国数字产业化具有一定的规模后，进行结构调整，积极拓展业务，保持增长活力。

第一，我国数字产业化经过业务扩张的发展阶段，通过提供更多的增值业务，继续保持行业增速。首先，在20世纪初，我国数字产业化各细分行业开拓信息检索、信息加工、电子信息互换、网络邮箱、号码查询和文件传输等增值业务，并以用户体验为基础，结合我国国情，创造出符合我国社会发展需求的业务（鲁维、胡山，2009）。在当时，这种增值业务实际上是产品的产业化，能够有力提高电信行业的竞争力，是数字产业化中富有发展潜力的内容（史炜，2002）。电信业中，有线通信不断普及。无线通信经过2G、3G、4G及5G时代的发展，速度不断提高，连接质量和覆盖率得到保障。电信业的服务已经由传统的电报、电话以及单纯的网络通信产品向多样化的电信产品和增值服务发展。其次，在数字经济时代，数字产业化的增值业务适应多样化和个性化的新需求，促进数字经济增长。随着移动网络和无线网络覆盖面积不断扩大，市场占有率逐步提高，以4G、5G手机和平板电脑为代表的移动智能终端的人均持有量已经高于台式和笔记本计算机，而且这类小型智能终端的运算速度也在快速追赶体积相比更大的计算机。智能终端的流行自然扩大了移动芯片的需求，移动芯片产量自2013年起便高于PC芯片产量（卢卫、陆希玉，2014）。此外，无线通信与雷达、信息数据处理、通信工具元器件等行业的高速发展也推动ICT制造业转型升级。5G、产业互联网化、产业融合和新型信息基础设施的庞大潜在需求为电子信息制造业带来发展动力和转型压力。可以看出，我国数字产业化正在发生一定的结构性变化，这个过程中必定伴随更多的技术创新与

---

① 资料来源：中国工业和信息化部：《2019年互联网和相关服务业运行情况》，http://www.miit.gov.cn/n1146312/n1146904/n1648355/c7676707/content.html。

② 资料来源：搜狐，https://www.sohu.com/a/292927080_120054912。

应用。

第二，我国数字产业化结构调整的方向是提高效率，即降低成本、扩大利润空间。我国数字产业化特别是 ICT 服务业经历了降费提速、降低成本的调整期。在网络普及率大大提高、4G 技术充分成熟、基站建设初步完成之后，ICT 服务的提速降费对增加数字经济的发展活力有着重要意义。2015 年，国务院办公厅下发指导意见，要求我国电信运营企业提速降费。① 由大型国企直接带动的提速降费效果明显。2019 年，相比国务院办公厅指导意见刚发布时，我国宽带平均下载速度增加超过 6 倍。在降费方面，从 2014 年年底到 2019 年，家庭宽带和移动网络流量费用下降幅度都达到了 90%。② 在 ICT 制造业方面，我国已经产生了一系列的手机制造商、计算机制造商，且形成了较为健康的市场竞争格局。在这种环境下，企业纷纷降低成本、扩大利润，以求获得更好的发展。首先，提速降费激发了我国互联网企业的活力，有利于新企业、新业务、新技术萌生。2018 年，我国智能终端 APP 程序总计 449 万个，使用总量全球排名第一。其次，提速降费一定程度上加快了我国经济的数字化转型，信息产品和服务对数字经济的贡献从 2015 年 3.2 万亿元增加到 2018 年的 5 万亿元，总额增加 1.8 万亿元，年均增幅超过 15%。③

第三，我国数字产业化积极应对个性化需求，业务模式不断创新拓展，保持增长活力。在新兴数字技术和向相关领域涌入的资金共同引导下，互联网行业纷纷创新商业模式，拓展新业务领域。精准营销、数字支付、网络电商等新业态持续满足社会消费新需求，推动消费升级，不断提高数字产业化规模。④ 精准营销来自越来越细致的用户行为捕捉记录和越来越成熟的大数据分析技术。互联网企业能够收集、记录和分析大量消费场景下的用户行为，为消费者标签分组甚至画像，从而在后端

---

① 资料来源：《关于加快高速宽带网络建设 推进网络提速降费的指导意见》，中国政府网，http：//www.gov.cn/zhengce/content/2015-05/20/content_9789.htm。
② 资料来源：《国务院常务会议部署进一步推动网络提速降费——提速重融合 降费更精准》，《人民日报》，http：//www.gov.cn/zhengce/2019-05/22/content_5393559.htm。
③ 同上。
④ 资料来源：中国信息通信研究院：《中国数字经济发展与就业白皮书（2019 年）》，http：//www.caict.ac.cn/kxyj/qwfb/bps/201904/t20190417_197904.htm。

匹配供应链、物流、仓储资源，在前端定向推送精准匹配的服务。互联网企业的个性化、定制化服务不断创新，逐步进入文娱社交、运动保健等领域，从而丰富了移动应用的种类，稳步提高了移动应用行业的利润。在"互联网+"的进一步发展与消费升级的带动下，我国一系列电商企业崛起，电商市场一片繁荣。互联网金融快速发展，潜力巨大，上至阿里、京东等巨头企业下至小型互联网科技企业，都纷纷获取了互联网金融牌照。① 数字支付等生活方式普及衍生出依赖互联网的医疗预约挂号和在线诊治、公共咨询、数字政府等业务模式。数字技术加速产业融合和创新，催生了深度学习、人脑模拟、虚拟现实、信息材料、生物结构模拟等新型交叉学科技术发展方向和方式。②

关键路径3：我国数字产业化强调创新驱动发展，加大研发投入，追求高质量发展。

第一，我国数字产业化大力追求技术突破，加速迈进高质量发展阶段。目前，我国数字产业化发展模式逐步从规模红利驱动升级为创新驱动，并在此过程中提高生产附加值。随着我国"从中国制造到中国创造"转型，我国不再是以人口红利为主要驱动、从事较低利润生产组装工作的"世界工厂"。在这个背景下，我国ICT产业更重视自主创新，积极转型，持续提升效率，成为产业链升级的"新动能"产业。在这个阶段，ICT产业出现了大量优秀企业，如华为、联想、中兴等，其中电子信息制造业企业具有较强的全球竞争力。③ 在工信部2020年1月发布的"2019中国电子信息制造业综合发展指数"中，产业创新指标首次超过产业发展规模指标成为影响最大的指标。这体现了电子信息

---

① 互联网金融牌照：金融牌照即金融机构经营许可证，是批准金融机构开展业务的正式文件。目前互联网金融涉及的牌照有10张，包括民营银行牌照、互联网保险牌照、第三方支付牌照、消费金融牌照、互联网基金及销售牌照、互联网信托牌照、互联网小额贷款牌照、股权众筹牌照、互联网证券牌照、个人征信牌照。部分小型互联网金融企业仅持有其中的部分牌照。

② 资料来源：中国信息通信研究院：《G20国家数字经济发展研究报告（2018年）》，http：//www.caict.ac.cn/kxyj/qwfb/bps/201812/t20181218_190857.htm。

③ 资料来源：人民网，http：//it.people.com.cn/GB/n1/2020/0119/c1009-31555780.html。

制造业发展重心变化。①

第二，进入高质量发展阶段的核心是度过从规模驱动向技术驱动的转型期。我国 ICT 服务业正在经历技术不足、急需科研攻关的阶段。相比电子信息制造业，我国计算机软件出口形势低迷，2019 年出口总额 505.3 亿美元，仅占行业总收入的 0.7%，呈现技术落后、产品"走不出去"的现象。② 我国自主研发的基础软件与国外领先者的水平还有较大差距。在操作系统方面，2020 年 4 月，华为创始人任正非表示，相比于安卓系统，华为鸿蒙还有较大差距。他在采访中称，华为的操作系统短时间内还未能全面达到安卓和苹果系统的水平。③ 在数学软件方面，2020 年 6 月，美国中断了对我国哈尔滨工业大学和哈尔滨工程大学等高等院校 MATLAB 软件的正版授权。这款软件背后的电子设计自动化（Electronic Design Automation）技术能大幅提高理工科领域一些工作的效率和可操作性，减少人力劳动量。有人甚至认为，对于现在的工科生来说，MATLAB 是无法替代的工具。④ 不幸的是，EDA 属于我国网信领域中的技术"短板"，如果不能使用 MATLAB，我国的数字产业化发展将受到打击。⑤ 因此，在技术落后的现实以及外国随时可能展开的技术封锁面前，我国软件和信息技术服务业必须经历科研攻关阶段，追求提高软件信息技术。在该背景下，2020 年，基础软件和高端软件均进入攻坚克难的关键期，高质量发展以及与实体经济深度融合发展成为数字产业化发展的主要方向，云计算、5G、AI 和大数据分析等前沿技术与软件的融合应用将持续深化（赛迪评论，2020）。

（二）我国产业数字化发展的关键路径

产业数字化既是我国数字经济的核心内容，也是我国经济转向高质量发展阶段的重要途径。在数字经济时代下，我国三大产业积极探索与数字技术融合的"接口"，利用数字技术推动生产和资源配置效率的提

---

① 资料来源：中国工业和信息化部：《2019 年中国电子信息制造业综合发展指数报告》，http://www.miit.gov.cn/n1146290/n1146402/c7640404/content.html。

② 资料来源：中国工业和信息化部：《2019 年软件和信息技术服务业统计公报》，http://www.miit.gov.cn/n1146312/n1146904/n1648374/c7663865/content.html。

③ 资料来源：腾讯新闻，https://xw.qq.com/cmsid/20200427A01BID00。

④ 资料来源：腾讯，https://xw.qq.com/cmsid/20200722A0XHIX00。

⑤ 资料来源：搜狐，https://www.sohu.com/a/402433277_100160300。

高。中国产业数字化发展的关键路径是从完善信息服务出发建设数字乡村、从数字化向智能化推动工业转型、平台带动服务业实现线上线下融合发展。

农业方面，我国农业聚焦信息进村、农村电商和农业物联网应用三个领域，依靠政府和社会力量，从完善基础、抓住重点和先行试点出发，以点带面扎实推进农业数字化进程。

第一，我国建设农业信息服务体系，破除农业农村与数字化接轨的信息障碍。我国重视建设和推广农业农村的信息收集传播的平台。2018年我国累计建成运营27.2万个益农信息社，为农民提供农业科技和市场信息，并在电子商务和信息技能等方面开展培训，提高农业生产主体应用数字经济发展成果的能力。[①] 王儒敬（2013）指出，我国目前拥有数量充足的农业相关网站和数据库，但由于数据标准不规范和不统一，不同类别的信息资源分散在不同系统，制约了其指导决策的效用。面对该困境，我国以农业大数据为解决方案，在加强数据共用共享的同时，分区域、分品种展开共享平台试点。[②] 例如，内蒙古自治区构建马铃薯大数据平台，汇集马铃薯产业各个环节的关键数据，并结合农业气象数据进行分析和预测，帮助农民做出更优的生产和销售决策。[③]

第二，我国政府与企业共同发力，促进农村电商打牢基础、扩大规模。我国积极推动互联网向农业渗透，多次出台相关政策文件扶持农村电商的成长。如2020年中央一号文件就强调了扩大电商进农村的覆盖面，打通农产品出村进城的"最后一公里"。[④] 我国加快改善电商在农村发展的基础条件，破除基础性制约，构建农村与市场的线上桥梁。除了加快农村互联网的铺设，政府与企业共同推进"快递下乡"工程，

[①] 资料来源：《中国经济时报》，https://baijiahao.baidu.com/s?id=1648019246202858884&wfr=spider&for=pc。

[②] 资料来源：农业农村部，http://www.moa.gov.cn/nybgb/2016/diyiqi/201711/t20171125_5919523.htm。

[③] 资料来源：中国信息通信研究院：《中国数字经济发展与就业白皮书（2018）》，http://www.caict.ac.cn/kxyj/qwfb/bps/201904/P020190418351257485116.zip。

[④] 资料来源：农业农村部，http://www.moa.gov.cn/ztzl/jj2020zyyhwj/2020zyyhwj/202002/t20200207_6336683.htm。

第五章 数字经济发展的关键路径和趋势研判

目前已在农村设有超过 3 万个快递网点和 6 万个公共取送点。① 政府通过建设县乡村三级农村电子商务服务站点体系，为村民提供买和卖两个方面的基础服务，帮助村民利用电子商务将农产品卖出去。电商平台持续下沉，主要扮演了卖货和物流中转的角色。例如，苏宁易购打造中华特色馆，将农村特色农产品引入平台，促进农产品进城和带动优质农产品孵化为知名品牌。②

第三，我国促进物联网技术和农业生产融合，提高农业生产的资源利用率和质量控制水平。我国物联网技术主要应用于设施农业、畜禽养殖、水产养殖和大田种植等领域，逐步形成集环境监控、智能管理、精准作业于一体的智慧农业体系。例如，河南省基于物联网技术在小麦产业上设置田间数字化远程监控点，对多项环境指标进行实况监测，为专业人员实施科学田间管理提供依据（刘丽伟、高中理，2015）。除此之外，我国还以物联网为载体发展农产品从生产到销售全产业链的可追溯体系，并将其广泛应用于生猪生产行业。

工业方面，我国工业对数字技术的应用呈现出"初次上云"和"深度用云"并举的发展路径，并不断探索个性化定制、网络化协同、智能化生产和服务化延伸的创新应用模式。同时，一大批数字化解决方案提供商出现，为我国工业数字化转型提供软硬件产品和服务支持。

第一，我国大中小型工业企业由于信息化水平存在差异，整体上处于不同的两个数字化转型阶段。中小型企业面对无法实时收集销售、采购、库存、生产等环节的数据的困境，利用云平台实现生产流程可视化。例如，蒲惠云 MES 系统帮助中小企业开发和协同管理各环节的数据，从而实现了生产全流程管理的透明性和可追溯，提高了对生产、计划、库存等环节的管理效率。③ 拥有较好信息化基础的大型企业则进一步结合算法，智能化提高生产质量。例如，中策橡胶在生产加工环节引入由阿里云研发的"ET 工业大脑"，通过深度学习算法分析处理橡胶生产端的各类工艺参数，匹配出最佳的合成方案，实现在降低生产线上

---

① 资料来源：农业农村部信息中心：《全国县域数字农业农村电子商务发展报告（2020）》，http://www.199it.com/archives/966155.html。
② 资料来源：搜狐网，https://www.sohu.com/a/75619179_379553。
③ 资料来源：中国经济新闻网，http://www.ciotimes.com/IT/178648.html。

的人力成本的同时进一步提高了产品的平均合格率。[1]

第二,我国领军工业企业积极探索数字化创新融合模式,带领我国工业转型升级。我国领军工业企业依靠网络化和数字化,应用人工智能、大数据、人机交互等技术,优化生产管理流程。[2] 同时,以智能化生产为基础,我国领军工业企业借助互联网平台将消费者纳入设计生产环节,实现大规模个性化定制。例如,红领服饰和维尚家具在自建的网络平台上为客户提供定制服务,并在对客户的要求进行数据的建模和拆解后,通过自动化生产系统实现个性化生产(吴义爽、盛亚,2016)。

第三,数字化解决方案提供商赋能工业企业,有效降低我国企业数字化转型门槛。我国数字化解决方案供应商主要由传统行业头部企业、互联网企业和IT领域的软硬件企业组成。[3] 这些企业深入有转型需求的企业,为它们提供定制化的数字技术服务,带动其关键业务并入数字化轨道。例如,海尔COSMOPlat工业互联网平台除了推动海尔自身的转型之外,还通过其通用的功能模块赋能其他行业,为中小企业输出定制的数字化解决方案。[4]

服务业方面,我国服务业从单一的零售数字化向多行业的线上线下交互融合发展,其实现的创新呈现平台化的特点,有效整合了分散的供需端资源。

第一,我国服务业数字化始于零售数字化,向线上线下交互和线下服务线上化发展。互联网普及和互联网支付兴起赋能线上平台交易,推动我国服务业进入电商时代。[5] 淘宝网的建立和成长带来了各类产品在电商平台的集中展销,为消费者打开了线上购物通道,但其"物多价廉"的优势不可避免地侵蚀了线下零售渠道的部分市场,线上线下两

---

[1] 资料来源:《浙江日报》,http://zj.people.com.cn/n2/2018/0427/c186806 - 31513073.html。

[2] 资料来源:中国信息通信研究院,http://www.caict.ac.cn/kxyj/qwfb/bps/201804/P020170713408029202449.pdf。

[3] 资料来源:中国信息通信研究院,http://www.caict.ac.cn/kxyj/qwfb/bps/202007/P020 200703318256637020.pdf。

[4] 资料来源:国家信息中心:《中国产业数字化报告(2020)》,http://www.199it.com/archives/1076993.html。

[5] 资料来源:毕马威:《中国零售服务业白皮书》,http://www.199it.com/archives/796869.html。

个渠道处于对立状态。而随着移动互联网成熟和移动设备普及,线上线下两个渠道开始融合。多个服务行业推出线上浏览交易、线下享受服务的交互场景,并基于用户的地理位置提供更精准即时服务。[①] 在以美团为代表的生活服务电商平台的赋能下,我国餐饮业积极拓展线上外卖业务,依附平台建立起物流配送体系,给人们的日常饮食生活带来了更方便快捷和丰富多样的选择。除了餐饮业外,电影、旅游、交通出行等行业也纷纷拥抱数字化,以用户为中心为线下服务注入数字化的活力。同时,医疗、教育等与民生紧密相关的、高度依赖现实互动的行业将业务逐步向线上平台转移,利用互联网跨时空的特性最大化资源利用,扩大服务触达范围的同时一定程度上补充了行业的线下服务资源。

第二,共享经济以平台为载体,是我国服务业数字化转型进程中不可忽视的推动力。当前,我国共享经济在交通出行、餐饮住宿、医疗保健等各类行业领域蓬勃发展,极大程度上丰富了我国消费者的数字化生活体验。[②] 例如,微医在线医疗平台与保险机构合作,运用大数据技术,使保险用户在合作医院就诊后可直接通过手机申请理赔,提升了保险服务效率。美团利用大数据、物联网等技术,构建智能配送调度系统,通过智能规划路线和科学调度骑手提高了配送效率。[③] 美团、支付宝等头部平台为服务业企业提供专业技术支持,从营销、配送、供应链、经营、人才培养等多个方面赋能商户数字化,成为具有开放和公共品性质的新型数字基础设施。有戏电影酒店与美团深度合作,实现了营销引流、用户数据分析、人才培养等管理经营方面提升,借助网络平台的优势实现了快速发展。[④]

(三) 我国数字化治理的发展路径

党的十九大明确提出要加快推进信息化,国家对建设"数字中国"

---

① 资料来源:美团研究院:《中国生活服务业数字化发展报告(2020)》,http://www.199it.com/archives/1050681.html。

② 资料来源:国家信息中心:《中国产业数字化报告(2020)》,http://www.199it.com/archives/1076993.html。

③ 资料来源:国家信息中心:《中国共享经济发展报告(2020)》,http://www.360doc.com/content/20/0318/10/51645114_900057515.shtml。

④ 资料来源:中国经济网,http://www.chinanews.com/business/2019/08-29/8941492.shtml。

予以高度重视并做出了重大部署。"数字中国"是数字化治理的重要组成，其取得的一系列成就离不开精确高效的指导策略和因地制宜的发展路径。

根据赛迪顾问发布的《中国数字政府建设白皮书（2020 年）》，广东省、浙江省、山东省、福建省、北京市依次位列 2019 年我国各省市数字政府建设指数排行榜的前五名。[①] 其中，广东省在数字政府基础设施建设指数以及数字政府应用指数上荣膺榜首，基础设施建设指数远高于第二名；而福建省、浙江省分别占据数字政府服务指数和数字政府安全与保障指数排行榜的首位。下文将分别从我国数字化治理的标杆省份——广东省、浙江省以及福建省入手，以上述省份的数字政府建设措施为切入口探究我国不同省市数字化治理的发展路径。最后，我们总结出我国数字化治理的五条具有普适性的关键路径。

1. 广东省数字化治理发展的关键路径

广东省是我国数字化治理的模范省份，其通过贯彻"数字中国"战略，数字政府综合能力实现了从全国第九名（2016 年）到全国第一名（2019 年）的巨大飞跃。总结广东省数字化治理发展的路径可知，广东省通过夯实数字基础设施、推进政企合作和打造宽领域智慧服务有效推进了数字治理向更智能的方向迈进。

第一，广东省综合利用数字技术手段，率先建立了三大信息基础设施[②]，不断提高政府效能。目前，广东省已经建立初具规模的政务信息基础设施体系，电子政务云平台可以满足政务服务、信息公开、信息管理和项目备案等信息系统应用需求。广东省政务外网也形成了以数字前端技术为支撑，以省、市、县为节点的三级网络体系，为全省数字化治理提供有力的网络支持。[③] 此外，广东省充分利用信息化建设和应用过程中沉淀的海量数据资源，构建大数据系统平台的顶层架构。广东省基

---

① 资料来源：赛迪顾问：《中国数字政府建设白皮书（2020 年）》，https://tech.sina.com.cn/roll/2020-09-03/doc-iivhvpwy4567835.shtml。

② 三大信息基础设施是指电子政务云平台、广东省政务大数据中心以及广东政务服务网。

③ 资料来源：中央党校（国家行政学院）电子政务研究中心：《数字政府发展报告（2019）》，http://www.egovernment.gov.cn/art/2019/8/2/art_194_6195.html。

于信息共享平台搭建了广东省政务大数据中心，整合五大基础数据库①，为85个重点领域应用提供大数据支持。②

第二，广东省创新性地推进"管运分离、政企合作"的运作模式，构建运作高效、统筹有力、技术过硬的数字政府。大数据手段的积极运用强化了政府的管理能力和运营能力，为政府数字化治理保驾护航。在管理体制方面，广东省通过全面调整省信息中心和省直属部门内设信息化机构，组建广东省政务服务数据管理局。在此基础上，广东省通过成立市级和县级政务服务数据管理局，搭建了上下协同的信息管理体系。在运营模式方面，广东省政府通过与三大电信运营商③以及腾讯、华为等企业合作，发挥了互联网企业和基础电信运营商的技术优势，搭建了涵盖基础资源、技术开发、应用平台的数字政府生态圈，创新了政务平台运营机制。

第三，广东省打造宽领域智慧服务，全面优化政府服务职能。广东省迎合民生、营商、政务等相关场景的业务需求，以为民众、企业、政府提供便利为目标，推出了三大服务应用。④ 在民生方面，广东省政府统一规划各部门间的服务，并借助腾讯的科技力量构建了全流程一体化在线服务系统，为解决民众办事难、办事慢提供了有效方案。有关数据表明，截至2020年9月21日，"粤康码"累计亮码（访问）人数8983万，累计亮码（访问）次数15.2亿，实现了"平均每两个广东人就有一个在用'粤省事'"的突破。⑤ 在营商方面，广东省通过打通各部门数据、整合业务系统，并依托省大数据中心数据资源优势率先实现了三大核心技术（电子证照、电子签名和电子印章）在公共服务中全景化应用。广东省该举措极大地优化了办事流程，降低了办事成本，提高了办事效率。据有关报道，广东省多个地市开办企业已实现"一天办成"，其中深圳作为数字政府建设的先驱实现了24小时在线申报、秒

---

① 五大基础数据库是指人口库、法人库、地理空间库、信用信息库、电子证照库。
② 资料来源：数字广东，https://www.digitalgd.com.cn/post/240/。
③ 三大运营商是指中国移动、中国电信、中国联通。
④ 三大服务应用："粤省事"移动民生应用、广东政务服务网和协同办公平台。
⑤ 资料来源：新华网，http://www.gd.xinhuanet.com/newscenter/2020 - 09/27/c_1126545961.htm。

批即办，全省平均办理时间也压缩至 3 个工作日内。① 在政务方面，广东省搭建了以集约化工作台和 OA 系统为代表的全省统一政务协同平台，使用者可以跨部门、跨地域进行文件流转和行政审批。目前，已有超过 90% 的省级直属单位启动了系统上云工作，试点部门文件办理时间下降约 40%，政务审批和服务效率得到大幅度提升。②

2. 浙江省数字化治理发展的关键路径

浙江省以"四横三纵"七大体系③全面推进数字化治理，数字政府建设成果显著。其中，浙江省对公共数据的安全和保护予以高度重视，以构建安全可管可控的安全保障体系为抓手，充分发挥数据资源的优势。总结浙江省数字化治理发展的路径可知，浙江省通过构建数据共享体系、加强数据安全和保护以及提高智能服务效率推进数字政府建设。

第一，浙江省着力搭建共建共享的大数据资源体系，与国家平台深度融合。浙江省积极统筹建设公共数据资源目录体系、共享平台、分析挖掘平台、开发平台等基础设施，提高数据管理效率。对于跨省数据，浙江省积极推进与周边省市的电子证照等跨省数据共享互认。例如，2019 年 9 月浙江省和江西省实现两省数据共享，以跨省一体化的合作形式为在浙江工作生活的 110 多万名江西人以及 4.7 万家在江西的浙江企业提供跨省网上办事便利。④ 此外，浙江省数字化转型技术体系全面对接全国在线政务服务大平台，将政府服务管理库、电子证照系统、安全保障系统等系统与国家平台互联互通、深入融合。

第二，浙江省加强数据安全管理及保护力度，全面搭建安全保障体系。浙江省是我国 34 个省级行政区中首个推出政务信息资源共享和交换的地方规范与标准的省区。2020 年 6 月，浙江省出台了《浙江省公

---

① 资料来源：广东省人民政府，http://www.gd.gov.cn/gdywdt/gdyw/content/post_2652518.html。
② 数据来源：中央党校（国家行政学院）电子政务研究中心：《数字政府发展报告（2019）》，http://www.egovernment.gov.cn/art/2019/8/2/art_194_6195.html。
③ "四横三纵"七大体系："四横"分别是全面覆盖政府职能的数字化业务应用体系、全省共建共享的应用支撑体系、数据资源体系以及基础设施体系，是政府数字化转型系统工程的主体框架；"三纵"分别是政策制度体系、标准规范体系、组织保障体系，是政府数字化转型的体制机制保障。
④ 资料来源：澎湃新闻，https://www.thepaper.cn/newsDetail_forward_4531035。

共数据开放与安全管理暂行办法》，对当地公共数据开放、利用和安全管理做了进一步部署，并对数据资源的运用行为进行了规范。① 浙江省通过开展数据资源立法，加大对数据安全和知识产权的保护力度。同时，浙江省政府联合当地骨干数字企业，充分发挥企业在数据储存、网络安全、分析建模、应用实践中的优势，加强网络和信息安全保护。此外，浙江省与阿里巴巴集团共同合作开发了"浙政钉"掌上办公系统，该系统使用获得国家密码管理局认证的第三方加密系统进行信息传输和存储，确保敏感信息不外泄。2020年4月，"浙政钉2.0"上线。② 浙江省通过使用独立APP解决了此前政府信息安保的痛点，提升了数据安全和保密能力。

第三，浙江省大力推进"掌上办事"改革，提高智能服务效率和群众满意度。浙江省集中力量建设电子证照系统、电子印章系统等与民生商事领域相关的电子信息系统，践行"最多只跑一次"改革。"浙里办"APP是浙江省改革成果的核心承载，为社会公众提供了高效便捷、业务齐备的在线服务。截至2019年12月，"浙里办"注册用户已突破3000万，掌上可办事项省市县平均2657项，涉及普通百姓日常生活的方方面面。③ 浙江省通过创新政务服务方式，提高了政府的数字化、现代化程度，也使公众和企业办事更省心，增强了广大群众的幸福感。

3. 福建省数字化治理发展的关键路径

福建省是我国数字化治理的先驱者，是最早开始推进数字政府建设的省份之一。作为信息化建设的先行省，福建省持续大力推进数字政府建设，并连续多年保持电子政务服务水平全国领先。总结福建省数字化治理发展的路径可知，福建省以电子政务为重要抓手，整合汇聚数据资源，不断深化电子政务在公共服务和社会治理中的创新应用。

第一，福建省在全国率先实现数据资源汇聚整合，夯实数字化治理基础。在数据资源开发使用方面，福建省率先进行针对政务信息的开发

---

① 资料来源：浙江省人民政府，http://www.zj.gov.cn/art/2020/6/17/art_1229017137_557682.html。
② 资料来源：东方财富网，http://finance.eastmoney.com/a/202004171458338639.html。
③ 资料来源：《浙江日报》，http://www.gov.cn/xinwen/2019-12/06/content_5458944.htm。

利用，实施省级范围政务信息标准化、规范化、时空化改造并开展省数据中心和信息中心的整合。目前，福建省政务数据共享平台汇聚了公安、人社等57个省直（中直）部门[①]多种类别的29亿条数据记录（含文件）。在数字基础设施方面，福建省光纤网络和4G网络目前已实现城乡全面覆盖，陆上行政村也实现了100%光纤覆盖。[②] 完善的数字基础设施为福建省推进数字化治理赋能，夯实了福建省提升数字化治理能力的基础。

第二，福建省大力推进电子政务建设，优化政府服务职能。福建省在规划、建设、运营等方面紧密融合政府、社会资本、专业运营团队等多元力量。福建省相继与蚂蚁金服、腾讯、百度等可信可靠的第三方数字企业开展技术合作，成为全国首个同时与"BAT"三家互联网模范企业[③]签订战略合作协议的省份。[④] 同时，福建省政府制定网上服务标准，全面梳理政务服务事项通用目录清单，明确办事流程，规范办事程序，提高办事效率。此外，福建省创新智慧服务模式，推出"闽政通"APP，并推动更多服务事项进驻省网上办事大厅和"闽政通"APP，将事务网上可办率提高到96%以上。[⑤] 福建省充分发挥大数据的力量，让群众轻松实现"一次办、马上办、掌上办"，提高了群众对政府服务的满意度。

第三，福建省创新推出掌上党建平台，开创党建工作数字化的先河。在省委组织部的牵头之下，福建省政府与当地电子信息集团共同推出党员教育管理综合服务平台（"党员e家"）。"党员e家"是全国首

---

① 省直部门：经省级机构编制委员会批准设立的各省直行政事业单位，主要分为党委、政府、人大、政协、民主党派、群众团体、检察院、法院等几类。资料来源：https://baike.so.com/doc/1716478-1814669.html。

② 资料来源：中央党校（国家行政学院）电子政务研究中心：《数字政府发展报告（2019）》，http://www.egovernment.gov.cn/art/2019/8/2/art_194_6195.html。

③ BAT，B指百度、A指阿里巴巴、T指腾讯，是中国三大互联网公司百度公司（Baidu）、阿里巴巴集团（Alibaba）、腾讯公司（Tencent）首字母的缩写。资料来源：https://baike.so.com/doc/1449025-10496249.html。

④ 资料来源：《福建日报》，http://www.gov.cn/xinwen/2019-05/09/content_5389895.htm。

⑤ 资料来源：福建省人民政府，http://www.fujian.gov.cn/zc/zxwj/szfbgtwj/202006/t20200604_5292134.htm。

个省级综合性党建信息化平台，兼具党员教育、管理、服务等多项功能。该平台为福建省传播党的声音、凝聚党员群众提供了有力支持，也为全国党员管理信息化工程建设提供了有益的探索。①

4. 中国数字化治理发展的关键路径总结

关键路径1：政府出台数字政府战略，用科学的战略引领政府数字化治理工作推进。

数字政府建设需要政府进行前瞻性部署，也需要政府与社会各界齐心戮力、精诚协作。数字政府战略规划为数字政府设立了阶段性目标、规划了建设路径，是建设数字政府的重要指导文件。缺少战略引领的建设是没有章法的盲目推进，只有用战略引领才能有步骤有条理地增强政府数字治理能力。我国广东、浙江、福建等地相继出台了数字政府战略规划（见图5-7），为数字化治理谋篇布局。

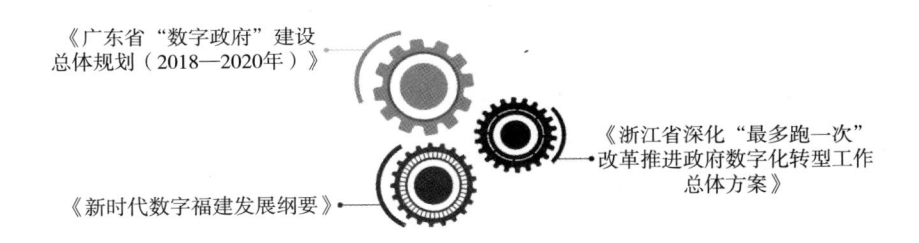

《广东省"数字政府"建设总体规划（2018—2020年）》

《浙江省深化"最多跑一次"改革推进政府数字化转型工作总体方案》

《新时代数字福建发展纲要》

图5-7 部分省市数字政府战略规划

近年来，部分省市政府在落实数字政府战略规划的过程中形成了具有各自地方特色的发展模式。例如，广东省建立起"政企合作、管运分离"模式，浙江省注重"优化用户体验"。具有代表性的各省市在制定数字政府战略时都立足当地的具体实际，围绕各行政区域内部的功能定位出台了科学、合理的战略。由此可见，政府做好数字治理的顶层设计工作，用前瞻性战略和具有地方特色的政策引领数字政府建设是实现数字化治理的重要路径。

关键路径2：政府通过搭建数据资源共享体系打破公共数据领域的

---

① 资料来源：快资讯，https://www.360kuai.com/pc/969e8f76c51fe2333?cota=4&kuai_so=1&tj_url=so_rec&sign=360_57c3bbd1&refer_scene=so_1。

数据割据[①]、消除数据孤岛[②]。

实现数字化治理的重要途径是畅通数据流动、共享渠道，充分发挥数据资源的价值。数据割据和数据孤岛现象是阻碍数据开放、融合、流动的主要因素，不仅制约了电子政务发展，也是对数据资源的极大浪费，并增加了数据安全防范的难度。综观成效显著的数字化治理案例可知，政府对政务数据的集中利用有利于催生"裂变"效用。构建全社会数据自由交换、开放共享的体系是提升数字治理能力的不二法门。综上可知，数字政府建设成果斐然的省市在数字化治理过程中大多以电子政务、智慧城市为基础，破除数据流通壁垒，建立数据确权、分类、流通、交易机制，从而加快公共数据集中和共享，推动公共数据与企业积累的社会数据之间的共享共治，将数据资源的价值发挥到极致。因此，政府通过搭建数据资源共享体系打破数据割据和数据孤岛是中国数字化治理的关键路径之一。

关键路径3：政府创新与数字企业的合作模式共同推进大数据的智能化应用。

大数据是价值创造的有效形式。一般政府只是单向地给公众提供服务，而这些服务并没有精准地与社会公众的实际需求相对接。数字政府相比一般政府的优势在于数字政府通过数据分析有效地获取公众需求。综观我国各项成功的数字政府建设实践可知，与数字企业合作是政府促进自身数字化转型的普遍选择。值得注意的是，大数据智能化应用的中心是广大社会群众，数字政府治理的核心环节是公共服务领域的数字化。因此，在与数字企业达成合作后，政府应着重提高数字技术的应用能力。政府应当积极运用大数据技术捕获公众需求，完善自身服务职能，并通过大数据技术对政府工作进行科学合理有效的评估。此外，政府也可以通过对数据的挖掘获得"一手资源"，更精准、更有效地制定产业、区域发展战略。

关键路径4：政府打造全方位与宽领域的智慧民生服务体系，创新数字政府服务模式。

---

① 数据割据：数据相互独立，无法顺畅流通。
② 数据孤岛：数据间缺乏关联性，数据库彼此无法兼容。

根植国家战略、借力数字科技、面向民生福祉的数据驱动治理创新是中国数字化治理的重要发展途径。党的十九大报告提出："增进民生福祉是发展的根本目的。"习近平总书记强调："要运用大数据改善和保障民生。"夏义堃（2009）对中外政府网站公众接受与利用状况的研究结果表明，政府网站的使用率主要取决于网上服务对公民生活品质提升的影响。由此可见，基于公众需求和时代呼声的机制体制创新有利于提高政府治理能力。各地政府在具体实践中也高度重视打造具有区域特色的代表性民生服务模式，以推进电子政务为重要抓手，为广大群众提供便捷与智能的公共服务。

关键路径5：政府着力提高公务人员的数字素养和数字能力，优化服务职能。

公务人员的数字素养高低主要是指部门领导和员工是否具有相应的数字思维和数字技能。公务人员具有数字思维意味着其对数字化具有清晰的认识，并具有宏观统筹思维。公共部门的领导干部对数字化的认识直接决定了其推进数字化的决心和方略；宏观统筹的思维则有利于领导干部制定根本性的数字化战略，将本部门的数字化融入数字化政府的全局建设中，并从部门的实际出发，将数字化与部门特点融合，制定符合部门特色的数字战略。政府提高领导层的数字素养有利于更有效推进数字化建设，同时也有利于数字化成果转化，提高政府管理水平，从而更好地为民众服务。部门职员对数字化的认识程度决定了其对数字化的信心，影响其参与的积极性。部门职员对数字化有进一步了解后可能会减少对未知工作的担忧，也有利于了解自己在数字化进程中的地位和作用，使更多公务人员积极为数字化建言献策。公务人员掌握数字技能则意味着其需要具有一定的数据处理和运用能力。我国政府一般通过与数字企业联合培养以及独立培养的方式扩大数字人才队伍。除了与企业合作吸引具备数字技能的高端人才，政府培养一支独立的数字人才队伍也具有现实必要性。各省的成功实践均表明，具有较高数字素养的公务人员队伍有利于提高政府行政管理效率，有利于探索创新更高效的治理模式，有利于树立政府公信力。政府着力提高公务人员的数字素养，优化服务职能是促进我国数字化治理的关键路径之一。

第二节　数字经济发展的趋势研判

作为一种新型的经济形态，数字经济方兴未艾，具有广阔的发展前景。在前面的章节中我们已经研究了数字经济发展的现状与存在的问题、数字经济发展原则与发展水平测度、数字经济发展的重要影响要素及其作用机制和数字经济发展的关键路径。在此基础上，下文将对数字经济发展趋势进行研判。

一　全球数字经济发展的趋势研判

当下，全球数字经济处于高速发展阶段，但不同国家或地区、不同产业中的数字经济发展程度参差不齐。各国未来将力争发挥优势，弥补短板，促进生产效率和政府治理效率提升。

（一）全球数字产业化发展的趋势研判

数字产业化作为数字时代发展的基础和先导，是推动各行各业进行数字化转型的关键性支撑。我们将全球数字产业化发展趋势总结为：信息通信技术将加速创新，领军企业在全球数字产业化提质中的价值将进一步凸显，信息服务业将占据越发重要的地位。下文将对上述趋势所包含的三个层面逐一进行阐述。

趋势1：信息通信技术加速创新，计算模式、能力部署、开源模式成为信息通信技术重点发展领域。

当前，全球数字产业化领域的科技创新密集活跃，各类数字技术不断探索新的发展路径，计算模式、能力部署和开源模式成为信息通信技术重点发展领域。

计算模式从通用架构走向专用架构。当前，人工智能技术得到了越来越广泛的应用，数字产业化各行业需要处理的数据量出现了"爆发式"增长，数据计算模型的复杂度也有了大幅度提高。这些都使各领域对于算力的需求大幅度提升，使长久以来算力的供需平衡被打破。此外，基础工艺升级速度日益放缓，也为专用计算架构的创新升级提供机遇。传统的计算技术升级多依赖提升主频、堆叠①多核和增强密度等固有路径，但光刻等低纳米制造工艺的不成熟难以帮助晶体管尺寸趋近物理极限，芯片热累积效应②的指数级增长也限制了主频的持续提升。因此，专用计算架构将创新重点聚焦在指令系统精简、芯片集成设计和访存结构优化等方向。③ 谷歌、英特尔等龙头企业不约而同地选择了多核并行或模块化设计的思路来构建专属 ASIC 芯片。如谷歌将张量处理单元（TPU）引入脉动阵列④，而英特尔的 Nervana 神经网络处理器则非常具有创造性地使用基于模块化的处理集群阵列来加载视觉处理单元（VPU）。⑤

能力部署从云端向边缘场景下沉。从需求侧来看，低延迟、高吞吐的业务诉求对数据处理提出了更高要求。当前市场关注度最高的物联网与边缘 AI 技术的应用场景集中在智能安防、智慧交通、无人驾驶等领域。这类应用普遍要求在较短的时间内完成数据的密集捕获、实时处理和交互反馈。为了适应万物互联的新数据模型，创新应用的解决方案必须选择将大部分的计算任务由中心云端向终端侧分发和下沉，以满足智能服务在海量连接和快速响应等各方面的协同。⑥ 从供给侧来看，嵌入式系统、移动网络、智能芯片等技术的进步，极大地提升了边缘侧的综合效能。一方面，SoC 片上系统⑦的日益成熟和 ASIC 智能芯片的规模化量产，将基础算力下沉到终端侧。例如谷歌的 Edge TPU 芯片采用低位宽定点运算单元，广泛适用于边缘侧推理任务。⑧ 另一方面，运营商

---

① 堆叠：将一台以上的交换机组合起来共同工作，以便在有限的空间内提供尽可能多的端口。
② 热累积效应：电通过热效应对组织产生作用。
③ 资料来源：中国信息通信研究院：《数字中国产业发展报告（2020）》（信息通信产业篇），http://www.caict.ac.cn/kxyj/qwfb/bps/202005/P020200518608842463758.pdf。
④ 资料来源：维基百科，https://zh.wikipedia.org/wiki/%E5%BC%A0%E9%87%8F%E5%A4%84%E7%90%86%E5%8D%95%E5%85%83。
⑤ 资料来源：维基百科，https://en.wikipedia.org/wiki/Nervana_Systems。
⑥ 资料来源：中国信息通信研究院：《数字中国产业发展报告（2020）》（信息通信产业篇），http://www.caict.ac.cn/kxyj/qwfb/bps/202005/P020200518608842463758.pdf。
⑦ 片上系统：在单个芯片上集成一个完整的系统，对所有或部分必要的电子电路进行包分组的技术。
⑧ 资料来源：搜狐，https://www.sohu.com/a/256926985_100095143。

对边缘侧使能技术①加强集成部署,为边云协同提供了综合解决方案。比如电信运营商的 MEC 提供了异构终端设备与 SDN 网络之间的高效联动,其商用测试结果得到了良好的市场反馈。②

开源创新从软件平台向硬件设计扩展。开源开放作为数字时代的重要生产组织模式,改变了全球信息技术产业的创新链条和发展格局,其影响力由软件领域向硬件领域加速扩散。在软件方面,开源生态充分发挥了访问便捷性、传播广泛性和协作灵活性等优势,基本上全面覆盖了各门类软件。开源开放始终占据云计算、人工智能等新兴软件的先导地位。作为实施标准的 OpenStack、Hadoop 等开源项目,经过长期行业实践,持续保持稳定的市场增速和技术活力。在硬件方面,受限于扩展弹性差、迭代成本高等因素,硬件开源化的创新进展相对滞后。通过标准的抽象接口和协议流程,硬件开源试图打破厂商之间固有的技术壁垒,间接引导和鼓励硬件提供商向统一规范的开放体系进行迭代研发,并持续向设备固件和硬件系统等底层环境不断探索。③ 开源硬件在 20 世纪 90 年代开展了许多实践活动,但大多止步于概念阶段。直到 2005 年后,OpenCores、Arduino、树莓派等主流开源硬件项目相继出现,开源硬件再次进入产业界视野。④ RISC – V 是现阶段在底层芯片指令层面较有影响力的成功案例,已吸引了谷歌、高通、英伟达等全球范围内 100 余家单位的共同关注。⑤

趋势 2:数字产业化领域领军企业价值凸显。

全球数字产业化正步入稳中向好的提质阶段,数字产业化领域领军企业在其中的价值越发凸显。

全球数字产业化领域领军企业整体增长稳健,效益稳步提升。从企

---

① 使能技术:一项或一系列的、应用面广、具有多学科特性、为完成任务,而实现目标的技术。
② 资料来源:搜狐,https://www.sohu.com/a/251335733_277829。
③ 资料来源:中国信息通信研究院:《数字中国产业发展报告(2020)》(信息通信产业篇),http://www.caict.ac.cn/kxyj/qwfb/bps/202005/P020200518608842463758.pdf。
④ 资料来源:CSDN 技术社区,https://blog.csdn.net/arnoldlu/article/details/12028543?utm_source=blogxgwz7
⑤ 资料来源:RISC – V MCU,https://www.riscv-mcu.com/article-article-show-id-489.html。

业规模来看，数字产业化领域领军企业规模不断扩大，在各行业领军企业总规模中的占比不断增加。根据 2019 年由《财富》杂志发布的世界五百强榜单，在全世界一共有多达 55 家数字产业化领域企业上榜，数字产业化领域企业在世界五百强中占比达到 11%。这 55 家数字产业化领域企业总营业额累积共 3.94 万亿美元，在世界五百强企业总收入中占比达 12.1%，收入规模占比相较上一年增长了 8.6%。① 从取得的效益来看，数字产业化领军企业实现的经济效益远高于世界五百强中其他类型的企业。在 2019 年《财富》世界五百强中上榜的数字产业化领域企业，净利润总额高达 4132 亿美元，实现的净利润率为 10.5%，远高于世界五百强中其他类型企业 6.1% 的平均水平。世界五百强净利润前两位也属于数字产业化领域，分别为 Micron 和 Facebook。从企业成长的角度来看，数字产业化领域领军企业总体发展态势趋好，前景广阔。在 2019 年《财富》五百强榜单中，超半数数字产业化领域企业排名较去年有所上升，而且在排名提升最快的五家企业中，有两家是数字产业化领域的企业。

全球数字产业化领域领军企业的影响力正在不断增加。从企业估值表现来看，数字产业化领域领军企业广受市场和资本青睐。在全球总市值排名前一百的企业中，一共有 28 家数字产业化领域企业，在这 100 家公司的市值占比达到了接近 40% 的程度。其中有 7 家数字产业化领域企业进入全球总市值排名的前十强。在《胡润百富》发布的全球"独角兽"榜单中，数字产业化领域企业占据了其中绝大多数位置，它们中有很多从事人工智能、金融科技等领域。在全球"独角兽"排行榜中，数字产业化领域企业总估值一共超过了 1.4 万亿美元。② 从品牌价值来看，数字产业化领域领军企业占据重要位置。根据由 Interband 所提供的《2019 年全球最佳品牌 100 榜单》，数字产业化领域领军企业占据了其中将近 30 席位置。③

---

① 资料来源：Fortune, https：//www.fortunechina.com/search/f500beta/search.do?curPage=1&sort=0&facetAction=&facetStr=&key=。
② 资料来源：《胡润百富》，http：//www.hurun.net/CN/Article/Details?num=E7190250C866。
③ 资料来源：搜狐，https：//www.sohu.com/a/357108115_120067802。

趋势3：信息技术服务业在全球数字产业化中占比呈现不断增加的趋势。

信息技术服务业在数字产业化领域企业中占据着越来越重要的地位。一方面，数字产业化领域服务类企业规模占比提升。在全球数字产业化领域市值前三十强企业中，服务类企业有20家，其中有7家服务类企业进入前十强。[1] 在近年来上榜《财富》世界五百强的数字产业化领域企业中，服务类企业在数量和总收入方面均呈现赶超制造业企业的趋势，而且从2017年以来服务类企业开始巩固对制造业企业的占比优势。[2] 另一方面，企业对信息技术服务业务越发重视。从企业所涉及的业务来看，以云计算、内容服务等为代表的新兴信息技术服务业务成为数字产业化领域企业布局与转型的重点。如微软大力布局云计算和企业级服务，并借此帮助企业完成关键的战略转型升级；苹果也正在着力耕耘自己的软件服务业务和数字内容业务，并以此作为企业进一步发展的重要增长点。

信息技术服务业在国际性贸易中的占比呈现出逐渐增长的态势。在2018年，信息技术服务贸易总对外出口额度6065亿美元，与2017年相比增加了15%，是整个服务贸易中最具有活力的细分领域。从信息技术所涉及细分行业来看，计算机服务贸易规模最大且交易最为活跃：2018年计算机服务贸易出口总额在信息技术服务贸易中的占比达到78%，与2017年相比实现了17%的高速增长。信息服务在信息技术服务贸易中的占比虽然只有6%，但与2017年相比实现了15%的增长，具有广阔的发展前景。在2018年，过去几年连续负增长的传统电信服务实现了4.4%的增速，在一定程度上提振了行业发展信心。从不同地区信息技术服务业来看，欧盟信息技术服务贸易最为活跃，2018年出口额达3285亿美元，与2017年相比增长15%。印度依靠自身已有的IT服务优势位居信息技术服务贸易第二，中国则以471亿美元的信息

---

[1] 资料来源：中国信息通信研究院：《数字中国产业发展报告（2020）》（信息通信产业篇），http：//www.caict.ac.cn/kxyj/qwfb/bps/202005/P020200518608842463758.pdf。

[2] 资料来源：Fortune，https：//www.fortunechina.com/search/f500beta/search.do?curPage=1&sort=0&facetAction=&facetStr=&key=。

技术服务贸易出口额位居第三，与 2017 年相比增长 69%。①

(二) 全球产业数字化发展的趋势研判

由于数字化融合在三大传统产业中的侧重点不同，全球各个国家的基础设施建设水平与大众数字素养等也因地区经济发展水平不一而参差不齐，因此未来产业数字化的发展趋势将因产业重要程度及地区经济发展水平不同而存在差异。

趋势1：农业方面，发达国家将加快数字技术应用，而发展中国家仍将聚焦于数字基础设施建设水平和农民数字素养水平的提升。

发达国家将加快数字技术在农业生产中的应用。前文提到，区块链、农业机器人等高新数字技术已在发达国家的农业应用中取得了一定成效，积累了许多经验。这些国家也拥有较为优越的自然条件与充足的资金支持，为农业数字化进一步发展奠定了基础。随着农业数字科技的进一步成熟，未来大数据分析、物联网等技术将实时、实地收集农产品健康数据并进行分析，使农民以及供应链上的其他参与者对产品有更深入的了解，以帮助他们调整生产经营活动。这些技术也可被用在天气预报与分析上，为农民提供预警信息，帮助他们更有效地应对气候变化给农作物带来的不利影响。机器学习、人工智能等技术也将赋能农业，提高分辨农作物品种的精度，进行农作物疾病探测与控制，以保障农产品质量安全。

发展中国家未来仍需聚焦于提升数字基础设施建设水平和农民数字素养水平。发达的数字基础设施是实现数字化农业粮食系统的先决条件。② 在中东、北非，尤其是撒哈拉以南非洲，手机用户覆盖率与智能手机使用率均显著低于世界平均水平，且当地农民受教育程度较低。这些问题导致当地农民很难享受数字经济发展带来的红利，无法运用数字技术以提高生产效率，从而使当地农业发展水平与世界其他地区差异巨大。为了缩小差距，当地政府在未来将致力于建设数字基础设施，并完善教育与配套服务，注重培养民众的创新精神，给农业数字技术应用创

---

① 资料来源：UNComtrade，https：//comtrade.un.org/。
② 资料来源：联合国粮食及农业组织：《农业和农村地区数字技术摘要 (2019)》，http：//www.fao.org/3/ca4887zh/ca4887zh.pdf。

造更有利的环境。有些国家已开始行动，如非洲国家科特迪瓦就于 2019 年与瑞士组织 Seedstars 合作开展了一项孵化计划，为参与计划的年轻人提供数字技能辅导课程以支持他们创办农业公司。①

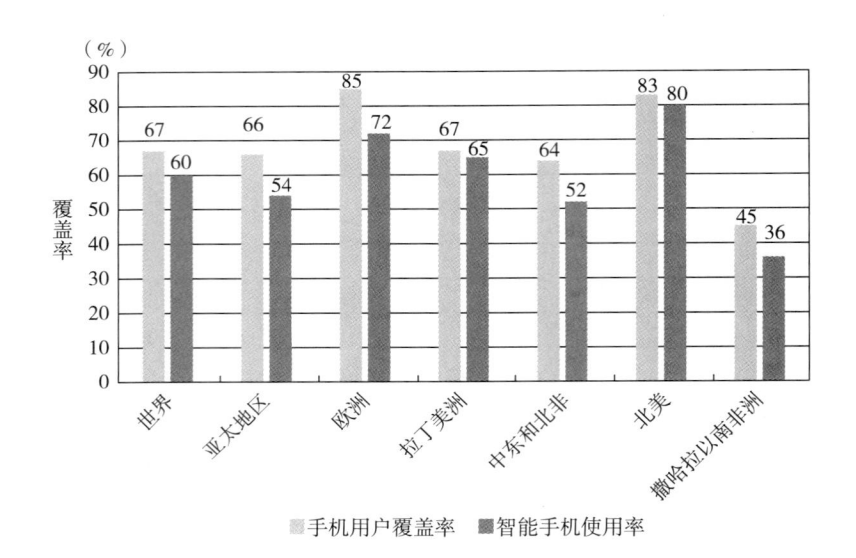

图 5-8　2018 年按区域划分手机用户覆盖率和智能手机使用率

资料来源：全球移动通信系统协会，2019。

趋势 2：工业方面，工业数字化将在企业乃至产业链中进一步融合，各国也将加大数字复合型人才的培养力度以应对工业数字化带来的激烈竞争。

未来工业数字化将朝着工业信息与企业活动进一步融合的方向发展，这将主要体现在产品定制化、数字孪生和企业组织结构变革三个方面。第一，随着经济社会发展，用户定制个性化产品的需求日益增长，也意味着生产模式正逐步转变为以消费者为中心。② 未来的工业将以用户需求为导向，借助工业互联网、物联网等数字技术感知用户需求，并

---

① 资料来源：中非英才中心，https://mp.weixin.qq.com/s/Tk6AGy4SFdCIxpzk6nmW_w。
② 资料来源：中国电子学会：《全球工业数字化转型发展趋势及中德合作前景展望》，https://www.cie-info.org.cn/site/content/3281.html。

在供应端实时响应，实现个性化、定制化生产。第二，数字孪生将被更广泛运用。数字孪生是指利用数字技术对物理实体对象的特征、行为、形成过程和性能等进行描述和建模的过程和方法（庄存波等，2017）。借助数字孪生技术，企业可以对产品研发、制造等各流程进行仿真模拟，以便优化产品生产过程。随着虚拟现实（VR）、人工智能等技术的进步与应用推广，企业将进一步运用数字孪生技术将无形的信息与有形的实体产品相结合，构造更高效的生产链条。第三，企业组织结构也将因数字化而发生变革。在大数据、云计算等数字技术加持下，机器将提供更多决策依据与建议，加速企业去中心化进程。数字化能减少工人工作量，既提高传统大型车间工作模式的生产效率，也能推进部分企业的生产模式扁平化，形成高效小型生产团队。

工业数字化除了在企业中进一步发展，未来还将贯穿整个制造业产业链。新冠肺炎疫情危机下，一些国家口罩、防护服等应急医疗物资紧缺反映了完整产业链的重要性。诚然，数字化工业企业在此期间可以通过自动化生产等方式抵御因工人停工带来的冲击。但是，一家企业的数字化无法完成整条产业链的生产过程，也难以生产出整条产业链在正常情况下的产量，更不足以降低疫情期间大范围停工停产给全社会造成的巨大经济损失。因此，唯有全产业链上下游协同，进行信息与物资的共享与互助，才能重启经济。因此，未来各个国家或将推动数字化对全产业链各个生产部门赋能，构建更完备灵活的制造业体系。

工业数字化进程提高了各国的工业实力，但也加剧了国家间的竞争。为了加快实现工业数字化转型，各国未来将更加注重数字复合型人才的培养。工业数字化转型过程涉及数据收集、处理、分析，以及智能设备的开发、应用等，这要求从业者具备一定的数字素养和机器实操能力。而目前复合型人才稀缺的问题在各个国家都普遍存在，这已成为各国工业数字化进一步发展的掣肘之一。由于当前国际疫情形势尚未缓解，人员流动受到限制，主要发达国家的留学政策也不稳定，因此在未来一段时间内，全球各个国家的数字复合型人才培养将更多地集中在国内进行，或依赖于与邻国、友邦的区域间教育合作，以达到取长补短的目的。一些发达国家率先对数字复合型人才的培养作出了规划，如新加坡在 2018 年发布的"数字化能力蓝图"中就强调要进一步提高国人数字技能，并设立科技中心，着重培养数字人才。[①]

趋势3：服务业方面，各国政府将重点发展公共服务数字化，而企业将以用户需求为导向进行数字化转型。

对于各国政府而言，继续推动医疗、教育等公共服务的线上线下一体化，推动电子政务平台的建设，将是未来公共服务数字化的重要方向。新冠肺炎疫情危机下，医疗资源稀缺性与不平衡性受到国际广泛关注，偏远地区医疗水平低的问题更关乎千千万万各地民众的生命健康安全。随着5G等技术发展，远程高清会诊、医学影像传输等远程医疗服务将有效缓解偏远地区人们看病就医难的问题，智能化的医疗器械和终端设备也将加快普及。[②] 各国政府部门将发挥好引领者的角色，推广数字医疗服务，为保障民众健康而构建更便民、更智能的医疗体系。同样，通信技术发展也为线上教育提供了更多可能性，未来有望帮助教育资源较为稀缺的国家或地区进行教学模式的转型，从而实现教育水平的提升。例如，在疫情期间，钉钉、Zoom等视频软件被广泛运用于线上教学，打破了传统教育模式下师生面对面上课的空间限制。这将鼓励各国政府部门推广线上教学模式以普及教育，提高教育公平性。

对于企业而言，继续运用数字技术以精确满足用户需求将是企业未来的主要目标。用户需求具有多样性、复杂性、独特性，这些性质可能形成由大量个性化、小众需求构成的"长尾"市场。企业将进一步运用大数据、机器学习等技术，挖掘"长尾"市场中用户的个性化需求并进行整合，化零为整，形成较大的服务对象群体以实现规模经济。企业运用数字技术以进行管理或业务流程改造将有利于服务业企业进行线上运营，降低线下运营所需的租金、人力资源等成本，防范网络发展对实体经济产生的冲击与风险，从而在日趋激烈的竞争中获得优势。

（三）全球数字化治理发展的趋势研判

全球各国虽然数字化治理水平参差不齐，但是它们的发展规律存在一致性。如今世界许多国家在推动自身数字化治理中有相似的发展趋

---

① 资料来源：中国电子学会：《全球产业数字化转型趋势及方向研判》，https：//www.cie-info.org.cn/site/content/3455.html。
② 资料来源：互联网医疗健康产业联盟：《5G时代智慧医疗健康白皮书》，http：//www.cbdio.com/image/site2/20190725/f42853157e261ea38ebb51.pdf。

势。下文将阐述全球数字化治理发展趋势。

趋势1：各国数字化治理发展将更加注重以服务公民为核心。

梳理世界上主要国家的数字化治理发展历程与现状可知，在政府数字化治理水平达到一定程度时，各国都越来越注重提高电子政务的质量和服务公民的水平。

政府数字化治理发展以服务公民为核心的趋势表现在治理思想的改变。政府的线上服务主要包括信息发布、在线事务处理、电子参与和在线交流互动等（朱锐勋，2017）。过去，各国建设数字政府、推动治理数字化的主要目的是将在线事务处理作为政府事务的主要办理方式，以节约成本和公民办事时间。而随着数字化治理的不断发展，各国政府的服务重点逐渐转向了提高服务质量和用户满意度。政府发展数字化治理将更多地从用户需求出发，促使政府从公民的"领导者"角色向"服务者"转变，对人们的需求有更好的回应。

政府以服务公民为核心的趋势还体现在对用户隐私和个人数据保护方面。随着政府服务数字化发展，公民的个人信息将在线上储存。各国政府在提供优质与个性化服务的同时，也出台相关的法律法规，并通过改进技术手段来保障用户信息安全。这正在成为世界各国的普遍做法。2013年，新加坡颁布《个人资料安全法律》，并于4年后对其进行更新，保证网络环境中个人信息不被违规收集或随意使用。美国政府将区块链技术应用于电子投票网站、民政平台等网络平台，以保证公民信息的安全。政府对公民数据和隐私的保护不仅维护了网络秩序，还加强了公民对政府及电子政务的信任，对数字化治理发展起到积极的推动作用。由此可见，保护公民个人数据和隐私成为各国数字化治理发展的新趋势。

趋势2：各国政府将构建更开放、协同的治理模式。

随着政府数字化转型进一步深入，开放、协同的管理模式成为各国数字化治理新趋势。韦斯特（2011）认为，从在线服务的角度，可以将数字政府的发展区分为四个阶段，即"公告板"阶段、"部分服务提供"阶段、"带有安全可操作性和整体性服务的门户网站"阶段和"互动式民主"阶段。其中"互动式民主"阶段重点强调了政府数字化治理过程中公民的参与，是当下全球各国数字化治理的发展趋势。目前，世界各国纷纷制定开放政策，督促政府部门全面、主动公开政府信息和政务数据，保障公民对于国家治理的知情权；通过开放数据资源的共享激发经济社会的创新活力。各国政府依靠平台，提供更加便利的线上意见反映渠道，增加公民和政府之间的沟通，让政府能够更好地了解公民的需求，提高公民的参与度。打造开放的政府平台、将更多的权利交给公民成为了全球数字化治理的发展趋势。

二 我国数字经济发展的趋势研判

从我国层面来看，我国数字经济的发展趋势既与全球图景相符合，又具有自身的独特性。下文将重点阐述中国数字产业化、产业数字化和数字化治理的发展趋势，并对我国数字经济发展趋势进行研判。

（一）我国数字产业化发展的趋势研判

我国数字产业化发展的趋势主要为由规模红利期转向创新驱动和高质量发展期、信息技术服务占比提高、产业聚集化发展。

趋势1：我国数字产业化从规模红利期转向创新驱动发展期。

自主创新是赶超世界技术前沿的主要方式，也是提高生产效率、促进经济增长的重要环节（李静、楠玉，2019）。我国基本的网络普及以及相关基础设施建设已经初有成效，数字产业化的规模效应已经不是可持续发展的主要动力，只有技术进步才能真正推动数字产业化的长远发展。虽然我国近年在技术创新方面取得了一些突出成就，但我国仍然远未能全面掌握数字经济各领域的核心技术，许多核心零部件、设计图纸、系统软件、计算机和手机芯片等基本都依赖进口。[①] 在数字经济快速增长、人们生活方式发生改变的背景下，高性能计算、量子通信、人工智能、云计算、5G通信等新一代信息技术创新需求旺盛，在技术研发、应用等环节都具有非常大的进步和创新空间。创新驱动模式下，信息通信产业积极推动高端核心技术的发展，降低对外国先进技术的依赖性，降低生产成本，创新业务模式，释放经济增长新动能（唐松等，2020）。

趋势2：我国数字产业化进一步向高质量发展转型。

---

① 资料来源：中国信息通信研究院：《中国数字经济发展与就业白皮书（2019年）》，http：//www.caict.ac.cn/kxyj/qwfb/bps/201904/t20190417_197904.htm。

第五章　数字经济发展的关键路径和趋势研判

数字经济作为我国经济中具有活力的关键成分，需要优化升级产业结构，进一步向高质量发展转型。数字产业化的生产、经营模式特别是外贸定位需要从"中国制造"转向"中国创造"，避免出现低端过剩而高端不足引发的利润持续下滑的现象。在高质量发展阶段，产业竞争环境将更加健康有序，企业将有可持续发展的前景，在全球市场获得更高的品牌知名度和产品竞争力。① 结合数字产业化规模化阶段已经基本完成的特点，我国数字产业化将从过度重视经济增长速度向注重经济发展的质量和效益转变，强调与社会的协调发展，强调让数字产业化在更多经济领域开花结果（柳卸林等，2017）。

趋势3：信息技术服务在我国数字产业化中占比提高。

在信息和通信技术行业内部，电信服务业和电子信息制造业的附加值有下降的趋势，而信息技术服务的附加值有上升趋势，而且预计这两个趋势还将继续。② 这是因为数字产业化细分行业中电信业和电子信息制造业都具有较多传统产业的成分和特征。电信业和电子信息制造业的经营模式重资产低利润，而且它们的规模已经较大，在技术变革发展之后增长空间相对有限。总体上看，电信业和电子信息制造业增长速度比数字经济的增长速度慢，而软件和信息技术服务业、互联网和相关服务业增速较快。2019年电信业和电子信息制造业的收入比2018年分别高出15.4%和21.4%。为了保持数字经济持续增长，我国数字产业化中以低端产业为主的增长将要转换为以高附加值产业为主的增长，以工业为主的增长也将转为以服务业为主的增长（柳卸林等，2017）。相比电信业和电子信息制造业，信息技术服务市场潜力大、发展空间大、利润率高，是未来数字产业化重点发展的领域。

趋势4：我国数字产业化产业聚集化发展。

数字产业化容易产生在经济发达地区聚集的趋势。第一，我国经济发达地区拥有更完善的信息基础设施和更完整的工业制造业产业链。这些地区进行大规模信息基础设施建设时，能够直接带动当地ICT制造业

---

① 资料来源：中国工业和信息化部：《中国电子信息制造业综合发展指数报告（2019）》，http://www.miit.gov.cn/n1146290/n1146402/c7640404/content.html。

② 资料来源：OECD, OECD Digital Economy Outlook 2017, http://www.oecd.org/sti/oecd-digital-economy-outlook-2017-9789264276284-en.htm。

规模增长。第二，ICT 服务业也有聚集发展的趋势。目前，北上广深等一线城市具有信息基础设施完善、消费需求庞大、数字人才集中和融资渠道多等显著优势，能够有效地为大型企业的数字化升级需求和中小微企业与个人的创新创业需求服务。同时，发达地区不仅有更高的互联网普及率、更全面的网络监管保障和更高水平的网络质量，还可能有更低的网络资费水平，使互联网企业能够在服务器所在地提供辐射全国甚至全球的服务，容易催生聚集的互联网科技园、数据与服务中心。[①] 2019年，互联网服务累计收入最高的 5 个省广东、上海、北京、浙江和江苏在该项服务中共获得收入 9042 亿元，占全国互联网业务收入的 87.1%。而且，2018 年广东（26.5%）和北京（25.2%）的互联网业务收入增速都明显高于全国平均水平。[②] 第三，互联网和相关服务业容易产生平台企业，而平台企业在数据聚集和用户流量的基础上积极开拓多样化业务，积累更多用户，吸纳更多投资，成为巨头企业。因此，互联网和相关服务业有资源和业务集中在少量巨头企业的趋势。而且，现有的互联网巨头已经形成了在北京、上海、杭州、深圳和广州这些发达地区或其辐射区域聚集的局面。这些城市群的配套服务业和信息基础设施又使未来的互联网巨头企业倾向于在这些城市中设点，进一步形成 ICT 服务业聚集化趋势。

（二）我国产业数字化发展的趋势研判

产业数字化向纵深发展是我国数字经济向前推进的必然趋势。整体来看，平台将更广泛地渗透到我国各类行业的数字化转型中，从而发挥更关键的作用。从企业的角度，目前我国数字化转型进度较慢的中小企业将在政府和平台企业支持下加快转型步伐。从产业的角度，我国三大产业将继续深化数字化转型的探索与实践。下面依次对这些趋势进行阐述。

趋势 1：平台在产业数字化进程中发挥支撑作用。

建平台、用平台是我国产业数字化的重要路径之一，也是许多新模

---

① 资料来源：搜狐，https：//www.sohu.com/a/292927080_120054912。
② 资料来源：中国工业和信息化部：《2019 年互联网和相关服务业运行情况》，http：//www.miit.gov.cn/n1146312/n1146904/n1648355/c7676707/content.html。

式、新业态的发展基础。总体来看，平台在我国不同领域发挥信息聚合、资源共享和交易服务的功能，为生产和服务持续赋能。在生产方面，平台一方面通过共享数据资源和数字能力帮助生产主体实现数字化转型，另一方面协调、匹配和整合供应链上下游的企业资源，由此带动行业运作效率提升。在服务方面，平台将相互依赖的不同群体集合在一起，形成低成本高效率的点对点连接（江小娟，2017）。医疗、教育、文旅、养老等服务业态依托互联网平台实现创新升级，进一步满足民众需求。平台作为产业和企业数字化转型的载体，随着数字经济发展，其支撑作用会更加突出。此外，平台及平台资源呈现出聚合趋势，有助于平台赋能质量的提升。例如，以患者为中心的统一医疗平台集合多平台数据，解决互联网医疗发展中患者信息分散的难题。

趋势2：我国中小企业将在政府和平台的帮助下加快数字化转型。

中小企业占我国企业总数的90%以上，它们的数字化转型升级是我国实现新旧动能转换的关键（胥培俭、丁琦，2020）。在需求端，我国中小企业需面对竞争对手的转型压力和消费者的升级需求，对并入数字化轨道有越发迫切的需求。尤其在经历了疫情"原料进不来，产品出不去"的困境后，中小企业进一步意识到应用数字技术提高资源调配能力的重要性。在供给端，我国推行"上云用数赋智"行动，鼓励平台企业开发中小企业转型的解决方案，促进平台企业与中小企业对接。① 在供需两端的推动下，我国中小企业将加快数字化转型步伐，积极挖掘生产运营中的数字化接口，并在平台企业的专业支持下提高管理能力，深化数字技术的应用。

趋势3：我国农业全流程向线上化、信息化和智能化方向发展。

对比工业和服务业的数字化，数字技术与我国农业产业链的融合不够深入（吕小刚，2020）。未来我国将继续探索数字技术在生产、流通、销售等环节上的融合应用，并通过科技创新提高农业数字化水平，补齐数字中国建设的短板。在生产环节，我国农业重点应用物联网、云计算、人工智能等技术对生产对象与生产环境进行全面感知，将经过分

---

① 资料来源：国家发展委员会，https：//www.ndrc.gov.cn/xxgk/zcfb/tz/202004/t20200410_1225542.html。

析后的数据传到生产者的终端，为农业生产提供数字或图像形式的准确的信息依据。在流通和销售环节，我国农业将借助互联网平台进一步打通线上线下销售渠道，农产品线上销售占比继续提高。农业机械设备继续提高性能，朝智能化的方向改造升级，提高农机作业的环境适应力。农业大数据平台和农业云平台加速建设，实现数据资源和分析能力共享，为农业生产决策提供更科学、更低成本的服务支持。①

趋势4：智能制造是工业数字化转型的未来方向。

数字化制造、数字化网络化制造和数字化网络化智能化制造是智能制造的三类基本范式，三类范式逐步更替、升级（吕文晶、陈劲，2019）。数字化网络化制造的应用和推广是我国工业当前的重点任务，也是我国工业数字化转型的未来趋势。我国工业在实现生产设备数字化的基础上，借助工业互联网这一关键基础设施实现数据联网和分析，并逐步打通数据在车间之间、上下游企业之间和产业之间的流通。通过工业互联网的建设，我国工业将加快实现人机物的互联互通，支撑更多的精准化和自动化生产场景。同时，网络化协同、个性化定制和服务化延伸的新模式也将进一步推广，推动我国工业全产业链的数字化升级。

趋势5："互联网+服务"创新发展，形成线上线下良性互动的格局。

我国互联网企业持续深挖消费者使用线上服务的需求，并以消费者为中心不断改善服务质量。疫情之下，在线教育、互联网医疗、线上办公等线上服务新业态焕发强大活力，结合大数据、人工智能等数字技术增强与用户的交互性，个性化服务的能力进一步提升。随着线上与线下传统服务的融合发展水平提高，更多更丰富的优质线下服务资源加速上平台，进一步激发消费活力。此外，我国互联网生活服务平台加快业务拓展或合作，带动更多服务业商家实现数字化转型，为用户打造"一站式"线上消费体验（莫开伟，2020）。

（三）我国数字化治理发展的趋势研判

随着国家信息化建设规划、电子政务建设规划以及"互联网+"

---

① 资料来源：农业农村部，http://www.moa.gov.cn/nybgb/2020/202002/202004/t20200414_6341532.htm。

政务服务行动计划等重大决策部署的不断深化,各地区各部门在数字政府、信息服务和数据治理等方面推陈出新、积极作为,我国数字化治理实践成绩显著。站在数字时代的风口,我国数字政府建设和数字化治理面临无数发展的可能性。未来,我国数字化治理将朝着惠民便民、高效协同的方向发展。

趋势1:数字政府建设将更注重提升广大群众的满意度。

在我国的实践中,广东、浙江、上海、北京等地的数字政府建设深刻体现着以人民为中心的发展思想。由此可以推测,在未来的数字政府建设中,政府将更加注重提升社会公众的满意度。第一,社会公众在数字政府建设过程中的参与度将逐渐提升。社会公众的期待与诉求将更加及时、有效地汇聚到政府建设服务型数字政府的目标上。政府将更加重视社会公众的建议,搭建政府与群众双向互动平台,将群众意见作为科学评估政府绩效的重要度量。第二,国家将进一步提高互联网和宽带网络的普及率,让社会公众能够充分享受数字时代的红利。国家通过加强基础设施建设,最大限度地消弭接入差距导致的数字鸿沟,并切实解决公民在网络接入、数字技能、使用资费上的问题。这将破除社会公众参与数字互联治理的壁垒,让数字时代的红利惠及全体社会公众,提高社会整体信息化水平。

趋势2:网上政务服务一体化应用向智能化、定制化方向发展。

数字技术的创新与应用为网上政务服务更精准地对接社会公众需求创造了可能,智能化、差异化的服务方案纷纷涌现。未来数字化治理或将进一步推进移动政务服务平台建设,提升数字政务服务能力,使政府服务更精准地与公众需求相对接。第一,公共在线服务的范围将进一步扩大,服务的品质也将实现显著提升。我国各级政府将不断扩大政府在线服务的覆盖范围,提供更多元的服务,搭建线上线下、自点到线到端的一体化平台,促进"全网通办"与"一次办成"落到实处。第二,政府将进一步处理协调各数字政府建设主体的权利和责任,充分调动各主体的能动性。在政务服务模式上,政府或将搭建多方治理平台,让各主体参与政务服务的设计环节。政府将充分发挥各主体的特长,出台差异化定制化的服务供给方案,精准对接广大社会群众的需求。在资源获取模式上,政府将创新公众服务的获取路径,使公众能够在安全的环境下快速准确地获取所需的公共资源。第三，政府将借助数字技术赋能政务平台建设。政府将大数据分析、融媒体等数字技术与服务运营相对接，探索个性化服务推送，提供全生命周期服务，强化政府的服务职能。第四，政府将调整内部管理模式，发挥社会各界优质资源的力量，组建一支专家团队。政府将建成一支由政府、学界、社会力量组成的智囊团队，进一步提升政府数字化治理能力，并形成扁平化的管理模式。

趋势 3：公务人员的数字素养与能力在数字化治理中将发挥更重要的作用。

信息化的纵深发展对公务人员的数字素养和数字能力提出了更高的要求，党政各级干部的数字能力逐渐提升为数字政府建设的关键因素。未来，公务人员的数字素养与能力将在数字化治理中发挥更大的作用。第一，党政部门相关公务人员将深度学习领会数字时代数字建设的指导性理论，培养运用信息化手段提升工作效率和质量的能力。此外，王扬（2019）指出，公务人员为更好地促进政府实现数字化治理，将进一步学习如何更准确地把握互联网规律，形成对互联网发展的深刻洞见；同时，公务人员还将增强对网络舆论的引导能力，并通过科技手段切实维护和保障网络安全。公务人员只有具备掌握了这些能力，才能更好地应对数字化治理过程中的常规和突发事件，更好地保障数字政府的治理效果。第二，政府公务人员将利用数字技术或信息化手段推进工作，防范、化解重大风险。防范、化解重大风险是党政干部的重要任务，而数字技术发展可能会引发新的风险，影响社会治理秩序。为此，公务人员应该用数字思维审视现实问题，培养较高的数字素养和数字能力，并用数字能力解决社会治理中的种种困难，全面提高政府的行政效率和社会权威。未来，随着数字经济进一步发展，公务人员在日常工作中与数字技术的联系将更为紧密，其数字素养与能力在数字政府建设中的重要性也将进一步提升。

趋势 4：基于总体安全观的数字政府治理体系逐渐形成。

网络及信息安全问题频发增加了政府进行数字化治理的难度，安全问题在数字政府、智慧社会乃至数字中国建设过程中的重要性越来越显著。在理论和现实的双轮驱动下，我国在数字政府建设过程中将更加关注安全问题，进一步搭建安全可靠的网络平台和坚实有力的数据保护机制，为保障国家整体安全和公共网络信息安全提供有力支持。第一，以国家总体安全观为理论基础的数字政府安全保障体系将逐渐形成。政府将建立健全网络安全和信息安全防范的规章制度体系，从防范、监管到处置都有切实可行的机制，牢牢保障政务业务安全与数据安全，保证数字政府建设有序推进。第二，政府还将采用协调一致的方式确保数字时代的数据隐私和安全，完善数据交换和使用制度。政府将通过采取有效的保护措施，形成多元共治的格局，以协商调和的方式保护数据隐私安全，不断提高数字治理能力。

第六章 数字经济发展产生的社会效应

近年来,数字经济快速发展,推动了传统行业转型,生产效率得以提升。越来越多的信息科技产品融入我们的生活之中,创新创业变得更加普遍,就业、收入差距等民生问题愈加受到重视。随着人们的生活质量得到提高,人们的消费模式也发生着变化。在这些变化之中,数字经济发展扮演了什么角色呢?在本章中,我们将研究数字经济发展产生的社会效应,从多角度讨论数字经济发展对社会发展的具体影响。

第一节 数字经济发展的社会效应概述

数字经济发展对社会发展产生了多方面的影响,其中包含对就业、收入差距、创新创业、消费、医疗、教育、民主监督等方面的影响。

数字经济发展对就业的影响具有双面性。数字经济发展创造了新的就业增长点,促进了新的就业机会大量涌现,但也使部分传统岗位消失或被替代。如图 6-1 所示,近年来政府相关报告研究表明,就业是我国在新时代民生发展的重中之重。在新冠肺炎疫情期间,就业在"六稳""六保"中均排在首位,可见政府对就业的高度重视。一方面,数字经济发展从增加形式、创造新岗位等方面对就业产生了正向影响。数字经济蓬勃发展为新个体经济创造了舞台。新个体经济作为一个新概念,在《关于支持新业态新模式健康发展激活消费市场带动扩大就业的意见》中被首次提出。① 与传统个体经济（如线下开店与摆摊）相对应，新个体经济指借助数字经济发展的个体经济模式，如开网络店铺、进行平台直播等。新个体经济的出现使个体创业的门槛被大大降低，就业机会增多且更加多样化。数字经济相关从业者数量上升，而新个体经济上下游行业的就业岗位也随之增加，如物流、快递行业等（何宗樾、宋旭光，2020）。另一方面，数字经济对就业产生了一些负向影响，如减少传统岗位、增加失业风险等。部分传统岗位逐渐消失或被数字技术替代，原就业人员面临失业与再就业的难题。

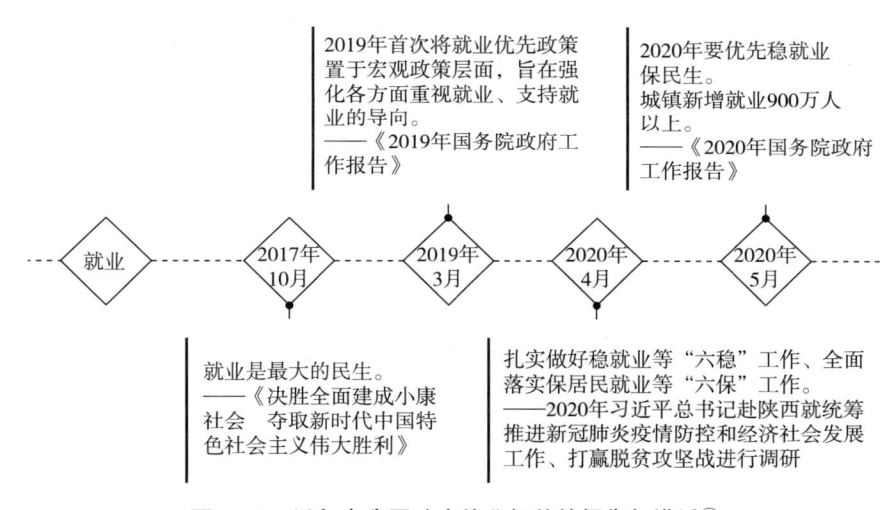

图 6-1　近年来我国政府就业相关的报告与讲话②

数字经济发展对收入差距的影响具有两面性。在网络普及、大众数字素养提高的背景下，数字经济的红利越发彰显。由于数字平台突破了空间限制，伴随数字经济的发展，区域发展不平衡现象得到改善。数字

---

① 全文可见 http：//www.gov.cn/zhengce/zhengceku/2020 - 07/15/content _ 5526964. htm。

② 资料来源：《决胜全面建成小康社会　夺取新时代中国特色社会主义伟大胜利——在中国共产党第十九次全国代表大会上的报告》，http：//www.gov.cn/zhuanti/2017 - 10/27/content_ 5234876. htm；《2019 年国务院政府工作报告》，http：//www.gov.cn/zhuanti/2019qglh/2019lhzfgzbg/；《人民日报评论员：扎实办好民生实事》，http：//yuqing.people.com.cn/n1/2020/0424/c209043 - 31685930. html；《2020 年国务院政府工作报告》，http：//www.gov.cn/zhuanti/2020lhzfgzbg/index. htm。

219

经济发展对收入差距的影响与政府脱贫工作息息相关。如图6-2所示，脱贫作为三大攻坚战之一，一直是政府工作的重点。数字经济发展为完成脱贫攻坚任务提供了新思路。在疫情期间，部分扶贫产品出现了滞销现象，而平台直播"带货"、网络平台开店等手段发挥了积极作用。在贫困地区推进数字技术与第一、第二、第三产业融合发展的举措，有助于支持贫困地区主动"造血"，因地制宜发挥地区特色，拓宽创造财富的渠道。从该角度看，数字经济发展对我国脱贫攻坚、缩小收入差距具有积极的影响。此外，收入偏低的群体使用微信或支付宝等平台，产生了征信记录（周利等，2020）。这有助于金融机构获取该群体的信用信息，有针对性地提供金融服务，在他们创造财富价值的过程中发挥作用。

然而，不可否认的是，数字鸿沟现象扩大了收入差距。互联网技术的普及与应用具有地区、群体层面的差异，未能适应数字时代或未享受数字红利的群体将面临着与其他群体的收入差距进一步扩大的现实。

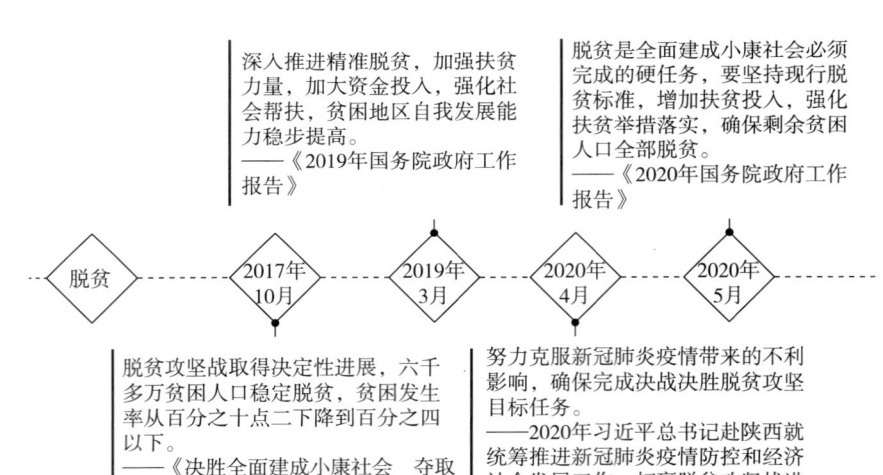

图6-2 近年来我国政府脱贫相关的报告与讲话

在数字经济发展的带动下，创新创业呈现良好的发展前景。数字产业化与产业数字化为创新创业提供了新的市场环境和广阔的发展空间。如图6-3所示，近年来，我国一直强调创新创业的重要性及其对社会发展和经济发展的推动作用。创新是数字经济持续发展中不可忽视的有力支撑，数字经济发展为创新提供了良好的氛围与更广阔的空间。建设科技强国与智慧社会离不开创新。而数字技术与互联网发展将数据共享变为现实,为创新提供了充足的数据支撑与知识储备。重大科技成果如5G、物联网等均离不开数字经济发展。同时,数字技术快速发展使得前沿技术需求扩大,企业被鼓励提高其在数字经济时代中的竞争力,积极进行如核心技术、管理模式、营销模式和产品开发等方面的创新。目前,我国政府大力鼓励创业带动就业,促进青年、农民工等群体多渠道创业,拓宽增收渠道。然而,规模有限的中小企业由于缺乏征信记录,创业过程中可能会遇到融资需求难以得到满足的难题。数字金融的发展为创业提供了新的机遇,创业过程中融资问题得到有效解决。此外,数字支付技术鼓励电商平台发展,在传统产业与数字经济融合背景下,出现了新的创业窗口,为创业者带来了新机遇与新动力。然而,随着越来越多的初创企业在数字经济蓬勃发展时进入市场,创业市场的竞争也会进一步加剧。初创企业在商业模式、核心技术等方面将面临更大挑战。

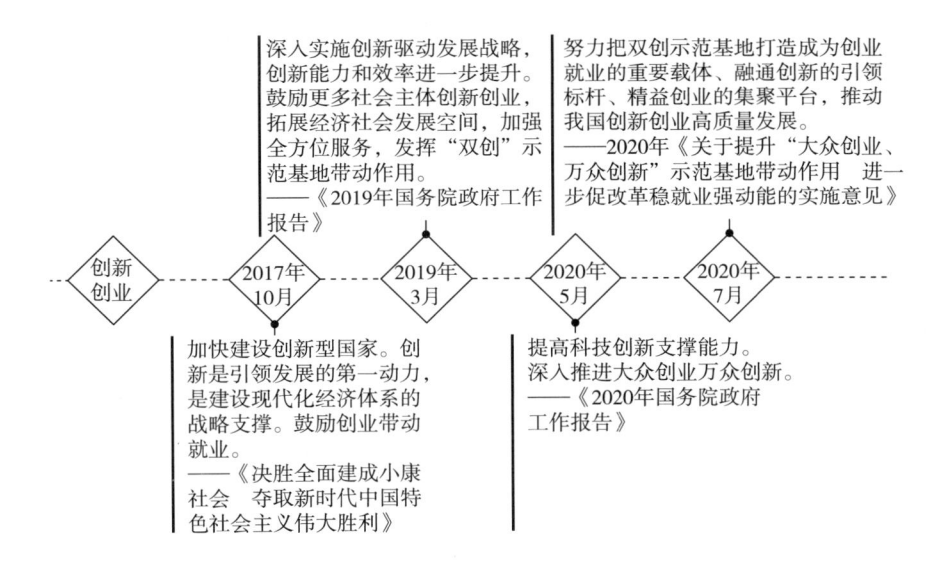

图 6-3　近年来我国政府创新创业相关的报告与讲话[①]

---

① 资料来源:2020 年《关于提升大众创业万众创新示范基地带动作用　进一步促改革稳就业强动能的实施意见》,http://www.gov.cn/zhengce/content/2020-07/30/content_5531274.htm。

数字经济发展对消费的影响是多样且复杂的。数字经济改变了传统的消费方式与消费结构，数字支付技术鼓励了电商平台的兴起与在线消费的迅速增长。足不出户就能选购商品的消费模式，使人们的购物过程更加方便快捷，刺激了日常消费的增长。如图 6-4 所示，消费对国民经济增长的效应引起了政府的高度重视。在疫情期间，数字经济是稳定消费的重要渠道之一。店家的线下销售困境通过网络平台这一新销售渠道得到化解。各大商场也纷纷加入直播"带货"大潮，通过数字技术和平台接触消费者，挖掘疫情期间的消费机遇。例如，银泰百货在 2019 年"双 11"期间与淘宝主播进行互动，销售额总体增长 24.2%[①]；在疫情期间，银泰百货联合淘宝平台开展直播卖货，实现了无接触导购服务。此外，平台所呈现的商品和服务的价格、质量等信息，让消费者拥有了"货比三家"的空间，提高了消费者的议价能力。消费者选择空间的扩大，无形中对商家提出了更高的要求，督促商家提供更加优质的产品和更加细致的服务。不可否认，侵犯消费者隐私与财产安全的现象也日益凸显，引发社会广泛关注。例如，根据中国消费者协会发布的

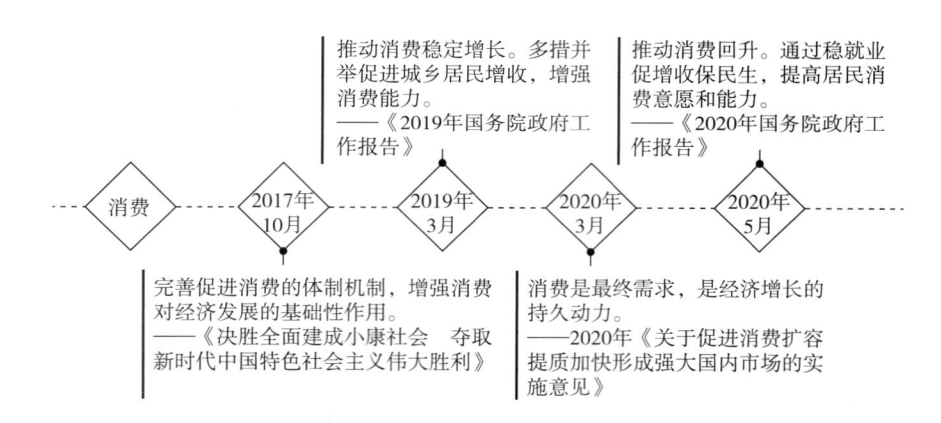

图 6-4　近年来我国政府消费相关的报告与讲话[②]

---

① 资料来源：《商业"思变"：导购成网红商场改直播带货受追捧》，https://xueqiu.com/2594172176/141228563。

② 资料来源：2020 年《关于促进消费扩容提质加快形成强大国内市场的实施意见》，http://www.cac.gov.cn/2020-03/14/c_1585731495962644.htm。

报告，2019年十大消费维权舆情热点中，有相当一部分来自"互联网+"领域。① 其中，"双11"购物节被指规则复杂且包含消费陷阱，反映了数字经济平台的运营问题；AI换脸软件红极一时却涉嫌侵权，反映了公民对个人信息隐私与安全的担忧；直播带货中的消费问题更反映出数字经济快速发展过程中监管力度不足、平台流量造假、产品质量难以保证等多种问题。

除了上述就业、收入差距、创新创业、消费四方面的影响，数字经济发展的社会效应也体现在医疗、教育、民主监督等方面。

教育与数字经济进一步融合，教育模式由传统的面对面教学扩展为面授与数字化教学相结合。教育事业是我国优先发展的重点，以教育大数据为代表的数字技术正在推动教育系统的变革与创新（陈晓红，2018）。线上教学缓解了时间安排和空间教育资源分配不平衡的难题，数字媒体技术与产品在课堂的应用，丰富了教学表达形式。数字网络的普及和数字教育平台的搭建，降低了获取知识的门槛，使教育资源得到了更充分的流动与共享。例如，Coursera、中国大学MOOC、猿辅导、学而思网校等数字教育平台，吸引了各年龄段的学习用户。大中小学课外辅导、职位相关能力培训等在线教育，均呈现出广阔的市场空间。艾媒咨询数据显示，2019年我国在线教育用户为2.61亿人，2020年提高到3.09亿人，同时2020年市场规模将达到4538亿元。② 疫情期间，数字技术运用于在线教育领域，大量新增用户涌现，展现了线上平台教学的广阔发展空间。同时，数字经济与数字教育的融合有效帮助教师优化教学过程，促进学习者在学业上有更好的表现。随着平台数量增加，数字经济发展对教育行业也产生了一定的负面影响。教育行业在数字化过程中呈现质量良莠不齐的趋势，一些学习者的经济利益蒙受损失。如何促进数字教育健康发展是政府和消费者关注的话题。

数字经济发展促进了医疗健康发展。全方位、便捷化与精准的健康服务在数字经济推动下得以实现。2020年5月，国务院发布的《政府

---

① 资料来源：《2019年十大消费维权舆情热点》，http://yuqing.people.com.cn/n1/2020/0113/c209043-31545729.html。

② 资料来源：艾媒报告：《2019—2020年中国在线教育行业发展研究报告》，https://www.iimedia.cn/c400/68955.html。

工作报告》提到，我国要发展"互联网+医疗健康"协同模式，将数字技术应用落实到医疗卫生环节，为保障百姓健康助力，提高百姓在医疗服务方面的满意度。医疗的数字化与网络化有助于医疗工作者有效采集、存储患者的医疗数据，并构建庞大的医疗数据库，促进病例信息共享，提高医生的诊断正确率。同时，就医环节的网络化有助于简化就医流程，如在线预约排队服务节省了患者的时间。远程医疗问诊与数字云咨询使普通民众能够充分享受先进的医疗资源，有利于实现社会公平。在疫情期间，各省市纷纷推出居民健康码，实现了对居民健康状态的实时监控，有效防范和控制了疫情的蔓延。

人民民主与政府监督在数字化治理中得到推动。伴随智慧政府的建设，百姓监督的渠道更加多样和透明。公民的知情权、参与权、表达权、监督权等权利通过网络传媒与数字平台的进步与发展，进一步得到保障。各级政府积极响应国家推动社会治理智能化的号召，大力推进数字政府建设。政务公开平台、网络举报等多种数字政府举措，使监督政府的过程更加直观透明，人民的发声渠道更加多样。政府机构的网上预约办理等便民服务加快了服务型政府建设，切实提高了人民在政务服务方面的满意度。政府官方的微博号、头条号等多种新媒体渠道让人民真切感受到政府的工作就在身边，保障人民平等参与的权利，推动我国法治建设。同时，开放共享政务数据的平台搭建也是我国治理现代化的重要体现。

结合政府工作着力点，下文将重点论述数字经济发展在就业、收入差距、创新创业与消费四个方面产生的社会效应。

第二节 数字经济发展对就业的社会效应

数字经济作为一种新的经济形态，对就业模式、就业率和就业质量等民生问题存在重要影响。虽然数字经济发展对总体就业率的影响到底是正面的还是负面的尚有争论，但可以肯定的是，数字经济的发展将显著推进就业结构转变。本节将结合现有研究和具体案例，讨论数字经济发展可能对就业产生的影响。

一 相关文献综述

当前数字经济发展对就业的影响的研究可以小结为两种观点：第一，数字技术升级可能导致就业机会减少，中、低技能要求的岗位面临着较高的消失风险；第二，数字经济发展推动了就业形态创新，全新的职业和更灵活的就业方式充分释放了劳动力市场的潜在活力。

以机器人和人工智能为代表的数字技术在企业生产运营中的应用代替了常规性、重复性的劳动，在提高企业生产效率的同时，也引起了人们对就业机会减少的担忧。邵文波和盛丹（2017）从微观角度入手，通过实证分析发现企业信息投入的增加会明显降低企业对劳动力的需求，即信息技术的应用对劳动要素具有"替代效应"，并且这种效应受到市场和地区层面的垄断程度的影响。孔高文等（2020）基于中国2012—2017年地区和行业层面的机器人应用数据，通过实证分析验证了机器人应用导致的"技术性失业"现象。Acemoglu和Restrepo（2020）发现，每1000名工人增加投入1个机器人，总就业和人口比值会降低0.18%—0.34%，总工资减少0.25%—0.5%。

在探究数字经济与就业数量的关系的基础上，一系列研究指出，数字经济发展推动了就业结构的变化，其负面影响主要指向中、低技能的劳动力。孙早和侯玉琳（2019）利用全国层面的宏观数据，验证了工业智能化下就业结构"两极化"的趋势，智能物质资本投入减少了中等教育（中学阶段进入就业市场）人群的就业，增加了低教育（只完成小学或更低水平学业）和高教育（已获得专科及以上学位）劳动者的就业。同时，文献指出，在工业智能化的推动下，服务业对中低技能劳动人口的吸收能力凸显，但新技术应用和新模式推广将会使第三产业逐步呈现高技能偏向型的特点。Autor和Dorn（2013）也通过实证分析验证了这种"两极化"的就业结构。他们还指出，这种现象出现的原因是低技能的劳动力流入了那些需要与顾客近距离灵活沟通的服务岗位，而这些岗位往往不易被自动化的机器取代。Frey和Osborne（2017）进一步预测这种两极化格局在未来将被截断，计算机化主要对低技能要求、低工资的职业产生威胁。

当然，数字经济给就业带来的影响也不完全是负面的。数字经济的发展丰富了工作岗位的种类，也加快了就业市场的供需对接。一方面，数字技术发展和应用提供了大量与新技术互补的就业岗位；另一方面，随之出现的新业态带来了区别于传统工作模式的新就业形态。张成刚和祝慧琳（2017）通过梳理中国劳动力市场中出现的不同于传统就业的就业形态，总结出电商、分享经济和创业三种新型灵活就业模式。数字经济时代下，新业态的发展衍生出了一系列具有新形态、新内容的工作岗位，进而缓解了弱势群体就业困难的问题（张成刚，2016）。生活服务业的数字化为创业和新职业的出现提供了机遇，对整个劳动力市场起到了重要的"稳定剂"作用（吴清军、张皓，2019）。此外，数字技术发展缓解了劳动力配置所面临的信息不完全问题（杨伟国等，2018）。就业平台的搭建为企业和就业者提供了一个实时的、精准的、点对点对接的虚拟空间，使工作和职能可以自动匹配，显著降低了就业市场上供需双方的搜寻和匹配成本（王娟，2019）。

二 数字经济对就业的影响

在现有研究中，学者关于数字经济对就业率的影响是正是负尚无定论，但均充分肯定了数字经济对就业具有深刻影响这一论断。在人类历史上，新经济的发展会带来岗位的消失与出现，而这背后还存在着岗位的转变和工作模式的变化。本节将讨论数字经济对就业率的影响，并进一步分析数字经济对就业结构的影响。

（一）数字经济创造就业机会

数字经济通过创造新岗位、提高现有岗位和劳动力的匹配效率，创造了就业机会，促进了灵活就业。2018年，数字经济为我国创造了1.91亿个就业机会，贡献了全部就业机会的24.6%。[1] 腾讯研究院对新增就业人数的回归分析表明，数字经济发展水平与新增就业人数存在显著正相关关系。[2] 据中国信息通信研究院测算，在我国数字经济就业中，72%是传统岗位的数字化升级，28%是新增岗位。[3]

---

[1] 资料来源：中国信息通信研究院：《中国数字经济发展与就业白皮书（2019年）》，http://www.caict.ac.cn/kxyj/qwfb/bps/201904/t20190417_197904.htm。
[2] 资料来源：腾讯研究院：《数字中国指数报告（2019）》，https://www.tisi.org/15098。
[3] 资料来源：中国信息通信研究院：《中国数字经济发展与就业白皮书（2018年）》，http://www.caict.ac.cn/kxyj/qwfb/bps/201904/t20190416_197842.htm。

1. 数字经济创造新的工作岗位

第一,数字技术进步带来新岗位。数字经济不仅涉及人工智能、大数据分析、云计算等社会关注度高、吸引投资多的高新技术,也涉及硬件制造与软件开发等基础技术。这些技术的研发和商业化推广应用都需要对应的技术人才,而这些需求刺激了大量新岗位的诞生。信息基础设施建设、数字营销、平台经济等环节也产生了大量就业岗位。2020年第一季度,国家人力资源和社会保障部等部门联合发布了工业互联网工程技术人员、智能制造工程技术人员、虚拟现实工程技术人员等16个新职业,其中有9个职业直属于数字经济领域。这是自2015年以来我国政府第二次在官方职业分类中设置新职业。[①] 普华永道的报告指出,未来20年,人工智能带来的经济增长可能促成服务业岗位的新增,新增数量相当于该行业现有岗位数量的50%左右。[②]

第二,传统产业数字化升级以及数字经济与传统产业融合都能创造新就业岗位。在中国经济结构持续转型发展的大环境中,各行业数字转型稳步推进,企业的招聘需求发生了相应的变化。在传统产业特别是农业、工业的数字化进程中,企业需要拥有跨领域知识、技术与经验的数字人才,以推动其转型升级。人工智能、大数据、云计算等新技术与传统行业深度融合,将进一步释放产业活力,创造更多就业岗位,提升社会总体就业水平。在服务业中,网络主播、在线客服、在线医疗人员、在线教育人员和电竞选手等新岗位不断出现。在工业中,传统研发岗位的扩张以及企业IT部门的建立扩大了对技术人员的需求。在农业中,掌握农业航拍、绿色智慧农业、农业大数据分析和智能浇灌等新技术的"新农民"或成一种新职业。波士顿咨询发布报告表明,在数字经济就业与传统就业生态的相互支持、共同发展下,新零售、新金融、新制造以产业融合的形式带动就业。波士顿咨询预计,2035年我国数字经济

[①] 资料来源:新浪网,http://finance.sina.com.cn/china/gncj/2020-03-03/doc-iimxyqvz7353450.shtml。

[②] 资料来源:普华永道,https://www.pwccn.com/zh/services/consulting/publications/net-impact-of-ai-technologies-on-jobs-in-china.html。

领域就业人数会达到 4.15 亿。①

第三，数字经济为配套的服务业创造了一定的新就业岗位。现阶段，许多餐饮娱乐等服务业企业在新兴产业科技园、办公楼周边设立起来。这些餐饮娱乐等服务业企业需要投入更多劳动力，以满足在数字经济环境下程序员、研发人员等人员工作时间长、节奏快的需求。同时，这些生活服务类企业本身开展数字化运营活动也会带来许多新岗位。近年来，在用户规模庞大、消费者数字素养提升等因素的带动下，餐饮外卖、酒店文娱等生活服务行业的数字化改革快速推进，就业创造能力增强。② 例如，以酒店收益管理师、密室剧本设计师、外卖运营规划师、试吃官、点评达人、民宿房东等为代表的生活服务类新职业涌现，对就业有强大的吸纳作用。以网约配送员为例，2019 年，通过美团外卖平台获得收入的骑手总数达到 398.7 万人，按同比口径计算，比 2018 年增长了 23.3%。③ 截至 2019 年，累计有 720 万外卖骑手实现就业增收。④

2. 数字经济提高了现有岗位与劳动力的匹配效率

数字经济背景下，人才供给和需求能够更好地对接，提高了现有岗位的人才资源配置效率，有助于减少摩擦性失业。摩擦性失业是由于资源配置比例失调和信息不充分等问题造成的、以劳动力等待就业为主要表现的失业现象。互联网招聘平台和基于大数据分析的技术运算，能够使招聘方和求职者更好更快地匹配，实现人才供给和需求的有效对接（王娟，2019）。网络的跨空间性为求职者和企业提供了更多选择，使双方能够作出更适合自己的选择。更全面、更透明的信息也有利于求职

---

① 资料来源：波士顿咨询：《迈向2035：4亿数字经济就业的未来》，http://www.199it.com/archives/556376.html。

② 资料来源：美团研究院：《中国生活服务业数字化发展报告》，https://s3plus.meituan.net/v1/mss_531b5a3906864f438395a28a5baec011/official-website/f1d94e0a-ac5e-4de8-ac1a-b6dd9f52cb72。

③ 资料来源：美团研究院：《2019年及2020年疫情期间美团骑手就业报告》，https://s3plus.meituan.net/v1/mss_531b5a3906864f438395a28a5baec011/official-website/ed3e2bb5-13dd-46ca-93ba-30808a1ca852。

④ 资料来源：美团研究院：《中国外卖骑手产业研究报告》，https://s3plus.meituan.net/v1/mss_531b5a3906864f438395a28a5baec011/official-website/436b7305-5db2-4fbb-8ba3-a2295175f4b5。

者和企业加深对彼此的了解。高质量的招聘信息和数据能够提高用人单位与求职者之间的匹配效率,缩短求职者转业转岗的等待时间,缓解摩擦性失业,降低失业率。相比线下集中招聘会、邮寄简历等传统方式,网络招聘凭借其便捷高效的优势成为当前招聘市场的主流模式。根据艾瑞网发布的报告,2019年网络招聘市场规模保持稳步增长,合计营收达到107亿元,雇主数量达486.6万家。[①] 同时,招聘平台提供的人才求职与发展服务更加专业,有效地帮助了求职者提高综合能力,也提高了求职者参与就业的成功率。

数字平台是就业培训的重要渠道。线上职业教育打破了信息和交通的地理空间限制,使职业教育资源的标准化复制和推广变得更加容易。网课、网络博客等新型教学方式帮助求职者提高自身工作技能,学习新技术与应聘技巧,增强就业竞争力。2019年,我国在线职业教育市场规模达到393.3亿元。在线职业教育服务已经开始延伸至三、四线及以下城市。腾讯课堂预计,未来在线职业教育营收将以20%上下的增速持续增长。[②] 2020年3月,为了推进疫情后的复工复产,人社部开展百日免费线上技能培训行动,以帮助待岗工人、就业困难人群以及贫困地区失业人群就业。[③] 截至2020年5月底,该线上技能培训行动已有近1200万名用户进行实名注册。[④] 总之,数字经济的发展有效地减少了摩擦性失业:求职者的综合能力能够通过线上培训实现提升,应聘渠道也更加快捷多元,求职者的沉没成本被极大地降低。

3. 数字经济促进灵活就业

数字经济创造新就业模式和生产工具,降低就业门槛,为更多群体提供更丰富的灵活就业机会。网络信息技术、互联网平台等打破了传统组织边界,向人们提供市场、研发、生产等资源,降低了劳动者进入市

---

① 资料来源:艾瑞咨询:《2020年中国网络招聘行业市场发展研究报告》,http://report.iresearch.cn/report_ pdf.aspx? id =3572。

② 资料来源:腾讯课堂、艾瑞咨询:《2020年中国在线教育平台用户大数据报告——腾讯课堂数据篇》,http://report.iresearch.cn/report/202001/3516.shtml。

③ 资料来源:中国政府网,http://www.gov.cn/xinwen/2020 – 04/08/content_ 5500379.htm。

④ 资料来源:中国信息通信研究院:《中国数字经济就业发展研究报告:新形态、新模式、新趋势》,https://www.sohu.com/a/410236896_ 407401。

场的壁垒。劳动者不必进入传统企业就可以从事经济活动，就业形式变得更加灵活多样。① 根据中国信息通信研究院的报告，数字经济中的数字平台、共享经济和零工经济等成分除了促进常见的雇佣关系型就业外，还催生了大众创业、众包、非全职就业、零工就业等就业新模式。② 2020 年 7 月 31 日，国务院下发指导意见，强调个体经营、非全职制以及其他灵活就业方式是求职者就业增收的重要途径，对开拓就业新渠道、培育增长新动能具有显著作用。③ 电商就业、分享经济就业和创业式就业三种新型灵活就业模式都与数字经济息息相关（张成刚、祝慧琳，2017）。国家推动网络零售、移动出行、线上教育培训、互联网医疗、在线娱乐等数字经济相关行业发展，拓展灵活就业发展渠道，为劳动者居家就业、异地办公、非全职就业创造条件。④ 在灵活就业模式下，企业更容易招聘和调动员工，企业的管理和激励制度更加灵活，一定程度上解决了就业市场的地域性供求不匹配和技能不匹配的问题。而且，在灵活就业模式下，各行业的就业形式和工资支付方式也更具有多样性（张车伟，2009）。灵活就业者的自主选择权利大，工作地点、工作时间和工作内容都可以选择，具有极大弹性。这是因为灵活型就业不是长期雇佣关系，而是兼职、市场交易或合作关系。企业与劳动者的关系向弹性化、短期化趋势发展，劳动者按照任务属性和销售额等获得收益。⑤ 以阿里巴巴平台为例，仅 2020 年第一季度，阿里巴巴平台已累计向全社会提供超过 200 万个灵活就业机会，并还将持续创造数字化工作岗位。阿里巴巴平台上的淘宝卖家以及淘女郎、代运营和 IT 服务

---

① 资料来源：中国信息通信研究院：《中国数字经济发展与就业白皮书（2018 年）》，http：//www.caict.ac.cn/kxyj/qwfb/bps/201904/t20190416_197842.htm。

② 资料来源：中国信息通信研究院：《中国数字经济发展与就业白皮书（2019 年）》，http：//www.caict.ac.cn/kxyj/qwfb/bps/201904/t20190417_197904.htm。

③ 资料来源：中国政府网，http：//www.gov.cn/xinwen/2020 - 07/31/content_ 5531688.htm。

④ 资料来源：新浪：《干货满满！多项就业新政支持多渠道灵活就业》，http：//news.sina.com.cn/gov/2020 - 08 - 03/doc - iivhuipn6489046.shtml。

⑤ 资料来源：中国信息通信研究院：《中国数字经济发展与就业白皮书（2018 年）》，http：//www.caict.ac.cn/kxyj/qwfb/bps/201904/t20190416_197842.htm。

等衍生的服务型工作岗位都是灵活就业的典型。① 2019年，微信平台带动产生了超过1500万个非全职岗位，占微信所创就业机会的近60%，代表着微信就业生态从固定雇佣关系向需求驱动、形式多样的就业方式转变。② 此外，数字经济对女性、老人、低学历者和残障人士等群体的就业有显著的帮助。灵活就业在65岁以上老人和女性中更为普遍。③ 例如，在微信中，基于微信数字化能力的开放，订阅号、小程序、移动支付等数字化生产工具的使用在一定程度上降低了就业门槛，打破了就业的空间、时间和年龄限制。因此，数字技术和数字平台能够有效帮助家庭主妇、中老年失业者和残障人士等群体就业。有数据表明，在微信带动的特殊就业中，女性占比达47.5%，显著高于整体就业人群中女性的比例。④

（二）数字经济造成就业岗位流失

数字经济既可以创造就业机会，也可能减少就业岗位。作为创新驱动的经济形态，数字经济带来的新业态和新技术对就业机会的负面影响也是备受关注的问题。本节将讨论数字经济通过淘汰和取代现有岗位而造成的就业岗位流失。

1. 数字经济造成一些就业岗位消失

第一，技术进步造成一些就业岗位流失。由于技术进步，上一代技术被淘汰，对应的技术岗位以及与上一代技术密切相关的产业也逐渐被淘汰。目前，我国部分产业已经出现技术性失业问题，但仍处于萌芽阶段，尚未对社会产生显著的负面影响。未来随着"互联网+"、智能制造和新一代人工智能等深入推进，数字技术引发的技术性失业可能在制造业、服务业进一步扩散。⑤ 例如，随着摄影技术的进步，数码相机和

---

① 资料来源：新浪，http://finance.sina.com.cn/stock/relnews/us/2020-05-13/doc-iirczymk1355170.shtml。
② 资料来源：腾讯微信：《2019—2020微信就业影响力报告》，https://tech.qq.com/a/20190304/009516.htm。
③ 详见中国证券投资基金业协会《OECD专题研究：灵活就业人员的养老金》。
④ 资料来源：腾讯微信：《2019—2020微信就业影响力报告》，https://tech.qq.com/a/20190304/009516.htm。
⑤ 资料来源：中国信息通信研究院：《中国数字经济发展与就业白皮书（2018年）》，http://www.caict.ac.cn/kxyj/qwfb/bps/201904/t20190416_197842.htm。

手机相机占据了大部分市场份额,传统胶片相机逐渐退出市场。目前,市场上基本只剩下用于收藏的胶卷相机。两大胶片制造商柯达和富士以及我国乐凯、申光、上海、公元等胶片企业都大量减少甚至暂停了胶片和胶片相机的生产,导致如胶片生产等相关工作岗位消失。① 更多如手机领域的"大哥大"、小灵通、没有内置芯片的机械电饭煲、DVD 光盘、软盘和其他低容量外置储存器等上一代技术产品都随着数字经济的发展逐渐实现更新迭代,演变成更智能、更高效的数字产品。这些"过时"产品对应的制造、销售和售后等生产服务岗位随着旧产品的更迭减少或消失。

第二,生活习惯变化造成一些就业岗位流失。数字经济改变了人们的生活方式,特别是消费习惯。人们的需求发生了变化,某些需求减少使得对应的工作岗位大量减少甚至消失。例如,伴随线上购物模式兴起,线下零售提供的就业量逐渐减少,小型零售店铺和大型百货购物中心均受影响。"以需求和顾客为导向"的新业态意味着零售供应链需要实现全程可视化、全链路贯通和全数字化改造。品牌商通过零售商与终端顾客建立直接联系,以提供差异化的品类和服务,实现"千店千面"。② 在数字化改造中,电商的市场竞争力进一步加强,传统线下零售能够提供的就业岗位减少。此外,随着网络通信进步,人们对传统通信的需求大幅下降,进而减少了从事信件配送的邮差的数量。同理,在互联网这一更迅速、成本更低的信息传播渠道的影响下,传统纸媒市场萎缩,对应的编辑、记者、营销和推广人员等就业岗位大量减少。

2. 数字技术替代部分就业岗位

数字技术发展对就业机会带来了一定的负面影响。数字技术特别是人工智能、大数据分析和电子机器人将取代部分岗位。2018 年,普华永道发布报告,预计人工智能及类似技术在未来 20 年将取代我国现有约 26% 的工作岗位。其中,工业受影响最大,预计有 36% 的岗位将被人工智能及相关技术衍生的岗位所取代;服务业受影响最小,但也预计

---

① 资料来源:中国摄影相机博物馆,https://museum.xiangshenghang.com/story/16.html。
② 资料来源:毕马威,《中国零售数字化力量报告》,https://home.kpmg/cn/zh/home/insights/2019/04/reshaping-growth-2019-digital-power-of-china-retail.html#。

有21%的岗位将被取代。[①] Osborne 等（2017）估计，在更远的未来，中国将有多达77%的工作岗位面临被自动化操作替代的风险。相比设计、研发和数据分析等知识密度较高的工作，技术水平相对较低的重复性工作更容易被数字技术替代。常规性的体力工作或脑力工作较容易被人工智能技术替代，而非常规体力或脑力工作被替代的可能性较小。[②] 例如，普华永道分析得出，许多行政工作特别容易被机器程序自动化等智能技术取代。近年来，不少后勤工作已经可以由自动化技术完成。此外，重复性和重体力劳动型工作都会朝着机械化和自动化的方向前进。

在农业领域，数字智慧农业的创新将使更多粮食从田间种植转向实验室生产。这种农业形式需要与农民现有技能截然不同的技能。在工业制造领域，工业就业岗位可能会从低价值劳动密集型转向高价值型。机器人的应用领域正从工业流水线延伸到建筑工地和库房管理（Author，2015）。在服务业领域，由于人工智能的应用逐渐成熟和普及，未来可能会有更多工作被 AI 替代。金融行业中的许多交易服务工作已经可以靠自动化技术完成。数字技术的替代效应甚至渗透到一些如商业研究等重视主观思考和判断的工作。过去，商业研究是一种需要投入大量时间的工作，但是 Conatix 公司的半自动化智能分析系统使机器学习能力大幅提高，让用户可以检索、挖掘、分享并加工更多非结构化数据，降低了对应岗位的劳动力需求。[③]

被替代的岗位数量可能远多于人们认为会被替代的数量。1962 年，中国有82%的劳动力从事农业（Felipe 等，2016）。但随着劳动力节约型技术进步，2013 年我国只有31%的劳动力从事农业生产。随着技术进步和数字经济发展，劳动力行业分布持续变化，第三产业占比逐渐提升。国家统计局的数据表明，2019 年，我国农业、工业、服务业就业在全部就业中的比例依次为25%、27.5%和47.5%，第三产业成为就

[①] 资料来源：普华永道：《2018 人工智能和相关技术对中国就业的净影响》，https：//www.pwccn.com/zh/consulting/publications/net‐impact‐of‐ai‐technologies‐on‐jobs‐in‐china.pdf。

[②] 资料来源：阿里研究院：《人工智能在电子商务行业的应用和对就业影响研究报告》，http：//www.100ec.cn/detail‐6469316.html。

[③] 资料来源：搜狐，https：//www.sohu.com/a/157182579_468706。

业岗位的主要来源。在该过程中，农业和制造业已经有大量的岗位被替代。即使是目前劳动力占比最高的服务业，也存在相关岗位被取代的风险。中国信息通信研究院提出，未来10—20年，就业市场最大的挑战在于人工智能等技术对服务工作的替代，人机融合引发的失业问题不容忽视。[①] 目前我国服务业就业人数占比高，但就业结构不合理，就业质量相对较低。一旦信息技术大规模替代服务业的某些岗位，造成的大量失业人口在短时间内将难以被新增的就业岗位所吸纳。进一步地，服务业岗位被替代后所产生的负面效应将波及其他产业。王超贤（2019）认为，第三产业劳动力的失业会破坏服务业与制造业之间的就业转移机制，使整体就业形势进一步恶化。

第三节 数字经济发展对收入差距的社会效应

随着我国经济由高速发展转向高质量发展，国家愈加重视扶贫工作，缩小收入差距是社会主义国家的重要任务。数字经济发展对改变收入差距具有重要影响。本节将结合现有研究和具体案例，讨论数字经济发展对收入差距产生的影响。

一 相关文献综述

当前数字经济发展影响收入差距的相关研究可总结为两种观点：第一，数字经济发展带来的数字鸿沟问题扩大了收入差距，贫困群体无法充分利用数字技术提高相对收入；第二，数字经济发展为贫困群体增收创造了更多机会，贫困群体可以借助新的经济业态和模式突破现有的增收瓶颈。

一方面，数字鸿沟的存在会扩大收入差距。数字鸿沟的实质是包括互联网和手机应用软件等代表性工具的信息技术在普及与应用方面的不均衡（胡鞍钢、周绍杰，2002）。数字鸿沟会带来"富者越富，贫者越贫"的"马太效应"，使无法充分使用信息技术的"赤贫者们"难以共享数字经济所创造的社会财富，使贫富差距持续拉大的社会问题日益凸

[①] 资料来源：中国信息通信研究院：《中国数字经济发展与就业白皮书（2018年）》，http：//www.caict.ac.cn/kxyj/qwfb/bps/201904/t20190416_197842.htm。

显（王武，2011）。数字鸿沟所导致的信息占有和利用的不平均影响居民的财富创造能力和资产增值能力，贫困人口的各种有形、无形资产难以通过互联网融入更大的市场当中（朱烈夫等，2020）。罗廷锦和茶洪旺（2018）通过构建2011—2015年全国31个省份的贫困指数和数字鸿沟指数[①]，发现61.6%的贫困指数差异能够用数字鸿沟指数来解释。他们指出，信息共享和使用的差异阻碍了贫困地区脱贫能力的提高，加大了欠发达地区与发达地区之间的贫富差距。刘悦（2016）基于相关文献预测，信息化水平与城乡收入差距的关系曲线总体表现为倒"U"形，即城乡居民的收入差距会随着信息化水平的提高先扩大后缩小，而我国仍处在倒"U"形的左半边。此外，数字经济时代下新业态的出现强化了数字鸿沟带来的负面效应。比如，知识付费的发展无形中拉高了获取知识的门槛，将社会地位较低的用户拒之门外（徐敬宏等，2018），强化了知识富有者和贫困者的阶层分化（胡春阳，2018），进一步扩大了收入差距。

另一方面，数字技术发展及其相关应用可以帮助低收入地区或人群提高增收能力，从而缩小收入差距。冯献等（2019）从四个维度——信息化的基础、应用和消费以及农户对信息化的主观认知——测算了农户的信息化发展水平，以京津冀地区353个农户样本为对象，验证了农户信息化发展对提高农户收入水平的作用。从具体应用来看，电子商务、数字金融等新业态的发展有利于帮助低收入群体提高增收能力。农村电商可以通过增收和节支两种作用途径帮助农村居民实现脱贫致富，并激励农村居民学习电子商务相关的技术技能，推动其整体能力的提升（林广毅，2016）。数字金融促进了包容性增长，而且显著提升了居民家庭收入，尤其是对农村低收入群体而言（张勋等，2019）。数字普惠金融可以提高非城镇地区群体的金融服务可得性，通过降低门槛效应、缓解排除效应和发挥减贫效应三条途径缩小城乡收入差距（宋晓玲，2017）。

二 数字经济发展对收入差距的影响

数字经济发展对不同地区、不同群体的收入差距都带来了巨大影

[①] 贫困和数字鸿沟指数：在此篇文献中，数字鸿沟指数越大，信息化程度和信息共享率越低；贫困指数越大，越贫困。

响，本小节将对此分别讨论。

（一）数字经济发展对我国地区收入差距的影响

1. 数字经济发展扩大了我国各省市的收入差距

数字经济使我国各省市的收入差距变大。随着数字技术不断应用和推广，数字产业[①]稳步发展，人才、资本和技术等生产要素向发达地区全面集聚，进一步扩大了我国省市之间的收入差距。如表 6-1 所示，我国数字企业呈现聚集分布的特点，主要分布在京津地区、长三角地区、珠三角地区、成渝地区和两湖地区这五大聚集区域。[②] 数字产业的聚集效应，使数字技术的革新与应用所创造的红利更多地涌向发达地区，最大限度地促进了发达地区的经济发展；而经济相对落后的地区只能享受到少量数字经济发展带来的红利。经济相对落后地区对企业的吸引力比较弱，难以吸引有竞争力的数字企业落地，这使经济不发达省市的数字经济发展水平落后于经济发达省市。由本书第三章测算结果可知，2019 年我国 31 个省份的地区 GDP 与数字经济发展水平总指数的相关系数为 0.893，这表明我国数字经济发展水平地域差异明显，且与 GDP 有较高的关联度。相比经济不发达地区，发达地区可以享受更多数字技术进步带来的红利，这可能会加大各省市之间的收入差距。

表 6-1　　　　　　　　中国数字经济企业五大聚集区域

聚集区域	代表城市	聚集特点
京津地区	北京、天津	京津地区依托北京，尤其是中关村在信息产业的领先优势，培育了一大批数字经济前沿科技企业，并扩散形成京津数字经济走廊格局
长三角地区	上海、杭州、苏州、南京、宁波	长三角地区加速推进物联网和电商等领域产业和生态的繁荣发展，是目前我国数字经济企业集聚最多的地区
珠三角地区	广州、深圳、佛山、东莞、惠州	珠三角地区依托广州、深圳等地区的基础电子信息产业优势，发挥广州和深圳两个国家超级计算中心的集聚作用，逐渐形成了数字经济企业集聚发展的态势

---

① 数字产业：以信息为加工对象，以数字技术为加工手段，以意识（广义的意识概念）产品为成果，以介入全社会各领域为市场，对本身无明显利润但是可以提升其他产业利润的公共产业。

② 资料来源：《大数据看数字中国的现状与未来》，http://www.sic.gov.cn/Column/611/0.htm。

续表

聚集区域	代表城市	聚集特点
成渝地区	重庆、成都	成渝地区凭借集成电路、智能网联汽车等核心产业发展优势，正在重塑数字经济新格局
两湖地区	武汉、长沙	两湖地区加快突破智能制造发展瓶颈，推动传统制造业实现智能化改造升级

资料来源：《大数据看数字中国的现状与未来》，http：//www.sic.gov.cn/Column/611/0.htm。

2. 数字经济缩小了我国城乡之间的收入差距

数字经济发展推动了城乡之间的数据共享，提高了农业生产效率，促进了城乡协调发展，缩小了我国城乡之间的收入差距。数据具有可共享性和非排他性，一个生产者对数据的使用并不会阻碍另一个地区的生产者对数据的使用。因此，在社会生产中，我们可以通过互联网等信息平台实现城乡之间的数据共享，促进城乡协调发展。例如，2018年，苏宁整合PP视频资源，打造中国首档电商扶贫公益节目《寻味中国》，开创了"内容+电商"扶贫新模式。该节目助力贫困地区农产品、旅游资源的宣传，成功打造了诸多特色农产品品牌和旅游项目，带动了当地经济发展，增加了当地居民的收入。在疫情期间，部分农村地区的农产品出现了滞销现象，导致农民收入减少。为此，县级政府引导农民运用平台直播"带货"、网络平台开店直接销售等手段推广农产品，保障了农民的收入，降低了疫情对农民的负面冲击。此外，农业的数字化转型提高了生产效率，大大提高了农民的收入，缩小了城乡居民收入差距。电子技术和控制技术等技术在农用机械中的应用减轻了农民的工作量，让农民可以通过扩大农作物种植规模提高收入。[1] 数字技术在农业生产活动中的应用提高了农业资源利用率和农产品的品质控制能力。例如，农民通过智能手机记录农业生产活动的具体数据，阿里云ET农业大脑利用云计算技术分析数据指导农民进行一系列生产活动。[2] 此外，

---

[1] 资料来源：中国信息通信研究院：《中国数字经济发展与就业白皮书（2018年）》，http：//www.caict.ac.cn/kxyj/qwfb/bps/201904/P020190418351257485116.zip。

[2] 资料来源：阿里研究院：《数字经济创新助力乡村振兴》，http：//www.aliresearch.com/ch/information/informationdetails? articleCode = 21511&type = 新闻。

过去由于缺乏可抵押的资产和征信记录，收入偏低的群体往往很难获得贷款；当下数字平台的出现使该群体更容易获得贷款：收入偏低的群体使用微信或支付宝等平台，产生了征信记录。这有助于金融机构获取该群体的信用信息，有针对性地提供金融服务。从这一角度看，数字经济能够促进城乡协调发展，有助于缩小城乡收入差距。

（二）数字经济发展对不同群体收入差距的影响

数字经济的发展可能使各群体之间的收入差距扩大，该趋势表现为企业家与普通劳动者之间、高低知识和技能的劳动者之间的收入差距显著扩大。

数字经济发展使企业家与劳动者之间的收入差距扩大。数字经济发展改变了资本和劳动力要素的回报率，使资本回报率上升而劳动力回报率下降（陈永伟、曾昭睿，2019），进而使企业家与劳动者之间的收入差距扩大。数字经济发展促进了全球化进程，全球化导致资本流动率远大于劳动力流动率，资本的收益大大高于劳动报酬（宋晓梧，2019）。企业家可以跨越国界，在世界各国中寻找回报率更高的投资机会。互联网的广泛应用使资本的流动变得更加便捷，跨国企业管理者可以通过互联网对外包企业的生产环节进行指导监督，企业外包模式更加简便易行。该模式使国内制造业岗位减少，除了少数具有高级技能的劳动力外，大部分普通劳动力只能从事那些难以外包到海外的低薪的生活服务类工作，国内的劳动力回报率下降。例如，苹果公司将除品牌和设计两个生产环节之外的其他生产环节全部外包给世界各国的厂商来降低生产成本。这种现象在美国非常普遍，中端就业岗位流向海外，降低了美国本地对普通劳动力的需求，从而变相压低了该国普通劳动者的收入水平，降低了劳动力回报率。这也是美国总统特朗普指责美国跨国公司将大量资金投向劳动力成本低的发展中国家的原因之一。再者，数字技术的应用和普及也降低了劳动力投入成本，替代了部分工作岗位，进而提高了资本回报率、降低了劳动力回报率。数字技术也是一种资本，随着数字经济发展，数字技术在生活生产中发挥了更大的作用，代替了部分劳动力要素在生产活动中所发挥的作用。于是资本在社会生产中的贡献率变大，劳动力在社会生产中的贡献率变小，资本回报率提高，劳动力回报率降低。因此，对拥有资本的企业家来说，数字技术应用可以降低他们在生产环节需要投入的劳动成本，提高资本回报率。对于劳动者尤其是体力劳动者而言，劳动力社会总需求减少，劳动力供给过剩，导致工资水平下降，劳动力回报率下降，福利水平下降。

数字经济发展使高、低知识水平和技能的劳动者之间的收入差距扩大。近些年来，云计算和物联网等数字技术不断涌现，并向社会生活的各方面渗透，提高了社会生产效率。需要注意的是，这些数字技术的应用也提高了数字技术专业知识的价值，数字技术应用和普及所带来的红利更多地向高知识水平的劳动群体倾斜。数字技术的应用在增加对高知识水平劳动力的需求的同时，也降低了对低知识水平劳动力的需求。计算化在使劳动力市场对程式化岗位的需求大幅降低的同时，也使劳动力市场对非程式化岗位的需求大幅提高（陈永伟、曾昭睿，2019）。这导致低知识水平和低技能劳动群体的收入不增反减。当前我国 AI 产业发展迅速，研究和应用人工智能技术的企业的数量增长迅速，市场对人工智能方面人才的需求在短时间内激增，人工智能产业工作者的薪酬也远高于其他行业。但与此同时，人工智能技术的应用也会降低社会各行各业对低知识水平劳动力的需求。人工智能和物联网等数字技术发展确实能够减少社会生产活动所需要的劳动力，解放部分体力劳动者。但是，解放出来的劳动力如果没有掌握新的工作技能，无法与新增岗位相匹配，就只能沦为失业人口。需要注意的是，数字技术的应用在一定程度上提高了社会生产活动对劳动者的素质与技能的要求。对知识水平比较低的体力劳动者来说，想要重新学习新的技能以达到数字时代下社会生产对劳动力的技能要求绝非易事。因此，低知识水平、低技能的劳动者可能面临着失业的难题，这使不同群体之间的收入差距变大。

第四节　数字经济发展对创新创业的社会效应

数字经济作为一种新的经济形态，在与传统产业的交融中催生了新模式、新产品、新技术，给初创企业提供了更便捷的服务。本节将从创新与创业两方面介绍数字经济产生的社会效应。

一　相关文献综述

数字经济时代下，创新创业展现出前所未有的活力和全新的发展特质，吸引了不少学者的关注，学界围绕数字经济对创新创业的影响展开了一系列讨论。

数字技术自身的特殊性和应用场景的多元化使创新内容和形式更加丰富多样。数字技术向产品和服务的创新过程渗透，改变了产品和服务的形态（余江等，2017），也改变了企业发现和利用创新创业机会的方式（Nambisan et al.，2017）。在产品创新上，数字技术的独特属性为新产品创造奠定了基础。软件的分层堆叠架构让产品设计者以更低的成本实现对现有的组件的整合，以组合创新的形式促进了一系列新产品的诞生（Gao and Lyer，2006）。数字技术自身的可再编程性和数据同质性使产品设计从单一的模块化结构向分层模块化结构演进（Yoo et al.，2010），这让数字化的产品和服务具有聚合性（convergence）和自生长性（generativity）的特点，推动了各种媒体平台的发展和智能产品的创造（Yoo et al.，2012）。在商业模式创新上，数字技术与生产的各个环节相结合，改变了组织价值创造的方式。Vial（2019）指出，数字技术推动组织在价值定位、价值网络、经销和销售渠道等方面进行创新，提高了组织运作的灵活性和线上线下双线运营的能力，由此带来了商业模式的变革。Li等（2018）将数字技术对企业商业模式的影响总结成自动化（automation）、延伸（extension）和转型（transformation）三类，这三种效应分别以数字化创新的方式增强、丰富和代替了现有的生产活动。在生产方式上，企业的生产活动特别是创新活动从封闭走向开放，企业价值创造路径横向发展。平台在这种开放协作的创新模式里扮演着关键角色。李燕（2018）指出，组织的创新方式由于互联网创新平台的出现发生了巨大的变化，逐步向开放的、从用户出发的、多主体协同参与的创新生态转变。企业通过数字网络与合作伙伴共同在平台上进行创新，其价值创造的轨迹从组织内部转移至外部（Parker et al.，2017）。

数字经济发展激发了创业的活力。数字金融、电子商务等数字经济新业态对人们的创业选择有积极影响。谢绚丽等（2018）基于数字普惠金融指数和新注册企业等数据，验证了数字金融对创业的正向促进作用，并且说明了数字金融的普及范围、使用深度和数字支持服务（Digital Support Service）的质量提高都能带动更多创业。何婧和李庆海（2019）基于微观调查数据，发现数字金融的使用能缓解农户的信贷约束，提高农户的金融服务和信息的可得性，强化农户对社会环境和人际关系的信任，进而激励农户执行创业计划。王金杰等（2019）经实证研究发现，电子商务发展推动了农村人口创业，而且他们的创业行为与投资资金数额和雇佣家庭外成员数量正相关。数字经济时代下创业展现出不同的特点。数字技术发展为创业者带来了新的机遇，对创业中的价值捕获和创造过程有广泛的影响（Nambisan et al., 2019）。余江等（2018）将数字经济时代下的创业模式与传统创业模式进行对比，从主体、组织、机会、过程和产出五个方面分析数字创业的特征，总结出"多层次主体、动态产出、虚拟化、网络化、碎片化创新"等重要特征。高数字性、高价值性和高创新性是数字创业的三个重要特性（朱秀梅等，2020）。数字技术为创业者获取所需资源提供了便利，对降低创业门槛具有关键作用。平台的开放性使新企业可以以低成本获得成熟的技术或市场资源，为新企业创造了更丰富的机会（Nambisan et al., 2018）。社交媒体、开源软件、众包平台等基于数字技术的工具减少了发明与创新创业价值创造的障碍（李扬等，2020）。云计算、3D 打印等尖端数字技术的大规模应用节省了创业所需的时间和资源，而 3D 打印、分享、众筹等平台的出现丰富了创业者获取所需资源的渠道（Briel et al., 2017）。

二 数字经济发展对创新创业的影响

数字经济发展极大地丰富了市场多样性，倒逼企业为了适应竞争而进行组织管理模式、营销模式、产品生产等方面的创新，并影响产业层面的技术开发模式。另外，数字经济的普惠性、便捷性等特点也给社会的创业活动创造了优越条件。

（一）数字经济发展激发企业组织管理模式创新

数字经济发展推动了企业组织管理模式从传统垂直型模式向扁平化管理模式转型。传统的企业组织管理结构往往依赖于由上而下的垂直型管理，虽然管理架构明晰，但是缺乏灵活的应变能力。在这种模式下，管理决策者与用户被繁杂的组织层级分隔开，高层管理人员难以及时了解消费者诉求，导致企业决策滞后。在复杂多变的市场环境和日新月异的技术环境中，这种滞后将削弱企业把握风口、参与竞争的能力。另外，由于不同地区的消费者可能存在不同的需求，高层管理人员做出的统一决策有时难以满足因地域不同而形成的多样化需求。而由数字经济发展推动的数字组织创新将助力企业摆脱传统组织模式带来的困境。数字组织创新指数字技术（信息、计算、交流和连接技术的组合）对组织形式的改变（刘洋等，2020）。互联网和大数据分析等技术的应用能够及时、精确地刻画消费者画像并把握市场风向，使前端员工成为消费者一手资料的获得者。为了应对这些变化，企业不得不改变传统的垂直型管理架构，对消费者的需求及时做出响应。一些企业开始采取扁平化的管理模式，将决策分散至小型的员工团队，以减少层级架构对信息、数据传递过程的阻滞。例如，知名互联网服装品牌"韩都衣舍"采用扁平化的组织管理模式，将员工分为三人一组的产品生产小组。组中三人分别负责产品研发、销售和采购，既可以对所负责的产品进行从设计到销售的全程跟踪，还可根据创意与小组所在地区的消费者偏好进行产品创新、促销等决策。公司管理层则被改造为专门为产品小组提供仓储、客服等后勤支持的平台。在这样鼓励自主决策的组织管理模式下，韩都衣舍激发了员工的工作热情，产品也受到了消费者青睐，公司连续七年全网销量领先。[①] 海尔集团也是积极进行数字组织创新的公司之一。海尔依托集团力量与社会资源，打造了"海尔创客实验室"，鼓励员工进行面向客户的创业创新，并对优秀的创业创新成果提供支持以加速孵化，企业与员工之间的关系实现了从雇用到创业合作的转变。这种组织管理模式创新给海尔带来了活力，使其由传统家电企业向互联网创新孵化平台转型，提高了企业的社会价值，也赋予了员工自由发挥的空间，实现了企业、社会、员工的"共创共赢"。[②] 中国两化融合服务联盟对十七万家企业的调查数据显示，截至2020年第一季度，我国实现网络化协同的企业比例达到36.4%。[③] 这表明互联网在组织架构层面的突出作用受到企业重视。

此外，数字经济发展促进了大企业的组织结构网络化。体量较大的企业具有强大的经济实力和广阔的用户基础，数字经济发展可以帮助这

---

① 资料来源：韩都衣舍，http：//www.handu.com/news/1/。
② 资料来源：海尔创客实验室，https：//lab.haier.com/single/about - us。
③ 资料来源：中国两化融合服务平台，http：//www.cspiii.com/。

些企业实现各个部门间,甚至是不同企业的不同业务之间的融合,构造更完整的组织网络。企业在该组织网络中不仅可以获得组织效率提升,还可以为用户、为社会创造更高的附加价值。例如,阿里巴巴在支付宝、淘宝等原有业务的基础上,又开创了盒马鲜生等新平台,依靠手机 App 等数字手段,实现了供应链的线上与线下连接,构建了旗下各应用平台相互交融的新零售生态。

(二) 数字经济发展促进企业营销模式创新

数字经济发展有助于企业营销推广模式创新。随着经济发展,产品种类与数量与日俱增。数字技术的发展促使各种平台不断涌现,拓展了信息传播渠道。产品增加与传播渠道拓宽相结合,构成了庞大的商品网络,数据爆炸式增长增加了消费者的搜索成本。同时,过多的商品信息分散了顾客的注意力,如果没有令人眼前一亮的营销手段,商品可能会被埋没在各式商店中,难以激发顾客的消费欲。而传统的宣传手段,如投放电视广告等,虽然覆盖面较广,但是缺乏对消费者个性化需求的关注,并且往往耗费较高的成本(戚聿东、肖旭,2020)。在数字经济时代,数字平台等新模式的兴起与大数据等新技术的出现,为企业提供了新的宣传模式。大数据分析技术可以助力企业精准挖掘用户偏好,企业得以精准定位目标群体。在了解用户偏好后,企业可以在受众较广的数字平台上采用广告精准推送等宣传方法,吸引目标群体的注意,在提高宣传针对性的同时降低营销成本。国内彩妆行业的新锐品牌"完美日记"便是依靠该模式进行营销的代表性企业。完美日记通过大数据分析获取对该品牌感兴趣的目标群体——追求个性与时尚的女性消费者,然后在小红书、抖音等年轻用户居多的新兴互联网平台进行营销布局。完美日记通过系列短视频宣传、Vlog① 等契合年轻消费者偏好的针对性宣传方式以及"高性价比"等亮眼的宣传语,吸引了大量消费者。网易云音乐推出的"年度个人歌单"栏目,也是运用大数据技术采集用户的听歌偏好并给出相应的情感标签,从而与用户产生了情感上的共

---

① Vlog:video blog(视频博客)的缩写,是一种时长介于短视频与微电影之间的视频形式,通常被创作者用于记录日常生活。近年来,Vlog 在我国发展迅速,得到了年轻人的广泛喜爱(资料来源:人民网,http://media.people.com.cn/n1/2019/0312/c425955 - 30971584.html)。

鸣，引起用户的转发欲望，取得了不俗的宣传效果。总结来看，这些企业虽然主营产品不同，但营销模式存在相似性，即通过"精准定位＋平台宣传"的模式吸引用户，而这正是数字经济发展下诞生的新宣传模式。

数字经济发展有助于推动企业定价策略创新。企业定价策略是营销策略的重要内容，对消费者行为、企业业绩和市场环境都可能产生影响。数字经济能够节约企业与消费者的搜索成本，促进买卖双方匹配，为企业实现产品差别化定价创造了条件（Goldfarb and Tucker，2019）。企业可以根据用户的使用情况与偏好，在大数据的帮助下有针对性地对不同用户群体提供差别化产品组合，并设定符合该类消费者预期的价格。这种定价策略的创新有效地提高了产品性价比。但是，这种创新的不当应用可能产生"大数据杀熟"等有损消费者利益的现象，不利于市场健康发展。"大数据杀熟"即企业利用信息不对称和旧客户的忠诚度，就相同的产品或服务对旧客户收取高于新客户的价格的行为。"大数据杀熟"在本质上属于一级价格歧视（邹开亮、刘佳明，2018）。2018 年，知名旅游平台"飞猪"被指控利用大数据技术"杀熟"：在客机班次相同的前提下，该平台卖给老顾客的机票价格比卖给新顾客的价格高出数百元。可见，数字经济发展衍生的定价策略创新实际上是一把"双刃剑"，需要监管主体进行政策上的引导与监督。

（三）数字经济发展促进产品创新

为了满足消费者的个性化需要，企业还需要进行产品创新。随着互联网和各传统产业深度交融，企业可以及时捕捉消费者的喜好变化，了解消费者个性化需求。迅速、准确地满足这些需求成为各企业在竞争中夺得先机、抢占市场的重要手段。企业可以依靠数字技术实现生产资源的合理配置，及时响应市场需求，并对产品生产和库存周转过程进行调整。企业可以利用大数据分析实现市场数据与客户需求的可视化，获得针对市场和用户的分析报告，对经营环境进行评估和预测。另外，企业还可以将工业物联网技术运用到生产车间的机器上，实现对产品生产过程的监控。工作人员通过分析实时监控数据，能够对产品的生命周期进行更精确的把控，并根据未来发展需要调整库存。博世公司（Bosch Automotive Diesel Systems Co.，Ltd.）在中国无锡的工厂从 2015 年开始利用大数据、工业物联网等数字技术进行产品生产的升级。该工厂仅用两年就减少了10%的生产成本,还成功解决了此前面临的数据滞后、预见性差等问题,提高了顾客的满意程度。

此外,还有企业利用数字化生产过程,积极引导用户参与产品定制。用户导向型(User–driven)企业与设计者导向型(Designer–driven)企业能够获得更多消费者的认同,对消费者的购买倾向产生更积极的影响,并拥有更显著、更持续的用户数量增长(Dahl et al.,2015)。这表明,鼓励用户定制符合自己个性化需求的产品可能给企业带来更高的收益。数字化生产过程使用户定制和企业产品生产越来越方便快捷。用户可以根据自身喜好,在企业提供的渠道上自由定制产品。而通过数字化质量管理系统和数字化供应链等综合制造技术,企业可以在接受用户的定制需求后,实现不同车间的协作制造。上汽大通公司通过互联网平台,构建了C2B(消费者到企业)的在线车辆定制系统。用户在上汽大通公司官网的"蜘蛛智选"栏目中可以自由选择车型、内饰、外观等栏目的不同配置,定制个性化车辆。目前,该公司可支持制造的车型款式多达10万亿种。凭借智能创新的车辆生产过程,上汽大通被世界智能制造大会认可为"智能制造标杆企业"。[①] 数字经济发展给产品生产带来了更多可能性,也促进了企业进行以用户为中心的产品生产创新,推动了供应链转型升级。

(四)数字经济发展推动了产业技术开发模式创新

数字技术是数字经济发展的重要部分。数字技术进步能提高生产效率,节约生产成本,不断激发市场需求,从而吸引大量企业进入市场,并为企业提供更大规模的空间,推动数字经济发展(李晓华,2019)。从另一个角度看,数字经济发展不仅可以为数字科技创新提供必要的资金支持,还能通过数字平台等模式推动技术开发模式创新。

数字经济背景下,产业技术开发模式正经历着开放化创新。外部用户等需求主体得以参与技术开发。数字经济时代下,用户的新需求不断涌现,传统技术可能难以适应用户的多样化、个性化需求,从而限制了

---

① 资料来源:上汽大通,中国"智"造新名片,上汽大通荣膺首批智能制造标杆企业,https://www.saicmaxus.com/media/201910/743.shtml。

产业发展。因此，引导用户等需求主体根据自身需要参与技术开发成为技术开发新模式。数字经济发展恰好为这一模式提供了良好的发展条件。企业既可以依托互联网建立技术合作开发平台，与产业链上下游的参与者共同合作开发新技术、新产品，也可以通过人工智能和数字孪生等技术，对新技术和新产品的可行性进行检验。例如，科大讯飞积极搭建开放式技术创新平台——"讯飞开放平台"，引导用户等合作伙伴参与技术开发，共建良好的技术开发生态。该平台给开发者提供免费的人工智能服务和视频教程，降低开发者的接入门槛，鼓励更多用户加入开发端，助力平台快速、稳定、持续发展。平台还以"云+端"方式提供相关的 AI 技术和垂直场景解决方案，帮助开发者实现项目落地。

产业内部不同企业借助平台进行协作开发，也是数字经济时代下技术开发的新模式。单一企业因为资金和人才紧缺等方面的限制，难以拥有能满足用户多样化需求的所有技术。有研究表明，在开发者不断增加的情况下，企业更倾向于借助平台与开发者共同创新，而非选择传统的垂直化整合的创新模式（Parker et al.，2017）。数字经济时代下，市场的中小微主体不断增加，相应的技术开发者也不断增加，企业更可能与产业内部其他公司协作开发。在生物制药行业中，平台化的技术创新模式得到了充分展现。该行业中主要有专家型公司和核心公司两类公司，前者研发能力强但规模小，后者组织结构繁杂、研发水平有限，但所持资金雄厚。两者通过搭建技术平台实现了技术创新接力，促进了新技术涌现，也给整个产业注入了创新活力（李天柱等，2011）。

（五）数字经济发展对创业活动有支持作用

数字经济发展能够促进创业。创业活动具有一定的竞争风险（林强等，2001）。而数字经济发展，特别是互联网、大数据等新技术进步，提高了创业者获得信息的能力，降低了创新所需的成本，让他们能够更准确地了解消费者的需求并挖掘出新的创业机会（余江等，2018）。国内知名的新型茶饮品牌"喜茶"的创始人聂云宸便是根据互联网平台上消费者反映的口味偏好，调制出了一系列"爆款"饮品，从而创立了"喜茶"商业连锁。另外，数字经济发展提高了各类商品的可得性，缩短了"创客"研制新产品所需的时间。电子商务、产品个性化定制等蓬勃发展的数字经济新模式，丰富了"创客"获得创新所需原料的渠道，有助于"创客"开展创新创业活动。

数字经济的普惠性使创业更加便捷。以数字普惠金融为例，各省市的数字普惠金融正快速发展，普惠金融服务可以更好地触达边远地区（郭峰等，2020）。在该背景下，传统金融机构难以覆盖地区的潜在创业者，可以通过数字普惠金融接触到更先进的金融技术和更全面的金融服务，创业者可以更方便地为初创企业融资。研究发现，数字普惠金融发展能够降低交易成本和信息不对称（谢平等，2015），降低了启动资本较少的创业者的创业门槛。何婧和李庆海（2019）的研究表明，数字普惠金融是提升弱势群体创业能力的有效手段。蚂蚁金服作为数字金融巨头，充分发挥其技术优势，帮助农村地区创业者解决融资难、融资贵、金融服务匮乏的问题。截至2018年年底，蚂蚁金服已经为591万家涉农企业提供数字金融服务，帮助他们实现创新创业。[①] 数字经济的普惠性还体现为全国各地数字基础设施建设的不断完善和数据资源的充分流动。数字基础设施不断完善使更多个人或企业能够接入互联网，有助于他们充分了解市场信息，获取丰富的数据资源，降低了创业成本。

（六）数字经济发展加剧了创业市场竞争

数字经济发展支持了创业活动的开展，帮助更多初创企业进入市场，也加剧了创业市场竞争。互联网等技术的广泛运用丰富了数据资源，也拓宽了数据利用的渠道。诚然，在数字经济时代下，创业者可以更方便、快捷地获取更多信息，但创业者之间由于信息可得性造成的信息差距也同时被缩小，创业者利用信息差距获得先发优势的可能性随之降低。随着数字经济向欠发达地区的渗透，欠发达地区的创业活力被进一步激发，越来越多的创业者依托当地丰富的自然资源等优势开展创业活动。蔡莉和单标安（2013）认为，能否高效率地获得所需的资源是新企业成败的关键因素。数字经济发展提供的获取信息、物质等资源的优势无疑催生了更多成功创业的公司，加剧了市场竞争。另外，数字经济的发展加快了社会转型发展步伐，向创业者提出了更高的技术要求。

---

① 资料来源：蚂蚁金服：《支付宝2019—2020年可持续发展报告》，https://www.ant-group.com/news-media/media-library?type=%E7%A4%BE%E4%BC%9A%E8%B4%A3%E4%BB%BB%E6%8A%A5%E5%91%8A。

这促使本国创业者接触更多国外先进技术，认识和反思与外国的技术差距并不断改进自身技术，加剧创业者们在技术层面的竞争。

创业市场竞争加剧，给企业和社会带来了不同的影响。对初创企业来说，同时期创业者增加使它们在面对行业进入堡垒的同时，还需要在技术或产品、服务等方面寻求差异化，以求在初创时期的竞争中脱颖而出。一些没有突出技术或优质产品和服务的公司可能面临更高的被淘汰的风险。但是，对整个社会而言，创业市场竞争加剧将带来多方面的好处。一是带动社会投资。创业市场竞争加剧可能促使初创企业投入更多的资金和资源，以快速占据市场。在政府的创业基金引导下，社会投资不断增加。二是加速技术进步。激烈的竞争将培养企业的危机意识，促使企业升级技术。在信息技术、新能源等高新技术领域，企业将更依赖技术研发以提高生产效率，获得竞争优势。企业对利润最大化的追求反向推动了技术进步。三是增加消费者福利。企业有机会以更体贴的服务或更低的价格来夯实用户基础，争取更多顾客。这将提高消费者满意度，增加消费者福利。

第五节　数字经济发展对消费的社会效应

消费和生产是对应的，数字经济的服务和商品都将被消费，而数字经济对消费也可能存在影响。本节将通过具体案例和理论分析，讨论数字经济发展对消费可能产生的社会效应。

一　相关文献综述

现有关于数字经济对消费的影响的研究多从宏观和微观两个角度入手，分别探究消费需求和消费行为的变化。

数字经济发展释放了消费潜力。数字经济及其技术成果拓宽了居民消费的途径，破解了居民消费的流动性约束（马香品，2020）。借助互联网，消费者能接触更丰富的商品种类，从而激发潜在的消费需求（杜丹清，2017）。易行健和周利（2018）经过实证检验指出，中国数字普惠金融发展主要通过缓解流动性约束与提高支付便利性这两个机制来推动居民消费支出的增长。这种促进作用对落后地区和中低收入家庭的影响更为突出。互联网的使用对释放农村居民的消费潜力有明显的正面作用（祝仲坤、冷晨昕，2017）。数字经济发展提高了消费者福利。杨子明等（2019）指出，数字经济从服务便利、商品和服务种类丰富以及可得性三个方面增加了消费者剩余。他们从金钱和时间两个维度，估算出第三方网络支付提供的服务所带来的消费者剩余增加。平台使买方的交易活动不受地点、设备和时间的限制，其所带来的交易时间的压缩间接提高了买方的总体效用（冯华和陈亚琦，2016）。数字经济发展使消费者的个性化需求更容易得到满足。"长尾效应"是指细小市场的累计形成了足够大的影响力。数字经济发展降低了企业高产量和多样化生产的成本，其带来的规模经济和范围经济使消费端的长尾效应更加突出，有利于满足消费者的多样化需求（荆文君、孙宝文，2019）。企业在过去只生产头部产品，市场上同质化的产品使消费者的个性化需求遭到压制。现在互联网发展降低了生产者和消费者的交易成本，使企业大规模生产长尾商品成为可能，激活了消费者的个性化需求（李海舰等，2014）。依托大数据技术，生产厂商可以较快掌握市场需求并投入生产，消费者可以轻松找到满意的商品，推动了生产和消费的精准化（龚晓莺、王海飞，2019）。

数字经济时代下，消费者从线下消费向线上消费再向线上线下多元融合转变（张峰、刘璐璐，2020）。除了直观上消费渠道的革新，消费者的消费行为和消费心理在数字技术的介入下也有了新的表现。数字经济中，消费者的主动性增强。消费者对市场的影响力逐步增强，产销格局中的主导权从生产商向消费者过渡（王伟玲、王晶，2019）。对比在传统市场环境下消费者只能被动接受商家所传达的商品信息，互联网的出现大大拓宽了消费者获取商品信息的渠道，帮助消费者在更多的信息中作出更明智的消费决策（田华伟，2015）。当互联网介入社会生活，广告营销法从"AIDMA"[①]向"AISAS"[②]过渡，其中新加入的 Search（搜索）和 Share（分享）两个环节反映了消费者依靠网络提高了购买

[①] AIDMA：AIDMA 法则，消费者从接触到营销信息到发生购买行为之间要经历五个心理阶段：引起注意（Attention）、产生兴趣（Interest）、培养欲望（Desire）、形成记忆（Memory）、购买行为（Action）。

[②] AISAS：AISAS 法则：引起注意（Attention）、产生兴趣（Interest）、搜集信息（Search）、购买行为（Action）、分享信息（Share）。

时的主动意识：主动搜索信息、主动分享信息（刘德寰、陈斯洛，2013）。消费者不仅积极主动地收集商品信息，而且希望可以参与到产品的设计和制造的过程中去（王斌、聂元昆，2015）。消费者对方便快捷、省时省力的消费体验有了更高层次的要求。线上线下融合的消费模式在极大程度上改善了消费者的消费体验，多触点、无缝衔接的消费流程成为商家追求的目标。互联网跨时空的强大功能让消费者体验到与传统消费模式全然不同的感受，消费者也已然习惯于互联网所带来的"唾手可得"和"无所不及"的生活便利（杨继瑞等，2015）。今天的消费者不太关心品牌提供哪些渠道，而是希望品牌在最便捷的地方、以最快的时间、尽可能高效地回答或解决他们的问题（邹璐，2019）。

二 数字经济发展对消费的影响

我国是世界第二大数字经济体，是世界最大的移动支付和电子商务市场。基础设施不断升级使我国高端数字化消费需求不断增加，数字消费即将迎来转型升级。下文从消费者剩余、企业和消费者间关系等六个角度，分析数字经济发展对消费的影响。

（一）数字经济发展对消费模式和消费结构的影响

第一，数字经济时代的消费模式由实体店消费转向在线消费。移动支付技术近年来迅速成熟，消费者可以轻松使用移动客户端进行在线支付。在线消费商品信息量丰富，克服了实体店消费对时间和空间的限制，消费者可以随时随地在网络上下单（张峰、刘璐璐，2020）。据互联网络信息中心统计，截至2020年3月末，我国互联网购物用户数已达到7.1亿人。2019年，我国以约10.6万亿元的互联网零售额，连续七年蝉联全球数字消费市场规模首位。[①] 在数字经济时代，在线消费已与人们的生活脉脉相连，实体店消费不再是消费者的唯一选择。

第二，数字经济高质量发展是消费结构转型升级的前提条件。数字经济发展使人们的生产生活方式发生了巨大变化。电子商务兴起打破了交易活动在空间上的制约，激发了人们网上购物的热情，促进了虚拟市场繁荣。但是，由于大部分的线上需求是从线下转移而来的，这只能理

---

① 资料来源：路透北京，https：//cn.reuters.com/article/china - ecommerce0428 - tues - idCNKCS22A0AW。

解为存量的流动,而并不能代表消费者需求增加(魏江,2020)。正如钟春平等(2017)所说,网络约车、网上销售、网上融资等只是将线下活动转移至线上,是一种替代性增长,并未拓展市场原有的增长空间,也未提升相关产业的生产技术和产品层次。电商的快速繁荣与监管的不同步导致线上商品和服务良莠不齐,市场竞争变成价格竞争,频繁的促销活动和网红直播导致不理性消费和超前消费现象层出不穷。可见,数字经济发展并未在实质上促进消费结构升级,数字经济只有实现为数字科技和供给侧赋能,并推动生产模式的全面改革,才能真正发挥其对消费结构转型升级的推动作用。[①]

(二)数字经济发展对消费者剩余的影响

消费者剩余可以定义为消费者乐意并能够支付某种商品或服务的总金额与他们实际支付的总金额(市场价格)之差,它是对消费者利益的经济衡量。数字经济繁荣发展促进了新的、特定的消费者剩余产生。

数字经济下的消费者剩余主要源于三个方面——生活服务的便利性、商品和服务种类的丰富性以及商品和服务的可得性(杨子明、孙涛,2019)。第一,数字经济繁荣发展促使消费过程变得愈加便利。比如,即使在偏远地区,消费者也能享受电子商务的福利,足不出户即可购买到各式各样的商品,打破了商业网点的限制。数字经济发展也为消费者节省了大量的成本,消费者可以以较低的价格购买到更便利的服务。如智能化停车缴费等服务节省了人力成本,为消费者提供了更加便利、实惠、智能的服务体验。第二,数字经济发展带来了商品和服务种类的极大丰富,产生了消费者剩余。数字技术不断进步使得市面上商品和服务的种类大大丰富,质量也在不断提升。因此消费者可以轻松购买日常所需商品,解决了物资匮乏的问题,极大地消除了地理空间上的限制,产生了消费者剩余。第三,数字经济发展扩大了商品和服务的可得性,消费者剩余随之产生。例如,快递业发展解决了消费在空间上的限制,消费者可以根据需要购买国内外商品。

数字经济持续稳定发展使我国产生了体量巨大的消费者剩余。与发

[①] 资料来源:《经济参考报》,http://www.rmzxb.com.cn/c/2020-05-19/2575066.shtml。

达国家相比，发展中国家的金融服务体系和传统商业体系相对落后，但发展空间和潜力也更大。数字经济迅速发展为发展中国家带来显著的积极影响，消费者福利不断增加，消费者剩余规模不断扩大。在产品交换方面，数字经济的正效应使我国各地区尤其是偏远地区的消费者解决了商品种类和商业设施数量较少等重重困难，消费者能够享受到更好的服务；产品交换环节也突破了在时空上的限制，得到了更好发展。在金融服务方面，数字经济发展使我国消费者获得了更加便捷和实惠的金融服务。凭借数字经济的红利，我国的广大消费者在支付方式上直接实现了移动支付普及（杨子明、孙涛，2019）。

（三）数字经济发展对企业和消费者间关系的影响

对于企业，消费者所扮演的角色已发生重大改变。由于供过于求现象的存在，消费者的主动权和议价能力都在逐步增强，消费者对企业的作用和影响力今非昔比（徐梦周、吕铁，2019）。

消费者和企业之间存在交互作用。由于数字经济发展，消费者的行为可以用数据进行描述，这已经成为企业重要的信息资源，而企业将利用这些信息来改进商品和服务的质量，从而吸引更多的消费者（张泽平，2015）。而且由于消费者和企业可以轻松进行在线互动，企业越发重视消费者对商品的意见和建议，更好地利用了需求的基础性作用，企业和消费者能够共同促进商品创新和改善。例如，面临数字经济发展所带来的市场环境变化，时装企业梦芭莎通过精准分析消费者信息并制定出恰当的营销计划以应对市场变化。首先，梦芭莎对消费者的购物信息进行细致分析，并基于数据分析的结果形成层次性的品牌分布。其次，梦芭莎根据消费者购物需求和时尚品位的差异，将消费者精准引导到特定品牌中。最后，根据消费者的反馈信息和购物数据，梦芭莎不断对品牌风格和定位进行调整，实现了品牌的个性化营销。

企业通过分析消费者行为获得消费数据，并利用这些消费数据开发新的产品或服务，或对现有产品或服务进行改进，这是企业和消费者之间存在交互作用的体现。在这种交互中，企业有机会利用免费的消费数据获得大量利润。然而，现有条例尚未说明如何明确此种利润的归属地。如何在不同消费者归属地之间以及企业归属地和消费者归属地之间分配征税权，是一个亟待解决的问题（张泽平，2015）。

在线消费兴起改变了企业运营模式。截至 2020 年 3 月，我国拥有 7.1 亿网络购物用户数，我国网上零售额在 2019 年达到约 10.6 万亿元人民币。2019 *Influencer Marketing Global Survey* 面向全球五个国家进行网红营销调查，结果显示 60% 的网友平均每天会和网红互动一次，并且网红会影响他们的消费行为。① 网络红人直播、明星"带货"已成为企业与消费者建立联系、获取更广泛的消费人群从而获得更高利润的一个重要途径。2019 年，超过 500 个品牌在天猫商城销售额过亿，超过 60% 的品牌选择在天猫商城进行新品首发。② 在线消费为企业和品牌提供了机遇，企业通过线上商城可以节省市场测试成本，提高产品和服务反馈的质量和效率，并能够减少新品上市的试错成本。

（四）数字经济发展对消费过程中信息传递的影响

企业运用新兴技术收集海量消费者数据并进行深入分析，从而实现灵活定价，使企业效益最大化。价格可以传递企业和消费者之间的供求信息，而企业需要通过商品和服务的价格制定合适的营销策略，实现更加精准的定价（荆文君、孙宝文，2019）。例如，滴滴公司通过动态定价策略维持市场的供求平衡，当打车市场供不应求时，价格便会自动抬高。这一举措一定程度上降低了消费者由于信息不对称产生的时间成本，降低投诉概率，保证了滴滴公司的口碑。部分公司尝试依据消费者对价格的可接受度和需求弹性的变化进行差异化定价。差异化定价是指企业对同一产品或服务在不同情况下制定不同价格的策略。但是，由于当消费者被收取较高价格时会产生不公平的感受，这些采取差异化定价策略的公司遭到了消费者的强烈谴责。在数字经济时代，不仅企业能够获得海量消费信息，消费者也能通过更广泛的方式获取价格信息。所以对于一个企业，如何通过差异化定价策略实现更大利润，又能降低消费者的负面情绪是一个难题。③

---

① 资料来源：2019 *Influencer Marketing Global Survey*，https://www.iab.com/wp-content/uploads/2019/03/Rakuten-2019-Influencer-Marketing-Report-Rakuten-Marketing.pdf。

② 资料来源：新华网，http://www.xinhuanet.com/tech/2019-11/12/c_1125219260.htm。

③ 资料来源：光华管理学院，http://www.gsm.pku.edu.cn/thought_leadership/info/1007/2084.htm。

企业与消费者之间去中介的实现，改善了交易中信息不对称的现象，降低了交易成本（欧阳优，2018）。在数字经济时代，企业可以直接与分散的消费者进行对接，达到了去中介的效果。许多企业在淘宝、京东、网易考拉等电商平台开设旗舰店，节省了门店租赁成本和人工成本，并且可以通过降低成本实现产品降价或质量提高，使产品更具吸引力。另外，企业可以通过线上旗舰店更加直接地对接用户，了解用户需求，从而设计出更加适应市场的产品。

（五）数字经济发展对消费分散化的影响

分散化是指将一定的资产拆分为多份之后再分别以服务的形式提供给分散化的消费者。共享经济是分散化的典型代表，共享经济的实质就是把资源分割成多份出售（欧阳优，2018）。

共享经济的繁荣发展使企业能够更高效地利用现有资源，为更多消费者提供优质服务。在共享经济体系下，人们可以将所拥有的资源租借给他人，从而使闲置资源得到更好的利用，资源所有者也能获得一定的利润。[①] 共享经济需要一个可以连接双方并为双方提供配对和交易服务的平台。例如，全球即时用车软件优步（Uber）将私人司机和乘客联系起来，服务型网站爱彼迎（Airbnb）将房东和有住宿需求的旅行者联系起来。共享经济体系下，平台可以赚取服务费、代理费和一定的广告收入。数字经济发展使"共享"的过程变得更加便利。线上交易平台的存在维护了企业和消费者的权益，为交易的安全性提供了保障，并且资产无论价值高低，都可以通过共享经济实现资源的高效利用。

展示长尾商品的边际成本降低，长尾产品利润空间扩大成为可能。长尾商品是指需求数量较少或销售情况较差的商品。在信息不发达的时代，由于货架空间的影响，商家通常更愿意销售畅销商品，长尾商品往往被尘封。但是数字经济发展使商品展示的边际成本大大降低，商品信息可以在数字交易平台上以较低成本展示，实体经济条件下的二八定律被打破，小众的长尾商品获得了更多的展示和销售的机会（欧阳优，2018）。例如，传统的"搜房网"限制了房产中介发布房源数目的总量，

---

① 资料来源：Wikipedia，https：//en.wikipedia.org/wiki/Sharing_economy。

中介只愿发布主流房源的销售信息。而58同城等分类信息网站不对信息发布总量进行限制，大量长尾房源可以得到展示。虽然长尾商品的受众较少，但是累加起来可以为企业和销售平台带来可观的利润。

（六）数字经济发展对消费者福利的影响

数字经济中，消费者可以获得高质量、多样化的产品和服务。在数字经济时代，电子游戏、搜索引擎、社交程序等往往为消费者提供免费服务。由于电子商务平台出现，消费者可以轻松获取商品的全部信息，做出优选决策，获得较优的产品和服务，这提升了消费者福利。数字平台和企业必须不断进行创新和产品优化，才能在竞争激烈的数字经济时代获得更强的市场竞争力。数字企业为占领市场而做出的创新决策将进一步丰富产品的种类、提高产品的质量。这有利于提升消费者福利，让消费者有更广泛的选择空间（李向阳，2019）。

侵犯消费者隐私的现象层出不穷，消费者的财产安全面临威胁。消费者在使用数字平台时，通常会授予数字平台访问自己的地理位置、通知权限甚至手机通讯录的权限。部分数字企业可能会利用这些信息进行牟利——将消费者信息传递给其他企业，以获取高昂利润。毕马威调查显示[1]，在参与调查的消费者中，超过66%的消费者认为手机App和电脑应用程序存在泄露用户信息的风险，只有不到一半的消费者愿意牺牲隐私来换取更廉价甚至免费的产品和服务。[2] 由于缺乏完善的法律体系保护消费者隐私信息，信息被泄露并出售的现象屡见不鲜，这对消费者的财产安全造成极大威胁。虽然有一些条例如欧盟的《通用数据保护条例》对数字平台中消费者的隐私进行保护，但是绝大多数条例都是建立在"知情同意"的架构之上——数字平台发布隐私声明，消费者同意后方可收集用户信息。很多情况下，如果消费者不同意隐私声明，就无法获得数字平台提供的服务，并且当消费者权益受到侵害时，会在法律上处于劣势地位（李向阳，2019）。在现有法律体系下，企业仍有利用消费者信息牟利的空间，因此数字平台的运营仍需进一步规范。

---

[1] 该调查报告为"Crossing the Line: Staying on the Right Side of Consumer Privacy"。

[2] 资料来源：毕马威，https://assets.kpmg/content/dam/kpmg/xx/pdf/2016/11/crossing-the-line.pdf。

# 第七章　数字经济发展面临的
挑战和政策建议

通过前六章的论述，我们对数字经济发展的历程、现状、趋势以及它可能产生的社会效应有了充分的了解。本章我们将首先结合数字经济的发展方向提出其在未来可能面临的六个重大挑战，然后基于数字经济客观发展规律以及对我国数字经济发展现状的分析，从八个方面为我国数字经济发展提出政策建议。

第一节　数字经济发展面临的挑战

数字经济作为一种全新的经济形态，既面临着当前发展不充分、不平衡的困境，也面临着未来发展的未知与风险。因此，在国内外发展与变革的大背景下，根据数字经济发展存在的问题、趋势以及潜在的风险，识别出数字经济所面临的挑战对其更高质量的发展有重要意义。本节我们将从国际形势、顶层设计、基建核心技术、人才供给、信息网络安全和理论研究六个方面分析数字经济发展面临的重大挑战。

一　国际形势不确定性加剧是我国数字经济发展面临的挑战之一

在世界高度联通的今天，世界局势的改变会对我国数字经济发展产生重要影响。习近平总书记在 2020 年 8 月的一次讲话中指出："国际经济、科技、文化、安全、政治等格局都在发生深刻调整，世界进入动荡变革期。"① 目前，国际形势不确定性加剧，一些新变化和新趋势的出现给我国数字经济发展带来了挑战。下文将从世界经济增长放缓、逆全球化趋势出现、新兴大国与守成大国博弈加剧三个方面阐述国际形势不确定性给我国数字经济发展带来的挑战。

（一）国际形势不确定性加剧的诱因

1. 世界经济增长放缓

近年来，全球经济发展面临下行压力。一方面，各国自身经济发展增速有所减慢；另一方面，国际贸易停下了快速发展的步伐。2019年，世界商品贸易额增长率为-0.1%②，远低于2018年的3.0%③。2020年新冠肺炎疫情在全世界蔓延，让全球经济雪上加霜。国际货币基金组织预计，受新冠肺炎疫情影响，2020年全世界经济将会收缩3%。④ 未来，国际经济形势仍不容乐观。李伟等（2018）预测，2020—2035年，全球经济平均增速将为2.6%，发达国家整体增长速度大约为1.7%，低于50多年以来的增速均值。世界经济形势趋于低迷会造成失业人口增加、物价上升等社会问题，破坏社会稳定。面对这样的压力，一些国家可能会将国内矛盾转移到与其他国家的矛盾上，国与国之间的冲突更容易出现，导致国际形势不确定性加剧。

2. 逆全球化趋势出现

2008年国际金融危机后，人们对全球化的消极态度越来越普遍，世界出现逆全球化浪潮，并在西方国家呈现泛滥之势。"逆全球化"特指在经济全球化进展到一定阶段后出现的不同程度和不同形式的市场再分割现象（佟家栋等，2017）。当下，在世界许多地区，单边主义、贸易保护主义等思潮持续抬头。具体表现为：第一，部分大国不顾其他国家和整个世界的利益，要求解除维护世界和平稳定和可持续发展的国际

---

① 资料来源：共产党员网，http：//www.12371.cn/2020/08/25/ARTI1598310923548272.shtml？from=groupmessage。

② 资料来源：WTO，https：//www.wto.org/english/news_e/pres20_e/pr855_e.htm。

③ 资料来源：WTO，https：//www.wto.org/english/news_e/pres19_e/pr837_e.htm#:~:text=MAIN%20POINTS%201%20World%20merchandise%20trade%20volume%20is,GDP%20growth%20in%20developing%20economies.%20More%20items...%20。

④ 资料来源：国际货币基金组织，https：//www.imf.org/zh/Publications/WEO/Issues/2020/04/14/weo-april-2020。

合作关系。2016年英国全民公投决定退出欧盟、2017年美国宣布退出巴黎协定、2020年美国退出世卫组织，都对维护全球和平和发展产生负面影响。第二，一些国家从开放走向封闭，减少甚至抗拒与其他国家在经济、文化等领域的交流合作。美国挑起贸易摩擦、出台限制移民政策，都是逆全球化的表现。逆全球化趋势出现使全球化发展受到阻碍，对世界经济造成冲击，导致了国际形势不确定性加剧。

3. 新兴大国与守成大国博弈加剧

随着以我国为代表的新兴大国的兴起和壮大，这些国家与守成大国①之间的冲突和博弈进一步加剧。传统发达国家为了维持自身在全球的统治地位，会对新兴大国采取打压措施遏制其发展。近年来，我国经济和科技等方面的实力持续提高，与美国差距不断缩小。另外，我国的科技创新实力不断增强，在5G、区块链等数字经济前沿领域处于世界领先地位。为防止我国对其世界霸主地位造成威胁，美国自2018年起采取一系列措施对中国进行制裁。经济上，美国与我国发生了一系列的贸易摩擦，通过提高关税等手段限制中国对美国的出口贸易活动。政治上，美国违反国际法，干涉我国内政。美国无视我国客观事实，对我国香港地区、新疆地区的立法进行干涉，企图扰乱我国稳定。技术上，美国对我国部分行业的重要企业采取技术封锁。例如，2019年，美国将华为加入"实体名单"，联合其他国家对华为实行出口管制，禁止向华为出售芯片等技术和产品，企图制约华为乃至中国科技的发展。此外，美国还限制我国学者和学生办理赴美签证，阻碍他们与美国在科学技术上的交流。

（二）国际形势不确定性加剧对数字经济发展的挑战的具体表现

第一，全球经济所面临的下行压力以及由新冠肺炎疫情带来的全球经济社会新常态对各国数字经济发展具有双重影响。一方面，世界经济增长乏力，加上新冠肺炎疫情冲击，各国经济增速放缓，不利于为数字经济发展营造良好的宏观经济环境。传统产业不景气既不利于数字产业化的壮大，也不利于数字技术与实体经济的融合，这为数字经济的可持

---

① 守成大国：守成即保持前人创下的成就和业绩，守成大国指作为世界中既得利益者的一些老牌发达国家。

续发展带来挑战。另一方面，新冠肺炎疫情暴发为数字经济发展带来新的机遇和挑战。新冠肺炎疫情迅速蔓延，对世界各国实体经济造成较大冲击。而互联网产业如线上教育、线上就医、电子商务等则由于不受空间限制，受挫较小。2020年第一季度，我国住宿和餐饮业、建筑业这两个传统行业的增加值同比分别下降35.3%和17.5%，而信息传输、软件和信息技术服务业对应数据不降反升，与去年同期相比实现了13.2%的增长。① 在疫情的影响下，数字经济产生了一些新的业态，对稳定我国经济社会运转有重要作用。疫情冲击倒逼我国政府和企业加速数字化进程，因此也在一定程度上为我国数字经济发展带来机遇。由于我国数字经济发展仍存在技术落后、不同地区和行业发展不均衡、监管措施不到位等一系列问题，在新冠肺炎疫情影响下，如何化挑战为机遇，促进我国数字经济转型升级、实现高质量发展是我国数字经济发展面临的重要挑战。

第二，逆全球化浪潮和贸易战阻碍世界各国在商品、资本、人才、技术等方面的交流与合作，不利于我国数字经济发展。一方面，逆全球化和贸易战阻碍我国借鉴和学习别国的先进技术与经验。美国限制中国学者及学生赴美交流签证，使我国人才获取世界前沿的知识技术变得更为艰难。发达国家撤回跨国企业、减少在华投资等趋势减少了我国企业引进新技术并应用于实体经济领域的机会。另外，由于我国在数字经济的某些关键技术方面仍未实现自给自足，发达国家对我国的技术封锁会对我国高科技产业发展产生严重影响。以我国严重依赖进口的芯片技术为例，我国2019年芯片进口金额达到3055.5亿美元，该金额居于所有进口商品之首。② 国务院发布的相关数据显示，芯片技术方面，2019年我国的自给率仅为30%左右。2018年，美国商务部对中兴通讯的禁令使中兴通讯失去核心元件的稳定来源，无法进行主要的经营活动。若我国依赖国外技术的局面得不到改变，我国的高科技产业发展就得不到保障。另一方面，逆全球化和贸易战使我国数字经济领域的成果难以输

---

① 资料来源：国家统计局，https：//data.stats.gov.cn/easyquery.htm? cn = B01&zb = A0103&sj = 2020A。

② 资料来源：中商情报网，https：//www.askci.com/news/chanye/20200219/1132141157002.shtml。

出，削弱了我国在世界数字经济市场的竞争力。2020年以来，美国以"维护国家安全"为由对我国短视频社交应用TikTok进行封禁，并强迫TikTok母公司字节跳动将TikTok美国业务出售给美国公司。在美国霸权主义的打压下，我国科技企业的成长和全球化布局受到严重影响。科技行业在促进信息技术进步和数字经济成长中扮演着长期推动者的关键角色，而当下的逆全球化趋势和以美国为首的霸权主义使我国的互联网企业在全球竞争中面临不利局面，给我国数字经济发展带来了挑战。

二 数字经济顶层设计有待完善是我国数字经济发展面临的挑战之一

"顶层设计"是一个政治名词，其具体内涵因研究对象不同而不同。本节所提及的数字经济发展的顶层设计是指数字经济发展的国家宏观战略、法律法规以及制度体系。随着数字经济深入发展，我国顶层设计不完善的问题日益显露。

（一）数字经济顶层设计有待完善的具体体现

当下，数字经济发展缺少前瞻性指引方案与规范性指导文件，导致数字经济动能无法有效释放，掣肘了我国数字经济向高质量发展。下文将从上述有关数字经济发展的顶层设计的三个角度阐述我国数字经济顶层设计有待完善的具体体现。

1. 数字经济宏观发展战略亟待制定

近年来，虽然党和国家领导人曾多次表明要大力推进数字经济发展的决心，并强调数字经济作为新经济形态对国民经济发展影响深远，但我国尚未出台明确的系统性文件为数字经济发展谋篇布局。

我国尚未出台以数字经济为核心的宏观战略，对数字经济的全面部署有待进一步完善。由第一章内容可知，2013年是数字经济进入成熟期的元年。自2013年以来，我国政府针对数字经济的不同领域出台了多项规划和指导意见（见图7-1），这些文件主要内容的变化反映了不同时期数字经济发展的主旋律。其中，国家2016年颁布的文件具有承上启下的特点。[①] 这些文件不仅肯定了"互联网+"行动对我国经济的积极影响，更奠定了未来五年数字经济的发展基调。值得注意的是，国

---

① 2016年是我国"十三五"规划的开局之年。

第七章　数字经济发展面临的挑战和政策建议

《关于加强和完善国家电子政务工程建设管理的意见》
推进电子政务项目与物联网、云计算、大数据等新技术结合

《国务院关于积极推进"互联网+"行动的指导意见》
加快推动互联网与各领域深入融合和创新发展，充分发挥"互联网+"对经济社会发展的重要作用

《国家信息化发展战略纲要》
提升信息产业国际竞争力，重点行业数字化、网络化、智能化取得进展明显，搭建网络化协同创新体系

《"十三五"国家战略性新兴产业发展规划》
在持续推进原有互联网、智能制造、信息通信等数字经济相关产业的同时大力发展数字创意产业

《G20数字经济发展与合作倡议》
提出了二十国集团数字经济发展与合作的一些共识、原则和关键领域

《智能制造发展规划（2016—2020年）》
推进智能制造发展，实施"两步走"战略，支撑传统制造业数字化转型，基本建立智能制造支撑体系

2013年　　2015年　　2016年

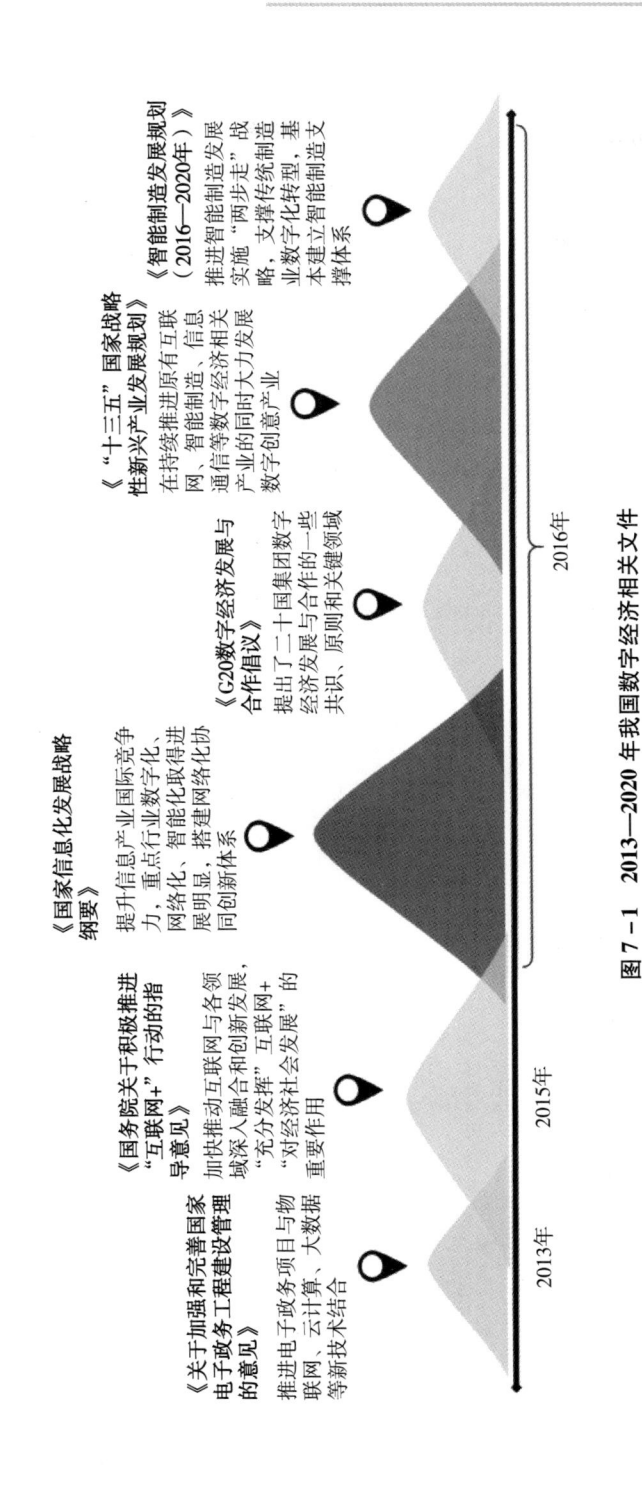

图 7-1 2013—2020 年我国数字经济相关文件

261

《关于发展数字经济稳定并扩大就业的指导意见》

推进产业结构和劳动者技能数字化转型，提升数字化、网络化、智能化服务能力，拓展就业创业新空间，实现更高质量和更充分就业

《国家数字经济创新发展试验区实施方案》

在河北省（雄安新区）、浙江省、福建省、广东省、重庆市、四川省等启动国家数字经济创新发展试验区创建工作

《数字乡村发展战略纲要》

加快农村信息基础设施建设，加快推进线上线下融合的现代农业，加快完善农村信息服务体系

《数字农业农村发展规划（2019—2025年）》

建立健全农村数据采集体系，基本建成农业农村云平台，提升农业数字经济比重，完善乡村数字治理体系

《国务院关于推进贸易高质量发展的指导意见》

构建共性技术研发平台，强化制造业创新对贸易的支撑作用。推动数字技术与贸易融合能力；着力扩大知识产权对外许可。积极融入全球创新网络

2018年　　　　　　　　　　　2019年

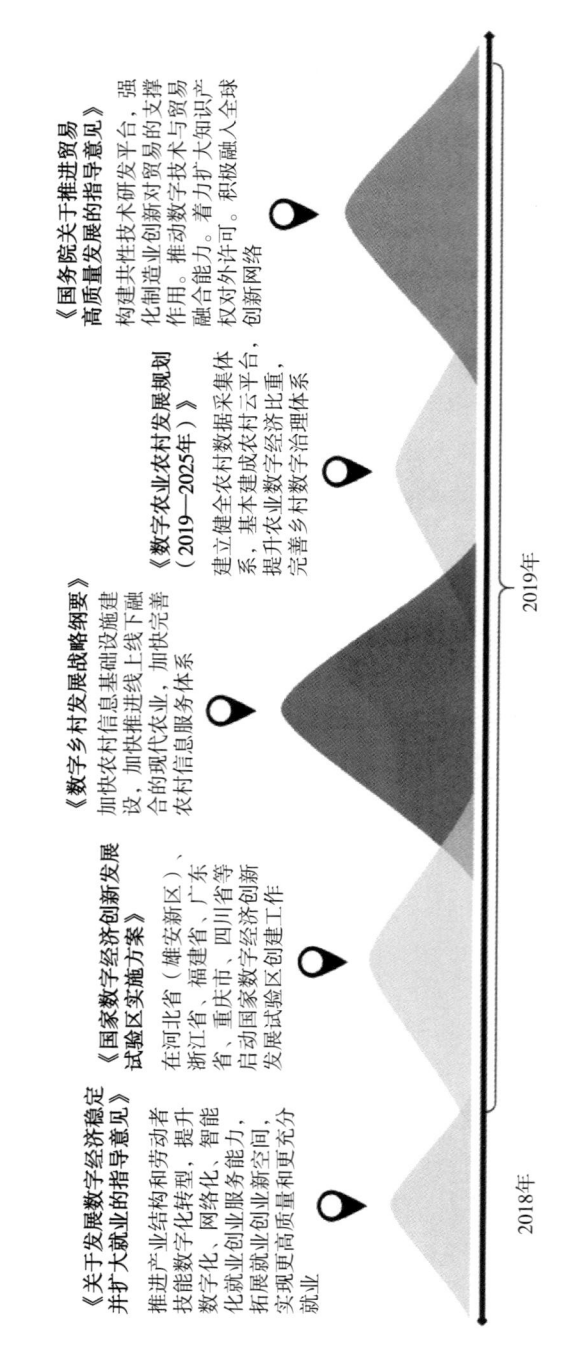

图7-1　2013—2020年我国数字经济相关文件（续）

第七章 数字经济发展面临的挑战和政策建议

《关于构建更加完善的要素市场化配置体制机制的意见》
将数据列为生产要素之一

《国务院关于促进国家高新技术产业开发区高质量发展的若干意见》
围绕产业链部署创新链，围绕创新链布局产业链，将国家高新区建设成为创新驱动发展示范区和高质量发展先行区

《关于支持新业态新模式健康发展激活消费市场带动扩大就业的意见》
重点培育数字经济15大新业态新模式

2020年

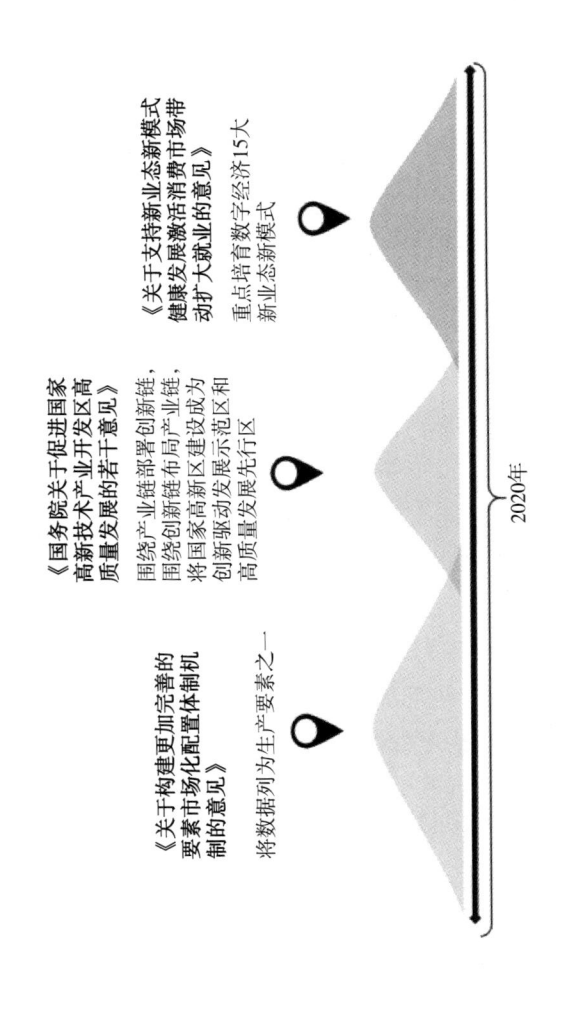

图7-1 2013—2020年我国数字经济相关文件（续）

资料来源：中华人民共和国中央人民政府官网。

263

家 2016 年出台的《国家信息化发展战略纲要》作为一份宏观战略性文件，虽然指出了国家需要大力推进信息化建设，但由于经济基础的时代局限性，无法精准匹配当下乃至未来数字经济的发展需求。此外，由于该文件只对提纲挈领的要点进行概述和介绍，是一份典型的纲要文件，所以该文件并未对数字经济发展进行详细规划和部署。自 2017 年政府工作报告提及"数字经济"以来，"数字经济"这一名词逐渐取代了"信息化""互联网＋"等传统提法，出现在各政策文件和新闻报道中。尽管国家层面对数字经济予以了高度关注，数字经济也已经上升至国家战略高度，但我国尚未出台如英美等国家那样宏观全面的数字经济战略。2019 年我国为补齐乡村数字经济发展的"短板"，出台了《数字乡村发展战略纲要》，对乡村数字经济发展作出了统一部署。然而，国家政府依旧尚未出台全国层面、全产业的数字经济发展战略，仅是在一些文件中将数字经济作为其中一个主要对象进行有限的论述。而在地方政府方面，广东、浙江、江苏等数字经济强省在近两年内相继出台了一系列统筹规划数字经济发展的文件，为当地数字经济的发展提供了方向指引。

2. 数字经济相关法律法规亟待完善

自 2018 年马云提出制定数字经济法的倡议以来，学界和政界围绕数字经济立法这一话题展开了一系列讨论，中央和地方政府也开展了与数字经济相关的立法实践。① 然而，数字经济领域的立法行动无法跟上数字经济的快速更迭，一些重要领域存在相关法律法规缺位的问题，对数字经济未来发展产生了巨大挑战。下文将从税收、知识产权、数据安全三个角度阐述数字经济法律法规缺位的具体体现。

第一，我国现有税法与当前数字经济发展现状不适配。税收具有资源配置和内在调节作用，税法的调整关乎国计民生。数字经济发展给企业经营带来了日新月异的变化，商业模式更加灵活复杂，使得税源管理面临新的挑战。当下，我国赋税征纳双方信息不对称的问题对税收管理造成了较大阻碍，导致税收流失严重。李蕊等（2020）认为，互联网和通信技术发展打破了传统经营活动对特定实体场景的依赖，在增加税

---

① 资料来源：凤凰网，http://finance.ifeng.com/a/20180422/16172819_0.shtml。

收偶然性和随意性的同时也加剧了税基侵蚀①与利润转移。传统税法并未对无实体对象进行征税授权，这进一步加剧了传统企业与数字企业之间赋税的不公平。我国虽然已开始关注数字经济税法制定工作，但主要还是在传统经济税法的基础上进行有限的修补。国家并未依据数字经济发展的具体情况重新规定纳税人、征税对象、税目以及税率，也没有为原有税法执行中产生的问题提供良好的解决方案，数字经济的许多业务在税收层面仍处于无法可依的状态。此外，数字经济挑战了现存的全球治理规则，加剧了各国围绕税收主权的新一轮博弈。单边强制性征税权配置、激进的税收规划以及双重征税问题是当前数字经济国际税法面临的重要挑战。

第二，我国知识产权法律法规有待完善。知识产权保护与创新者利益休戚相关，加强对知识产权的保护是创新发展的重要保障之一（夏清华，2020）。建立健全完善的知识产权法律保障体系是汇聚人才、鼓励创新、推动数字经济高质量发展的关键路径。此外，知识产权保护是美国的核心利益攸关，美国将知识产权问题作为挑起中美经贸摩擦的借口之一，中美贸易纠纷在本质上体现为两国间科技和知识产权的纠纷（周念利等，2019）。总体而言，我国知识产权保护法存在版权立法不够科学合理、数字内容产品版权保护不力、专利申请存在歧视等问题（武伟等，2017）。第一，我国现存法律法规没有回应市场主体对基于互联网形成的新技术、新模式所提出的强烈保护诉求。第二，网络信息具有获取快、易删除的特点，在海量信息下侵权证据极易丢失，给数字内容的侵权认定带来了严峻挑战。第三，数字时代网络侵权主体难以确定和追溯，虚拟账号的使用导致查控数字版权侵权行为难上加难。第四，我国现有知识产权法律体系缺乏明细的执法指引，难以为我国企业在国际竞争中提供有力保障。目前，我国将《对外贸易法》第29条作为处理国际贸易所产生的知识产权纠纷的黄金定律，但该条款作为原则性条款，并没有制定具体的实施细则，因而存在保护力不足的缺陷。朱

---

① 税基侵蚀：税基是政府征税的客观基础，描述政府征税的广度，即解决对谁的"什么"征税的问题。税基侵蚀是指由于设置特别的减免税项目，从而增加对纳税人的某些税务优待，进而带来税基缩小。

雪忠、徐晨倩（2020）认为，我国只有形成尊重知识产权的良好氛围，做好知识产权保护工作，才能实质性地提升我国在国际知识产权保护中的话语权，从而为我国企业参与国际竞争创造更有利的条件。

第三，我国法律对数据安全的保障力度不足。虽然《中华人民共和国网络安全法》于2017年6月正式实施，在一定程度上维护了我国的国家安全和网络空间主权，但该法在行业大数据、商业大数据、个人信息数据管理以及相关权利维护等方面尚存在大量空白。首先，我国商业大数据法律保护力度不足，数据滥用和数据泄露时常发生。国家互联网应急中心指出，我国网络的数据泄露风险较高。[①] 我国因未授权访问漏洞存在泄露风险的数据有1.77万亿余条，因弱口令漏洞存在泄露风险的数据有96亿余条。[②] 其次，国内对公民隐私的保护滞后于公民隐私被侵犯的具体事实（邹晓艳，2018）。其中，维护个人隐私安全在网民规模庞大且话语权扩大的当下尤其具有现实意义。实际上，尽管我国在持续推进隐私权保护相关领域的立法进程，但侵犯隐私的案件层出不穷。王利明（2012）提及，与欧美一些国家相比，我国对隐私与隐私权的界定并不清晰。[③] 欧美国家的隐私权范围更广、分类更细，且划分名目与我国有所不同。最后，我国于2020年7月颁布了关于数字安全的法律草案[④]，并向社会各界公开征求意见。目前，该草案仍在持续收集意见中，距法律的正式出台还有很长的路要走，增强对我国数据安全的法律保护仍是立法机构未来的工作重点。

3. 数字经济相关制度体系亟待健全

我国数字经济相关制度与经济发展要求不匹配，制度壁垒日益凸显，制约了要素的有效流通，进一步阻碍了数字经济质量提升。下文将从市场监管和国际贸易的角度阐述数字经济相关制度不完善的具体体现。

[①] 资料来源：国家互联网应急中心（CNCERT）：《2019年中国互联网网络安全报告》，http://www.cac.gov.cn/2020-08/11/c_1598702053181221.htm。

[②] 资料来源：国网大数据中心，https://mp.weixin.qq.com/s/OomV0I_2Hy1vwfFOf3TkQQ。

[③] 资料来源：《隐私权概念再界定》，中国法院网，https://www.chinacourt.org/article/detail/2012/07/id/537313.shtml。

[④] 该草案全称为《中华人民共和国数据安全法（草案）》。

第七章 数字经济发展面临的挑战和政策建议

第一，市场监管体制亟待优化。数字经济具有显著的"三跨"[①] 特点，因此目前条块化、属地化的监管模式不再适用于推进数字经济良性发展。数字经济衍生的新业务、新产品使政府需要监管的对象大规模增加，同时也滋生了多种新型违规行为，挑战了我国原有的市场监管制度。其中，平台经济作为数字经济的新形态和有益补充，对政府监管提出了新要求。政府监管亟须从对单一对象的监管向对全平台的监管转变，加快确定平台治理、监管权责、优化惩戒机制。再者，市场监管部门无法识别和打击数字经济领域的市场垄断行为，严重影响了市场环境的公平有序。另外，我国现有市场监管体制具有进入成本高、违法经营打击力度不严的缺陷，体制优化成为当务之急。

第二，国际数字贸易规则亟待建立。数字贸易[②]的兴起对传统国际贸易规则带来重大挑战，同时对全球价值链重塑带来了一定的影响（张红霞，2018）。由于世界各国利益关切各不相同，数字经济发展目标也大相径庭，WTO 在推进国际数字贸易规则建设的过程中难以协调各国诉求，延缓了新贸易制度的构建。诺贝尔经济学奖得主约瑟夫·斯蒂格利茨认为，数字贸易的真正障碍来自包括税收制度缺陷、数字巨头垄断、信息滥用等现象的人为壁垒；零和博弈以及民族主义心态也是阻碍国际数字贸易规则建立的重要因素。[③] 2020 年 6 月，智利、新西兰和新加坡启动了关于数字经济国际合作的谈判，签署了《数字经济伙伴关系协定（DEPA）》。该协定作为当前最全面、完整的区域性数字经济协定，为各国政府合作提供了框架和范例。然而，目前有关数字贸易的全球规则仍处于早期探索阶段，中国、美国和欧洲发达国家之间仍然存在分歧，各国尚未完全达成共识。国际贸易规则在电子发票、数字身份、金融科技、人工智能、数据流动和数据创新等方面仍有广阔的提升空间（赵旸颢等，2020）。此外，增强数字贸易政策的一致性也是未来各国协同构建国际贸易制度的重点。

[①] "三跨"：跨领域、跨行业与跨地区。
[②] 数字贸易：以数字交换技术为手段进行实物、数字化产品、服务等交换的商业活动。
[③] 资料来源：中国新闻网，https：//news. sina. cn/2020 - 09 - 05/detail - iivhuipp2711433. d. html。

（二）数字经济发展的顶层设计有待完善对数字经济发展挑战的具体表现

第一，宏观战略缺失对明确数字经济的发展方向、路径与提高发展效率有负面影响。由于宏观战略确立了发展目标，缺乏宏观战略指导的数字经济可能会偏离人们期望的发展方向，建设进展也受到了一定约束。在国际舞台上，美国、英国、德国、日本等国家早已对数字经济进行了宏观战略部署，而我国在战略部署上的滞后可能会使我国失去抢占数字经济发展高地的先机。再者，宏观战略缺失可能会导致数字经济发展过程中资源错配、区域割裂、产能过剩等问题的出现。由于宏观战略是一份集系统性、全局性于一身的战略纲领性文件，其必然针对数字经济的发展现状提出宏观科学的决策部署。如果国家没有颁布支持数字经济发展的战略性文件，没有在文件中明确我国数字经济发展格局，那么各地政府可能为了提升地方经济水平、创造晋升机会而盲目发展不符合本地实际的产业，造成部分资源紧俏，而另一部分资源过剩的不合理现象，严重影响全国数字经济发展的整体效率。此外，国家战略性文件可视为数字经济发展的强心剂，增强了各市场主体和数字经济相关产业发挥自身优势、大力发展数字经济的信心和决心。而宏观战略空白将被各市场主体视为政府对数字经济领域的态度不够坚定，在这样的环境下发展数字经济可能无法享受充足的政策红利，并且存在一定的市场风险。作为理性经济人，各市场主体将非常谨慎、缓慢地推进相关业务，不利于激发市场主体创新创造的潜力，抑制了数字经济的发展潜能。

第二，法律法规不健全抑制了数字经济的活力和正外部性。首先，税法不适配制约了数字经济发展。数字经济的发展催生了新业态、新产品，而我国税法尚未针对该情况进行纳税人和税收事项的调整。因此，我国税收流失严重，税基侵蚀和利润转移问题日益凸显，最终导致国家可支配公共财政大大低于其应有数额。2020年以来，在新冠肺炎疫情冲击下，我国国家财政赤字进一步扩大，财政支出进行了相应缩减，用于支持数字经济发展的经费可能也会相应减少。由第三章实证模型的结果分析可知，财政科学技术支出对数字经济发展的正效应最为突出。财政科学技术支出为我国数字经济人才培育、技术研发和投入应用、产业示范区构建等提供了强有力的资金支持。因此，我国税法滞后于数字经

第七章 数字经济发展面临的挑战和政策建议

济实践最终将影响数字技术正外部性的发挥，抑制了数字经济进一步发展。其次，我国现有法律体系对知识产权的保护不力进一步抑制了创新主体在数字经济领域的创新创造的活力。我国现有知识产权保护法在数字经济相关产品、商业模式的保护上存在不足，没有回应数字经济发展所提出的知识产权保护新诉求。我国在侵权认定和惩戒上也缺乏有力的法律条文，数字内容被侵权的情况屡见不鲜。这严重打击了创作者的创新积极性，抑制了数字经济的发展活力。再次，我国知识产权保护法不健全可能使我国企业在数字经济发展中面临"创新陷阱"[①]，难以支撑我国企业下一阶段的创新成长（夏清华，2020）。基于此，我国新兴数字企业在激烈的市场竞争中可能面临被淘汰的风险，不利于我国数字经济规模的进一步扩大，数字经济的质量也会受到一定程度的影响。最后，数据安全法律法规不健全会导致数据要素的价值无法充分发挥，不利于数字经济可持续发展。如果企业、个人的数据安全保护难以保障，那么相关方数据授权、交流、共享的意愿将大幅度降低。即使是我国最新颁布的《数据安全法（草案）》也无法有效保障数据要素的价值得到最大程度发挥。刘金瑞（2020）认为，该草案在立法定位和适用范围方面存在不足，其部分条例与现有相关法律法规存在重复和交叉，影响了数据确权与数据自由流通。同时，当前已知的法律法规在数据认定、重要数据重点保护体系方面的缺陷可能会导致国家安全受到威胁，社会公共利益受到一定程度的损害。另外，当前数据安全法律体系虽然能在很大程度上保障我国在数据跨境流通时的司法主权，但是繁琐冗杂的程序已经越来越难以适应数字经济全球化发展及争议快速解决的需求，制约了我国数字经济进一步与国际先进水平接轨（刘金瑞，2020）。

第三，制度体系不完善制约了我国数字经济高质量发展。如上文所述，我国数字经济市场监管以及国际贸易体系仍有较大提升空间，市场监管制度不健全将影响国内数字经济发展效果，而国际贸易体系不完善则会加大我国与世界各国达成数字经济领域相关合作的难度。在市场监

---

① 创新陷阱：创新陷阱本质上是一种崇尚技术至上的错误趋势。企业在自主创新过程中强调技术本身的优势无可厚非，但对技术优势的过分关注会使企业忽略对市场需求的研究和对技术转化的有效管理，从而陷入"技术至上"陷阱。

管方面，监管制度不完善可能会导致市场主体之间产生严重的利益冲突，违背公平竞争原则，扰乱数字经济市场秩序。而部分大平台企业可能会钻市场规则的空子，试图获取"一家独大"、平台垄断的地位，到最后造成"赢者通吃"的局面，严重打击了中小微企业的积极性。此外，由于数字经济市场涉及较多的非实物资产，而对该类资产的监督管理难度较大，如果没有健全的监管制度，容易出现信息失真，给企业、消费者带来巨大损害，不利于数字经济良性发展。在国际数字贸易方面，我国今后在参与双边、区域和多边数字经济规则谈判还需要付出更多的努力，打破制度藩篱，畅通数字贸易渠道。清华大学李稻葵教授表示，按宽口径计算，中国数字贸易占全球数字贸易比重仍较低，这与中国数字经济发展现状不对称，数字贸易仍蕴藏巨大潜力。[①] 数字贸易将成为中国经济"双循环"时代服务贸易高质量开放的亮点。而我国数字贸易占比低的重要原因正是我国数字贸易制度体系不健全。一方面，我国数字服务贸易起点较低、起步较晚，如果无法形成统一的贸易规则，我国数字服务贸易与发达国家的差距将进一步扩大。另一方面，由于我国与美欧等发达国家在数字贸易规则诉求上存在较大差异，在今后的中美博弈中，美国有可能拉拢欧盟在数据跨境流动方面对中国施加压力，迫使我国服从美式数字贸易模板，遏制我国数字贸易发展（李刚等，2020）。此外，由于数字贸易是数字经济的重要组成部分，贸易规则的不健全制约了数字经济相关要素的自由流通，不利于国内产业和企业向国际水平对标，制约了数字经济的高质量发展。

三 数字基建核心技术攻关任务艰巨是我国数字经济发展面临的挑战之一

新基建是近年出现的新概念，而数字基础设施建设是新基建的核心内容，是服务于我国数字经济发展的重要基础保障。新一代数字技术领域基础设施的建设完善与核心技术攻关将为数字经济发展提供保障。然而，目前我国数字基础设施建设还需克服多重困难，高端芯片、基础软件等"卡脖子"核心技术亟须实现国内独立研发突破。上述问题从基础建设层面与技术层面对我国数字经济发展构成挑战。本小节将介绍我

---

① 资料来源：澎湃新闻，https://www.thepaper.cn/newsDetail_forward_9043996。

国数字基建的内涵、背景与数字基建核心技术困境,并详细阐释数字基建核心技术攻关任务艰巨如何成为未来数字经济发展的挑战与对应的具体表现。

(一)数字基建内涵与其核心技术攻关任务艰巨的具体体现

本小节将阐释数字基建的概念内涵,从外部和内部介绍数字基建核心技术攻关任务艰巨的具体体现,并阐释数字基建核心技术攻关任务艰巨为何对我国数字经济发展构成挑战。

1. 数字基建内涵

数字基建是数字基础设施建设的简称,既是数字经济发展的基本保障与重要引擎,也是新基建的重要组成部分。新基建为新型基础设施建设的简称,其中新型指新一代信息技术。如图 7-2 所示,2020 年国家发改委对新型基础设施的内容进行了界定。目前新基建主要包括 5G 基建、特高压、城际高速铁路和城市轨道交通、新能源汽车充电桩、大数据中心、人工智能、工业互联网七大领域。在新基建范围内,数字基础设施涵盖了除特高压、新能源汽车充电桩等之外的大部分领域,具有鲜明的科技特征,与数字技术发展息息相关。

信息基础设施
主要是指基于新一代信息技术演化生成的基础设施。
通信网络基础设施:工业互联网、5G 等;新技术基础设施:人工智能、区块链等;算力基础设施:数据中心、智能计算中心等

融合基础设施
主要是指深度应用互联网、大数据、人工智能等技术,支撑传统基础设施转型升级,进而形成的融合基础设施。
智能交通基础设施、智慧能源基础设施等

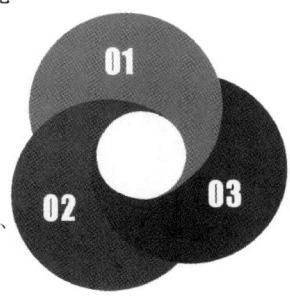

创新基础设施
主要是指支撑科学研究、技术开发、产品研制的具有公益属性的基础设施。
重大科技基础设施、科教基础设施、产业技术创新基础设施等

图 7-2 我国新型基础设施内容

资料来源:搜狐网,https://www.sohu.com/a/389725165_100210748。

目前,我国各界尚未对数字基础设施形成统一定义,但大多以新数

字技术①为核心向应用融合方向延伸。中金公司发布的《数字新基建深度报告（2020）》将数字基础设施作为新基建的一部分。其中新基建被分为两部分：一是传统基建补短板部分如智慧交通和智慧能源，二是新技术数字基建部分如5G、工业互联网、人工智能等。2020年在腾讯研究院和腾讯产业智汇厅共同举办的"国家数字竞争力论坛"上，工信部信息技术发展司一级巡视员李颖发言表示，新型数字基础设施是面向数据感知（采集）、分析、应用等能力需要的新一代基础设施，以工业互联网、5G、数据中心等为代表。② 此外，还有学者认为数字基础设施包括三个部分：数字技术基础设施如云计算、人工智能、5G等，数字商业基础设施如电子商务平台、物流平台、工业互联网平台等，新型物理基础设施如与数字技术相结合的公路、电网、城市管网等传统基础设施（安筱鹏，2020）。从现有的研究报告中我们可提炼出数字基建的内涵：数字基建是以新数字技术为鲜明特征，从基础通信网络延伸至应用融合领域的新型基础设施。数字基建发展意义重大，其具备新基建对我国社会经济发展的驱动特征，同时也是数字经济发展中有力的基础设施与技术支撑。我国要把握数字基建战略机遇，必然要加强对数字基建关键技术的自主掌握能力，并加快研究突破存在"卡脖子"现象的核心技术。我国夯实数字经济发展根基的必要条件是对数字基建所需的高端芯片、关键器件、工业软件等关键核心技术的聚焦攻关，推动实现信息与运营等多种技术融合与创新。③

2. 数字基建核心技术攻关任务艰巨的具体体现

数字基建投入成本大、投资风险高、缺乏与现实应用融合等是其在发展过程中面临的多方面挑战，然而其中最重要的挑战之一是核心技术攻关任务艰巨。目前，我国许多与数字基建相关的核心技术与产业仍然高度依赖进口，这些领域的研发和生产依然存在难以攻破的技术难关。我国数字基建核心技术攻关任务艰巨具体可分为两部分：从受外部影响

---

① 新数字技术：以5G、人工智能、大数据等为代表的数字技术。
② 资料来源：搜狐网，https://www.sohu.com/a/403901907_416839?_f=index_pagefocus_4&_trans_=000016_ucweb。
③ 资料来源：《中国青年报》，https://baijiahao.baidu.com/s?id=1666093921994528442&wfr=spider&for=pc。

来看，我国部分数字基建核心技术对外依存度高且存在断供风险，需在短时期内抓紧突破；从内部研发进度来看，在以高端芯片和基础软件系统为代表的许多战略性产业领域，我国仍然存在众多受制于人的"短板"与"漏洞"。

第一，从受外部影响来看，我国部分数字基建核心技术对外依存度高且存在断供风险，需在短时期内抓紧突破。我国近年虽然在5G、信息基础材料、AI、云计算等数字技术与支撑技术的研发中有所突破，但并没有从源头上消除部分核心技术"卡脖子"的现象。例如，基础元器件、高档工业软件和一些高端技术产品仍高度依赖外国技术（王海南等，2020）。近年来，我国科技事业取得了一批新突破，如半导体产业发展取得了长足进步，但产业链中从半导体材料到设计制造环节的工具与设备，仍有非常高的对外依赖程度。2020年8月，美国商务部工业与安全局（BIS）发布公告，将对半导体制造等基础技术实施严格的出口管控。[①] 这进一步缩短了我国半导体可获得国外先进技术和制备设备的时间窗口，反映出我国实现自主掌握相关核心技术任务迫切且艰巨。再以我国民营企业华为为例，华为通过不断自主创新，成功研发出了"麒麟"智能手机、"鲲鹏"服务器和"凌霄"路由器三款芯片。[②] 德国专利数据公司Iplytics的报告显示，截至2020年1月全球共有21500多个5G标准专利，其中华为的注册数位列世界第一，三星排在其后。[③] 然而自2018年以来，美国商务部工业与安全局建立的出口管制"实体清单"已陆续囊括华为及其附属公司等上百个中国企业和机构。[④] 面对美国下令不允许高通企业等为华为提供芯片产品的制裁，华为"麒麟"芯片的成功研发化解了这一外部冲击。然而，由于我国尚未实现芯片自主生产，"麒麟"芯片等自主研发芯片的制造依旧对外国企业存在依赖。2020年8月，美国商务部进一步收紧华为获取美国技

---

① 资料来源：中国贸易投资网，http://www.tradeinvest.cn/information/6748/detail。
② 资料来源：金融界，https://baijiahao.baidu.com/s?id=1673670833724928814&wfr=spider&for=pc。
③ 资料来源：搜狐网，https://www.sohu.com/a/379612033_114815。
④ 资料来源：爱思想，http://www.aisixiang.com/data/121061.html。

术的限制,将38家华为子公司列入"实体清单"。① 台积电等使用美国技术或设备的企业被迫自2020年9月起停止为中国企业代工。

第二,从内部研发进度来看,在以高端芯片和基础软件系统为代表的许多战略性产业领域,我国仍然存在众多受制于人的短板与漏洞。数字基建离不开数据中心和计算中心,而计算设备的核心是芯片,进一步涉及芯片的技术研发领域还包含半导体材料与集成电路。这些核心技术研发是5G、人工智能和工业互联网等数字基础设施建设与落地的根基。以集成电路的载体半导体为例,《2020年美国半导体行业现状》(以下简称《行业现状》)报告显示,全球半导体的主要应用市场中居第一位、第二位的是通信和计算机领域,分别占比33.0%和28.5%。② AI、量子计算、5G、物联网和智慧城市等数字基建的融合应用部分将是全球半导体未来增长的驱动力。因此,半导体核心技术攻关对数字基建与数字经济发展至关重要。然而,我国半导体核心技术与美国存在一定差距。《行业现状》指出,美国在2019年全球半导体营收中占47%,企业平均研发投入为16.4%,而中国大陆在这两项数据中分别只有5%和8.3%。近年来,我国加大攻关芯片技术的力度,如在芯片核心技术研发方面,华为已经实现芯片的自主设计。但我国仍未实现高端芯片自主生产,这是我国数字基建相关核心技术攻关任务中必须补齐的一块"短板"。此外在高端传感器、大型机和智能手机操作系统等领域,我国核心技术攻关任务也非常艰巨。高端传感器是未来数字智能设备的基础配件,然而我国国产传感器技术水平相对落后,大多分布在中低端区间内。从软硬件的研究视角来看,中国科学院计算技术研究所研究员山世光认为,我国目前在基础硬件平台上的投入大,但在基础软件平台上的投入则相对较少。③ 我国应该加强基础软件体系研究,使我国数字基建体系不仅有计算中心、数据中心等提供硬件支持,还有强有力的软件支撑,共同为未来我国建立地级与国家级知识中心、AI算法中心助力。

---

① 资料来源:搜狐网,https://www.sohu.com/a/413664554_161795。
② 资料来源:电子工程专辑,https://www.eet-china.com/news/202007080923.html。
③ 资料来源:搜狐网,https://www.sohu.com/a/398262777_426502。

3. 数字基建核心技术攻关任务艰巨是造成我国数字经济发展挑战的原因

数字基建核心技术攻关任务艰巨是我国数字经济发展挑战之一的重要原因是数字基建核心技术攻关涉及我国数字经济是否可持续发展、是否能够形成有竞争力的生态系统。在数字经济时代，新一代信息技术将成为国际竞争重要突破口与国家发展提速器。信息技术以及数字基础设施领域的竞争已成为国家综合力量竞争的主要舞台（孙海泳，2020）。未来无论是平台经济、共享经济等新业态的发展进程，还是产业与数字技术融合的质量和速度，都与核心技术突破有重要联系。新基建重在促进信息技术升级换代，推进传统和新型基础设施融合发展，打造现代化基础设施体系。[①] 而数字基建作为新基建的核心内容，其对核心技术升级与自主掌握的要求更加严格与迫切。面对数字基建核心技术"卡脖子"问题，我国亟须加大对技术攻关任务的重视与发力，通过突破升级数字基建核心技术推动数字基础设施建设，为数字经济进一步发展保驾护航。

（二）数字基建核心技术攻关任务艰巨对数字经济发展构成挑战的具体表现

作为数字经济的重要一环，数字基建及其核心技术发展对数字经济的长期可持续发展有重要意义。本节从技术基础、设施保障、智慧发展三个层面分析数字基建核心技术攻关任务艰巨对我国数字经济发展构成挑战的具体表现。

第一，我国在关键技术上未能实现独立自主、国际领先，数字基建核心技术攻关任务艰巨，这给我国数字经济发展带来了技术基础层面上的挑战。数字基建的核心在于科技，而缺乏核心技术将会导致我国在发展中受制于人，影响我国数字经济独立发展的能力。在 2020 年 8 月中国科协发布的 20 个前沿科学问题和工程技术难题中，"数字交通基础设施如何推动自动驾驶与车路协同发展""如何建立虚拟孪生理论和技术基础并开展示范应用""信息化条件下国家关键基础设施如何防范重

[①] 资料来源：人民论坛网，http://politics.rmlt.com.cn/2020/0704/585793.shtml?from=singlemessage。

大电磁威胁""如何突破进藏高速公路智能建造及工程健康保障技术"等都与数字基建与其核心技术息息相关。[①] 近现代的历史发展证明，在科技领域居于领先地位并将先进科技广泛应用于国内经济、国防及社会管理领域的国家，在大国竞争中会拥有显著优势。特别是在当前新科技革命即将重塑全球产业格局并推动军事变革的形势下，科技因素在大国竞争中的地位日益上升。在此背景下，科技领域也成为中美竞争的一个突出领域（孙海泳，2020）。中国信息化百人会执委白重恩在研判经济社会环境中提到，经济社会正在向数字化、智能化快速变迁。[②] 核心技术难以突破并实现自主发展将影响我国数字化、网络化、智能化发展大局。高端芯片、先进半导体设备等领域的技术提高需要时间积累，但数字经济发展日新月异，在许多关键技术领域取得世界领先地位才能保障我国在数字经济发展过程中处于优势地位、不再因技术受到掣肘。正如《中国制造2025》所指出的，中国政府应引进、消化外国技术并促进自主创新，在国内外市场上取代外国竞争者。中国正在对5G、AI和量子计算等下一代技术进行大量投资，以5G网络和工业物联网等数字基建需求带动半导体产业等核心技术加快研发，力争在数字经济的技术基础方面夺得先机。

第二，我国云平台等数字基建与相关核心技术如云计算、数据存储等攻关任务艰巨，从设施保障层面影响我国产业数字化转型进程从而带来挑战。核心技术攻关任务艰巨这一挑战将制约我国产业数字化转型与数字产业融合。产业数字化转型依赖于大数据中心、工业互联网等数字基础设施与相关数字技术。发展壮大数字经济需要推动产业数字化转型和智能化升级，这有利于打造高质量发展的新引擎。国家信息中心主任单志广表示，数字化转型是"新基建"的核心，要通过业务流程再造重组再加上技术赋能，提高企业的生产效率，走向高质量发展。[③] 华为

---

① 资料来源：人民网，http://scitech.people.com.cn/n1/2020/0817/c1007-31824611.html。

② 资料来源：搜狐网，https://www.sohu.com/a/412138906_115571?_f=index_betapagehotnews_1&_trans_=000019_hao123_nba。

③ 资料来源：《经济日报》，https://baijiahao.baidu.com/s?id=1666109496264719456&wfr=spider&for=pc。

企业 BG（Enterprise Business Group）中国区副总裁杨文池认为数字化转型需要可闭环、可持续运营、可持续优化，这对行业理解、技术掌握、生态构建都提出了很高要求。① 核心技术攻关对应的正是技术掌握这一方向。若数字基建核心技术无法被充分应用于研发、生产、服务等环节，则数据驱动型企业的培育与数字转型中的企业组织变革、业务创新和流程再造等环节也将面临困难与挑战。例如，云平台建设中核心技术研发遭遇"瓶颈"，这将无法为企业"上云用云"② 提供扎实的基础保障，使企业在数字化过程中缺乏信心且转型效果难以得到保证。数字化转型过程中企业需要在应用场景中获取数据并进行计算，通过大数据平台与计算了解数据价值从而做出决策，这些都与数字基建核心技术密切相关。此外，数字基建还是技术创新融合的载体，5G、人工智能、物联网、云计算和区块链等核心技术攻关将影响未来数字技术的融合创新和场景化应用，从而影响数字经济发展。

第三，"智慧"系列融合应用设施如智慧医疗、智慧城市等均以数字基建为基础，数字基建核心技术难以突破将制约我国数字经济发展的广度与高度，从而构成我国数字经济发展挑战。数字基建核心技术难以攻关，将严重影响我国数字基建进程与未来应用场景爆发，进而制约我国数字经济发展。以数字基础设施为基础的智慧城市、医疗、交通等融合应用设施，能够提高公共服务质量，为医疗、教育、交通、餐饮、娱乐等领域深度赋能，催生更多消费新形式，提升消费服务水平，改善民生福利。③ 而要建设上述设施、搭建新型数字化城市管理平台，离不开5G、工业互联网、人工智能和大数据中心等数字基建与核心技术。芯片、高端传感器等关键技术均是构建一切数字智慧服务的基础。数字基础设施的融合与应用为智慧生活赋能。例如，人工智能与大数据中心融合，为智慧服务体系提供海量数据和分析平台，并推动设施智能化。在"智慧医疗"方面，利用5G、人工智能等技术可有效推动我国公共卫

---

① 资料来源：搜狐网，https：//www.sohu.com/a/412138906_115571？_f=index_betapagehotnews_1&_trans_=000016_ucweb。

② 上云用云：企业应用互联网和云计算实现业务与管理等的在线化与智能化。

③ 资料来源：《经济日报》，http：//www.sasac.gov.cn/n4470048/n13461446/n14761619/n14761641/c14776784/content.html。

生服务体系的数字化转型和智能化升级。如果我国无法自主掌握半导体与芯片等核心技术，未来大数据中心与计算中心的建立将受到制约，结合数字技术的医疗信息共享、资源统筹调配等举措将难以实现。在推进"智慧政府"建设方面，政府推动数字基础设施建设向基层社会治理单元深度延伸，强化"后台"的数据分析监测能力，这对数据的采集等措施都有一定的技术要求。基层社会治理的赋能离不开对数字基建核心技术的攻关克难。数字基建核心技术攻关与持续创新发展将推进数字化、工业化与城镇化融合，不断强化数字经济时代我国政府治理能力。

四 数字人才紧缺是我国数字经济发展面临的挑战之一

随着数字经济不断发展和数字化转型不断深化，数字人才已成为加速推进我国产业数字化转型、提高创新驱动能力的重要因素。在此形势下，我国政府对专业数字人才的需求量逐年增长，并且面临着数字人才紧缺的重大挑战。

（一）数字人才紧缺的具体体现

数字人才在国际上没有一个统一的定义。目前，大多数国家和机构将数字人才定义为拥有ICT（Information and Communications Technology）专业技能的人，其中ICT专业技能指编程、数据分析、软件设计等开发新的ICT产品所需要的专业数字技能（陈煜波、马晔风，2018）。数字经济作为前瞻性经济，需要大量创新性的研究与应用工作，而人才是创新的根本要素。可见，人才强国战略为我国数字经济的高质量发展提供强大支持，数字化人才在我国具有极高的战略重要性。现阶段我国高技能数字人才极其紧缺，尤其缺乏具备行业经验以及数字技能的融合型人才（张辉、石琳，2019）。波士顿咨询公司发布的一份数字经济就业报告表明，预计2035年我国数字经济总量将达112万亿元，就业容量将达到4.16亿。[①] 可见，未来我国在数字经济领域需要大量人才，我国只有加速落实人才战略，才能保证足够的人才供给。概而论之，我国数字人才短缺主要体现在以下三点。

第一，顶尖数字人才供不应求。当前我国不仅在AI、大数据分析

---

① 资料来源：波士顿咨询公司，https：//www.bcg.com/zh‐cn/press/10jan2017‐people‐organization。

等尖端数字科技领域人才需求较大，我国也对以数字推广人才、深度学习人才为代表的数字应用人才有着极大的需求。在 2019 年数字经济与人才培养论坛期间，猎聘网副总裁朱海英表示，2015—2019 年我国为数字人才提供的岗位数量扩张了 11 倍，并且目前国内在 AI 等方向的人才缺口高达 150 万人次。[①] 清华大学与领英发布的一份报告基于领英中国的 3600 万余名用户数据，对中国数字人才的发展进行分析，统计得出我国数字人才 85% 以上分布在研发领域，而深度分析、数字营销等领域的人才仅不到 5%，我国在新兴领域上仍存在较大人才缺口。[②] 国际招聘顾问公司 Micheal Page 发布的 *China Fintech Employment* 2018 表明，在受访的 Fintech 公司中，92% 认为中国存在 Fintech 人才稀缺的状况（张巾，2019）。谷歌发布的 *The Global Talent Competitiveness Index 2020 – Global Talent in the Age of Artificial Intelligence* 对全球各国的人工智能发展水平进行测度分析。[③] 该报告指出，瑞士、美国、新加坡位列 AI 发展水平的前三名，而中国未进榜单前二十名。由此可见，我国高端数字人才供不应求，高新技术发展水平还有很大提高空间。

第二，拥有行业经验并同时具备一定数字化技能的复合型人才缺口较大。第二十一届高交会期间，腾讯区块链技术总经理李茂材表示，现阶段我国出台了一系列政策鼓励区块链技术发展，这有利于计算机科学、密码学等领域科研人员在技术上产生新突破，有利于我国在自主创新和核心技术研发方面获得新进展。但是，区块链尚属于新兴技术，该领域高端人才十分稀缺，并且能与产业结合的复合型人才也有较大缺口。[④] 除此之外，产业数字化转型也面临复合型人才极度缺乏的窘境。李艺铭（2019）表示，有经验和能力参与智慧农业、智能制造等领域的数字化升级的复合型人才面临供不应求的现状。据麦肯锡调研，多数企业缺乏专业的数字化人才，但直接在市场上聘用的数字化人才往往对

[①] 资料来源：中国新闻网，https：//tech. 163. com/19/1230/11/F1L11PR400098IEO. html。

[②] 资料来源：清华经管学院和领英：《中国经济的数字化转型：人才与就业》，http：//www. 199it. com/archives/675204. html。

[③] 资料来源：Google，"GICT Report 2020 – Global Talent in the Age of Artificial Intelligence"，https：//gtcistudy. com/wp – content/uploads/2020/01/GTCI – 2020 – Report. pdf。

[④] 资料来源：金色财经，https：//www. jinse. com/news/blockchain/516086. html。

本行业不够熟悉，存在"水土不服"的现象。①

第三，初级数字化人才供不应求，人才培养速度远低于市场需求增长速度。2010 年以来，我国人口红利渐渐消退，市场上的劳动人口数量逐渐减少，而与此同时，劳动力的教育水平不足以满足产业数字化的需求，当今中国面临着人力资源支撑不足的现状（肖荣美、霍鹏，2019）。经合组织（OECD）发布的报告 Education at a Glance 2019 对其 36 个成员方和其他 10 个样本国家的教育水平进行了详细描述。该报告显示，我国适龄劳动力人口中具有高中及以上学历占总人口的比例低于 OECD 成员国的平均水平，甚至低于墨西哥、巴西等国家。② 可见，在市场上具有较大缺口的不仅是高尖端的数字人才，我国同时也面临着教育水平低下等问题造成的底层数字人才短缺的挑战。

（二）数字人才紧缺对数字经济发展挑战的具体表现

数字人才紧缺意味着我国在人才战略布局上存在不足之处，人才培养机制尚不成熟。更重要的是，这体现出国家对数字人才发展现状仍缺乏清晰的认识，对数字人才紧缺的现状缺乏危机感。数字人才紧缺将对我国科技创新能力提升、核心技术研发和产业数字化转型等方面产生制约，从而对我国数字经济的持续发展造成不利影响。

第一，数字人才紧缺将制约我国技术发展，进而对我国在数字经济领域的国际化发展产生不利影响，严重影响我国数字经济的国际竞争力。我国政府正全力推动以"一带一路"为中心的国际化发展战略，并提出了"数字丝绸之路"的国际合作倡议。"数字丝绸之路"结合了数字经济元素和"一带一路"的思想，是科技创新对"一带一路"的重要数字支撑。③ 由此可见，我国正努力提升在数字经济领域的国际影响力，将我国数字经济发展成果推向全球。随着中美冲突不断升级，自主创新能力和核心技术越来越成为我国实现数字经济国际化发展的基础。因此，充足的数字人才储备对提高我国数字经济国际影响力有着不

---

① 资料来源：《麦肯锡》（季刊），https://www.sohu.com/a/388245391_651625。
② 资料来源：OECD, "Education at a Glance 2019", https://read.oecd-ilibrary.org/education/education-at-a-glance-2019_f8d7880d-en#page1。
③ 资料来源：《人民日报》，http://www.xinhuanet.com/zgjx/2019-04/22/c_137997345.htm。

可替代的作用。① 反之，数字人才紧缺将使我国在数字技术等方面落后于人，从而对我国数字经济的国际竞争力产生负面影响。在 2020 中国信息化百人峰会期间，华为消费者业务 CEO 余承东表示，由于芯片管制政策，华为将在 9 月推出的最新版华为 Mate 40 手机将成为使用麒麟系列芯片的最后一款手机。② 由于我国在科技创新方面的发展还较为不足，我国市场上定制化、个性化、高附加值的产品和服务的市场占有率还处于较低水平，现有的高端产品或服务在质量保障和使用体验等方面也与发达国家有较大差距（肖荣美、霍鹏，2019）。现阶段，我国核心数字技术发展水平和美国等国家还有显著差距，我国依然存在核心技术依赖引进，关键设备依赖进口的现象，极大地限制了我国在当今国际形势下的发展。在数字经济的未来发展中，政府仍需持续完善并落实人才战略，培养优秀的数字化人才，否则我国很难在激烈的国际竞争中脱颖而出。

第二，数字人才紧缺通过制约产业的数字化转型对我国数字经济发展产生负面影响。产业数字化有利于数字科技在生产、销售等方面发挥更大的优势，已成为推动我国数字经济高质量发展、实现产业融合的重要途径。2020 年 4 月，国家发改委发布《关于推进"上云用数赋智"行动培育新经济发展实施方案》。"上云用数赋智"行动旨在推动产业数字化转型，用数据资源带动产业链融合以及跨行业融合。同时，该方案指出，国家将于同年 5 月开展数字化转型促进中心和产业链协同试点等公共服务能力的建设。③ 产业数字化转型需要专业的数字化人才进行高效合作，其中专业的数字化人才包括产品经理、数据工程师、数据科学家等多种类型的人才。数字化人才缺口将会对产业数字化转型的效率产生制约，并降低产业利用数字基础设施进行科技创新的效率，进而对整个数字经济发展造成不利影响。

---

① 资料来源：清华大学和领英：《中国经济的数字化转型：人才与就业》，http：//www.xongju.com/opendb/download/down？file=124206。
② 资料来源：《中国基金报》，https：//finance.sina.com.cn/chanjing/gsnews/2020-08-07/doc-iivhvpwx9806202.shtml。
③ 资料来源：国家信息中心和京东数科：《中国产业数字化报告（2020）》，http：//www.199it.com/archives/1076993.html。

五 信息与网络安全保障不足是我国数字经济发展面临的挑战之一

信息与网络安全保障不足是我国数字经济发展面临的挑战之一。随着数字经济不断发展和数字化转型不断深化,信息与网络安全保障已经成为数字经济稳定发展的重中之重。值得注意的是,目前我国信息与网络安全保障不足,其主要表现为信息与网络安全事件频发、网络安全人才短缺以及信息与网络安全政策有待完善。这制约了我国数字技术的应用和推广、数据价值的实现等方面的发展,进而给我国数字经济发展带来挑战。

(一)信息与网络安全保障不足的具体表现

随着大数据、云计算、移动互联网、物联网等数字技术发展,网络的边界越来越模糊,安全形势越来越复杂,网络安全的范畴也有了很大的变化。网络安全主要指包括设计互联网、物联网、计算机系统、工业控制系统等在内的所有系统相关的设备安全、数据安全、行为安全与内容安全。[①] 信息安全主要包括以下四个方面:信息设备安全、数据安全、内容安全和行为安全(沈昌祥,2007)。

我国信息与网络安全保障不足的具体表现主要有数据安全保障体系不健全、网络安全人才短缺和信息与网络安全政策有待完善。

我国数据安全保障体系不健全。近年来,我国信息与网络安全事件频频发生,而且随着网络攻击技术不断发展,网络空间安全形势可能更加严峻。数据泄露、安全漏洞、勒索病毒和网络攻击等多种形式的信息与网络安全事件的发生给我国经济发展带来巨大的风险和造成严重损失。如表7-1所示,2018年以来,我国发生了多起规模大、影响恶劣的网络安全事件。一方面,以数据泄露为例,我国数据安全保障体系不健全,安全保障滞后于数字经济发展步伐是数据泄露频发的主要原因。数据是数字经济的重要生产要素,既能带来巨大的经济价值,也可能对隐私和财产安全产生巨大威胁,因而数据在运用时需要有明确的规则可遵循。目前我国缺乏对数据使用的监管制度,也缺少针对不同行业的数据处理、交易和使用方面的引导。这导致我国存在数据隐私保护不足、

---

① 资料来源:赛迪研究院:《中国网络安全发展白皮书(2019)》,http://www.mtx.cn/u/cms/www/201903/01165036x7sd/index.html。

第七章　数字经济发展面临的挑战和政策建议

数据技术风险等安全隐患，让数字经济发展遭遇"瓶颈"。另一方面，数字技术进步往往也伴随着网络攻击技术的发展。这很大程度上提高了信息设备受到网络攻击的概率，数据安全也因此面临重大威胁。人工智能等新数字技术使网络攻击技术变得智能化和自动化。黑客可以通过人工智能算法进行智能分析，绕过多重数据安全防御手段。这使网络攻击手段的隐蔽性、自动性等特点不断强化。[①] 同时，根据网络安全公司 Distil Networks 发布的《恶意机器流量报告（2018）》，通过智能机器来实现的自动化攻击逐渐成为主流。2017 年网络流量中恶意机器流量占比 21.8%，较上一年增幅为 9.5%，其中 74% 的恶意机器流量是高级别的恶意机器流量。不同于一般的恶意流量，高级别的恶意机器流量可以采用模拟器、伪造流量器环境和更换 IP 地址等手段来更好地实现隐蔽性。[②]

表 7－1　　　　　2018 年以来我国重大网络安全事件

时间	事件	形式
2018 年 1 月	国内安卓手机 App 存在应用克隆风险，可利用漏洞盗取个人隐私	安全漏洞
2018 年 3 月	黑客利用思科高危漏洞攻击网络基础设施，国内多家机构中招	基础设施攻击
2018 年 6 月	圆通 10 亿条快递信息遭泄露，并被发到暗网上出售	数据泄露
2018 年 8 月	台积电感染勒索病毒 WannaCry，导致 17.4 亿元人民币损失	勒索病毒
2019 年 1 月	一个包含 2.02 亿中国求职者简历信息的数据库泄露，被称为中国有史以来最大的数据曝光之一	数据泄露
2019 年 2 月	抖音千万级账号遭撞库攻击	攻击事件
2019 年 3 月	湖北发生首例入侵物联网系统案件	攻击事件

资料来源：《2019 中国网络安全发展白皮书》。

网络安全人才短缺是我国信息与网络安全保障不足的具体表现之

[①] 资料来源：中国信息通信研究院，《中国网络安全产业白皮书（2018）》，http://www.caict.ac.cn/kxyj/qwfb/bps/201809/t20180919_185440.htm。

[②] 资料来源：Distil Networks，"2018 Bad Bot Report"，https://www.globaldots.com/blog/2018-bad-bot-report-the-year-bad-bots-went-mainstream。

一。一方面，随着网络攻击越来越严重，我国对网络安全的需求迅速增长，劳动力市场对网络安全人才的需求也因此快速增长。根据相关机构估计，截至2020年，中国网络安全人才市场需求量将达到160万人，而我国网络安全学科每年培养的人数仅约1万人，网络安全人才明显供不应求。另一方面，我国网络安全人才培养体系的发展比较滞后，无法适应日趋严峻的网络空间安全形势。我国网络安全从业人员普遍存在知识储备不足、技能不全面等问题，难以适应日益复杂的网络安全新形势。随着数字技术发展，网络攻击技术也日益复杂，如果相关的网络安全从业人员没有与时俱进地接受在职培训来掌握新技能，很难适应持续变化的网络空间安全形势下的工作要求。同时，我国还未建立一个完善的网络安全人才在职培训体系来帮助网络安全从业者与时俱进地学习新知识，以应对日趋严峻的网络空间安全形势。

我国信息与网络安全政策体系有待进一步完善。在网络安全方面，我国尚未建立一个完善的网络安全法律体系。我国2017年出台的《中华人民共和国网络安全法》（以下简称《网络安全法》）是我国首部全面规范网络安全问题的基础性法律。[1] 但是，目前与我国网络安全战略相配套的相关政策则存在缺陷，《网络安全法》与其他现行的法律在相关内容表述上仍有不统一之处，有待进一步调整与完善（张舒、刘洪梅，2017）。在保护个人信息方面，我国尚未建立一个统一的、有效的、高等级的个人信息保护体系。在个人信息保护领域，我国主要采用分散立法的模式，立法体系由法律、法规、规章以及各类规范性文件等共同组成（罗茗会，2018）。由于缺乏相关方面统一的法律体系，我国在个人信息保护方面的不同法律法规之间可能存在很大差距，没能形成协调统一的局面，甚至不同法规之间可能存在冲突。这不利于我国建设国家网络安全体系和保护个人信息安全。

（二）信息与网络安全保障不足对数字经济发展构成挑战的具体表现

信息与网络安全保障不足现已成为中国数字经济未来发展的重要挑战之一。信息与网络安全保障不足将对我国数字技术的应用和推广、数

---

[1] 资料来源：信用中国，https：//www.creditchina.gov.cn/home/zhngcefagui/201904/t20190425_153708.html。

据价值的实现等方面产生制约，从而制约我国数字经济的发展进程。信息与网络安全保障不足会对数字技术的应用和推广产生制约，给我国数字经济发展带来挑战。

以大数据为例，大数据技术的应用和发展推动了新兴信息技术如人工智能、虚拟现实等的应用创新，并促进了传统行业向数字化、网络化、智能化三化发展。但我国大数据技术的应用与推广也因信息与网络安全保障不足而面临威胁与制约。第一，大数据平台采用集中化的存储管理模式存储海量的商业数据和用户个人信息数据，这意味着黑客一旦攻克大数据平台，便可获取海量的、蕴藏着巨大价值的数据。同时，网络攻击技术也在不断进步，用于攻击大数据平台的方式不断变化，攻击目的也由窃取平台所存储的数据、瘫痪平台的系统扩展至干预、操纵大数据平台的分析结果。针对大数据平台的网络攻击甚至会导致严重的工业生产安全事故。第二，大数据技术的应用加快了数据流动，但也增加了数据泄露的风险。应用大数据过程中，数据流动是"常态"，其静止存储是"非常态"。[①] 因此，相比以往传统的数据处理场景，大数据技术的应用使数据的产生、处理和传输等过程更加复杂和频繁。而数据的频繁流动，则会给数据的保密工作带来挑战，增加了数据泄露的风险。第三，我国个人信息保护法律体系的不完善制约了大数据技术的应用和推广。大数据推动数字经济新业态和新商业模式的产生和发展，这些新业态和新商业模式在给广大消费者带来便捷化服务的同时，也需要收集消费者大量的个人信息作为服务基础。例如，金融科技公司利用大数据来对消费者的个人信息进行数据挖掘和分析，以便更好地理解用户的需求。因此，用户享受大数据应用所带来便捷服务的代价是把自己的个人信息交给了提供服务的企业。如果这些企业利用这些信息进行一些交易或者企业的数据平台受到黑客攻击，消费者的个人隐私则存在泄露的风险。因此，大数据的应用和推广需要有一个健全的个人信息保护法律体系作为保障。在没有一个完善的个人信息保护法律体系的背景下，消费者的个人信息安全就无法得到保障，他们自然会对个人信息泄露风险存

---

① 资料来源：中国信息通信研究院：《大数据安全白皮书（2018年）》，http://www.caict.ac.cn/kxyj/qwfb/bps/201807/t20180712_180154.htm。

有担忧，大数据技术的应用和推广也就会遇到阻碍。

网络安全保障不足使数据安全问题频发，给数字经济的重要生产要素——数据的价值实现带来挑战。目前，我国尚未建立统一的网络安全和个人信息保护法律体系以及信息与网络安全风险评估制度，这阻碍了数据价值的实现，进而制约数字经济的发展。第一，我国在数据方面的立法比较滞后，数据权属的划分比较模糊，这不利于数据价值实现。[①] 目前，我国大数据立法工作进展非常缓慢，已经开展数据交易的数据交易平台、交易所和交易中心对数据权属问题尚无统一界定。而数据权属不清可能会导致数据滥用以及数据泄露现象频发，不利于我国数字产业健康发展。例如，黑客或者企业合作方可能会由于数据授权不当等原因获得访问隐私数据的权限，从而导致数据泄露。[②] 2019年2月，16个热门网站的6.17亿条用户数据遭到黑客入侵，其中网站Dubsmash有1.62亿个账户被盗用，这些数据在暗网Dream Market上进行出售。[③] 总之，目前国家缺乏对数据权限的保护，相关法律法规亟待完善。由于不法分子侵犯数据权限的成本较低，以致数据滥用、数据泄露事件频发，阻碍数字经济发展。第二，我国数据利用规则缺失，地下数据交易猖獗，数据泄露现象严重，这不利于数字经济健康发展。由于数据利用规则缺失，很多企业和个人有目的地去收集大量的个人信息甚至是攻击数据库来获取敏感数据，以便利用数据来谋取非法利益。因此，数字经济的新业态和新商业模式会面临一系列问题。据Risk Based Security统计，2019年1—6月，全球已经有超过3800起数据泄露事件被报道，相比2018年同期上升了54%。[④] 由于越来越多的黑客以及产业链内部人员注意到数据的巨大价值，数据泄露已经成为最常见的数字安全威胁之一。这导致数据的价值未能被充分实现，对数字经济的发展进程产生了负面影响。如何保障信息与网络安全来解决数据安全问题以确保数字经

---

① 资料来源：中国政府网，http://www.gov.cn/xinwen/2015-09/05/content_2925284.htm。
② 资料来源：晨山资本，https://36kr.com/p/776388764060038。
③ 资料来源：Wikipedia，https://en.wikipedia.org/wiki/Dubsmash。
④ 资料来源：Risk Based Security，"2019 Mid Year Quick View Data Breach Report"，https://www.riskbasedsecurity.com/2019/08/15/2019-on-track-for-another-worst-year-on-record/。

济健康发展，是我国亟须解决的问题。

六 数字经济理论相对滞后是我国数字经济发展面临的挑战之一

人工智能等前沿技术快速发展，共享经济、平台经济等商业模式的颠覆式创新，各国政府的高度重视，共同带来了数字经济的蓬勃发展。虽然数字经济发展迅速，但是数字经济的理论研究却相对滞后，使数字经济中出现的许多"新现象"无法得到充分解释，更不利于为数字经济可持续健康发展提供逻辑连贯的政策建议。下文将具体介绍数字经济理论相对滞后的表现和数字经济理论相对滞后给数字经济发展带来挑战的具体表现。

（一）数字经济理论相对滞后的具体表现

相比于数字经济的快速发展，数字经济理论尚处于滞后状态。下文将从数字经济规模核算、数据产权理论、平台经济学理论三个角度去阐述数字经济理论相对滞后的具体表现。

1. 数字经济规模无法准确核算

数字经济迅速发展激发了新兴的产业形态和商业模式。这些新兴产业和商业模式在生产方式、传播途径和盈利手段等方面与传统经济都存在很大差别，导致目前已有的国民经济核算体系在统计口径和方法上无法有效准确地核算数字经济规模。

第一，现有的统计核算体系并未包含数字经济中一些新兴的产业或产品，导致我们无法利用现有框架体系核算这些产业或产品的规模。实际上，这些新兴的产业或产品也存在于传统经济中，只不过其规模与影响力都很小，可以忽略不计，未纳入国民经济核算体系中（金星晔等，2020）。然而在数字经济下，这些产业或产品发挥着重要作用，若仍然按照传统的统计口径对数字经济的规模进行统计，将会遗漏大量重要产业或产品，进而低估数字经济规模。例如，数据资产对企业与政府管理都发挥了十分重要的作用，大数据使企业与政府的决策方式发生了深刻的变革。通过各种渠道收集的信息，决策者进行决策时可以从依靠传统经验向依靠精准数据转变，从而能够改变过去仅依靠直觉的弊端，大幅度大提高管理决策的效率和精准性。这种资产对企业和整个社会来说都是新的固定资产（许宪春等，2020），然而现有的统计核算体系仍未将其纳入资产范畴。

第二，尽管现有的统计核算体系涵盖了数字经济中多数产业，然而现有的核算方法却难以准确衡量其价值。这主要因为核算方法上存在三方面困难：①数字技术与信息运用于传统经济，带来了生产方式的变革与生产效率的极大提升，这一部分产业在计入数字经济规模时，应当将其增加值中数字经济带来的贡献剥离出来。然而，利用现有的国民经济核算方法只能得出这部分产业的全部增加值，无法剥离出其数字经济部分。②数字经济中的经济活动模糊了消费品和资本品之间的界限，例如在现行 GDP 核算方式下，居民购买的摄像机属于消费品的范畴，但如果居民通过共享平台将自己空闲的摄像机出借给别人从而获得租金收入，这时摄像机被投入生产活动中，发挥了投资品的作用。在现行的国民经济核算体系下，这既可能造成重复计算，也可能带来消费品和投资品之间界限模糊的问题（许宪春，2016）。③"免费型"商业模式是数字经济中一个重要的商业模式，此商业模式的特征就是商家向用户低价甚至免费提供商品或服务以吸引流量，从而通过广告、用户使用数据或者其他业务获得收入来弥补"免费"商品或服务的成本，若仍然按照传统的核算方法核算"免费"产品或服务，其价值将被严重低估（Brynjolfsson et al.，2019；许宪春，2016）。

2. 数据产权理论研究尚不完善

一般来说，在现代经济中，建立界定清晰的产权制度是一个国家经济得以繁荣发展的关键因素之一。但是，数据作为一种生产要素，其产权的表现形式和产权的运作方式不仅有着显著不同，还处于持续变化之中。这给数据产权理论研究带来了巨大挑战。

首先，如果数据不能够通过数字化与智能化的方式转化为信息，就对数字经济没有意义，我们也不需要界定其产权所属。所以，促进数据开放是当前各国的共识，各国要让数据成为一种资源，甚至成为一种公共品。在该背景下，数据开放、数据免费使用以及数字产品和服务免费使用是数字经济产权表现的主要形式，长远上能提升本国数字经济的竞争力。对于数据资产化，数据确权是前提，也是最大的难点。产权明确是任何资产交易的基础性条件，但数据要素产权难以界定，掌握数据内容、数据采集、数据分析等各环节的参与者并不相同，数据要素生产过程中更是由于关联了消费者、平台、国家三方，权属边界往往也难以界定。

其次,在数字经济中数据所有者的数据财产所有权正在被全面弱化。由于数字产品以数据形式在互联网终端设备上存储与传播,所以,数字产品生产之后可以零成本或极低成本复制,具有无限供给的特性。消费者并不关注此类产品归属谁,而是关注其消费功能是否得以实现。在这种情况下,数字产品(音乐、图书、视频等)所有权属性基本上消失。产业的优步化(Uberization)让产权运作方式发生巨大变化。产业的优步化就是通过大数据让交易者"点对点"直接沟通,从而绕过传统中介,以提高资源配置效率、降低交易成本、保证交易信息更加公开透明,从而全面提升整个社会经济效率的新经济模式,其中最为典型的代表是 Uber 和 Airbnb。在这种条件下,交易物品的财产所有权也在这个过程中全面弱化或财产所有权正在逐渐地消失。

3. 平台经济学理论研究需进一步推进

现如今,平台企业已经成为当今世界上最具有创新力的关键部分,对于全球经济持续高速发展有着至关重要的作用。随着平台经济的发展,相关的理论研究也在持续推进。然而,经济学理论能否为平台经济发展过程中出现的各种新现象提供逻辑自洽的解释,并为政府进行平台经济政策制定提供合适的指导,仍然是需要探讨的。

学者需要对平台算法外部性的度量方法进行深入研究。腾讯、阿里巴巴、字节跳动、美团和滴滴等公司都是互联网时代最具有代表性的平台企业,它们所具有的相同点是将大规模匹配算法投入商业应用(吕本富,2018)。然而,这些平台匹配算法也带来了争议。例如,字节跳动在其旗下的今日头条和抖音等软件中应用推荐算法,将内容生产者所生产内容的特征和用户的偏好进行比对和匹配,给用户推荐其想要观看的内容。这有可能造成"信息茧房"问题,从而导致网络群体情绪极化和丧失社会黏性的现象。此外,这个匹配算法也有可能遭受企业人为的操纵。作为中国最大的搜索引擎商,百度通过其"竞价排名"机制,使得广告出价最高的公司能够先被用户搜索到。竞价排名的确能够给平台带来巨大收入,但是这也很有可能对社会造成一定的负面影响,平台可能因为利益驱使而为一些不合规甚至存在违法行为的客户提供推荐服务。例如,曾经在 2016 年引发广泛社会关注的"魏则西"事件,就暴露出了百度"竞价排名"制度中所存在的弊端。因此,算法经济学就是需要去对平台所采用的算法进行测量,去测量它们对社会所产生的正负外部性大小。此外,从政府监管的角度来看,算法平台的外部性也是需要进行重点监管的方向。政府需要在监管平台算法对其正外部性和负外部性的影响中找到平衡。如果平台匹配算法带来的外部性为负,会抵消平台经济的正面作用。因此,平台经济学理论研究需要进一步明晰如何准确度量平台算法外部性的正负性,并提出减少平台算法负外部性的可行方法。

如何在平台经济发展过程中减少对就业的冲击是理论研究需要重视的方向。过去的经济活动是一种商品被消费之前就存在"浪费"的经济活动。一个商品,从生产到消费环节往往要经过层层流通的过程,从上游厂家到经销商,再到批发商、零售商和末尾环节的消费者。商品中间每经过一个流通环节,就能够为参与其中的人带来利润,这也能够带来 GDP 总量的增加,但是其中的中间过程并不是完全有效的。平台经济能够直接对接商品或服务的生产者和消费者,从而使经济运行过程中的摩擦和耗散减少,使经济体系的运行更有效率。在现实生活中,随着电商平台兴起,批发商的层级数减少,一部分实体店也逐渐萧条。然而,经济活动中交易中间环节消失可能也导致对应的就业岗位消失,平台经济在一定程度上可能会导致就业的减少。在未来 10 年或者 20 年的时间中,人工智能技术将在更多领域得到更为广泛的应用,这可能也会对就业带来更大的冲击。如果要减少平台经济对就业的冲击,政府就需要引导平台企业在发展过程中采用只降低耗散,不降低摩擦的方案,从而使得网络平台在运营过程中可以保持合理水平下的"冗余度"。因此,在平台经济学研究中,学者需要找出平衡工作效率和就业岗位的方法。

(二)数字经济理论相对滞后对数字经济发展挑战的具体表现

对中国来说,数字经济看上去是出现了快速发展以及爆发式的增长。但是,由于理论上的准备不足,相应的法律法规及鼓励创新政策也比较滞后,致使我国数字经济更多的是强调量上增长和模仿式跟进,而没有注重数字经济的高质量发展。下文从政策法规和企业数字化转型两个方面说明数字经济理论相对滞后对数字经济发展构成挑战的具体表现。

1. 数字经济理论相对滞后导致数字经济法律法规相对滞后

数字经济的基础是信息、协同与平台。数字经济经历了移动互联、共享经济、万物互联的发展变革，目前进入了关键发展时期。数字经济数据化、平台化和普惠化的特点，不仅带来了社会生产力巨大的飞跃，同时也变革了现代社会中商业组织和个人之间的交易模式，模糊了个人、组织和国家之间的商业活动边界。数字经济为社会的发展带来了巨大的潜力，也在信息安全、社会财富分配、数据确权等方面造成了各种问题。

然而，现有的理论研究对于上述问题并没有统一的定论，无法在政府政策法规制定时提供逻辑一致的指导。以个人数据确权问题为例，随着大数据和通信技术的发展，海量数据被提取和发掘出来，网络数据成为最具价值的生产要素之一。然而，目前理论界对网络个人数据的确权仍存在较大争议，无法达成共识。在未进行确权之前，网络个人数据的控制与权属关系不清，利益边界不明，交易风险较高。这就必然导致大多数的网络个人数据控制者为防止利益受损而消极地闲置数据，形成数据壁垒，长此以往整个大数据产业的发展注定步履维艰。国家如果想要促使个人数据能够充分发挥作用，就需要通过立法为数据确权提供法律依据。然而，至今有关规定也只分散于各个领域的相关条款中，未能得以统一立法。分散的规定、笼统的表述和后续监管的缺位导致这些制度在实际中可操作性较差并且作用有限。数据确权理论不完善是政策法规发展相对滞后的重要原因之一。

2. 数字经济理论相对滞后无法为削弱数字经济负面影响带来有效指导

数字经济给全社会带来了多角度与深层次的影响与变化。然而，由于数字经济理论相对滞后，无法为削弱数字经济负面影响带来有效指导。下文以数字经济带来的就业机会减少和收入差距拉大等负面影响为例进行说明。

数字经济理论相对滞后无法为削弱数字经济带来的就业减少与收入差距拉大等负面影响提供有效指导。以机器人和人工智能为代表的数字技术在企业生产运营中的应用代替了常规性、重复性的劳动。这虽然提高了企业生产效率，但同时也引起了人们对就业机会减少的担心。邵文波和盛丹（2017）从微观企业角度，通过实证分析得出企业信息投入的增加会明显降低企业对劳动力的需求，即信息技术应用对劳动要素具有"替代效应"，并且这种效应受到企业在市场和地区层面的垄断程度的影响。孔高文等（2020）基于2012—2017年中国地区和行业层面的机器人应用数据，通过实证分析验证了机器人应用导致的"技术性失业"现象，并发现这种现象与该地区的劳动人口教育水平结构、劳动者权益保护水平和市场化程度高低这三个因素有关。与此同时，数字经济发展改变了资本和劳动力要素的回报率，使资本回报率上升而劳动力回报率下降（陈永伟、曾昭睿，2019），进而使利用数字技术提高生产效率的企业家和为他们工作的劳动者的收入差距被进一步拉大。然而，目前的理论研究更多的是对数字经济带来的负面影响进行分析说明，缺乏行之有效的政策性建议，无法为削弱数字经济带来的负面影响提供有效指导。

第二节 数字经济发展的政策建议

我国数字经济发展处于关键时期，政府在其中起到主推动作用，其宏观设计、政策落实与监督监管对于数字经济长远发展具有重要意义。本节针对数字经济发展出现的问题与面临的挑战，从八个角度向政府提出政策建议并进行详细阐释：减少全球形势冲击、弥合数字鸿沟、加快数字基建布局与核心技术研发、扩大数字人才队伍、保护数据安全、促进理论研究发展、促进产业融合、加强平台治理。

一 政府应减小全球形势不确定性对我国数字经济发展的冲击

全球经济增速放缓、逆全球化趋势盛行、新兴大国和守成大国之间博弈等现象加剧了全球形势不确定性，为我国数字经济发展带来了挑战。在这样的宏观环境下，我国应该积极应对，采取措施在最大程度上减轻全球形势不稳定性对我国数字经济发展带来的负面影响。

（一）政府应该坚持扩大开放，推动全球化发展

虽然全球化过程中充满挑战，但全球化趋势是不可逆转的。近年来，英国脱欧、美国发动贸易战等现象都反映了逆全球化思潮在全球范

围内盛行，世界各国逐渐从合作走向分散。然而，历史经验表明，全球化促进国际分工和技术进步，能够提高生产效率，对我国数字经济的发展具有正面影响。经济全球化是不以人的意志为转移的客观的历史发展进程，其趋势不可逆转（薛金华，2020）。所以，我国应该继续扩大与世界其他国家的交流合作，推动全球化发展。

我国应以对话方式促进国家间的合作共赢，提高我国数字经济在世界范围内的影响力。①在逆全球化趋势下，我国应继续以积极开放的心态推动与其他国家的经济、科技合作，减少因贸易战产生的经济损失。②我国应提高数字经济实力，并借此提升我国的国际影响力。我国应保持在5G、区块链等数字经济关键技术领域的领先地位，并承担更多责任，展现数字经济大国形象，重塑世界形势对我国有利的格局。

（二）政府应该对我国数字经济关键行业给予支持，减少因全球形势不确定性产生的损失

政府可以对我国数字经济关键行业给予支持。贸易战的影响和发达国家的技术封锁对我国电子设备制造业、互联网行业等行业带来较大冲击。对于受影响较大的企业，政府可以给予政策支持。①对于在美国经营的中国企业，要加强关键资料、数据保护力度，同时关注当地相关规章制度的调整，保证企业经营符合当地法律法规，防止美国以违法经营为由对我国企业进行制裁和打压。②对于受到加征关税或技术制裁影响较大的企业，政府可以给予资金补贴。政府还可以帮助企业与研究机构实现对接，以提高企业技术水平，减少企业因技术封锁导致的损失。

二 政府应加强基础设施建设和数字素养教育以弥合数字鸿沟

数字鸿沟的存在会造成不同人群之间信息不对称的现象，可能使贫富差距问题更加严重。因此，政府应采取相关措施，缩小接入鸿沟和互联网使用方面的鸿沟，使互联网带来的红利惠及更多人群，利用数字经济发展减少社会的不平等现象。下文将围绕完善互联网基础设施建设、提高贫困人群数字素养、引导贫困人群充分利用互联网的价值这三个方面提出政策建议。

（一）政府应该继续完善互联网基础设施建设

虽然经过20多年的发展，我国互联网接入鸿沟已经得到了显著缩小，但我国的互联网普及率仍与发达国家有较大差距，我国城乡之间的

互联网普及率差距也十分明显。因此，政府应该继续出台政策加强互联网基础设施建设，使更多人群得到接入互联网、运用互联网的机会。

第一，各级政府应继续贯彻落实"宽带中国"和"数字乡村"等战略计划，并以我国历次五年计划中关于信息技术发展的相关内容为指引，不断推动我国信息化建设。①政府应加大对落后地区数字基建的投入，加快高速宽带网络建设，扩大宽带和第四代移动通信网络的覆盖范围，努力缩小城乡之间的接入鸿沟。②政府也应大力发展新基建，推动包括5G、数据中心等在内的新型基础设施建设，为云计算、物联网等前沿技术与传统行业的结合奠定物质基础。

第二，政府应该对落后地区采取数字服务优惠政策，为落后地区的居民接入互联网提供资金上的支持。互联网基础设施建设需要较高成本，而我国一些落后地区的政府难以承担这笔高额的费用。①对于贫困地区，中央政府和省级政府可以直接给予资金上的支持，或推动地方政府和企业达成合作，减小地方政府推动互联网基础设施建设的负担。②针对较为落后的地区，政府可以通过财政补贴的方式，向贫困人群提供较低的上网费用和电信资费，降低接入互联网的门槛，让更多人能够承担接入互联网的费用，从而提高我国互联网普及率。

（二）政府应该提高落后地区人群数字素养

如今数字素养成为公民在工作与生活中必不可少的一项能力。然而，目前我国落后地区的人群在数字能力、数字技术和数字知识方面都有所欠缺，导致他们无法充分利用互联网带来的便利和优势。据CNNIC的调查数据，在中国不上网的人群中，有51.6%的人不上网原因是"不懂电脑和网络"，即缺乏使用电子设备的技能。① 由此可见，数字素养缺乏直接导致了互联网使用方面的鸿沟。我国想要缩小互联网使用方面的鸿沟，就必须从提升落后地区人群数字素养方面入手。

第一，国家应构建适合我国公民的数字素养教育框架。早在2013年，欧盟就推出了DigComp作为欧洲公民的数字素养框架，并于2015和2017年对其进行完善。该框架将数字能力高低划分为8个等级，为

---

① 资料来源：CNNIC：《第45次中国互联网络发展状况统计报告》，http://www.cnnic.cn/gywm/xwzx/rdxw/20172017_7057/202004/t20200427_70973.htm。

提升公民数字素养提供了参考。在政策上，我国虽然制定了《教育信息化"十三五"规划》，但这仅针对在校师生，而并不适用于全体公民。我国只有制订出合适的数字素养教育框架，才能为提升我国公民，尤其是落后地区人群的数字素养指明方向。因此，国家应参考并结合联合国教科文组织《数字素养全球框架》等已有文件，并从我国实际情况出发，加快出台适用于全体公民的数字素养教育框架，明确公民应掌握的基本数字知识和技能，从而加强全体公民的数字素养教育。

第二，地方政府可以组织数字知识与技能普及活动，提高当地居民的数字素养。①地方政府应结合当地实际情况，针对不同人群开展不同层次的数字素养提升活动。政府可以与公益组织合作，定期举办相关的公益知识讲座或技能培训课程，如教授老人如何使用手机等电子通信设备、向年轻人普及互联网的各项应用等。②政府还可以通过在公共场合播放公益广告、粘贴宣传海报等宣传方式，向大众普及数字知识与技能。政府组织活动传播基础数字知识与技能，能够提升当地居民的整体数字素养，有效缩小不同人群之间的数字鸿沟，让更多人享受到互联网带来的红利。

（三）政府应该引导贫困人群充分挖掘互联网的价值

在互联网基础设施较为完善、大部分人群掌握互联网基础使用方法的情况下，仍有一些人群由于使用互联网的方式不当，无法利用互联网提高自身能力、创造经济利益。Bonfadelli（2002）研究了瑞士1997—2000年的相关数据，发现高受教育程度和高收入用户更多地利用互联网获取经济收益，而社会经济地位低的用户则更多地将互联网用于娱乐。2014年，中国互联网络信息中心的调查发现，互联网理财产品的农村居民用户仅有20.5%，该数据远低于农村网民的比重28.2%。① 由此可见，引导贫困人群合理使用互联网，利用其为自己带来价值是缩小互联网使用方面鸿沟的重要举措。

第一，地方政府可以引导村镇地区人群利用互联网平台增加就业、促进当地产业发展。发展平台经济不但能够带来更多就业机会，还突破

---

① 资料来源：CNNIC：《第45次中国互联网发展状况统计报告》，http://www.cnnic.cn/hlwfzyj/fxszl/fxswz/201408/t20140813_47698.htm。

了就业的时空限制，使就业更为灵活。"远程办公、在家上班"的现象越来越普遍。对于工作岗位缺乏的落后地区，地方政府可以引导当地居民通过互联网平台寻找就业机会，增加家庭收入。另外，互联网平台的充分利用还能带动地方产业发展。以电子商务发展催生的"淘宝村"为例，阿里研究院的报告显示，2019年，全国淘宝村和淘宝镇网店年销售额超过7000亿元，带动就业机会超过683万个。① 另外，淘宝村呈现高度聚集化的地区布局特征。报告显示，2019年中国有95个"淘宝村集群"，33个"大型淘宝村集群"，淘宝村的大量店主们通过销售当地农产品或工业产品，在改善自身生活的同时也极大地推动了地方产业的成长和繁荣。由此可见，引导落后地区居民通过互联网就业能够缩小互联网运用鸿沟，让互联网红利惠及更多人群。

第二，各级政府可以引导低收入和偏远地区人群利用互联网提高自身能力和素养，提高竞争力。目前，线上教育发展十分迅速，人们通过慕课等互联网平台能够快速获取到优质的信息资源和教育资源。2020年初新冠肺炎疫情倒逼线上教育快速发展，地理距离对获取教育资源的阻碍已经极大地减小。①对于教育资源匮乏的地区，当地政府可以将优质的线上课程等资源引进当地学校，利用线上与线下相结合的方式进行教学，提高当地学校的教学水平。②对于低收入人群，政府可以通过宣传，引导他们利用互联网实现再教育，提高自身综合能力，从而提高自身收入水平。通过引导人们最大化利用互联网的价值，政府能够缩小互联网运用鸿沟，从而减少社会中的不平等现象。

三 政府应该加快布局推进数字基建与核心技术研发

布局推进数字基础设施建设与核心技术研发为数字经济发展奠定坚实的基础，其中包含整体部署、技术发展与融合应用三大方面。整体部署是对数字基建的宏观规划，数字技术是数字基建的核心与攻关重点，融合应用是数字基建的现实要求。本节提出加快布局推进数字基建与核心技术研发的政策建议，并从强化数字基建整体部署、大力扶持数字技术发展、推进数字基建与现实应用场景融合三个角度具体阐述。

---

① 资料来源：阿里研究院：《2009—2019年中国淘宝村研究报告》，http://www.199it.com/archives/935385.html。

（一）政府应该强化数字基建整体部署

第一，政府应该在宏观规划上大力支持5G、数据中心等新型基础设施建设。①政府在规划中应该专题研究并就如何推进数字基建形成计划，夯实未来数字经济发展的"新基础"。从产业结构转型升级的趋势出发，政府一方面需要布局以5G、物联网等为代表的数字基础设施；另一方面要持续推动传统基础设施与数字技术融合，实现数字化升级。②数字基建需要兼顾硬件设备与软件服务，也需要兼顾技术创新产业与其他相关产业。因此在宏观规划中，政府应该加强对新数字技术软硬件环境重视程度，在政策层面对技术创新产业和相关产业给予相应支持和激励。③对于部分战略意义重大但市场价值未能凸显、建设较为困难的数字基建方向，政府应该积极带头建设，确定行业规范，进行行业布局规划。

第二，政府应该加快并完善数字基建相关建设。①政府应该着力建设网络基础设施，加快建设现有5G基站及相关设施，构思布局第六代移动通信（6G）、量子通信等新型网络的建设。②政府应该提高大数据基础设施水平，推进大数据中心、云计算中心等设施建设，提供数据与算力支撑，以服务于数字经济相关重点行业领域。③政府应该完善人工智能基础设施，建设相关的公共数据资源库与数据平台，加快完善算法与安全性的检验方法。④政府应该加快推进数字经济相关科学产业园区的基建工作，推动企业聚集发展。⑤政府应该鼓励高校与科研院所、重点企业共同建设相关领域的实验室，重点突破前沿核心技术，推动研发可落地的新产品，加快实现数字技术与实体经济相融合。

第三，政府应该在数字基建中充分发挥社会多样性与能动性，保证多元发展。①政府要鼓励投资主体社会化与多元化，使政府和民间企业充分结合，共同进行人工智能、工业互联网等数字技术的研发创新，发挥各自的效力，共同推动数字基建区域部署建设。政府应该充分鼓励民间资本参与数字基建布局与前沿数字技术研发，充分发挥民间企业的优势如科技创新性、市场应变性等。②政府应该严格合理地推动与社会资本的合作，既让社会资本愿意参与其中，提高资金的利用效率，同时也让政府自身能够合理把握市场，有条不紊地落地发展建设。政府应该鼓励和引导金融机构和资本市场的各类投资者支持数字基建，鼓励商业银行把握数字基建行业机遇，发展适合数字基建企业发展特点的新型抵质押方式。

（二）政府应该大力扶持数字技术发展

第一，政府应该加强数字基础设施核心技术研究，提高自主研发与创新能力。①政府应该重视数字基建相关产业发展和技术进步，提升对自主创新能力重视程度。政府应该对注册发明专利人群给予资金鼓励；对于重点行业的关键产品，从传统的大部分依靠进口积极向提高国内自给率转变；鼓励国内自主创新研发，降低对外国技术的依赖程度；提高人工智能、5G等核心技术研发，实现庞大的数据资源的有效开发利用，并充分发挥数据作为关键创新要素驱动数字经济发展的作用。政府应该加强对自主知识产权的关键核心技术研究的支持力度，提升新一代数字技术的创新能力。②政府应该重点培育数字经济龙头企业并形成聚集效应，并对高新技术企业和数字经济发展相关的创业投资企业落实税收、股权激励等各项优惠政策。

第二，政府应该推进数字基建相关产业创新能力建设并给予适当的资源支持。①政府应该通过更大额的财政拨款来支持数字技术的应用，建立研究中心支持数字技术研究和创新以应对技术挑战，同时支持重大创新载体建设，如工业创新研究中心、工业创新产业园等。②政府应该牵头成立专家顾问团，配合推进数字基建与技术研发项目。如政府专门成立"数字基建特别工作组"，推动政府和民间企业全方位合作，引导政府机构与民间企业共同进行研发工作，进而加速开发突破核心技术。③政府应该以具有共性的核心技术研发为重点，鼓励行业领军企业、高校院所等协力攻关部分难以突破的数字基建核心技术。

（三）政府应该推进数字基建与现实应用场景融合

第一，政府应该不断完善上层建筑从而促进底层技术与终端需求的有效衔接。①政府应当引导市场主体参与数字基建，更好地对接市场的终端需求。②政府在部署数字基建时应以实用作为主导向，同时和应用的场景深度融合。政府应该着重注意使用迫切、频率高的数字基建方向。在不同地点部署同一项目时，政府应在高频高需求的地点优先布置。③政府应该持续推进数字基建及其相关技术在重点行业的应用，重点关注各类大数据应用场景，支持企业整合各环节数据资源，开展基于大数据应用的创新业务。

第二，政府应该大力支持数字经济应用场景拓展，推动产业快速发展。①政府应该支持大数据企业与传统行业加强技术和资源对接，探索多元化合作运营模式，推动车联网、智慧医疗、第三方数据服务等交叉融合的大数据应用。②在重点区域和行业布局上，政府应当以需求为导向，率先推进数字基建试点示范应用，确保数字基建投资效益的发挥。③聚焦大数据、人工智能、5G等新兴领域，政府应该建设大数据、云计算等公共服务平台。面向数据资源丰富的领域如工业、交通等，政府应该尝试推动跨行业整合大数据，加强应用聚集效应。

四 政府应该致力于数字人才队伍建设，扩大数字人才队伍

随着我国数字经济的深入发展，数字人才短缺问题日益显露，并成为制约数字化转型和数字产业质量提升的首要因素。此外，数字人才还是充分发挥数据价值、保障数字经济发展安全的重要因素，在数字经济发展中占据重要地位。下文将从顶层设计、资金投入、人才交流三个角度对政府扩大数字人才队伍提出政策建议。

（一）政府应该健全对数字人才的顶层设计

第一，政府应该加快制定增加数字人才储备的顶层战略。无论是数字经济基础理论研究抑或是数字化转型、数字产业发展都需要大量具有专业知识和过硬技能的数字人才。政府制定数字人才战略旨在为扩大数字人才储备提供系统规范、科学合理的行动指南。①政府在制定战略时要充分认识了解数字人才供需现状和现有指导性文件的局限性，基于现有条件做出对未来更科学准确的布局。②在战略的具体内容上，政府应该明确数字人才评判筛选标准，引入多维度考评体系，增加除教育背景之外的诸如行业经验、实操技能等其他指标，建立以需求为导向的人才引进及培养机制。③各省市政府应该立足当地实际，有区别地规划不同产业发展的优先级顺序和扶持力度，大力扶植当地优势产业，并围绕当地优势产业开展大量的数字人才引流工作，为数字人才留存及培育提供良好的产业基础。

第二，政府应该完善数字经济领域的创新激励机制。政府对知识产权的保护、对科研成果的尊重和及时转化能够有效激发数字人才的创新意愿和钻研动力。政府应该建立健全对数字经济理论研究和成果转化的保障体系，完善数字技术创新相关的激励机制。①政府应该牵头推动建立市场化的项目和经费分配、成果评估和转化的新机制，运用市场的力量促进科研资源的有效配置。②政府可以运用技术入股、人才入股以及税收优惠等手段，建立科学完善的知识产权及科研成果归属和利益分配机制，营造尊重创新创造、公平公正的氛围。此外，政府还应该加强对科研人员成果所有权和处置权的保障，使科研人员享受更多技术升值带来的收益红利，调动人才创新积极性。③政府还应该严厉打击破坏知识产权保护规则、阻碍社会创新的行为，切实保障科研人员特别是在数字经济领域有卓越贡献的工作者们的根本利益，用法律、制度限定破坏性行为的红线，建立健全破坏惩戒机制。

（二）政府应该加大数字人才专项资金投入

第一，政府应该大力支持"政府＋高校研究院所＋企业"的联合培养模式。联合培养模式意味着需要多方协同推进，政府在其中扮演资金供给方和资源调配方的角色；高校和科研院所负责向数字经济领域输送高素质的数字人才；而企业则通过平台搭建和团队构建为数字人才提供发展平台。因此，在推进该培育模式的进程中，政府除了完成自身固有的工作，还应该积极引导高校科研院所以及企业参与到新培养模式的构建。①国家国家应当通过财政资金配给，有区别地予以地方政府和学校补贴，科学合理地配置教育资源，尽力缩小地区之间的教育鸿沟。国家应该加大落后地区的教育事业投入和基础教育设施建设的投入力度，提高优质教育资源的可获得性，扩大优质教育资源的覆盖面。②国家应该在专家智囊团的指导下筛选有利于数字经济进一步发展的前沿学科，鼓励高校完善并出台相关专业课程设置和培养体系，着力支持对口院校强化数字经济领域专家学者和师资储备。③国家及各地方政府应该调用财政储备，鼓励有条件的省市设立数字经济相关研究院所。政府应该支持联合构建产学研合作机制，为相关专业的学生提供学习和实践平台，有意识地培养复合型人才。④政府可以通过表彰企业以及提供部分资金支持企业的方式，激励企业充当数字人才供给者的角色。为此，地方政府可以为企业落地提供支持，通过税收优惠和政策补贴，吸引更多优质企业落户本地。此外，政府可以参与企业的培训过程，与企业一同开展不定期的培训，进一步促进数字经济对口人才培养。

第二，政府应该加大对高端数字人才的补贴力度。各地方政府可以通过对高端数字人才进行补贴吸引人才集聚，扩大人才队伍，为当地经济发展注入更强大的竞争力。政府可以从落户、购房、个税等方面对人才进行补贴。其中，对人才的个税补贴最能保障数字人才的利益，能够减轻数字人才对自己技术致富后需要缴纳高额税款的担忧。数字经济领域的高端人才以及紧缺人才的收入相对较高，所以个人税负率显得尤为关键。此外，政府可以建立数字人才发展专项基金，并加大资金投入力度，鼓励和支持企业及社会组织参与人才基金搭建，为全面引进、留存优质人才做好充足的准备。

（三）政府应该促进人才交流与合作

第一，政府应该破除数字人才流动的制度壁垒，建立健全柔性引才引智机制。国际上有许多数字经济领域的高端人才，实现全球优质资源自由流通、人才为我所用是促进数字经济发展的重要一步。①国家及地方政府应该完善技术移民相关法律法规，解决海外高层次数字人才出入境、住房、亲属安置等日常生活方面的难点。国家应该通过完善现有制度，让海外高端人才充分享有承担重大科研项目、担任项目领导人以及院士评选评优的机会。②政府应该建立海外人才信息库和人才需求信息集中发布的平台，畅通高端人才供需匹配渠道，为本国企业雇主招募人才以及海外人才入职本国企业提供便利。③政府应该积极探索技术移民制度设计，制定科学合理的绩效评估与福利激励等方针政策，推进专业技术人才职业资格国际、地区间互认，加强对职业资格认定方面的相关咨询服务，加大引进及保护国外人才资源的工作力度。④针对国内各省市人才流动问题，国家应该加强对各省市人才引进计划制定的引导、规范及监管，避免各省市之间因争取有限的优质人才资源而恶性竞争，阻碍区域间人才流动。⑤国家还应该引导地方政府加快建立健全柔性引才引智机制，建立区域人才服务协同、人才流动合作、人才发展推动等配套机制，在户籍管理、人事档案管理、劳动认识争议调解仲裁、就业服务等方面下功夫，为人才跨地区、跨行业、跨体系流动提供便利条件。

第二，政府应该搭建数字人才交流合作平台。①各地方政府可以加强与海外以及邻近省市的人才交流合作力度，成立跨区域的人力资源产业园和人才交流合作中心、服务中心，打通区域间人才流动渠道。②政府可以结合当前数字经济国际科技创新合作与产业发展的趋势和重点领域，组织开展数字技术线上线下研究进展和成果展示会议、论坛和峰会，积极吸纳外国先进学术及应用成果，促进国内外、各省市高层次数字人才交流。③政府应该协助企业或高校开展数字经济领域的创新创业比赛。各级创新创业比赛能够激发数字经济领域的后备人才、对口人才的创新动力，并促进人才之间的交流。数字人才在竞争与合作中为数字经济发展提供更多切实可行的方案，丰富数字经济理论和技术应用场景，营造浓厚的创新氛围，促进数字经济持续发展。

五 政府应加强关键信息基础设施的安全防护能力、建立完善的网络安全人才培养体系

第一，我国需要加强关键信息基础设施的安全防护能力。习近平主席认为，保障信息基础设施是网络空间安全发展的关键，是现代社会运行的基础支撑（郭美蓉，2019）。近年来，关键信息基础设施日益成为网络攻击的重点目标，各国亟须加强该方面的安全保障能力。例如，对美国国防部、德国核电站、印度外交部以及以色列国家电网等关键信息基础设施的攻击事件都曾经造成严重后果。① 特别地，数字技术进步也使网络攻击手段变得愈加高级。以智能化、自动化为代表的网络攻击新方式将极大改变网络安全的形势，这增加了关键信息基础设施安全被攻击的潜在风险，因此提升该方面的安全防护能力迫在眉睫。同时，随着数字经济发展，数据在经济活动中的应用场景不断扩展，涉及金融、能源、交通、教育、医疗、制造业等领域。这些行业的信息基础设施遭到网络攻击的后果将是不可承受的。因此，我国要加强各行业关键信息基础设施的安全防护能力，加快构建完善的安全保障体系，以确保社会经济活动的正常运行。

第二，我国需建立完善的网络安全人才培养体系，以应对日益增长的网络安全人才需求。随着网络攻击的日益严重，网络安全人才短缺现已成为各国需要面临的重大挑战。对此，美国及欧洲各国相对应地采取了学科教育与职业教育双线培养的模式以加快网络安全人才培养。例

---

① 资料来源：中国信息通信研究院：《中国网络安全产业白皮书（2018年）》，http：//www.caict.ac.cn/kxyj/qwfb/bps/201809/t20180919_185440.htm。

如，美国明确了网络安全人才技能分类，指导相关技术人员职业发展的方向；欧盟网络安全月开展持续性培训活动，帮助网络安全从业人员提升技能；俄罗斯则出台了相关的网络人才培养制度，确保信息安全人才培养与市场需求之间的平衡。根据相关机构估计，我国网络安全人才培养速度远跟不上快速发展的网络安全市场，市场缺口达90%以上。[①] 同时，我国网络安全从业人员普遍存在知识储备不足、技能不全面等问题，难以适应日益复杂的网络安全新形势。因此，我国需要建立完善的网络安全人才培养体系。①在学科教育上，我国需要出台相关政策支持高校开设与网络安全相关的学科和专业，为社会培养大量的网络安全知识储备高和学习能力强的人才。②我国需要构建相关的培训体系来加强网络安全工作者的在职培训。随着数字技术的发展，网络攻击技术也日益复杂，相关的网络安全从业人员如果没有接受在职培训与时俱进地掌握新技能，则可能无法良好地适应新网络安全形势下的工作要求。③我国需要建立推动网络运营、软件开发等相关人员向网络安全人员转型的在职培训体系来应对网络安全人才缺口大的问题。④各地政府也应积极响应，出台相关政策文件来加强网络安全人才队伍的建设，引进、培育网络安全领域高层次人才和团队，以形成激励机制，让网络安全行业成为热门行业。

六 政府应该充分发挥理论研究的引导作用，促进数字经济理论研究多元化、深层次发展

日益发展的数字技术正在不断改变着整个社会进行价值创造的方式，经济运行模式也随之发生了巨大的变化。21世纪以来，我国数字经济发展的业态和模式持续更替，不断发展，并逐渐走到了世界前列。然而，虽然现实中数字经济迅速成长，但是我国数字经济理论方面的研究处于相对滞后的状态。现有的数字经济理论研究既未能系统地解释数字经济发展过程中出现的一系列"新现象"，也难以为数字经济的持续健康发展提供逻辑连贯的指导建议。针对数字经济相关理论研究现阶段仍然存在的一系列问题，本章提出以下政策建议。

---

① 资料来源：赛迪研究院，《中国网络安全发展白皮书（2019年）》，http://www.mtx.cn/u/cms/www/201903/01165036x7sd/index.html。

第一，国家需要发挥一定的指引作用，推动数字经济相关的理论研究不断向前发展。①国家可以适当地调整资源配置，增加数字经济理论研究项目的投入，增加国家自然科学基金和国家社会科学基金中"数字经济"相关课题研究项目的比例。此外，国家还要加大对数字经济领域的科研人才、科研经费的投入力度，有效发挥国家政策对理论研究的引导作用，鼓励学术界研究重心向数字经济领域部分转移，让学界对数字经济相关理论研究更加活跃。②国家需要加大在顶层设计上的引领作用，将数字经济的新理念和新观点引入经济发展的相关研究中，引起相关研究人员的关注和重视。③国家还要为数字经济发展提供更加权威的指引和更加明确的方向，促成未来研究在数字经济的内涵外延、测算方法等方面的相对统一，通过颁布具有高参考性的政策文件等措施，更好地发挥顶层设计的引领作用。

第二，国家需要鼓励研究人员拓展数字经济研究方向，推动数字经济理论多元化发展。与其他经济形式相比，数字经济具有其自身的特殊性。数字经济理论研究的可持续发展一方面需要研究人员高屋建瓴、准确把握当前数字经济发展中的关键因素；另一方面也需要科研人员不断拓展数字经济研究方向，促进数字经济多元化、跨学科发展。国家可以鼓励经济领域顶级期刊或者高水平研究机构加强对数字经济领域的研究力度，发挥这些期刊和研究机构的引导模范作用。例如，由《经济研究》编辑部发起的首届"互联网与数字经济论坛"，总结出了目前数字经济理论最为重要的六个领域："数字经济的测算、增长与发展""大数据与信息技术""平台经济学""数字经济中的创新与垄断""数字贸易"和"数字经济与民生"（刘航等，2019）。这既为相关领域的学者指明了重点研究方向，又吸引其他领域的学者投入数字经济相关方面的研究。

第三，国家需要引导研究人员立足数字经济发展实践，让理论研究能够"从实践中来，到实践中去"。中国数字经济实践的蓬勃发展为数字经济理论研究提供了丰富广泛的认知来源和现实支撑。数字经济发展过程中产生的各种问题如数字鸿沟的扩大、数字平台的垄断行为、数据价值释放与数据安全之间的矛盾，为当前数字经济理论研究提出了巨大挑战。目前研究人员对数字经济各领域研究尚不充分，未能够紧随数字经济实践的发展,而且关于数字经济高质量的研究缺乏。为了实现数字经济理论研究的发展,科研人员一方面需要针对数字经济中的重要领域开展进一步研究,另一方面也需要将数字经济研究与当前数字经济相关产业发展有机结合。国家需要引导科研人员立足数字经济发展实践,让数字经济理论能够"从实践中来,到实践中去",既可以为政府相关政策制定提供理论指导,也能够为数字经济中企业和个人决策提供建议,使得理论研究能够真正发挥作用。

七 政府应该促进产业融合,提升各产业的综合竞争力

产业融合是提升产业竞争力的必然选择,也是我国数字经济发展的重要助推器。为扫除当下经济环境中不利于产业融合发展的因素,下文将从体制改革、平台搭建、产业集群三个角度对政府促进产业融合提出政策建议。

(一)政府应该加快推进产业融合体制改革

第一,政府应该通过制定相应的政策指导产业融合发展。①政府应该明确推动传统产业数字化升级的政策取向,为产业转型提供"定心丸"。政府应该利用宏观政策和具体可行的标杆事例指引产业淘汰旧产能,实现全产业链更新换代,改变粗放型经济增长模式。②政府应该为相关产业科学发展提供机制体制保障。政府在促进产业融合的过程中应该大力筹建和完善三大机制①,以高效科学的机制加快产业融合的进程。③政府应该引导数字经济相关产业协同建设数字化转型开源社区,加强产业融合的公共服务建设,降低产业数字化的转型门槛。

第二,政府应该更新原有产业管制模式。传统产业采用分立的多重管制体制,该体制降低了监管效率,制约新型数字技术的应用与新产品和新业态的推广。因此,政府应该加快出台新的产业管制政策,简化监管流程,实行宽松的产业政策。政府应该取消数字经济领域特定产业的资费管制,适当放松事前管制,消除妨碍要素自由组合的壁垒,赋予各亟待转型的产业更多自主权,进一步促进市场开放、业务创新及产业渗透融合。

---

① 三大机制,指组织协调机制、中介机制以及企业核心机制。

（二）政府应该搭建网络化协同平台

政府应该支持搭建网络化协同平台。网络化协同平台意味着产业链上各企业以平台的方式联系起来，企业之间的传统物理边界限制被打通。另外，网络化协同平台也为上下游产业的集聚提供了可能，促进了数字经济相关产业协同进化，形成虚拟产业园或产业集群。①政府应该为具有产业链带动能力的标杆企业提供力度较大的减税或其他优惠政策，支持关键企业牵头搭建网络化协同平台，并加快推动产业链上各企业的数字化转型。②各地方政府可以在考察本地实际的基础上有选择性地培植数字经济的领军企业，并积极招商引资，充分利用省（市）内外、国内外优质资源，提高网络化协同平台的质量，促进平台涉及的产业链向更高层次升级。③政府应该积极鼓励平台上的各企业、产业进行创新，加强数字供应链建设，进一步推动平台上各主体实现资源共享，焕发数字经济发展的活力。④各省市政府应当主动对接国家战略需求，积极争取国家创新资源，支持综合性数字经济科研中心建设，规划、整合本地重点建设领域和重大科研平台，进一步释放平台潜能。

（三）政府应该积极围绕产业链培育产业集群

第一，政府应该打造产业创新集聚区。国家应该根据各地资源禀赋合理配置发展资源，各省市政府应该积极响应国家号召，立足当地打造数字经济产业创新集聚区。①政府应该选取产业聚集和创新的主阵地，立足国家或省级高新区，引导高端人才资源、项目资源向高新区集聚，打造引领数字经济发展的创新高地。②政府应该大力建设经济技术开发区，完善开发区内的基础配套设施，以具有一定规模的高新技术开发区为基础打造特色创新集群。③各地方政府在城市规划方面应该为数字经济产业发展预留空间，整合原有科技、人才、资金资源，优化区域创新布局。④各地方政府应该积极遵循因地制宜的发展理念，抓住当地数字经济发展的重点，有区别地推进前沿和新兴产业实现多项重大技术突破，培育创新发展增长极。

第二，政府应该大力提升产业集群的创新能力。①政府应该对产业集群的现有创新能力实行合理有效的评估。政府应该对标国内外先进水平，挖掘产业集群的技术短板和创新需求，扬长避短、聚焦重点，选择合适的发展路径集中资源攻坚克难。②政府应该实施重大科技成果转化专项，建立健全科技成果转化机制，并积极围绕重点产业集群培育一批重大自主创新战略产品，培育新兴支柱产业。③政府可以积极运用社交媒体手段，加大宣传引导。政府可以通过强化主流媒体对产业融合的经验做法和典型案例的宣传，为产业融合提供切实可行的方案，同时也为数字经济创新发展创造有利的社会氛围。

八 政府应加强平台治理，促进平台经济良性发展

近年来，平台经济实现了蓬勃发展，构成了数字经济的重要组成部分。平台经济新业态在提高经济效率、便利大众的同时也对人们生活造成了不良的影响，也给市场管理和社会运作带来了挑战。由此可见，加强平台治理于数字经济发展和社会秩序稳定意义重大。下文将从构建体系、加强监管两个角度对政府加强平台治理提出政策建议。

（一）政府应该构建科学完备的平台治理体系

政府应该积极构建科学完备的平台治理体系。监管制度交替导致的平台治理权责不明晰的问题日益突出，基于此，政府应该考虑如下举措：①政府应该制定新的平台治理制度。政府在制定新治理体系时应该充分考虑制度的针对性、覆盖性，避免新旧制度之间的冲突。政府应该以多元共治为指导思想，合理界定政府和平台之间的责任边界，充分考虑政府和平台企业在不同场景下能力的差异，并由此划分监管权力。此外，政府应该及时废除不合时宜的法律法规，破除掣肘平台治理的制度性因素，促进商业平台之间的互联互通。②政府在制定治理规则时应该遵循适度原则，对平台发展所引发的新问题予以快速响应和持续跟进，对数字平台上衍生的新技术、新模式、新业态予以有限的干预和管制，在鼓励新业态增长的同时规避潜在的风险。③政府应该积极运用数字技术的力量，联合平台企业或专业团队，搭建基于大数据的网络实时监管平台，用信息化手段辅助平台治理。各地方政府可以加强与其他省市政府的联系，构建开放共享的数据平台，逐步建设自地方到中央的综合性政府治理平台，提升平台治理能力。

（二）政府应该加强平台监管力度

第一，政府应该转变监管观念。随着大平台的建立，政府应该将对单个市场主体的日常监管转移到对平台的监管上来。政府应该及时调整监管观念，认识到平台监管的难度，并以更宏观的视角看待平台治理问题。平台治理存在大量差异化、碎片化的场景生态模式，大平台和小平台的治理模式和原则也不尽相同。因此，政府应该树立差异化监管战略，制定统一规范的管理制度，并针对不同的场景运用不同的监管和治理方式。此外，平台监管需要多个利益相关方的共同努力。政府不再充当平台唯一的监督者，而是以辅助者的身份对平台运行进行外部监管。政府应该赋予平台企业本身更多的自主性，充分调动平台上各企业主体的自我管制积极性，并通过顶层设计约束平台企业的行为。

第二，政府应该全方位优化平台监管模式。①政府要及时打击谣言和虚假新闻，营造干净的网络空间。政府应该加强与平台企业的合作，借助数字技术或人工识别建立健全清筛谣言和虚假新闻的机制，甄别海量信息的真伪度，严厉打击利用社交媒体煽动网民情绪的行为。②政府应该敦促平台企业加强对用户隐私的多角度保护。对于大平台企业，政府应该出台明确的隐私保护细则，强化平台方的用户数据管理责任；对于小平台，政府可以予以一定的技术支持，从技术层面帮助平台完善信息安全系统、细化用户隐私偏好设置功能。③政府相关部门应该加强对数据治理相关规则的研究，并制定合理的数据监管模式。平台之间数据争议的频发与数据治理规则不健全息息相关。政府应该不断完善数据治理的制度设计，重点突破数据确权、数据流通以及数据利用等核心方面的问题，努力实现数据畅通流动、安全利用。④政府应该积极采用法律手段建立健全反垄断机制，将反垄断的态度贯彻平台监管和治理的始末。政府应该结合我国平台经济具体实际，借鉴欧美等国的反垄断经验，加快制定、修改与健全我国反垄断相关法律法规。在立法过程中，政府应该设立保护性预防规制阈值和安全区，制定多元评判标准来进行对垄断行为的认定。⑤政府应该加强信用监管和联合惩戒。政府应该鼓励平台、征信机构等主体依法采集平台用户信用信息，依法公开违法失信用户信息，引导平台经营者按规定惩戒违法失信用户。对于破坏市场竞争规则、扰乱市场秩序的平台，政府应该勒令其进行及时整改；对于多次违规违纪的不良平台，政府应该及时打击与取缔。

参考文献

安同良等：《R&D 补贴对中国企业自主创新的激励效应》，《经济研究》2009 年第 10 期。

安筱鹏：《数字基建：通向数字孪生世界的"铁公基"》，《信息通信技术与政策》2020 年第 7 期。

白俊红：《中国的政府 R&D 资助有效吗？——来自大中型工业企业的经验证据》，《经济学（季刊）》2011 年第 4 期。

曹正勇：《数字经济背景下促进我国工业高质量发展的新制造模式研究》，《理论探讨》2018 年第 2 期。

陈芳：《中国数字经济发展质量及其影响因素研究》，硕士学位论文，杭州电子科技大学，2019 年。

陈剑等：《从赋能到使能——数字化环境下的企业运营管理》，《管理世界》2020 年第 2 期。

陈浪南、陈景煌：《外商直接投资对中国经济增长影响的经验研究》，《世界经济》2002 年第 6 期。

陈崎峙：《经济发展中物联网的意义与作用》，《环渤海经济瞭望》2020 年第 2 期。

陈小洪：《中国电信业：政策、产业组织的变化及若干建议》，《管理世界》1999 年第 1 期。

陈晓红：《数字经济时代的技术融合与应用创新趋势分析》，《中南大学学报》（社会科学版）2018 年第 5 期。

陈永伟、曾昭睿：《"第二次机器革命"的经济后果：增长、就业和分配》，《学习与探索》2019 年第 2 期。

陈煜波、马晔风：《数字人才——中国经济数字化转型的核心驱动力》，《清华管理评论》2018 年第 1—2 期。

陈璋等：《OECD 国家数字经济战略的经验和启示》，《现代管理科学》2017 年第 3 期。

崔保国、刘金河：《论数字经济的定义与测算——兼论数字经济与数字传媒的关系》，《现代传播》（中国传媒大学学报）2020 年第 4 期。

邓聚龙：《灰色系统基本方法》，华中理工大学出版社 1988 年版。

邓志松、戴健民：《数字经济的垄断与竞争：兼评欧盟谷歌反垄断案》，《竞争政策研究》2017 年第 5 期。

杜丹清：《互联网助推消费升级的动力机制研究》，《经济学家》2017 年第 3 期。

杜挺等：《基于熵权 TOPSIS 和 GIS 的重庆市县域经济综合评价及空间分析》，《经济地理》2014 年第 6 期。

冯华、陈亚琦：《平台商业模式创新研究——基于互联网环境下的时空契合分析》，《中国工业经济》2016 年第 3 期。

冯献等：《信息化应用对农民增收的影响效应分析——来自京津冀 353 个农户样本的证据》，《情报杂志》2019 年第 4 期。

龚晓莺、王海飞：《当代数字经济的发展及其效应研究》，《电子政务》2019 年第 8 期。

郭峰等：《中国数字普惠金融指标体系与指数编制》，《北京大学数字金融研究中心工作论文系列》第 17 期。

郭晗：《数字经济与实体经济融合促进高质量发展的路径》，《西安财经学院学报》2020 年第 2 期。

郭美蓉：《网络空间安全治理的法治化研究》，《人民法治》2019 年第 3 期。

郭玥：《政府创新补助的信号传递机制与企业创新》，《中国工业经济》2018 年第 9 期。

韩先锋等：《信息化能提高中国工业部门技术创新效率吗》，《中国工业经济》2014 年第 12 期。

何婧、李庆海：《数字金融使用与农户创业行为》，《中国农村经济》2019 年第 1 期。

何枭吟：《美国数字经济研究》，博士学位论文，吉林大学，2005 年。

何枭吟：《数字经济发展趋势及我国的战略抉择》，《现代经济探讨》2013 年第 3 期。

何宗樾、宋旭光：《数字经济促进就业的机理与启示——疫情发生之后的思考》，《经济学家》2020 年第 5 期。

洪兴建：《数字经济：内涵、核算与评价》，《中国统计》2019 年第 8 期。

胡鞍钢等：《中国开创"新经济"——从缩小"数字鸿沟"到收获"数字红利"》，《国家行政学院学报》2016 年第 3 期。

胡鞍钢、周绍杰：《中国如何应对日益扩大的"数字鸿沟"》，《中国工业经济》2002 年第 3 期。

胡春阳：《从接近沟到使用沟——"数字鸿沟"的转向及跨越》，《人民论坛》2018 年第 24 期。

胡雪瑶等：《县域经济发展时空差异和影响因素的地理探测——以甘肃省为例》，《地理研究》2019 年第 4 期。

江小涓：《高度联通社会中的资源重组与服务业增长》，《经济研究》2017 年第 3 期。

江泽民：《新时期我国信息技术产业的发展》，《上海交通大学学报》2008 年第 10 期。

姜文军：《大数据时代下计算机网络信息安全问题探讨》，《网络安全技术与应用》2018 年第 2 期。

金丹、杜方鑫：《中越共建"数字丝绸之路"的机遇、挑战与路径》，《宏观经济管理》2020 年第 4 期。

金星晔等：《数字经济规模核算的框架、方法与特点》，《经济社会体制比较》2020 年第 4 期。

荆文君、孙宝文：《数字经济促进经济高质量发展：一个理论分析框架》，《经济学家》2019 年第 2 期。

孔高文等：《机器人与就业——基于行业与地区异质性的探索性分析》，

《中国工业经济》2020 年第 8 期。

赖明勇等：《外商直接投资与技术外溢：基于吸收能力的研究》，《经济研究》2005 年第 8 期。

李刚、张琦：《对我国发展数字贸易的思考》，《国际经济合作》2020 年第 1 期。

李海舰等：《互联网思维与传统企业再造》，《中国工业经济》2014 年第 10 期。

李静、楠玉：《人力资本错配下的决策：优先创新驱动还是优先产业升级》，《经济研究》2019 年第 8 期。

李廉水等：《中国制造业 40 年：智能化进程与展望》，《中国软科学》2019 年第 1 期。

李平等：《中国自主创新中研发资本投入产出绩效分析——兼论人力资本和知识产权保护的影响》，《中国社会科学》2007 年第 2 期。

李蕊、李水军：《数字经济：中国税收制度何以回应》，《税务研究》2020 年第 3 期。

李天柱等：《生物制药创新中的专家型公司与核心公司研究——兼论我国生物制药区域产业创新平台建设》，《中国软科学》2011 年第 11 期。

李伟等：《未来 15 年国际经济格局变化和中国战略选择》，《管理世界》2018 年第 12 期。

李向阳：《数字经济产业集中度对消费者福利的影响研究》，《社会科学》2019 年第 12 期。

李小平：《自主 R&D、技术引进和生产率增长——对中国分行业大中型工业企业的实证研究》，《数量经济技术经济研究》2007 年第 7 期。

李晓华：《数字经济新特征与数字经济新动能的形成机制》，《改革》2019 年第 11 期。

李燕：《加快构建与新工业革命相适应的创新型产业组织生态》，《发展研究》2018 年第 10 期。

李扬等：《数字技术创业：研究主题述评与展望》，《研究与发展管理》，https://doi.org/10.13581/j.cnki.rdm.20190926。

李艺铭：《当前中国数字经济发展阶段和核心议题》，《科技中国》2019

年第 5 期。

李忠民等：《数字贸易：发展态势、影响及对策》，《国际经济评论》2014 年第 6 期。

林广毅：《农村电商扶贫的作用机理及脱贫促进机制研究》，博士学位论文，中国社会科学院，2016 年。

林强等：《创业理论及其架构分析》，《经济研究》2001 年第 9 期。

林跃勤：《新兴国家数字经济发展与合作》，《深圳大学学报》（人文社会科学版）2017 年第 4 期。

刘德寰、陈斯洛：《广告传播新法则：从 AIDMA、AISAS 到 ISMAS》，《广告大观》（综合版）2013 年第 4 期。

刘航等：《基于中国实践的互联网与数字经济研究——首届互联网与数字经济论坛综述》，《经济研究》2019 年第 3 期。

刘金瑞：《聚焦维护国家安全定位 健全数据安全管理制度——完善〈数据安全法（草案）〉的若干建议》，《网域前沿》2020 年第 7 期。

刘丽伟、高中理：《"互联网+"促进农业经济发展方式转变的路径研究——基于农业产业链视角》，《世界农业》2015 年第 12 期。

刘平、孙洁：《日本以"互连产业"为核心的数字经济发展举措》，《现代日本经济》2019 年第 4 期。

刘瑞明等：《数字时代的社会秩序与国家治理现代化》，《中国工业经济》2020 年第 9 期。

刘守芬、孙晓芳：《论网络犯罪》，《北京大学学报》（哲学社会科学版），2001 年第 3 期。

刘淑春：《中国数字经济高质量发展的靶向路径与政策供给》，《经济学家》2019 年第 6 期。

刘洋等：《数字创新管理：理论框架与未来研究》，《管理世界》2020 年第 7 期。

刘悦：《信息化对城乡居民收入差距的影响研究》，硕士学位论文，西南财经大学，2016 年。

柳卸林等：《寻找创新驱动发展的新理论思维——基于新熊彼特增长理论的思考》，《管理世界》2017 年第 12 期。

卢卫、陆希玉：《4G 时代移动互联网的发展趋势》，《电信科学》2014 年第 5 期。

鲁维、胡山：《我国移动互联网业务发展现状及趋势分析》，《电信技术》2009 年第 5 期。

吕锋：《系统关联度之分辨系统的研究》，《系统工程理论与实践》1997 年第 6 期。

吕文晶等：《工业互联网的智能制造模式与企业平台建设——基于海尔集团的案例研究》，《中国软科学》2019 年第 7 期。

吕小刚：《数字农业推动农业高质量发展的思路和对策》，《农业经济》2020 年第 9 期。

罗茗会：《中美信息安全法律保护比较研究》，硕士学位论文，上海交通大学，2018 年。

罗廷锦、茶洪旺：《"数字鸿沟"与反贫困研究——基于全国 31 个省市面板数据的实证分析》，《经济问题探索》2018 年第 2 期。

罗雨泽等：《我国移动通信产业发展路径区域差异及扩散机制研究》，《经济研究》2011 年第 10 期。

马海涛等：《财政科技支出是否促进了中国工业企业创新？》，《经济与管理评论》2019 年第 5 期。

马克卢普：《美国的知识生产与分配》，孙耀群译，人民大学出版社 2007 年版。

马淑琴、谢杰：《网络基础设施与制造业出口产品技术含量——跨国数据的动态面板系统 GMM 检验》，《中国工业经济》2013 年第 2 期。

马香品：《数字经济时代的居民消费变革：趋势、特征、机理与模式》，《财经科学》2020 年第 1 期。

莫开伟：《服务业转型呼唤更多数字化基础设施》，《证券时报》2020 年第 3 期。

牛禄青：《数字经济对就业的影响》，《新经济导刊》2017 年第 10 期。

逄健、朱欣民：《国外数字经济发展趋势与数字经济国家发展战略》，《科技进步与对策》2013 年第 8 期。

彭丹丹：《欧盟数字版权多层治理的理论与实践探析》，《出版广角》2019 年第 16 期。

彭晓明：《应对飞速发展的计算机网络的安全技术探索》，《硅谷》2009年第11期。

戚聿东、肖旭：《数字经济时代的企业管理变革》，《管理世界》2020年第6期。

邱泽奇等：《从数字鸿沟到红利差异——互联网资本的视角》，《中国社会科学》2019年第10期。

赛迪评论：《2020年中国软件和信息技术服务业发展形势展望》，《中国计算机报》2020年2月25日第12版。

邵培仁、张健康：《关于跨越中国数字鸿沟的思考与对策》，《浙江大学学报》（人文社会科学版）2003年第1期。

邵文波、盛丹：《信息化与中国企业就业吸纳下降之谜》，《经济研究》2017年第6期。

沈昌祥等：《信息安全综述》，《中国科学》2007年第2期。

沈国兵、袁征宇：《企业互联网化对中国企业创新及出口的影响》，《经济研究》2020年第1期。

史炜：《中国电信服务业的市场化演进》，《中国工业经济》2002年第7期。

宋晓玲：《数字普惠金融缩小城乡收入差距的实证检验》，《财经科学》2017年第6期。

宋晓梧：《百年未有之大变局下的贫富差距》，《中国经贸导刊》2019年第24期。

孙海泳：《美国对华科技施压与中外数字基础设施合作》，《现代国际关系》2020年第1期。

孙娜：《中印软件业的比较与合作》，《对外经贸实务》2007年第7期。

孙早、侯玉琳：《工业智能化如何重塑劳动力就业结构》，《中国工业经济》2019年第5期。

唐杰英：《数字化变革下的中国数字经济——基于数字经济边界及测度的视角》，《对外经贸》2018年第9期。

唐松等：《数字金融与企业技术创新——结构特征、机制识别与金融监管下的效应差异》，《管理世界》2020年第5期。

田华伟：《论互联网对我国消费者消费行为的影响》，《商业经济研究》

2015 年第 34 期。

佟家栋等：《"逆全球化"与实体经济转型升级笔谈》，《中国工业经济》2017 年第 6 期。

王爱国、张淑芬：《国外信息产业政策和措施对我国的启示》，《科技情报开发与经济》2004 年第 2 期。

王彬燕等：《中国数字经济空间分异及影响因素》，《地理科学》2018 年第 6 期。

王斌、聂元昆：《移动互联网环境下的消费者行为模式探析》，《电子商务》2015 年第 8 期。

王超贤：《有针对性防范化解技术性失业风险》，《青岛日报》2019 年 5 月 25 日第 07 版。

王海南等：《新兴产业发展战略研究（2035）》，《中国工程科学》2020 年第 2 期。

王红领等：《FDI 与自主研发：基于行业数据的经验研究》，《经济研究》2006 年第 2 期。

王金杰等：《电子商务有益于农村居民创业吗？——基于社会资本的视角》，《经济与管理研究》2019 年第 2 期。

王劲峰、徐成东：《地理探测器：原理与展望》，《地理学报》2017 年第 1 期。

王娟：《高质量发展背景下的新就业形态：内涵、影响及发展对策》，《学术交流》2019 年第 3 期。

王利明：《隐私权概念的再界定》，《法学家》2012 年第 1 期。

王青华、陈棣：《我国互联网发展水平的地区差异分析——兼析数字鸿沟与经济鸿沟的数量关系》，《统计教育》2006 年第 4 期。

王儒敬：《我国农业信息化发展的瓶颈与应对策略思考》，《中国科学院院刊》2013 年第 3 期。

王伟玲、王晶：《我国数字经济发展的趋势与推动政策研究》，《经济纵横》2019 年第 1 期。

王学庆：《中国电信业重组：改革的目标、步骤与方案设计》，《管理世界》2001 年第 6 期。

魏敏、李书昊：《新时代中国经济高质量发展水平的测度研究》，《数量经济技术经济研究》2018年第11期。

吴清军、张皓：《生活服务平台：数字化与就业生态》，《新经济导刊》2019年第2期。

吴义爽等：《基于"互联网+"的大规模智能定制研究——青岛红领服饰与佛山维尚家具案例》，《中国工业经济》2016年第4期。

武伟、宁峻涛：《新业态知识产权保护问题初探》，《科技促进发展》2017年第12期。

夏义堃：《中外政府网站公众接受与利用状况的比较分析》，《电子政务》2009年第6期。

夏清华：《强化知识产权保护需要适度策略，避免"创新陷阱"》，《科技中国》2020年第8期。

夏显力等：《农业高质量发展：数字赋能与实现路径》，《中国农村经济》2019年第12期。

肖静华等：《消费者数据化参与的研发创新——企业与消费者协同演化视角的双案例研究》，《管理世界》2018年第8期。

肖荣美、霍鹏：《加速产业数字化转型 促进经济高质量发展》，《信息通信技术与政策》2019年第9期。

谢伏瞻：《论新工业革命加速拓展与全球治理变革方向》，《经济研究》2019年第7期。

谢平等：《互联网金融的基础理论》，《金融研究》2015年第8期。

谢绚丽等：《数字金融能促进创业吗？——来自中国的证据》，《经济学（季刊）》2018年第4期。

邢小强等：《数字技术、BOP商业模式创新与包容性市场构建》，《管理世界》2019年第12期。

胥培俭、丁琦：《数字经济时代中小企业数字化转型研究》，《信息通信技术与政策》2020年第3期。

徐蔼婷：《德尔菲法的应用及其难点》，《中国统计》2006年第9期。

徐敬宏等：《知识付费发展现状、问题与趋势》，《编辑之友》2018年第5期。

徐梦周、吕铁：《数字经济领先市场建构：支撑机制与实践策略》，《学习与探索》2019年第7期。

徐清源等：《国内外数字经济测度指标体系研究综述》，《调研世界》2018年第11期。

徐欣、唐清泉：《R&D投资、知识存量与专利产出——基于专利产出类型和企业最终控制人视角的分析》，《经济管理》2012年第7期。

许宪春：《新经济的作用及其给政府统计工作带来的挑战》，《经济纵横》2016年第9期。

许宪春等：《大数据与绿色发展》，《中国工业经济》2019年第4期。

许宪春、张美慧：《中国数字经济规模测算研究——基于国际比较的视角》，《中国工业经济》2020年第5期。

续继：《国内外数字经济规模测算方法总结》，《信息通信技术与政策》2019年第9期。

薛金华：《全球化的中国与中国的全球化》，《理论月刊》2020年第9期。

延建林、孔德婧：《解析"工业互联网"与"工业4.0"及其对中国制造业发展的启示》，《中国工程科学》2015年第7期。

杨继瑞等：《"互联网+"背景下消费模式转型的思考》，《消费经济》2015年第6期。

杨伟国等：《数字经济范式与工作关系变革》，《中国劳动关系学院学报》2018年第5期。

杨晓冬：《外商投资与经济增长关系研究》，《商情》2017年第47期。

杨子明等：《从消费者剩余增加视角衡量数字经济：以中国第三方网络支付为例》，《国际金融》2019年第7期。

姚水琼、齐胤植：《美国数字政府建设的实践研究与经验借鉴》，《治理研究》2019年第6期。

叶宗裕：《关于多指标综合评价中指标正向化和无量纲化方法的选择》，《浙江统计》2003年第4期。

易宪容等：《数字经济中的几个重大理论问题研究——基于现代经济学的一般性分析》，《经济学家》2019年第7期。

易行健、周利：《数字普惠金融发展是否显著影响了居民消费——来自中国家庭的微观证据》，《金融研究》2018年第11期。

余江等：《数字创业：数字化时代创业理论和实践的新趋势》，《科学学研究》2018 年第 10 期。

余江等：《数字创新：创新研究新视角的探索及启示》，《科学学研究》2017 年第 7 期。

詹晓宁、欧阳永福：《数字经济下全球投资的新趋势与中国利用外资的新战略》，《管理世界》2018 年第 3 期。

张车伟：《中国 30 年经济增长与就业：构建灵活安全的劳动力市场》，《中国工业经济》2009 年第 1 期。

张成刚：《就业发展的未来趋势、新就业形态的概念及影响分析》，《中国人力资源开发》2016 年第 19 期。

张成刚、祝慧琳：《中国劳动力市场新型灵活就业的现状与影响》，《中国劳动》2017 年第 9 期。

张峰、刘璐璐：《数字经济时代对数字化消费的辩证思考》，《经济纵横》2020 年第 2 期。

张红霞：《全球服务价值链的发展及贸易规则的再审视》，《宁夏党校学报》2018 年第 2 期。

张辉、石琳：《数字经济：新时代的新动力》，《北京交通大学学报》（自然科学版）2019 年第 2 期。

张荣权：《我国研发投入对经济发展作用研究》，博士学位论文，中央财经大学，2015 年。

张松林、张昆：《全局空间自相关 Moran 指数和 G 系数对比研究》，《中山大学学报》（自然科学版）2007 年第 4 期。

张新红等：《中国分享经济发展现状、问题及趋势》，《电子政务》2017 年第 3 期。

张雪玲、焦月霞：《中国数字经济发展指数及其应用初探》，《浙江社会科学》2017 年第 4 期。

张勋等：《数字经济、普惠金融与包容性增长》，《经济研究》2019 年第 8 期。

张泽平：《数字经济背景下的国际税收管辖权划分原则》，《学术月刊》2015 年第 2 期。

赵江林：《外资与人力资源开发：对中国经验的总结》，《经济研究》2004 年第 2 期。

赵文亮等：《中原经济区经济发展水平综合评价及时空格局演变》，《经济地理》2011年第10期。

赵旸頔、彭德雷：《全球数字经贸规则的最新发展与比较——基于对〈数字经济伙伴关系协定〉的考察》，《亚太经济》2020年第4期。

朱高峰：《信息化概要——从广东看全国》，《中国科协2004年学术年会大会特邀报告汇编》，2004年。

中国信息化百人会：《2016中国信息经济发展报告》，《信息化建设》2017年第1期。

钟春平等：《中美比较视角下我国数字经济发展的对策建议》，《经济纵横》2017年第4期。

周利等：《数字普惠金融与城乡收入差距："数字红利"还是"数字鸿沟"》，《经济学家》2020年第5期。

周念利、李玉昊：《数字知识产权保护问题上中美的矛盾分歧、升级趋向及应对策略》，《理论学刊》2019年第4期。

周任：《中国与印度软件业发展之比较》，《南亚研究季刊》2004年第1期。

朱烈夫等：《数字鸿沟：新贫困门槛的作用机制及消弥路径》，《信息通信技术与政策》2020年第7期。

朱秀梅等：《数字创业：要素及内核生成机制研究》，《外国经济与管理》2020年第4期。

朱雪忠、徐晨倩：《大国竞争下的美国涉华337调查与中国应对之策》，《科学学研究》2020年9月。

祝仲坤、冷晨昕：《互联网与农村消费——来自中国社会状况综合调查的证据》，《经济科学》2017年第6期。

庄存波等：《产品数字孪生体的内涵、体系结构及其发展趋势》，《计算机集成制造系统》2017年第4期。

邹开亮、刘佳明：《大数据"杀熟"的法律规制困境与出路——仅从〈消费者权益保护法〉的角度考量》，《价格理论与实践》2018年第8期。

邹璐：《数字经济下的质量消费体验》，《中国质量》2019年第12期。

邹晓艳：《用户社交媒体的使用与隐私保护研究》，硕士学位论文，山东师范大学，2018 年。

Avi Goldfarb, Catherine Tucker, "Digital Economics", *Journal of Economic Literature*, 2019, 57 (1): 3-43.

Bonfadelli, Heinz, "The Internet and Knowledge Gaps: A Theoretical and Empirical Investigation", *European Journal of Communication*, 2002, 17 (1): 65-84.

Carl B. Frey, Michael A. Osborne, "The Future of Employment: How Susceptible are Jobs to Computerisation?", *Technological Forecasting and Social Change*, 2017 (114): 254-280.

Claude E. Shannon, "A Mathematical Theory of Communication", *Mobile Computing and Communications Review*, 1948, 27 (4): 11-13.

Daron Acemoglu, Pascual Restrepo, "Robots and Jobs: Evidence from US Labor Markets", *Journal of Political Economy*, 2020 (6): 2188-2244.

Darren W. Dahl, Christoph Fuchs, Martin Schreier, "Why and When Consumers Prefer Products of User-Driven Firms: A Social Identification Account", *Management Science*, 2015, 61 (8): 1978-1988.

David H. Autor, David Dorn, "The Growth of Low-Skill Service Jobs and the Polarization of the US Labor Market", *American Economic Review*, 2013 (5): 1553-1597.

Feng Li, "The Digital Transformation of Business Models in the Creative Industries: A Holistic Framework and Emerging Trends", *Technovation*, 2017, 12 (4): 1-10.

Frederik V. Briel, Per Davidsson, Jan Recker, "Digital Technologies as External Enablers of New Venture Creation in the IT Hardware Sector", *Entrepreneurship Theory and Practice*, 2017 (1): 47-69.

Fredrik Svahn, Lars Mathiassen, Rikard Lindgren, "Embracing Digital Innovation in Incumbent Firms: How Volvo Cars Managed Competing Concerns", *MIS Quarterly*, 2017, 41 (1): 239-253.

Geoffrey Parker, Marshall V. Alstyne, Xiaoyue Jiang, "Platform Ecosystems: How Developers Invert the Firm", *MIS Quarterly*, 2017, 41

(1): 255-266.

Gregory Vial, "Understanding Digital Transformation: A Review and a Research Agenda", *Journal of Strategic Information Systems*, 2019 (28): 118-144.

Heike Baumüller, "Assessing the Role of Mobile Phones in Offering Price Information and Market Linkages: The Case of M-Farm in Kenya", *The Electronic Journal of Information Systems in Developing Countries*, 2015, 6 (68): 1-16.

Jeffrey L. Furman, Michael E. Porter, Scott Stern, "The Determinants of National Innovative Capacity", *Research Policy*, 2002 (6): 899-933.

Jesus Felipe, Connie Bayudan-Dacuycuy, Matteo Lanzafame, "The Declining Share of Agricultural Employment in China: How Fast?", *Structural Change and Economic Dynamics*, 2016, 37 (419): 127-137.

Jinfeng Wang, Tonglin Zhang, Bojie Fu, "A Measure of Spatial Stratified Heterogeneity", *Ecological Indicators*, 2016 (2): 250-256.

Jinghu Pan, Yaya Feng, "Spatial Distribution of Extreme Poverty and Mechanism of Poverty Differentiation in Rural China Based on Spatial Scan Statistics and Geographical Detector", *Acta Geographica Sinica*, 2020 (4): 769-788.

John Wargin, Dirk Dobiéy, "E-business and Change—Managing the Change in the Digital Economy", *Journal of Change Management*, 2010, 2 (1): 72-82.

Lorna Philip, Fiona Williams, "Remote Rural Home Based Businesses and Digital Inequalities: Understanding Needs and Expectations in a Digitally Underserved Community", *Journal of Rural Studies*, 2019, 68: 306-318.

Lucia S. Gao, Bala Lyer, "Analyzing Complementarities Using Software Stacks for Software Industry Acquisittions", *Journal of Management Information Systems*, 2006, 23 (2): 119-147.

Marc U. Porat, "The Information Economy: Definition and Measurement",

Rise of the Knowledge Worker, 1977: 101 – 131.

Marcel Matthess, Stefanie Kunkel, "Structural Change and Digitalization in Developing Countries: Conceptually Linking the Two Transformations", *Technology in Society*, 2020, 63: 101428.

M. Laeeq Khan, Howard T. Welser, Claudia Cisneros, Gaone Manatong, Ika K. Idris, "Digital Inequality in the Appalachian Ohio: Understanding How Demographics, Internet Access, and Skills can Shape Vital Information Use (VIU)", *Telematics and Informatics*, 2020, 50: 101380.

Norman Dalkey, Olaf Helmer, "An Experiment Application of the Delphi Method to the Use of Experts", *Management Science*, 1963, 9 (3): 458 – 467.

Ponald L. Wasserstein, Nicole A. Lazar, "The ASA Statement on the P – values: Context, Process, and Purpose", *American Statistician*, 2016 (2): 129 – 133.

Robert G. Gallager, *Information Theory and Reliable Communication*, New York: Wiley, 1968: 9 – 21.

Robert Haining, "Spatial Autocorrelation", *International Encyclopedia of the Social & Behavioral Sciences*, 2001: 14763 – 14768.

Sandra Planes – Satorra, Caroline Paunov, "The Digital Innovation Policy Landscape in 2019", *OECD Science, Technology and Industry Policy Papers*, 2019.

Satish Nambisan, Donald Siegel, Martin Kenney, "On Open Innovation, Platforms, and Entrepreneurship", *Strategic Entrepreneurship Journal*, 2018, 12 (3): 354 – 368.

Satish Nambisan, Kalle Lyytinen, Ann Majchrzak, Michael Song, "Digital Innovation Management: Reinventing Innovation Management Research in a Digital World", *MIS Quarterly*, 2017, 41 (1): 223 – 238.

Satish Nambisan, Mike Wright, Maryann Feldman, "The Digital Transformation of Innovation and Entrepreneurship: Progress, Challenges and Key Themes", *Research Policy*, 2019, 48 (8), Article 103773.

Satish Nambisan, "Digital Entrepreneurship: Toward a Digital Technology Perspective of Entrepreneurship", *Entrepreneurship Theory and Practice*, 2017 (6): 1029 – 1055.

Steffen Lange, Johanna Pohl, Tilman Santarius, "Digitalization and Energy Consumption, Does ICT Reduce Energy Demand?", *Ecological Economics*, 2020, 176: 106760.

Satish Nambisan, Donald Siegel, Martin Kenney, "On Open Innovation, Platforms, and Entrepreneurship", *Strategic Entrepreneurship Journal*, 2018, 12 (3): 354 – 368.

Thorsten Koch, Josef Windsperger, "Seeing Through the Network: Competitive Advantage in the Digital Economy", *Journal of Organization Design*, 2017, 6 (1): 1 – 30.

Yansui Liu, Ren Yang, "Spatial Characteristics and Mechanisms of County Level Urbanization in China", *Acta Geographica Sinica*, 2012 (8): 1011 – 1020.

Youngjin Yoo, Ola Henfridsson, Kalle Lyytinen, "Research Commentary – The New Organizing Logic of Digital Innovation: An Agenda for Information Systems Research", *Information Systems Research*, 2010 (4): 724 – 735.

Youngjin Yoo, Richard J. Boland, Kalle Lyytinen, Ann Majchrzak, "Organizing for Innovation in the Digitized World", *Organization Science*, 2012 (5): 1398 – 1408.

Zhonghua Cheng, Wenwen Li, "Independent R and D, Technology Introduction, and Green Growth in China's Manufacturing", *Sustainability*, 2018 (2): 311.

后 记

在本书的撰写过程中，我们深刻认识到数字经济对我国未来经济与社会发展的重大意义。无论从政府的顶层设计还是从行业企业的未来发展路径来看，数字经济的影响已渗透到我国经济社会发展的各个方面且带来无限机遇。基于此，本书细致研究了数字经济发展现状及其发展水平的影响因素，多角度探讨数字经济发展趋势、社会效应与面临的挑战，期望能够为我国数字经济发展提供一些理论支撑。本书最后给出了数字经济发展相关政策建议，力求为政府决策、各行业发展以及其如何更好适应数字经济时代提供指导。数字经济领域的实践离不开学术界的理论指导，同时学术界也在不断根据时代的快速发展、市场与产业的进步丰富理论研究。数字经济在数字技术发展、基础设施建设、人才发展及产业转型等方面都产生了重要影响，应受到社会各界的共同重视。我们希望本书能够给读者们带来启迪，让读者以崭新视角看待数字经济发展。

我们研究团队的成员虽然来自不同的方向，却共同怀揣着对数字经济领域强烈的兴趣以及学术热情。团队成员由于有着不同的知识储备与相异的思考角度，因此在研究问题时能够从多角度出发，将各个学科的思维方式有机结合。在本书撰写过程中，我们取长补短、共同进步，用不同的思想相互碰撞来完善彼此的思路。我们历经数月编写，每周定时召开研讨会，汇报最新进展，讨论出现的问题，分享收获与心得。参与本书的写作人员有（排名按照姓氏首字母顺序）：中山大学岭南（大学）学院学生陈正轩，中山大学岭南（大学）学院学生陈思恪，中山大学数学学院学生何其佳，中山大学岭南（大学）学院学生蒋凌波，中山大学岭南（大学）学院学生卢文杰，中山大学岭南（大学）学院学生林元靖，中山大学数学学院学生王齐豫，中山大学岭南（大学）学院学生肖淇泳，中山大学岭南（大学）学院教授曾燕，中山大学岭南（大学）学院学生曾宇滢。

  本书能够完成得益于许多人的鼎力支持与大力帮助，我们深表感谢。首先我们要感谢非常多的学者与专家的指导与帮助，感谢他们抽出时间为本书提供了宝贵的多方面的建议，丰富和完善了本书的内容。其次，我们要感谢中国社会科学出版社刘晓红编辑在本书编辑过程中所做出的重要贡献。再次，由衷感谢每一位团队成员的辛劳付出，共同支持本书的顺利完成。最后，特别感谢国家社会科学基金重大项目"数字普惠金融的创新、风险与监管研究"（编号18ZDA092）、广东省科技计划（软科学重点）项目"数字经济发展趋势和方向及社会效应研判"（2019B101001003）和广东省高等学校珠江学者岗位计划资助项目（2018）资助。

  目前，关于数字经济发展的理论研究相对较少，本书仅作抛砖引玉，是在这一具有广泛学术价值的研究领域的初步探索。由于时间和水平有限，本书难免挂一漏万，存在不足乃至谬误，敬请广大专家学者与业界同人提出宝贵意见。

曾　燕

2020 年 10 月 20 日